“十二五”普通高等教育本科国家级规划教材

普通高等学校应用型教材

·会计·

高级财务会计

（第3版）

ADVANCED FINANCIAL ACCOUNTING

主　编◎王铁林

副主编◎陈　茜　温雅丽　杨　燃

中国人民大学出版社

·北京·

序

近十年来，高级财务会计教材已达上百种。这些教材在服务高校高级财务会计教学及指导会计实务工作方面做出了突出贡献。但是，相当多的教材未能及时反映企业会计准则及其他财经政策或制度变化引致的新的会计问题，一些教材还存在对新企业会计准则某些条款理解不透、内容前后不一致甚至矛盾、例题或案例代表性较差、习题差错较多、不同版本教材内容相互矛盾等问题。此外，教材的编写者大多是长期从事科研、教学的教师，擅长理论分析和研究，导致教材的理论性突出，通俗性不足，实用性和可操作性较差；大篇幅文字描述较多，形象、直观的图表分析较少；对企业会计准则的解释较多，与企业丰富多样的财务会计实践结合较少，难以激发读者的阅读兴趣和学习热情。

针对现有教材的不足，在总结财务会计教学与实际工作经验的基础上，王铁林教授主持编写的《高级财务会计》进行了有益的尝试与探索，呈现出以下特点。

一、立足需求，面向市场

市场经济环境中的企业对于会计人员的知识和技能的需求具有多元化、多层次的特点。会计人员除了应具备本专业的基本技能，如财务会计核算能力、成本控制能力、投融资能力，还应具备使这些基本技能得以施展和发挥的辅助技能。不难想象，不了解会计工作的环境，会计人员就无从下手；没有一定的公共关系能力，就很难处理与会计师事务所、律师事务所、承销商、审批机构的关系，也就不可能或很难完成企业的投融资事宜；没有良好的语言表达能力，财会人员就不能很好地向公司管理层、董事会、股东大会、债权人会议恰当地陈述公司的财务状况，也难以说服债权人给企业提供贷款、股东给企业投资或追加投资。此外，在企业的一些重要的财务活动中，财会人员的写作能力也十分重要。向银行申请贷款需要准备贷款申请报告，发行公司债券需要向证监部门等提供申请报告，企业并购需要准备可行性研究报告，投资证券需要草拟价值分析报告等，都需要财会人员具备较高的写作能力。本教材以会计职业为导向，开创性地将财务会计运行环境写入教材，充分体现上述内容，使学生尽快了解就业市场，适应就业市场。

二、突出实用，兼顾理论

高校财务会计专业旨在向社会输送具备较高的理论素养，充分掌握现代会计、财务管理的基本理论、专业知识和操作技能，具有创新精神和较强实践能力的应用型会计人才。在这一目标下，本教材坚持“突出实用，兼顾理论”的理念，除适度安排一些相对成熟的财务会计理论和某些尚存争论的内容以拓宽学生的理论视野外，重点安排了能够提升学生实操能力的内容，如在教材中加入上市公司的真实案例，通过案例解读、分析，使学生设身处地了解企业业务流程，掌握企业会计核算及编报技能。

三、定位本科生，兼顾研究生

高级财务会计的内容是财务会计中难度较大且处于研究探讨阶段的知识。从目前的一些教材来看，其内容非常繁杂，本科生读不懂，研究生又觉得有点儿浅。本教材力求满足会计学本科生的学习需要，对经济管理类非会计学专业的本科生教学时可做适当删减。本教材兼顾研究生的需求，博士生、硕士生可选择相关内容学习、研究。

四、内容创新与表现形式多元化，提升教材的可读性

教材主要是学生看的。评判教材优劣的一条标准是学生是否爱读、爱学。本教材注重在表现形式上进行创新，力求图文并茂，化繁为简；重案例分析，轻理论说教。使学生因为喜欢教材而喜欢这门课程，进而喜欢这个专业，增加对会计职业的认同感。

五、与时俱进，及时修订与完善

2014 年以来，我国《企业会计准则》经历了多次修订与新增，金融工具列报、财务报表列报、企业合并范围及其报表编制方法等内容发生了较大的变化；宏观经济、行政方面的改革深化，使企业的市场环境与会计行为也发生了较大的变化。本教材作者秉承严谨治学的态度，恪守对读者认真负责的原则，跟踪、研究新形势下的财务会计相关问题，及时、系统地对教材进行修订与完善，着力呈现立足实用、面向市场、贴近现实的教材内容。

正是基于以上特点，我不仅充分肯定本教材的出版价值，而且乐意向广大读者推荐。

当然，优秀教材的建设是一项长期任务，不可能一蹴而就，希望教材的编写者继续努力，广泛征集、采纳广大读者及专家学者的意见，不断改进，继续探索，将更高水平的教材奉献给广大读者，为我国财务会计教育事业做出新的贡献。

王永海
武汉大学经济与管理学院教授、博士生导师
全国会计专业学位研究生教育指导委员会委员

前 言

本教材作为高校应用型人才培养模式改革立项教材，自 2012 年 10 月首次出版、2015 年 9 月再版以来，已成为多所高等院校的会计、审计、财务管理、公司理财等相关专业“高级财务会计”课程教学的配套教材。2014 年 10 月，本教材入选第二批“十二五”普通高等教育本科国家级规划教材；2020 年 6 月，基于本教材的“高级财务会计”课程的教学内容、方式、平台的改革与创新项目，荣获广东金融学院第三届教学成果奖。这表明教材的应用型教学定位及注重学生应用能力培养的特色得到充分肯定与认可，较好地适应了应用型人才培养模式的教学需要，取得了良好的社会效益。

为了更好地满足“高级财务会计”课程教学的需要，进一步提升人才培养质量，我们对本教材进行了大幅修订、增补与完善。现将有关情况说明如下。

一、修订背景

近年来，我们与“高级财务会计”课程任课教师、听课学生、企业财务会计工作者、证券公司投行业务人员、会计师事务所审计人员进行多次研讨或访谈，征集有关教材内容、体例等方面的改进建议及对一些会计难点问题的解决方案；“高级财务会计”课程建设团队持续开展对应用型人才培养模式、重大财务会计问题的研究与探索，并取得一系列成果，这为我们进一步修订、完善本教材奠定了坚实基础。2014 年以来，我国企业会计准则经历了多次修订与增补，《公司法》《证券法》相继修订，商事制度改革逐步深入，金融市场日趋成熟，企业经营模式持续创新，使企业财务会计环境、内容、流程发生了重大变化。为适应形势、面向市场、贴近实务，对本教材进行修订与完善，既必要又迫切。

二、修订原则

1. 持续践行新发展理念

党的二十大报告中对加快建设高质量教育体系做出了新的重大部署，强调“实施科教兴国战略，强化现代化建设人才支撑”，充分体现出教育是国之大计、党之大计的战略思想。我们以党的二十大精神为引领，持续践行新发展理念，把国家所需和学校、教师所能紧密结合起来，着力加强对人才的创新、实践能力的培养，按照新阶段新要求深化教学体系、教材体系等方面的改革，以教材持续修订、完善为抓手，不断丰富、创新教学资源，为推动高等教育的高质量发展，不懈努力。

2. 持续保持“应用型”定位

在本次修订过程中，我们坚持《高级财务会计》教材的应用型教学定位，坚持“突出实用、兼顾理论、业财融合”的理念，进一步强化培养学生应用能力的教材特色。针对教学过程中长期存在的“学生因不懂企业业务而难以理解会计与财务”的问题，增加企业业务操作流程内容，更新并进一步丰富上市公司案例，增加实务分析例题，以提升学生对企业业务的认知程度及对企业财务会计技能的应用能力。

3. 持续突出“原创性”内容

在教材编写、修订过程中，我们积极借鉴、参考已有教材、著作的研究思路、方法与论点，更注重将团队科研、教改成果与教材内容、教学环节相融合，彰显教材的“原创性”。例如，对企业会计环境多维度、多层次的考察，对企业业务“金融化”的描述，对企业非货币性资产交换、租赁、债务重组等背景与原因的分析，对汇兑损益会计处理的系统性总结，对生物资产特性的梳理，对企业“控制”及合并报表范围的理解，对案例设置的“编者提示”等原创性内容，都源于团队教改成果的长期积累及教学过程的持续创新。

4. 持续提升“可读性”特色

学生是否爱读、爱学是评判教材优劣的一个标准。在教材编写、修订过程中，我们坚持从细节入手，从满足学生的需求出发，在文字表达、体例设计、内容安排等方面进行了调整和完善，力求图文并茂，化繁为简，重案例分析，轻理论说教，着力提升教材的可读性。希望通过我们的不懈努力，将传统观念中晦涩难懂、单调乏味的专业教材打造成喜闻乐见、爱不释手的普及性读物。使学生因为喜欢教材而喜欢这门课程，进而喜欢这个专业，增加对会计职业的认同感。

三、修订内容

1. 篇章结构的调整

鉴于企业发生的股份支付、非货币性资产交换、债务重组、外币折算、企业合并等业务，都可能涉及金融工具或衍生工具，因此，本次修订对金融工具、衍生工具会计内容的讲解更加系统化并予以前置；由于合并财务报表与分部报告、中期财务报告均属于企业财务报告事项，只是时间节点、空间范围、披露方式存在差异，因此，本次修订将企业合并会计、合并财务报表编制的相关内容后置，并与分部报告、中期财务报告相继排列。

2. 完善与提升部分内容

此类修订力图使教材的文字表达更准确、更简练，内容更贴近现实与市场，数据更新，会计处理更完整、准确、易懂，体例、格式更简约美观。例如，根据我国商事制度改革进程、“科创板”的开辟、“注册制改革”的推进及《公司法》《证券法》修订等情况，对“企业财务会计运行环境”“企业合并”的相关内容进行了修订；根据我国企业会计准则的变化，对“金融工具与套期会计”“债务重组会计”“租赁会计”“企业合并会计”“合并财务报表”的内容（包括案例、延伸阅读、例题、练习题）进行了大幅完善、更新与提升。

3. 补充与新增部分内容

本次修订，我们新增了四章内容，即“股份支付会计”“非货币性资产交换会计”“生物资产会计”“所得税会计”。主要是出于如下考虑：

近年来，以“股份支付”方式对员工进行激励的企业呈现日益增多的趋势。企业股份支付政策在实施过程中，具有人力资本管理、税务筹划、股权配置、市值管理等业务高度融合的特点。此外，由于市场形势变幻莫测，企业财务管理意识增强，财务管理方式灵活多变，开展非货币性资产交换业务的企业亦有显著的增加。企业进行非货币性资产交换是为了盘活资产，还是现金管理、利润操纵，抑或是税务筹划？对这些问题的导入、分析与思考，显然是“高级财务会计”课程教学的必备环节和应担之责。将“股份支付会计”“非货币性资产交换会计”这类综合性、交叉性内容放入《高级财务会计》教材，既体现了对于《中级财务会计》的拓展与深化，又与学生渐进性积累知识的特点相适应。

在我国，生态文明建设已上升到国家战略。涉及农、林、牧、渔业及环保等的企业迎来重大发展机遇，与其相关的上市公司数量显著增加。围绕企业特别是一些上市公司生物资产确认、计量、报告的争论乃至质疑持续不断。然而，目前各版本的《高级财务会计》教材或《中级财务会计》教材较少涉及生物资产会计方面的内容。在本教材中新增“生物资产会计”，可谓因应市场之需，意在补齐短板，希冀此举能够成为《高级财务会计》教材建设的一次有益尝试。

企业所得税申报与会计核算是所有营利性组织的共同性业务。对其进行处理，既要遵循企业会计准则的规定，又要符合税收法规的要求，还要体现企业的实际情况；既要把握企业的日常经营情况（如盈利情况等），又要分析企业的特殊事项（如合并情况等）。因此，所得税会计业务较为复杂，难度较大，客观上需要在《高级财务会计》教材中进行专题讨论。

4. 压缩与删减部分内容

鉴于大多数《中级财务会计》教材或课程都已涵盖“投资性房地产会计”的相关内容，因此，本次修订将其删除。另外，“分部报告”和“中期财务报告”是从空间（或横向）、时间（或纵向）角度对企业财务报告的表述，且分部报告是企业中期财务报告的一个组成部分，因此，本次修订将它们合并为一章。

四、修订分工

本次修订工作由广东金融学院王铁林教授主持。主要参与者及分工情况为：第1、13章由王铁林教授完成；第2、11章由王铁林教授、温雅丽博士共同完成；第4、6、10、12章由温雅丽博士完成；第3、8、9章由陈茜博士完成；第5、7章由杨燃老师完成；第1、2、13章的案例、延伸阅读由汪琼老师完成；第2、4、6、9、10章的例题、习题由河南财政金融学院王梓老师完成。丁春贵教授、李萍教授、陈亮教授对各章内容进行审校。

本次修订获得广东金融学院课程建设项目（2020）立项，并受到广东省本科高校教学质量与教学改革工程项目（粤教高函〔2016〕236号）、广东省省级研究生教育创新计划项目（2018—2020，JGXM-ZD26）资助，在此一并感谢！

本教材自创意筹划、项目立项、内容设计、结构安排、章节布局到出版发行，得到中国人民大学出版社的指导、帮助与支持。在此，我们致以衷心的感谢！

由于本次修订幅度较大，涉及的内容较广，加之我们的能力和时间有限，本教材难免还存在一些不足与缺憾，恳请广大读者批评指正。

广东金融学院《高级财务会计》教材建设团队

目　录

第 1 章

企业财务会计运行环境

学习目标

会计的产生和发展与其所在的社会环境息息相关。一个国家的社会环境决定了这个国家会计的发展水平和基本特征。本章着重分析、描述企业财务会计人员所处的企业组织环境、市场环境、法律环境，为财务会计从业者熟悉、适应未来的工作环境与服务主体，更快、更准确地理解、运用高级财务会计知识、技能，奠定基础。

第 1 节　企业组织环境

财务会计行为存在于一定的组织中。财务会计人员为之服务的企业，可以从不同的角度进行分类，如表 1-1 所示。从组织形式上看，我们可以把各式各样、种类繁多的企业分为两类，即公司制企业和非公司制企业。通俗地讲，公司制企业是能够称为“公司”的企业，以有限责任公司和股份有限公司为代表；非公司制企业不能称为“公司”，由独资企业与合伙企业构成。企业组织形式对企业财务会计行为产生重要影响，不同组织形式的企业，在治理结构、决策程序、会计核算与信息披露等方面存在显著差异。

表 1-1　不同角度的企业分类

分类角度	企业类别
(1) 组织形式	公司制企业、非公司制企业
(2) 出资者的所有制性质	民营企业、国有企业（央企、地方国企）、混合所有制企业
(3) 出资者国别	内资企业、外资企业等
(4) 企业所得税征收管理	居民企业、非居民企业
(5) 出资者数量、融资方式	私人企业、公众企业（上市公司，非上市公司；挂牌企业，非挂牌企业）
(6) 企业经营规模	大型企业 、中型企业、小型企业、微型企业

续表

分类角度	企业类别
(7) 经济活动的同质性	制造业企业、服务业企业、工业企业、农业企业、林业企业等；金融企业、非金融企业；互联网平台企业、非互联网平台企业；等等
(8) 企业成长周期	初创企业、成熟企业等
(9) 企业研发强度、知识产权情况	科技创新型企业、高新技术企业、战略性新兴产业领军企业等

一、非公司制企业

(一) 独资企业

独资企业（sole proprietorship），也称个人独资企业，是指由我国境内的个人（自然人）独立出资建立的企业。其典型特征如表1-2所示。

表1-2　独资企业的特征

考察的角度	特征
(1) 法律地位	不是独立的法律主体，企业取得的是非法人营业执照
(2) 债务清偿	业主（出资者）对企业的债务单独负有无限的清偿责任
(3) 税收制度安排	不是纳税主体，无企业所得税，业主以其在该企业的所得，申报、缴纳个人所得税；流转税由企业申报、缴纳
(4) 治理结构、财产分享与风险承担机制	业主自主决策，自主经营，对企业的财产和赚取的利润具有完全的支配权，风险自担
(5) 市场准入	开办手续简便，仅需少量的资本与一定面积的营业场所
(6) 财务会计特征	会计核算简略，所有者权益无须细分

延伸阅读

个人独资企业与外商独资企业的区别

在我国设立的外商投资企业包括中外合资经营企业、中外合作经营企业和外商独资企业三种类型，常称为“三资企业”。个人独资企业与外商投资企业中的外商独资企业有类似之处，即投资者仅有一个，但二者也有显著的区别：(1) 资本的来源不同。前者来自中华人民共和国境内，后者来自中华人民共和国境外。(2) 出资者不同。外商独资企业的出资者可以是国外的单个自然人，也可以是单个法人。个人独资企业的出资者只能是我国的单个自然人。(3) 设立依据不同。外商独资企业依照《中华人民共和国外商投资法》（2020年1月1日起施行）设立，个人独资企业依照《中华人民共和国个人独资企业法》设立。(4) 责任承担不同。外商独资企业是有限责任公司，股东承担有限责任。个人独资企业为非公司制企业，出资人（业主）承担无限责任。

资料来源：根据《中华人民共和国外商投资法》《中华人民共和国个人独资企业法》等资料整理。

延伸阅读

个人独资企业与个体工商户的区别

依据《中华人民共和国民法典》（2021）等文件关于个体工商户的规定，我们可以将个人独资企业（简称“独资企业”）与个体工商户的区别归纳为以下五个方面：

（1）独资企业必须要有固定的生产经营场所和合法的企业名称，而个体工商户不是企业，可以不起字号名称，也可以没有固定的生产经营场所而流动经营。合法的企业名称和固定的生产经营场所是独资企业的成立要件，而个体工商户则无需名称与场地。

（2）个体工商户的投资者与经营者是同一人或其所处家庭，而独资企业的投资者与经营者可以是不同的人，投资人可以委托或聘用他人管理个人独资企业事务。也就是说，独资企业的所有权与经营权是可以分离的，这就决定了独资企业具有现代企业制度的某些特征。个体工商户的所有权与经营权是集于投资者一身的，已不能适应现代企业制度发展的要求，因此，它只能适用于小规模的经营主体。

（3）独资企业可以设立分支机构，也可以委派他人作为独资企业分支机构负责人。这一规定说明独资企业不但可以在登记管理机关辖区内设立分支机构，也可以在异地设立分支机构，由设立该分支机构的独资企业承担责任，而个体工商户根据规定不能设立分支机构。个体工商户虽然可以异地经营，但随着各地近几年相继简化了外来人员的登记手续，使个体工商户的异地经营这一规定逐渐淡化。

（4）独资企业与个体工商户的法律地位不尽相同。在民事、行政、经济法律制度中独资企业是其他组织或其他经济组织的一种形式，能以企业自身的名义进行法律活动。在日常法律活动中，个体工商户的法律行为能力会受到一定的限制，个体工商户经常是以公民个人名义进行法律活动的。另外，独资企业与个体工商户作为市场主体参与市场经济其他活动的能力不同，如独资企业可以成为公司制企业的股东，从而以企业名义享有公司股东的权利和义务，而个体工商户一般不能以企业名义作为公司股东，只能以个人投资者（自然人）身份成为公司股东。

（5）独资企业作为企业，应依法建立会计账册，进行简略的会计核算，而对个体工商户则无此要求。

资料来源：根据《中华人民共和国个人独资企业法》《中华人民共和国民法典》整理。

（二）合伙企业

合伙企业（partnership enterprise）是指我国境内两个或两个以上自然人或法人（或其他组织）按照协议出资、共同经营、共负盈亏的企业。其性质与独资企业类似，比如，都是非法律主体、非纳税主体等。但由于合伙企业要有两个或两个以上的出资人，企业盈亏由全体合伙人分享、承担，因此，财务会计核算方面应比独资企业更为严谨、精准。这一特点也决定了合伙人之间应当就人事、经营、财务等方面的决策程序、议事规则、利益分配等重要事项，预先订立合伙契约或协议，以避免未来产生争议与纠纷（如图1-1所示）。

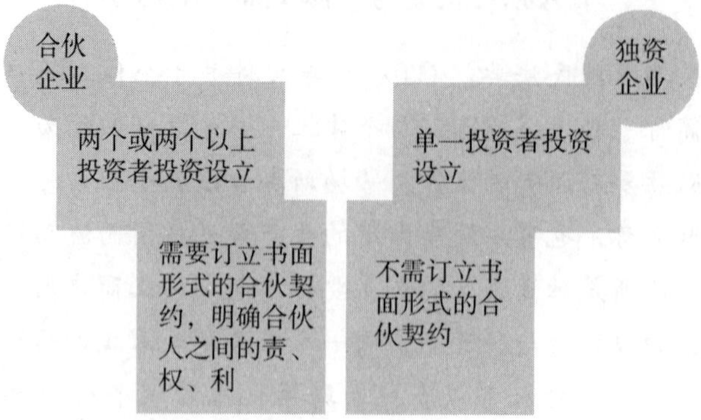

图1-1　合伙企业与独资企业的差异

应该注意的是，《中华人民共和国合伙企业法》规定，合伙企业可分为普通合伙企业和有限合伙企业。

普通合伙企业的合伙人是普通合伙人，合伙人对合伙企业债务承担无限连带责任。有限合伙企业的合伙人由普通合伙人和有限合伙人组成，合伙人数量为2～50人，且至少应当有一个普通合伙人。

在有限合伙企业中，普通合伙人（通常为企业管理者，general partner，GP）负责企业的日常经营，对合伙企业债务承担无限连带责任；有限合伙人（通常为出资者，limited partner，LP）承担出资责任，以其认缴的出资额为限对合伙企业债务承担有限责任。长期以来，有限合伙企业这一形式广泛用于私募基金（private equity，PE）、风险投资（venture capital，VC）、对冲基金（hedge fund，HF）、天使基金（angel fund，AF）等投资机构，如黑石资本（Blackstone Capital）、红杉资本（Sequoia Capital）、松禾资本（Green Pine Capital）等。

在金融市场中，投资者将资金委托给投资管理机构（如基金及其经理等）打理时常常担心自己的资金因管理不善或“逆向选择”而血本无归。有限合伙这一制度安排有助于消除或减轻这种担心或顾虑，因为经营管理者作为普通合伙人将对合伙企业的债务承担无限责任，且其经营管理行为会受到合伙契约的限制与约束。

由于有限合伙企业的经营决策与管理权力源于合伙契约，而不是投资者持有的表决权股份比例，因此，投资者尤其是机构投资者关于此类投资业务性质的判断（例如，是控制、共同控制还是重大影响？是否将有限合伙企业纳入合并财务报表范围?），应充分考虑合伙契约涉及的所有事实与情况。与此相关的内容，将在第11章进行讨论。

在普通合伙企业中，若合伙人以专业知识、专门技能为客户提供服务，则此类普通合伙企业为特殊的普通合伙企业，如某些会计师事务所、律师事务所等。可以想象，能够成为一名特殊的普通合伙企业的合伙人，一定是付出了艰辛的努力。例如，接受了系统、专业的教育，参加了门类繁多的考试，经历了长期的实践磨炼，等等。

综上所述，合伙企业由普通合伙企业和有限合伙企业组成，普通合伙企业中有一部分可以称为特殊的普通合伙企业。

二、公司制企业

（一）有限责任公司

有限责任公司（limited liability company）是由 1 人及以上、50 人以下（自然人、法人）共同出资建立的企业。其特点如表 1－3 所示。

表 1－3　有限责任公司的特征

考察的角度	特征
法律地位	是法律主体，企业取得法人营业执照
债务清偿	以其全部资产对公司的债务承担有限责任
税收制度安排	是纳税主体，企业需申报、缴纳企业所得税
治理结构、财产与风险承担	股东大会、董事会对企业的财产和赚取的利润具有支配权，风险由全体股东承担，经营管理层负责日常经营
市场准入	要求较多的初始资本与较大面积的营业场所。经营某些特殊行业时，对出资者的资格、从业者的技能要求较高
会计核算	会计核算详细，按公司法、会计法、企业会计准则等法律、法规、制度要求组织核算

应当注意的是，在我国目前的市场环境与制度背景下，还存在着“国家出资公司”这一特殊类型的有限责任公司。2023 年 12 月修订、颁布的《中华人民共和国公司法》将国家出资公司划分为国有独资公司和国有资本控股公司。其特殊性主要表现在党组织职能定位，董事、监事、高级管理人员选派聘任机制等方面。

（二）股份有限公司

股份有限公司（limited joint stock company）是指将全部注册资本划分为若干等额股份，并通过发行股票的方式筹集资本的企业。此类企业在股票获准公开交易后被称为上市公司或公众公司（listed company 或 public company）。在法律地位、债务清偿、税收制度安排、财产与风险等方面，股份有限公司与有限责任公司基本相同，但在其他方面存在明显的差异（见表 1－4）。

表 1－4　股份有限公司与有限责任公司的区别

考察的角度	有限责任公司	股份有限公司
股东数量	股东数量有限（1～50）	2～200 个发起人；股份上市交易后，成为公众公司，股东数量无限
资本筹集方式	定向募集资本	面向机构与公众募集资本

续表

考察的角度	有限责任公司	股份有限公司
股份转让机制	股东之间可以相互转让；向股东以外的人转让的，其他股东有优先认股权，股东自接到书面通知之日起三十日内未答复的，视为放弃优先购买权。两个以上股东行使优先购买权的，协商确定各自的购买比例；协商不成的，按照转让时各自的出资比例行使优先购买权。	上市后股份自由流通、转让（限制类股份除外）
财务会计特征	会计核算、信息披露较股份有限公司宽松	会计工作以及时、完整、准确的信息披露为核心；会计核算、信息披露必须按会计法、公司法、证券法、企业会计准则等要求进行。在境外发行股份、上市交易的，还应遵循相关国家的法律法规及企业会计准则

（三）公司制企业的治理结构

现代企业制度下的公司治理结构，呈现出所有权、决策权、监督权、经营权“四权分立”的特点（见图1-2）。

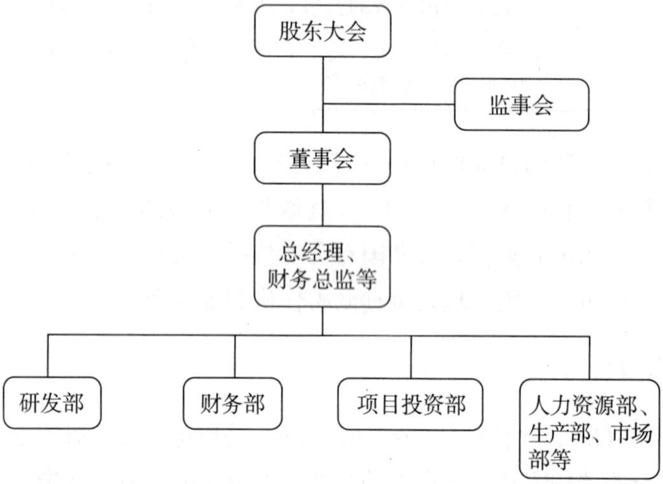

图1-2　公司治理结构

（1）由全体股东（出资人或投资者）组成股东大会（或称股东会）。股东大会代表全体股东拥有公司的所有权，是公司的权力机构。股东出席股东大会，所持每1股股份（普通股）有1票表决权，即“同股同权”，但实施双重股权结构的企业除外（详见第11章第2节）。

（2）股东一般不直接参与企业管理，而是通过股东大会先选出股东的代表，即董事，组成董事会，由董事会行使公司的决策权，维护全体股东的合法权益。通常情况下，拥有较多股份的股东（大股东）在公司董事会中占有较多的董事席位，拥有较少股份的股东（中小股东）在公司董事会中占有较少甚至不占有董事席位。这就有可能导致公司董事会做出不利于甚至有损于中小股东的决策。由此，不少国家的法律明确规定，公司特别是上市公司的董事会成员中必须有一定比例的、独立于公司股东的、具有较高专业能力和道德水准的人士，即独立董事（或称外部董事、非执行董事），以控制或减少大股东在公司董事会中的董事席位，提升公司董事会决策的公正性、专业性。

（3）由股东大会选举的监事以及由公司职工民主选举产生的监事组成公司监事会，行使监督权，对董事会和经营管理人员进行监督。

（4）由董事会选拔、任命总经理，以总经理为首的经营管理层（如副总经理、财务总监、营销总监、研发总监、人力资源总监等）负责公司的日常经营管理，行使经营权。

上述公司治理结构，常被称为“三会一层”。

延伸阅读

金融经济学、管理学等学科关于股份有限公司的评价

长期以来，金融经济学、管理学等领域的学者对股份有限公司这一企业组织形式进行了大量研究，对其形成的评价性结论大致包括以下要点：

（1）体现了社会化大生产的特点。公司，特别是股份有限公司面向社会（机构投资者、个人投资者）发行股票，筹措资金，体现了动员社会力量，集中资金办大事的社会化大生产特征。人类历史上许多世纪性工程项目的完成，都可归功于“公司制”“股份制”的产生与发展。

（2）更具有“公有”的特点。公司制企业的特点是“大家的事，大家办”，全体股东出资，全体股东共享收益、共担风险；投资大者，风险也大，获得的收益也可能大。

（3）体现了现代企业制度的特点——所有权、决策权、监督权、经营权分离。这一制度安排的优势是，公司治理层次分明，公司治理主体责权利清晰。“有钱的出钱，有力的出力”，各司其职、各尽其责。出资人是股东，行使所有权，承担出资责任；受股东委托，董事行使决策权，承担决策责任；经营管理者作为职业经理，依靠管理经验与智慧，行使经营权，承担经营管理责任。

（4）实现了产业和资本的结合。企业发行股份，筹措权益资本，推动企业发展壮大，实现了产业发展和资本流动的结合。在这个过程中，产品（包括服务）市场与资本市场并行，实体经济与虚拟经济交融，投资与投机共存。

资料来源：摘编自王江．金融经济学．北京：中国人民大学出版社，2006；马孝先．金融经济学．北京：清华大学出版社，2017.

（四）公司制企业的财务会计特征

基于上述关于公司制企业资本来源、治理结构、股份转让等特点的分析，我们可以把公司制企业的财务会计特征归纳为以下四个方面：

（1）服务主体多元化——为各利益相关者（股东、债权人、政府、客户、履行社会

责任等）提供会计信息。

（2）信息披露规范化——企业应严格按照会计法、公司法、证券法、企业会计准则等要求进行信息披露。

（3）会计工作复杂化——在会计确认、计量、报告方面，均比非公司制企业更为复杂。

（4）财会人员专业化——以上三个方面的特点，决定了公司制企业对财务会计人员的专业水准、职业操守、综合素质具有更高的要求。

三、企业核准与注册

企业进入市场从事经营活动，必须经过核准与注册，取得市场监督管理部门颁发的营业执照。

除特殊的普通合伙企业，如会计师事务所、律师事务所等对合伙人资格要求较高的以外，其他非公司制企业自身的特点决定了它进入市场的门槛较低，例如1～2个出资人、必要的经营场所等，这里不予详述。下面重点介绍公司制企业的核准与注册。

（一）有限责任公司的注册条件

有限责任公司的注册条件如表1-5所示。

表1-5　有限责任公司的注册条件

1. 股东符合法定人数	（1）由1～50个股东共同出资 （2）国家授权投资的机构或国家授权投资的部门可以单独投资设立国有独资的有限责任公司
2. 股东认缴出资额	（1）有符合公司章程规定的全体股东认缴的出资额，在五年内缴足。董事会对此核查，由公司催缴。导致损失时，负有责任的董事，承担赔偿责任 （2）股东不按照规定缴纳出资的，除应当足额缴纳外，对给公司造成的损失承担赔偿责任 （3）公司成立后，发现作为设立公司出资的非货币财产的实际价额显著低于公司章程所定价额的，应当由交付该出资的股东补足其差额，公司设立时的其他股东承担连带责任 （4）公司成立后，股东不得抽逃出资。抽逃出资的股东需返还；给公司造成损失的，负有责任的董、监、高，与抽逃出资的股东承担连带责任。
3. 股东共同制定公司章程	公司章程由全体股东签署，确定公司重大事项的决策程序
4. 公司名称	公司名称应由工商行政管理机关核准
5. 组织机构	公司应建立符合有限责任公司要求的组织机构
6. 生产经营场所	公司应具备固定的生产经营场所和必要的生产经营条件

（二）股份有限公司注册条件

股份有限公司的注册条件如表1-6所示。

表 1-6　股份有限公司的注册条件

1. 发起人符合法定人数	2～200 个发起人
2. 发起人认购的股本总额或者募集的实收股本总额	有符合公司章程规定的全体发起人认购的股本总额或者募集的实收股本总额
3. 股东共同制定公司章程	发起人制订公司章程，采用募集方式设立的经创立大会通过
4. 公司名称	公司名称应由工商行政管理机关核准
5. 组织机构	公司应建立符合股份有限公司要求的组织机构
6. 生产经营场所	公司应具备固定的生产经营场所和必要的生产经营条件

应该注意的是，上述企业注册的依据是现行法规。近年来，国家为了优化营商环境，鼓励创业、扩大就业，相继出台了一系列商事制度改革措施，企业注册所涉及的资本金、经营场地、经营范围、审批程序等规定大幅调整，企业进入市场的门槛日益降低。企业在办理注册手续时应注意政策、法规的变动情况。

（三）企业的境外注册

在经济活动中，有些个人或机构出于开辟国际市场、境外上市或纳税筹划的目的，有时会在境外注册企业。例如，新浪、网易、58 同城、腾讯等企业，都曾选择在境外注册企业并以此为上市主体的上市策略。

常见的企业境外注册地主要有：

（1）英属维尔京群岛（The British Virgin Islands，BVI）；

（2）开曼群岛（Cayman Islands，CI）；

（3）百慕大（Bermuda）。

上述三个地方及荷兰、比利时、卢森堡、新加坡、中国香港等低税或无税的国家或地区，常被市场人士称为“避税天堂”。

延伸阅读

在英属维尔京群岛、开曼群岛、百慕大注册公司的优势

1. 英属维尔京群岛

（1）BVI 的政治、经济和贸易环境非常稳定；

（2）BVI 有良好的金融法律服务机构，方便各种金融机构或基金会的成立与发展；

（3）BVI 政府保护股东利益，不需要公布受益人身份；

（4）BVI 注册公司不受股东人数限制；

（5）BVI 政府为企业提供隐私保护，董事资料绝对保密；

（6）低税率，在该岛注册成立的公司所受的税务管制非常少；

（7）不需会计师的审核报告，只需保留资料反映经济状况即可；

（8）在外地经营所得利润无须交利得税，可以达到合理避税的目的。

2. 开曼群岛

（1）便于企业开展跨国经营。企业开展跨国经营往往受到母国政府的种种限制，在发展中国家尤其突出。注册一家离岸公司也就成为企业走向世界、开展跨国业务的捷径。

（2）有利于企业规避贸易壁垒。企业（尤其是发展中国家的企业）向美国等发达国家出口产品，通常需要申请配额及一系列的相关手续，为此需要付出高昂成本。如果企业拥有一家海外离岸公司，由企业向离岸公司出口产品，再由离岸公司向美国等发达国家出口，就有可能规避关税壁垒和出口配额限制。

（3）规避外汇管制，便于企业开展资本运作。加勒比地区的离岸金融中心没有任何外汇管制，在此注册的国际商业公司资金转移不受限制，这对于实行外汇管制的国家的企业而言具有很大吸引力。

（4）法律环境宽松。由于美国在世界经济体系中占有特殊地位，现行国际商业实践中的许多惯例实际上是英美法系的产物，而开曼群岛是部分自治的英国殖民地，其公司法以英国商业公司法为基础，因此有利于吸引海外公司前来注册。

（5）信息披露要求极少，保密规定相对严格，有利于企业保持商业运行秘密。

（6）税负轻微且可以避免双重征税。加勒比地区的离岸金融中心对各类国际商业公司、离岸公司的征税极为轻微，而且几乎所有加勒比地区的离岸金融中心都与主要经济大国签署了避免双重征税条约。比如开曼群岛不征收所得税、资本利得税、公司税和遗产税。

（7）注册程序便利，维持成本很低。离岸公司的注册程序非常简单，有专业的注册代理机构代为完成，不需要注册人亲自到注册地进行操作，还可以进行网上注册。注册周期很短，通常当天就可以完成。

（8）公司管理简便。离岸公司无须每年召开股东大会及董事会，即使召开，其地点也可任意选择，自由度较大。许多离岸金融中心对国际商业公司没有最低资本要求。

3. 百慕大

（1）社会、经济、政治非常稳定，百慕大政府收支平衡，没有任何外债；

（2）对于非税务居民或公司不课征资本利得税、赠与税、股票交易税等；

（3）十分隐秘的商业活动；

（4）是英国殖民地中最早享有自治权的殖民地；

（5）良好的教育水准及排名世界第三的国民所得；

（6）世界许多一流的律师事务所、会计师事务所皆在此提供国际信托、财经及商业服务；

（7）完善的银行体系及提供多元化的金融服务：投资管理，个人或专业投资公司皆可找到合适的银行提供服务；

（8）通信网络使用最先进的光纤电缆。

【编者提示】

近年来，随着苹果、微软等知名企业利用所谓的“避税天堂”巨额避税的事件相继曝光，很多国家纷纷采取反避税行动。广受关注的事件是，自2015年以来，由经合组织（OECD）成员国、G20 成员国和一些发展中国家共同参与制定的、针对税基侵蚀和利润转移（base erosion and profit shifting，BEPS）的行动计划已付诸实施，旨在确保企业利润在经济活动发生地和价值创造地征税，防范企业将利润转移至低税或无税地区，侵蚀一国税基。此举的后续行动及产生的效果值得进一步关注、研究。

资料来源：摘编自 http://www. rf. hk/company/bermuda/bmdgshc. html。

（四）影响企业组织形式选择的因素

1. 税收

税收作为调节企业与国家经济利益的重要方式，对企业创办及未来的经营活动产生深刻的影响。在成熟市场中，企业创办人首先考虑的因素是税收。在美国公司法中，将这一因素称为决定性因素。我国的公司制企业是纳税主体，企业就应税所得申报缴纳企业所得税，税后利润提取盈余公积后可分配给全体股东，自然人股东仍需就分得的利润申报个人所得税；非公司制企业是非纳税主体，无须缴纳企业所得税，由出资人或合伙人对其来自企业的利润申报个人所得税。显然，企业创办者应据此对不同的企业组织形式的税负进行估算、评价，先思而后行。

2. 利润分享和亏损承担的方式

对于独资企业，业主无须与他人分享利润，但其本人也应承担所有的亏损风险。对于合伙企业，如果合伙协议没有特别规定，利润和亏损应由每个合伙人按相等的份额分享和承担。对于有限责任公司和股份有限公司，公司的利润是按股东持有的股份比例和股份种类分享的，对于公司的亏损，股东个人不承担投资额以外的责任。企业创办者在创办企业时应对此进行分析与研判。

3. 资本和信用的需求程度

通常投资人拥有一定的资本，但尚不足，又不想使企业的规模太大，或者扩大规模受到客观条件的限制，则更适宜采用合伙或有限责任公司的形式；如果所需资金巨大，并希望经营的企业规模宏大，则适宜采用股份有限公司的形式；如果开办人愿意以个人信用作为企业信用的基础，且不准备扩大企业的规模，则适宜采用独资的方式。

此外，企业的存续期限、投资人的权利转让、投资人的责任范围、企业的治理结构等因素都会对投资人选择企业组织形式产生影响，这要求企业开办者综合分析，权衡利弊，做出科学决策。

【例 1-1】 胡格、李雨椿在大学毕业后打算自主创业，拟成立一家演艺工作室。他们希望每月各从该机构领取工资 12 000 元（不考虑专项扣除与专项附加扣除项目），年度盈利平均分配。预计 2020 年度实现会计利润 250 000 元（已扣除领取的工资），无其他纳税调整事项。请从税收角度考虑，为他们的演艺工作室组织形式的选择提出建议。

【解析】

1. 假设两个人创办有限责任公司

（1）工资薪金应纳个人所得税：

[(12 000－5 000)×10%－210]×12×2＝11 760(元)

（2）实现利润应纳企业所得税：

250 000×25%＝62 500(元)

（3）分得的股息、红利应纳个人所得税（假设企业利润全部用于支付股息）：

(250 000－62 500)×20%＝37 500(元)

（4）2020年度应纳所得税合计：

11 760＋62 500＋37 500＝111 760(元)

（5）两位创业者2020年度共实现税后收益：

12 000×12×2－11 760＋250 000－62 500－37 500＝426 240(元)

2. 假设两个人创办合伙企业

（1）工资薪金应纳个人所得税：

[(12 000－5 000)×10%－210]×12×2＝11 760(元)

（2）分得的股息、红利应纳个人所得税（假设企业利润全部用于支付股息）：

250 000×20%＝50 000(元)

（3）2020年度应纳个人所得税合计：

11 760＋50 000＝61 760(元)

（4）两位创业者2020年度共实现税后收益：

12 000×12×2－11 760＋250 000－50 000＝476 240(元)

以上计算结果表明，方案二比方案一多实现税后收益50 000元。由此，建议选择方案二，即成立合伙企业。

本例中，如果将两位创业者的预期工资水平进一步提高，则在营业收入一定的情况下，企业的利润、企业所得税、个人所得税的数据均随之变化，两个方案在税后收益方面的差距将会缩小，即合伙企业的税负优势可能不再突出甚至消失。因此，关于企业组织形式的评价、选择，应坚持具体问题具体分析的原则，不可绝对化、片面化。建议有兴趣的读者可设定几组数据进行测试。

第2节 企业市场环境

企业是市场的重要参与者。企业的市场活动对其财务会计行为产生重要影响。一个经济体中的市场，诸如人才市场、信息市场、产品市场、金融市场、文物市场、婚嫁市场、碳交易市场等，具有种类繁多、分工明确的特点。这里，我们仅就与企业日常经营及投融资活动密切相关的产品市场、金融市场进行分析。

一、产品市场

（一）产品市场的含义

产品市场是商品经济运行的载体或现实表现，包含商品生产者与消费者之间的各种经济关系、有购买力的需求、商品交换场所和领域、现实顾客和潜在顾客四个相互联系的方面（见图 1-3）。

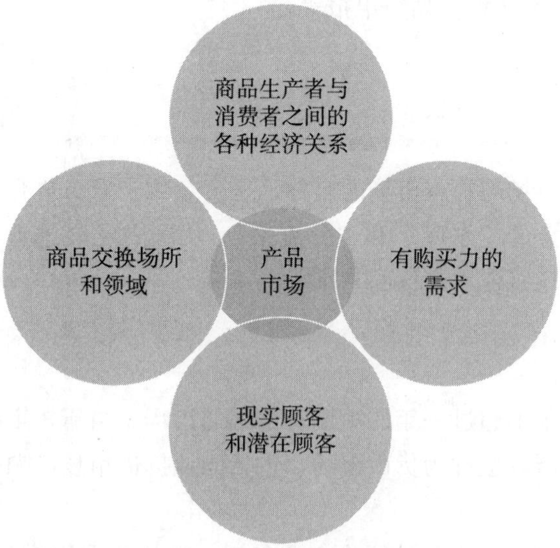

图 1-3　产品市场的组成要素

市场联结生产、供应、销售的各方企业，为各方企业提供交换场所和其他交换条件，以此实现商品生产者、经营者和消费者各自的经济利益。

（二）产品市场类型

产品市场可以按照市场的主体和消费客体的性质分类（见表 1-7）。

表 1-7　产品市场的种类

分类的角度	市场种类
市场的主体	（1）按购买者的购买目的和身份，市场分为消费者市场、生产者市场（工业使用者市场或工业市场）、政府市场、转卖者市场（中间商市场） （2）按企业的角色，市场分为购买市场（企业在市场上是购买者，购买生产要素）、销售市场（企业在市场上是销售者，出售自己的产品）

续表

分类的角度	市场种类
消费客体的性质	（1）按交易对象的最终用途，市场分为生产资料市场、生活资料市场 （2）按交易对象是否具有物质实体，市场分为有形产品市场、无形产品市场 （3）按交易对象的具体内容，市场分为商品市场、技术市场、劳动力市场、金融市场、信息市场等 （4）按人口统计特征，市场分为妇女市场、儿童市场、老年市场等 （5）按地理标准（空间标准），市场分为国内市场（北方市场、南方市场、沿海市场等）、国际市场（国别市场和区域市场） （6）按市场的时间标准，市场分为现货市场、期货市场

企业在产品市场的财务会计行为，主要体现在供应、生产、销售环节，包括原材料、商品的采购成本管理与核算，应付账款管理，票据融资，销售与应收账款核算，应收账款融资（保理），流转税筹划与申报等。

二、金融市场

金融市场是资金市场与资本市场的合称，是资金供求双方进行交易的场所，是经济体系中聚集、分配资金的“水库”和“分流站”。从历史发展进程看，资金市场先于资本市场出现，资金市场是资本市场的基础。

（一）资金市场

资金市场是指期限不超过一年的短期资金融通市场。由于短期有价证券易于变成货币或作为货币使用，所以也称为货币市场，包括同业拆借市场、票据贴现市场、回购市场和短期信贷市场等。

企业在资金市场中的财务会计行为主要包括：向银行取得借款、发行短期融资券、应收账款融资、票据贴现、企业拆借等。

（二）资本市场

一般而言，资本市场是融通长期资金的场所，主要包括股票市场、债券市场、基金市场、期货市场和中长期信贷市场等，其融通的资金主要满足企业扩大再生产的资本需求。

企业在资本市场中的财务会计行为主要包括：发行股份并上市、发行债券、企业合并与分立、金融投资、金融风险管理、市值管理及信息披露等。

延伸阅读

中国资本市场的层次性

我国的资本市场从1990年沪、深证券交易所成立至今，已经形成了主板、创业板、科创板、新三板市场、区域性产权交易市场、股权交易市场等多种证券交易平台，多层次资本市场体系基本成形。

主板市场存在于上海和深圳两家证券交易所，是开办最早、规模最大、上市标准最高的市场。中小板市场开办于 2004 年 5 月 17 日，由深圳证券交易所承办，是落实多层次资本市场建设的第一步。中小板市场为处于产业化初期的中小型企业提供资金融通平台，上市标准比主板市场略低。2021 年，深圳证券交易所主板与中小板合并正式实施。由深圳证券交易所承办的创业板市场于 2009 年 10 月 30 日启动，其目的是为创新型和成长型企业提供融资平台，并为风险投资企业、私募股权投资机构等建立新的退出机制。

全国中小企业股份转让系统（俗称“新三板”）及各地的产权交易市场、股权交易市场等，是上海、深圳两家证券交易所之外的交易市场，即场外交易市场或称柜台交易市场（over the counter，OTC）。

2019 年 6 月 13 日，在上海证券交易所开设的科创板正式开板。设立科创板并试点注册制，是我国提升企业科技创新能力、增强市场包容性、强化市场功能的一项资本市场重大改革举措。

2021 年 4 月 6 日，深圳证券交易所主板与中小板正式合并，中国资本市场再次迎来历史性变革。深圳证券交易所称，两板合并对于完善市场功能、夯实市场基础、提升市场活力和韧性、促进资本要素市场化配置、更好地服务国家战略发展全局具有重要意义。

2021 年 9 月 2 日，国家主席习近平在 2021 年中国国际服务贸易交易会全球服务贸易峰会上宣布将继续支持中小企业创新发展，深化新三板改革，设立北京证券交易所，打造服务创新型中小企业主阵地。北京证券交易所的创立，将与上海、深圳证券交易所形成三足鼎立的态势，将深刻影响我国区域金融格局和生态，惠及中小企业并助力实体经济高质量发展。

资料来源：摘编自中国证监会、深圳证券交易所、上海证券交易所公开资料。

第 3 节　企业法律环境

企业的财务会计行为受特定的法律及规章制度的约束与规范。在我国，与企业财务会计行为紧密相关的法律法规与制度等如表 1-8 所示。

表 1-8　涉及企业会计的法律法规与制度

法律法规或制度	制定或颁布机构	生效时间	规范、调整的关系
《中华人民共和国会计法》	全国人民代表大会常务委员会	2000 年 7 月 1 日起实施，2017 年 11 月修订	会计工作最高行为准则
《中华人民共和国公司法》	全国人民代表大会常务委员会	2006 年 1 月 1 日起实施，2018 年 10 月修订	对公司行为（含财务会计行为）的规范与调整
《中华人民共和国证券法》	全国人民代表大会常务委员会	2020 年 3 月 1 日实施，2019 年 12 月修订	规范公司证券发行和交易行为（含财务会计行为）

续表

法律法规或制度	制定或颁布机构	生效时间	规范、调整的关系
《中华人民共和国企业所得税法》《中华人民共和国个人所得税法》《中华人民共和国增值税暂行条例》等法律或条例	全国人民代表大会及其常务委员会、国务院	《中华人民共和国企业所得税法》2008年1月1日起施行，2018年12月修订； 《中华人民共和国个人所得税法》自公布之日起施行，2018年8月修订； 《中华人民共和国增值税暂行条例》2009年1月1日起施行，2017年11月修订	规范各相关纳税人行为
《中华人民共和国注册会计师法》	全国人民代表大会常务委员会	1994年1月1日起施行，2014年8月修订	对注册会计师行为的管理与规范
企业会计准则	国家财政部	由具体准则确定	企业财务会计工作必须遵循的基本原则
《小企业会计准则》	国家财政部	2013年1月1日起施行	规范小企业会计确认、计量和报告行为
《会计基础工作规范》	国家财政部	1996年6月17日起实施，2019年3月修订	强化会计基础工作管理
地方会计法规	地方人大及其常务委员会		根据国家法律、结合地方特点制定的实施细则

应该注意的是，2014年财政部相继对《企业会计准则——基本准则》《企业会计准则第2号——长期股权投资》《企业会计准则第9号——职工薪酬》《企业会计准则第30号——财务报表列报》《企业会计准则第33号——合并财务报表》《企业会计准则第37号——金融工具列报》进行了修订，并发布了《企业会计准则第39号——公允价值计量》《企业会计准则第40号——合营安排》《企业会计准则第41号——在其他主体中权益的披露》等三项具体准则。

2017年，财政部发布了《关于印发修订〈企业会计准则第22号——金融工具确认和计量〉的通知》（财会〔2017〕7号）、《关于印发修订〈企业会计准则第23号——金融资产转移〉的通知》（财会〔2017〕8号）、《关于印发修订〈企业会计准则第24号——套期会计〉的通知》（财会〔2017〕9号）、《关于印发〈企业会计准则第42号——持有待售的非流动资产、处置组和终止经营〉的通知》（财会〔2017〕13号）、《关于印发修订〈企业会计准则第37号——金融工具列报〉的通知》（财会〔2017〕14号）、《关于印发修订〈企业会计准则第16号——政府补助〉的通知》（财会〔2017〕15号）、《关于修订印发修订〈企业会计准则第14号——收入〉的通知》（财会〔2017〕22号）及六项会计准则解释。

2018年以来，财政部又发布了《关于修订印发〈企业会计准则第21号——租赁〉的通知》（财会〔2018〕35号）、《关于印发修订〈企业会计准则第7号——非货币性资产交换〉的通知》（财会〔2019〕8 号）、《关于印发修订〈企业会计准则第 12 号——债务重组〉的通知》（财会〔2019〕9 号）。

企业业务模式在变化，政府监管方式在优化，财务会计理论研究在深化，国际会计准则趋同在强化，企业会计准则及相关法规制度的修订、增补、删减永远在路上。企业财务会计从业者及会计信息使用者的持续学习能力、毅力，日显重要与珍贵。

第 4 节　企业财务会计行为的阶段性特征

从财务会计概念范畴看，企业财务会计行为包括确认、计量与报告三个方面；从企业实际运行情况看，可以按时间顺序及阶段性特征，将企业财务会计行为具体化、层次化。

一、企业注册（开办）环节的财务会计行为

（一）资本金的筹措与验证

一切商业活动都需要本钱。企业开办之初的一项重要工作就是资本金的筹措。按照现行规定，一些资本金需求量大、风险高的行业，如银行、证券、保险、投资、租赁、消费金融、涉外劳务合作等，企业应委托中国注册会计师对出资人的资本金进行验证，取得验资报告后，方可办理营业执照，开业经营。出资人约定、政府批准可以分次注资时，也可先领取营业执照，再办理资本金投入、验证事项。

为进一步降低市场准入门槛，政府关于企业资本金缴纳及验证的规定呈现逐步放松的趋势。

（二）营业执照的取得

企业持验资报告、章程或契约、营业场地证明等资料到市场监督管理部门办理营业执照，依法进入市场。

（三）法人、财务会计负责人印鉴刻制与备案

企业法人（或负责人）、财务负责人及公司印鉴均应在公安部门备案，方可受到法律保护。

（四）开立账户

1. 账户的种类

（1）基本存款账户。基本存款账户是企业办理日常结算及现金支取的账户，按照规定，企业发放工资、奖金等需要支取的现金，只能通过基本存款账户办理。一个企业只

能有一个基本存款账户。

（2）一般存款账户。一般存款账户是企业为了业务方便在银行或金融机构开立的基本存款账户以外的账户，该类账户主要用于银行借款的转存以及为与开立基本存款账户的企业不在同一地点的附属非独立核算的单位开立的账户。按规定，企业可以通过一般存款账户办理转账结算和现金缴存，但不得支取现金。

（3）临时存款账户。临时存款账户是因企业临时业务活动需要而开立的暂时性账户，企业可以通过此类账户办理转账结算以及按照现金管理的规定办理现金收付。

（4）专用存款账户。专用存款账户是企业因特定用途需要开立的账户，如专门用于纳税申报等。

2. 开户条件及程序

企业在银行开户应备齐以下资料：

（1）营业执照或工商管理部门核准的公司名称登记文件；

（2）企业代码证书（由市场监督管理部门颁发）；

（3）税务登记证（由国家税务总局、地方税务局颁发）；

（4）验资报告（由会计师事务所出具）；

（5）当地人民银行出具的准许开立基本账户的批文；

（6）企业公章、负责人印章及公安部门出具的印章卡；

（7）若开立外币账户，需经外汇管理部门审批，并接受年检。

应注意的是，政府为简便企业办证程序，已推出“多证合一，一照一码”等措施。

（五）启用会计账簿

公司制企业一般为多账簿的核算系统。企业应按要求设置账簿体系（system of the booking，SOB）（见图1-4）。

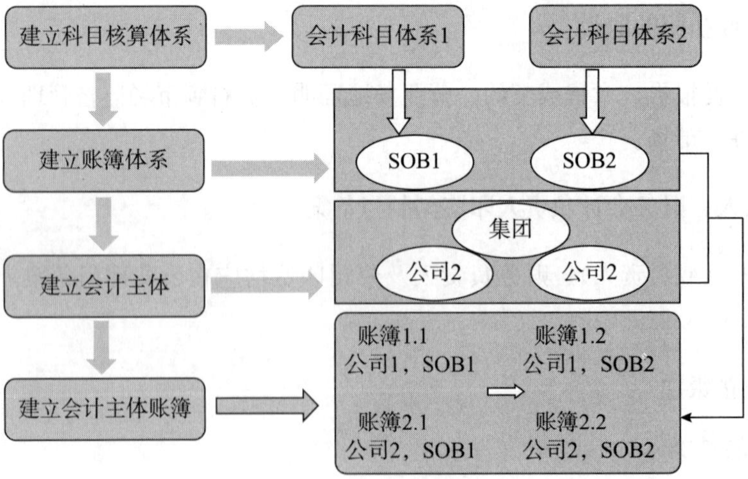

图1-4　企业账簿体系

（六）会计机构设置与会计人员配置

企业应根据组织形式、治理结构、经营性质及规模，本着效率、成本、专业、规范的原则，设置会计机构，配置会计人员，制定财务会计制度。

二、企业运行环节的财务会计行为

（一）编制财务预算

企业财会部门应协同营销、人力资源、采购、研发、生产等部门制定全面的财务预算，确定年度预算目标（见图 1－5），并在财务年度结束后对预算执行情况进行分析，考察企业在成本控制、经营业绩等方面的绩效，为制定下一年度财务预算奠定基础。

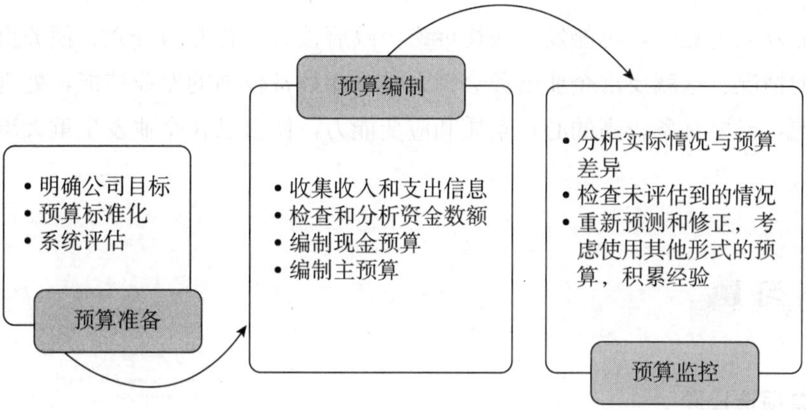

图 1－5　企业财务预算框架

（二）日常会计核算与信息披露

企业财务会计人员应根据企业的组织形式、经营规模等方面的实际情况，设计会计核算流程，根据实际发生的经济业务事项进行会计核算，填制会计凭证，登记会计账簿，编制财务会计报告，履行信息披露义务。

（三）纳税申报与筹划

企业财务会计人员应根据企业的组织形式、行业特点、经营规模、盈利模式等确定税种、税负及申报、缴纳时间。在现有法律框架下进行税务筹划，节约成本，开辟财源。

（四）投融资计划制订与实施

企业投融资行为是企业的重大经营活动。财务会计人员应参与其可行性论证、资源配置、绩效评价等所有过程。从企业经营的现实情况来看，财务会计人员在这些过程中的参与程度、贡献大小，往往是衡量其自身价值高低以及能否与企业共同成长的重要因素。

（五）员工激励计划制订与实施

员工激励计划是现代企业制度下常见的企业行为，将对企业的长期发展产生重大影响，财务会计人员应在激励规划、方案设计、执行过程中发挥重要作用。

（六）分配计划制订与实施

企业所有经营活动的最终目标是分配，既包括对员工（薪酬、福利、激励）的分配，又包括对股东（出资人）的分配，还包括对国家（税收）的分配。对分配与否、分配多少、分配方式、分配时机等企业分配政策各要素的分析与决策，是财务会计人员的高端业务。

（七）特殊事项的应对

在企业发展过程中，可能发生法律诉讼、政府接管、合并与分立、债务重组甚至破产与清算的情况。这就要求企业财务会计人员既要具备较高的专业技能，处理复杂的财务会计问题，又要具备较高的心理素质和应变能力，使自己在企业发生重大事件时处于主动地位。

练习题

一、单项选择题

1. 由个人出资经营、归个人所有和控制、由个人承担经营风险和享有全部经营收益的企业，是（　　）。

A. 独资企业　　B. 合伙企业

C. 有限责任公司　　D. 股份有限公司

2. 合伙企业（　　）法律主体，合伙人对企业债务承担（　　）责任。

A. 不是，有限　　B. 不是，无限

C. 是，有限　　D. 是，无限

3. 一个自然人可以投资设立（　　）家一人有限责任公司。

A. 1　　B. 2　　C. 3　　D. 无数量限制

4. 在公司治理结构中，（　　）是股份有限公司的最高权力机构，并选举或推举产生（　　）。

A. 股东大会，董事会　　B. 董事会，总经理

C. 股东大会，总经理　　D. 股东大会，股东

5. 下列关于产品市场含义，不正确的是（　　）。

A. 商品生产者和商品消费者之间各种经济关系的汇合和总和

B. 有购买力的需求

C. 现实顾客和潜在顾客

D. 以上说法均不正确

二、多项选择题

1. 有限责任公司与股份有限公司的区别，主要表现在（　　）。

A. 股东数量　　B. 资本筹措方式

C. 股份转让方式　　D. 税收制度安排

2. 影响企业组织形式选择的因素包括（　　）。

A. 税收

B. 利润和亏损的承担方式

C. 资本和信用的需求程度

D. 企业的存续期限，投资人的权利转让，投资人的责任范围等

3. 按交易的时间标准不同，产品市场可分为（　　）。

A. 现货市场　　B. 期货市场

C. 消费者市场　　D. 生产者市场

4. 资金市场主要包括（　　）。

A. 同业拆借市场　　B. 票据贴现市场

C. 回购市场　　D. 短期信贷市场

5. 资本市场主要包括（　　）。

A. 股票市场　　B. 债券市场

C. 基金市场　　D. 中长期信贷市场

E. 期货市场

三、综合分析题

1. 细读《中华人民共和国合伙企业法》和《中华人民共和国公司法》，找出其中涉及企业财务会计行为规范的条款，比较有限合伙企业、有限责任公司、股份有限公司在治理结构（特别是决策机制）方面的特点。

2. 长期以来，会计师事务所是高校财务、税务、会计、审计、金融、法律等专业的一些毕业生就业的热门单位。中国注册会计师协会行业管理信息系统显示，截至2022年12月31日，全国共有执业注册会计师98 099人，会计师事务所9 098家（不含分所）。目前，这些会计师事务所在组织形式上呈现出合伙制、公司制并存的态势。

请通过查阅资料、实地调查等方式，了解会计师事务所合伙制、有限责任制并存的背景与原因。

3. 依据本章内容，查阅相关资料，尝试对“腾讯控股”（00700. HK）这家企业进行多维度的定性分析与分类。

4. 查阅相关资料，了解成立北京证券交易所的背景与原因，了解该所对拟上市企业财务会计方面的标准或要求。

第 2 章

金融工具与套期会计

学习目标

随着我国市场经济体制改革的逐步深入与金融市场的不断发展，企业经济业务呈现出某种程度的“金融化”倾向。例如，为数众多的企业通过发行股票、债券筹措营运资金，通过证券投资等理财活动赚取投资收益，通过对资产未来收益的证券化提升资产的流动性，通过特定的合约安排防范经营活动中商品价格、利率、汇率变动带来的风险，通过并购、重组、分立实现既定的战略目标，等等。企业开展此类业务无不以金融工具的精确运用为手段，以金融市场的有效运行为载体。对金融工具的运用、管理与核算构成了市场经济环境中企业财务会计的重要内容。本章依据《企业会计准则第 22 号——金融工具确认和计量》《企业会计准则第 23 号——金融资产转移》《企业会计准则第 24 号——套期会计》和《企业会计准则第 37 号——金融工具列报》，兼顾“中级财务会计”“高级财务会计”课程相关内容的衔接与融合，重点分析、讲解金融工具的基本原理及其财务会计核算方法。

第 1 节　金融工具会计概述

一、金融工具的定义

在《企业会计准则第 22 号——金融工具确认和计量》中，金融工具是指形成一个企业的金融资产并形成其他单位的金融负债或权益工具的合同。企业应当根据所发行金融工具的合同条款及其所反映的经济实质而非仅以法律形式，在初始确认时将该金融工具或其组成部分分类为金融资产、金融负债或权益工具。

例如，甲公司购买乙公司发行的股票，甲公司是股票投资，形成一项金融资产；乙公司发行股票，是以股权换取资金，即权益（股权）融资，应计入股东权益类科目。这里的“股票”就是金融工具，且是权益类金融工具。

又如，甲公司购买乙公司发行的债券，甲公司是债券投资者（债权人），形成一项金融资产；乙公司发行债券，是债务人，是负债融资，形成一项金融负债。这里的“债券”也是金融工具，且是债务类金融工具。

再如，企业发生的应交税费，是企业依据税收法规应承担的义务，不是以合同为基础的义务，虽然它是负债，但不是金融工具，不构成金融负债。

（一）金融资产

1. 金融资产的概念

金融资产，是指企业持有的现金、其他方的权益工具（例如购入其他企业发行的股票）以及符合下列条件之一的资产。

条件 1　从其他方收取现金或其他金融资产的合同权利。

例如，工商企业经营过程中形成的银行存款、应收账款、应收票据、债权投资，金融机构发放的贷款等，都具有向其他方（债务人）收取现金（本金、利息）的权利，均属于金融资产。再如，预付账款不是金融资产，因其产生的未来经济利益是商品或服务，不是收取现金或其他金融资产的权利。

这里应特别注意金融资产具有“合同权利”这一特点。但凡“合同”，通常都涉及交易双方，企业金融资产的价值通常都会受交易对方财务状况及市场因素的影响。例如，企业应收账款的价值会受债务人财务状况、偿付货款状况的影响。又如，企业购入另一企业发行的股票、计入金融资产后，其价值也会受发行股票企业财务状况及金融市场环境的影响。

企业的其他资产，例如机器设备等固定资产，就不具有“合同权利”，自企业购入或建造固定资产后，供企业自用，不再涉及交易对方，其未来的价值基本上取决于企业自身对该资产的使用状况。

金融资产区别于其他资产的另一个特点是，金融资产的取得、处置，通常发生于金融市场（资金市场或资本市场），而固定资产等其他资产的取得、处置，通常发生于产品市场，或称实体经济市场。

条件 2　在潜在有利条件下，与其他方交换金融资产或金融负债的合同权利。

【例 2-1】　2021 年 2 月 1 日甲公司支付 5 000 元从乙公司购入一项看涨期权合同（如认股权证等），该合同要求乙公司承担一项交付义务，承诺甲公司具有可在 2022 年 1 月 31 日以每股 102 元的价格回购本公司股票 1 000 股的权利。假定 2022 年 1 月 31 日该股票的每股市价为 104 元。如果甲公司选择到期行权，该合同将以现金净额结算。请分析甲公司的业务性质及账务处理。

【解析】

（1）甲公司到期行权，该合同将以现金净额结算。结算时甲公司应向乙公司交付 102 000 元（102×1 000），乙公司则应向甲公司交付 104 000 元（104×1 000），甲公司将按净额获利 2 000 元，意味着甲公司行权是有利的，其具有向乙公司收取按股票市价大于行权价之差计算的现金净额的权利，符合金融资产定义中条件 2，因此，应将购入的期权合约（衍生工具）确认为金融资产。

（2）会计处理：

借：衍生工具——看涨期权　　5 000

　贷：银行存款　　5 000

条件3　将来须用或可用企业自身权益工具进行结算的非衍生工具合同，且企业根据该合同将收到可变数量的自身权益工具。

【例2-2】　甲公司是上市公司，曾经发行普通股股票1 000万股，乙公司通过网下配售方式购入50万股。之后，甲公司借给乙公司100万元，合同约定乙公司将来用持有的甲公司股票偿还。请分析甲公司账务处理特点。

【解析】

在企业实务中，本例的合理性表现在两个方面：甲公司借给乙公司的100万元，实际上是回购乙公司持有的甲公司股票的资金；对乙公司而言，实际上是以持有的甲公司股票为质押，取得一笔贷款，并承诺以持有的股票偿还。

这种情况下，乙公司100万元借款到期时用来偿还的股票数量是可变的。甲公司股价高，乙公司偿还股票的数量就少，反之就多。甲公司应依据上述条件将借款合同确认为金融资产，收到乙公司偿还的股票时，借记“库存股”等科目。

条件4　将来须用或可用企业自身权益工具进行结算的衍生工具合同，但以固定数量的自身权益工具交换固定金额的现金或其他金融资产的衍生工具合同除外。其中，企业自身权益工具不包括应当按照《企业会计准则第37号——金融工具列报》分类为权益工具的可回售工具或发行方仅在清算时才有义务向另一方按比例交付其净资产的金融工具，也不包括本身就要求在未来收取或交付企业自身权益工具的合同。

【例2-3】　2021年2月1日甲公司支付5 000元从乙公司购入一项看涨期权合同，该合同约定乙公司应承担一项交付义务，承诺甲公司具有在2022年1月31日以每股102元的价格回购本公司股票1 000股的权利。假定2022年1月31日该股票的每股市价为104元。

如果甲公司到期行权，该合同将以普通股净额结算。请分析甲公司购入看涨期权合同的性质及账务处理特点。

【解析】

（1）合同性质。

从合同规定的结算方式来看，以普通股净额结算，乙公司实际向甲公司交付普通股数量约为19.2股((104 000－102 000)/104)，因交付的普通股数量须为整数，实际交付19股，余下的金额24元（2 000－19×104）将以现金支付。

由于看涨期权合同是衍生工具，且合同将来用于结算的股票数量不确定，甲公司收到的是可变数量的自身权益工具，符合金融资产定义的条件4，因此甲公司应将购入的期权确认为金融资产。

(2) 会计处理：

借：衍生工具——看涨期权　　5 000

　贷：银行存款　　5 000

【例 2-4】 2021 年 2 月 1 日甲公司支付 5 000 元从乙公司购入一项看涨期权合同，该合同约定乙公司应承担一项交付义务，承诺甲公司拥有可在 2022 年 1 月 31 日以每股 102 元的价格回购本公司股票 1 000 股的权利。假定 2022 年 1 月 31 日该股票的每股市价为 104 元。

如果甲公司到期行权，该合同将以普通股总额结算。请分析甲公司购入看涨期权合同的性质及账务处理特点。

【解析】

(1) 合同性质。

从合同规定的结算方式来看，以普通股总额结算，意味着结算时甲公司应支付固定金额现金收取固定数量的本公司股票，即：甲公司应向乙公司支付 102 000 元，乙公司则应向甲公司交付 1 000 股甲公司股票，是“以固定数量的自身权益工具交换固定金额的现金或其他金融资产的衍生工具合同”，因此，甲公司购入的看涨期权不符合金融资产的定义，不能确认为金融资产，应确认为权益工具（冲减）。

(2) 会计处理：

借：其他权益工具——看涨期权　　5 000

　贷：银行存款　　5 000

2. 企业管理金融资产的业务模式与金融资产分类

企业管理金融资产的业务模式，是指企业如何管理其金融资产以产生现金流量。业务模式决定企业所管理金融资产现金流量的来源是收取合同现金流量、出售金融资产还是两者兼有。

企业确定其管理金融资产的业务模式时，应当注意以下方面：

(1) 企业应当在金融资产组合的层次上确定管理金融资产的业务模式，而不必按照单个金融资产逐项确定业务模式。

(2) 企业应当以关键管理人员决定的对金融资产进行管理的特定业务目标为基础，确定管理金融资产的业务模式。

(3) 企业应当以客观事实为依据，确定管理金融资产的业务模式，不得以按照合理预期不会发生的情形为基础确定。

应该注意的是，如果金融资产实际现金流量的实现方式不同于评估业务模式时的预期（如企业出售的金融资产数量超出或少于在对资产做出分类时的预期），只要企业在评估业务模式时已经考虑了当时所有可获得的相关信息，这一差异不构成企业财务报表的前期差错，也不改变企业在该业务模式下持有的剩余金融资产的分类（即不需要重分类）。但是，企业在评估新的金融资产的业务模式时，应当考虑这些信息。

企业应当根据其管理金融资产的业务模式和金融资产的合同现金流量特征，将金融资产划分为三类，如表2-1所示。

表2-1 金融资产分类

	合同现金流量特征	金融工具类型	业务模式	核算科目	会计处理特点
1. 按摊余成本计量	本金＋利息	债务工具	收取本金和利息	应收账款、贷款、债权投资等	实际利率法＋摊余成本＋减值
2. 公允价值计量、价值变动计入其他综合收益	本金＋利息	债务工具	收取本金和利息以及出售	其他债权投资、其他权益工具投资（指定的）	实际利率法＋公允价值＋减值
3. 公允价值计量、价值变动计入当期损益	以上两类之外的情形	债务工具、权益工具	以上两类之外的情形	交易性金融资产、衍生工具等	公允价值＋公允价值变动损益

表2-1中第三类金融资产的“交易性”，是指企业持有的金融资产（金融负债也是如此）满足下列条件之一的情形：

1）取得相关金融资产主要是为了近期出售或回购。

2）相关金融资产在初始确认时属于集中管理的可辨认金融工具组合的一部分，且有客观证据表明近期实际存在短期获利模式。

3）相关金融资产属于衍生工具。一般而言，衍生工具中的金融资产或金融负债，应按公允价值计量，且将其公允价值变动计入当期损益，如例2-1、例2-2涉及的情形。但是，衍生工具被用于财务担保合同时，担保方取得的信用保护收入（担保费），应当在财务担保合同期间按照合理的基础进行摊销，计入各期损益；被指定为有效套期工具的衍生工具，不以交易为目的，虽也以公允价值计量，但应将其公允价值变动计入其他综合收益。

下面，我们通过例题说明企业金融资产核算的基本原理与方法。

【例2-5】 2019年1月1日，甲公司以1 000万元（其中，交易费用1万元）的价款在深圳证券交易所购入乙公司同日发行的5年期公司债券125 000张。此债券票面价值总额为1 250万元，票面年利率为4.72%，每年年末支付本年度债券利息（每年利息为59万元），本金在债券到期时一次性偿还。合同约定，该债券的发行方在遇到特定情况时可以将债券赎回，且不需要为提前赎回支付额外款项。甲公司在购买该债券时，预计发行方不会提前赎回。甲公司拟将此债券持有至到期，以收取固定金额的利息并到期收回本金。甲公司根据管理该债券的业务模式和该债券的合同现金流量特征，将该债券分类为以摊余成本计量的金融资产。假定不考虑所得税、资产减值损失等因素。请做出甲公司的账务处理。

【解析】

（1）计算债券的实际利率 r。

本例仅给出票面年利率为4.72%，尚需按插值法计算债券的实际利率 r，以计量每期的利息收入及摊余成本。

依照债券发行价格计量模型，即债券发行价格等于债券未来现金流的现值，可以写出以下等式：

$$59\times(1+r)^{-1}+59\times(1+r)^{-2}+59\times(1+r)^{-3}+59\times(1+r)^{-4}+(59+1\,250)\times(1+r)^{-5}=1\,000(\text{万元})$$

采用插值法，计算得出 $r\approx10\%$，这表明债券票面年利率 4.72%低于其实际利率，甲公司折价购入该债券。

(2) 计算各期利息收入及摊余成本，见表 2-2。

表 2-2　债券利息收入及摊余成本计算表　　单位：万元

日期	期初摊余成本 (1)	实际利息收入 (2)=(1)×10%	现金流入 (3)	折价摊销 (4)=(2)-(3)	期末摊余成本 (5)=(1)+(2)-(3)
2019	1 000	100	59	41	1 041
2020	1 041	104	59	45	1 086
2021	1 086	109	59	50	1 136
2022	1 136	114	59	55	1 191
2023	1 191	118*	1 250+59	59**	0

* 尾数调整 1 250+59-1 191=118。

** 118-59=59。

(3) 甲公司有关账务处理如下：

2019 年 1 月 1 日，折价购入乙公司债券并将其分类为按摊余成本计量的金融资产时：

借：债权投资——成本　　12 500 000
　贷：银行存款（或其他货币资金）　　10 000 000
　　　债权投资——利息调整　　2 500 000

此笔分录中，"债权投资——成本"隐含了交易费用 1 万元（即"费用资本化"）。

2019 年 12 月 31 日，甲公司收到债券利息，确认利息收入时：

借：应收利息　　590 000
　　债权投资——利息调整　　410 000
　贷：投资收益——利息收入　　1 000 000
借：银行存款　　590 000
　贷：应收利息　　590 000

上述分录表明，虽然甲公司本期收到的利息只有 590 000 元，但确认的利息收入高达 1 000 000 元，原因是购入时取得了价格折扣优惠 2 500 000 元，本期应分享的价格优惠（折价摊销）为 410 000 元，增加了利息收入。

2020 年 12 月 31 日，甲公司收到债券利息，确认利息收入时：

借：应收利息　　590 000
　　债权投资——利息调整　　450 000

贷：投资收益——利息收入　　1 040 000

借：银行存款　　590 000

贷：应收利息　　590 000

同理，我们可以做出2021—2022年年末甲公司收到债券利息，确认利息收入时的账务处理，此处省略。

2023年12月31日，甲公司确认利息收入、收到最后一次债券利息及收回本金时：

借：应收利息　　590 000

债权投资——利息调整　　590 000

贷：投资收益——利息收入　　1 180 000

借：银行存款　　590 000

贷：应收利息　　590 000

借：银行存款　　12 500 000

贷：债权投资——成本　　12 500 000

延伸阅读

插值法（或测试法、试探法）的基本原理

假设，与 A_1 对应的数据是 B_1，与 A_2 对应的数据是 B_2，现在已知与 A 对应的数据是 B，且 A 介于 A_1 和 A_2 之间，即有如下对应关系：

$A_1 \rightarrow B_1$

$A(?) \rightarrow B$

$A_2 \rightarrow B_2$

其中，A_1，A_2，B_1，B_2，B 均为已知数据，且 $A_1 < A < A_2$。

按照公式 $(A_1-A)\div(A_1-A_2)=(B_1-B)\div(B_1-B_2)$，可计算得出 A 的数值。

【例2-6】 沿用例2-5的资料。甲公司购入乙公司债券以取得利息、收回本金或随时出售变现为目标。甲公司根据管理该债券的业务模式和该债券的合同现金流量特征，将持有的债券分类为以公允价值计量且其变动计入其他综合收益的金融资产。

其他资料如下：

(1) 2019年12月31日，乙公司债券的公允价值为1 200万元（不含利息，下同）。

(2) 2020年12月31日，乙公司债券的公允价值为1 300万元。

(3) 2021年12月31日，乙公司债券的公允价值为1 250万元。

(4) 2022年12月31日，乙公司债券的公允价值为1 200万元。

(5) 2023年1月16日，通过深圳证券交易所交易系统出售了乙公司债券12 500手，取得价款1 260万元。

请依据以上信息，做出甲公司的账务处理。

【解析】

(1) 计算该债券的实际利率 r：同上例，$r\approx10\%$ 。

(2) 计算、分析各期利息收入、摊余成本及公允价值变动，见表2-3。

表2-3　债券利息收入、摊余成本及公允价值变动计算表　单位：万元

日期	实际利息收入(A=期初C×10%)	现金流入(B)	摊余成本余额(C=期初C+A−B)	公允价值(D)	公允价值变动累计金额(E=D−C)	公允价值本期变动额(F=E−期初E)
2019年1月1日			1 000	1 000	0	0
2019年12月31日	100	59	1 041	1 200	159	159
2020年12月31日	104	59	1 086	1 300	214	55
2021年12月31日	109	59	1 136	1 250	114	−100
2022年12月31日	114	59	1 191	1 200	9	−105
2023年1月16日出售	—	1 260	1 191	1 260	9*	—

*159+55−100−105=9。

(3) 甲公司的账务处理。

2019年1月1日，购入乙公司债券并将其分类为以公允价值计量且其价值变动计入其他综合收益的金融资产时：

借：其他债权投资——成本（面值）　12 500 000
　贷：银行存款　10 000 000
　　其他债权投资——利息调整　2 500 000

2019年12月31日，甲公司收到债券利息，确认利息收入，反映债券公允价值变动时：

借：应收利息　590 000
　其他债权投资——利息调整　410 000
　贷：投资收益——利息收入　1 000 000
借：银行存款　590 000
　贷：应收利息　590 000
借：其他债权投资——公允价值变动　1 590 000
　贷：其他综合收益——其他债权投资公允价值变动　1 590 000

同理，我们可以做出2020—2022年年末甲公司收到债券利息，确认利息收入，反映债券公允价值变动时的账务处理，此处省略。

2023年1月16日，甲公司出售乙公司债券时：

公司债券的成本=1 250(万元)

甲公司持有债券利息调整余额(未摊销的部分)=250−(41+45+50+55)
=59(万元)

债券公允价值变动余额=159+55−100−105=9(万元)

应将债券持有期间形成的其他综合收益9万元转出。据此，做出以下账务处理：

借：银行存款　　12 600 000

　　其他债权投资——利息调整　　590 000

　　贷：其他债权投资——成本　　12 500 000

　　　　　　　　　——公允价值变动　　90 000

　　　　投资收益——出售价差　　600 000

借：其他综合收益——其他债权投资公允价值变动　　90 000

　　贷：投资收益——公允价值变动转入　　90 000

【例2-7】 2021年1月1日，甲公司从深圳证券交易所购入乙公司债券，希望择机出售赚取价差。甲公司支付债券价款合计为1 020 000元（含已到付息期但尚未领取的利息20 000元），另支付交易费用2 000元。该债券面值总额为1 000 000元，剩余期限为2年，票面年利率为4%，每半年末付息一次。甲公司根据其管理该债券的业务模式和该债券的合同现金流量特征，将该债券分类为以公允价值计量且其变动计入当期损益的金融资产。

其他资料如下：

(1) 2021年1月10日，收到乙公司债券2018年下半年利息20 000元。

(2) 2021年6月30日，乙公司债券的公允价值为1 150 000元（不含利息，下同）。

(3) 2021年7月10日，收到乙公司债券2019年上半年利息。

(4) 2021年12月31日，乙公司债券的公允价值为1 100 000元。

(5) 2022年1月10日，收到乙公司债券2019年下半年利息。

(6) 2022年6月18日，出售债券，取得价款1 180 000元（含1季度利息10 000元）。

假定不考虑其他因素。请依据以上信息，做出甲公司的账务处理。

【解析】

本例中甲公司的债券投资是典型的“分类为以公允价值计量且其变动计入当期损益的金融资产”。其账务处理如下：

(1) 2021年1月1日，从证券市场购入债券：

借：交易性金融资产——成本　　1 000 000

　　应收利息　　20 000

　　投资收益——交易费用　　2 000

　　贷：银行存款　　1 022 000

(2) 2021年1月10日，收到该债券2018年下半年利息20 000元：

借：银行存款　　20 000

　　贷：应收利息　　20 000

(3) 2021年6月30日，确认公司债券公允价值变动和投资收益：

借：交易性金融资产——公允价值变动　　150 000

　　贷：公允价值变动损益　　150 000

借：应收利息　　20 000

　贷：投资收益——利息收入　　20 000

(4) 2021年7月10日，收到债券2019年上半年利息：

借：银行存款　　20 000

　贷：应收利息　　20 000

(5) 2021年12月31日，确认债券公允价值变动和投资收益：

借：公允价值变动损益　　50 000

　贷：交易性金融资产——公允价值变动　　50 000

借：应收利息　　20 000

　贷：投资收益——利息收入　　20 000

(6) 2022年1月10日，收到债券2021年下半年利息：

借：银行存款　　20 000

　贷：应收利息　　20 000

(7) 2022年6月18日，通过证券交易所出售债券：

借：银行存款　　1 180 000

　贷：交易性金融资产——成本　　1 000 000

　　　　　　　　——公允价值变动　　100 000

　　投资收益——出售价差　　80 000

借：公允价值变动损益　　100 000

　贷：投资收益——公允价值变动损益转入　　100 000

3. 金融资产分类的特殊规定——非交易性权益工具投资的会计处理

依据企业会计准则，企业可以将非交易性权益工具投资在初始确认时指定（designation）为以公允价值计量且其变动计入其他综合收益的金融资产，且该指定一经做出，不得撤销。

此种情况下，企业以“其他权益工具投资”科目进行核算；不需对该资产计提减值准备；除了获得的股利（明确代表投资成本部分收回的股利除外）计入当期损益外，其他相关的利得和损失（包括以外币计价时的汇兑损益）均应当计入其他综合收益；当其终止确认时，持有期间计入其他综合收益的累计利得或损失应当转入留存收益。

这里，应注意会计领域的指定（designation）与分类（classification）的区别：“分类”是从企业管理金融资产的业务模式和金融资产的合同现金流量特征方面看，某项金融资产本来就应该归属的类别。例如，甲公司在资本市场购入中国联通流通股股票1 000万股，拟在股价上涨时伺机出售，赚取差价。在甲公司这种管理金融资产的业务模式下，甲公司该笔投资未来的现金流量特征不是收取固定的本金和利息，也不是收取本金、利息及出售兼而有之，而是具有明显的不确定性（何时出售股票不确定，股票出售时亏赚不确定，亏赚多少也不确定）。因此，甲公司应按该笔投资的随时交易性、现金流的不确定性将其分类为公允价值计量且其价值变动计入当期损益的金融资产，即交易性金融资产。

另一种情形是，假设甲公司通过中国联通定向增发方式获得股票1 000万股，拟作为战略投资，长期持有。此时，虽然此项投资为甲公司带来的现金流也具有不确定性，但甲公司应将该项战略投资“指定”为以公允价值计量且其变动计入其他综合收益的金融资产。对此，我们结合例2-8进行详细分析。

【例2-8】 2017年8月，中国联通宣布了混合所有制改革方案：中国联通A股公司作为混合所有制改革平台，将向民营企业筹集资本共计780亿元。互联网平台企业巨头百度、阿里巴巴、腾讯和京东积极响应，纷纷入股。作为战略投资者，腾讯投资110亿元，占中国联通全部股份的5.21%；百度投资70亿元，占3.31%；阿里巴巴投资43.3亿元，占2.05%；京东投资50亿元，占2.36%。请依据以上信息，分析阿里巴巴等企业关于本次投资的会计核算思路。

【解析】

（1）阿里巴巴等企业本次投资后，持有了中国联通若干比例的股份，因此，在没有其他约定情况下，本次投资是权益工具投资。

（2）阿里巴巴等企业本次投资是战略投资，而不是财务投资，目的是与中国联通结为长期业务合作伙伴，而不是为了短期内赚取价差而随时出售持有的股份，因此，本次投资是非交易性的权益工具投资，不应记入“交易性金融资产”。

（3）阿里巴巴等企业虽准备长期持股，但持股比例较低，未达到控制、共同控制或重大影响的程度，因此，本次投资不应记入“长期股权投资”。

（4）由于本次投资是权益工具投资，且未来的现金流量不是收取本金、利息或出售兼而有之，因此，本次投资也不应记入“其他债权投资”。

综合以上情况，上述企业只能将本次投资“指定”为以公允价值计量且其变动计入其他综合收益的金融资产。

此种情况下，阿里巴巴等企业在持有股份期间，应将取得的中国联通的现金股利计入投资收益，将股份的公允价值变动计入其他综合收益，以后出售持有的股份时，将价差计入投资收益，将持有期间形成的其他综合收益转入留存收益。

本例的分析有助于我们体会、理解“指定”的含义。原本只有企业赊销产品、发放贷款或购入债券等情况时才可能具有收取本金、利息或出售兼而有之的现金流量特征，从而理所当然地将其分类为以公允价值计量且其变动计入其他综合收益的金融资产，而本例中的企业进行的是权益工具投资，不具有相同的现金流量特征，但综合考虑企业投资管理模式后，别无选择地将其定性为“以公允价值计量且其变动计入其他综合收益的金融资产”，即所谓的“指定”。

应该注意的是，上一章提及的风险投资机构（venture capital，VC）对新创企业等的投资，其会计处理思路与本例类似。风险投资机构以分散投资为策略，不诉求过高的股份比例和短期内的股份出售价差收益，旨在通过资金的注入，使得被投资企业未来一个时期能够较好成长、发展并顺利上市，借此在资本市场（诸如我国的创业板、科创板，美国的纳斯达克等）高价出售股份实现退出并获取巨额投资回报。当然，被投资的新创企业自身具有较高的风险，其发展状况也可能不及预期，此时风险投资机构就难以出售股份实现退出。可见，风险投资机构的投资，具有非交易性权益工具投资的典型特征。

还应注意的是，会计领域的“指定”，有时是为了消除或显著减少“会计错配”（accounting mismatch）。会计错配，是指当企业以不同的会计确认方法和计量属性对在经济上相关的资产或负债进行确认或计量由此产生的利得或损失时，可能导致的会计确认和计量上的不一致。

例如，甲投资公司发行债券筹措资金，用于投资股票。甲公司将购入的股票分类为以公允价值计量且其变动计入当期损益的金融资产，其公允价值变动计入公允价值变动损益将会影响当期利润。如果甲公司将发行的债券分类为以摊余成本进行后续计量的金融负债，记入“应付债券”科目，则负债存续期间的债券价格变动（公允价值变动）的影响未反映在当期利润中，从而导致会计错配。对此，如果甲公司将以上金融负债直接指定为以公允价值计量且其变动计入当期损益的金融负债，记入“交易性金融负债”科目，则上述金融资产和金融负债的公允价值变动均计入当期损益，从而消除会计错配。

（二）金融负债

1. 金融负债的概念

金融负债是指企业基于金融工具（合同）的下列负债：

（1）向其他方交付现金或其他金融资产的合同义务，如应付账款、应付债券等。

（2）在潜在不利条件下，与其他方交换金融资产或金融负债的合同义务，如向某企业提供财务担保等。

（3）将来须用或可用企业自身权益工具进行结算的非衍生工具合同，且企业根据该合同将交付可变数量的自身权益工具，如企业发行的可转换债券等。

（4）将来须用或可用企业自身权益工具进行结算的衍生工具合同，但以固定数量的自身权益工具交换固定金额的现金或其他金融资产的衍生工具合同除外，详见下文“二、金融负债与权益工具的区分”的相关分析。

准确地理解金融负债的概念，应注意以下细节：金融负债是一种合同义务，会形成另一方金融资产，且需要用现金或者其他金融资产等偿还，如应付债券、应付票据、应付账款、长期应付款等。预收的销售款项产生的负债，将来是用存货等偿还的，因此不属于金融负债；上文提及的应交税费，不是企业的合同义务，因此不属于金融负债；按照劳动合同约定应支付职工的工资，即应付职工薪酬，以及按照产品质量保证承诺预计的保修费，即预计负债，除了用现金偿还以外，也可以用非现金资产偿还，且未形成另一方的金融资产，故也不属于金融负债。

2. 金融负债的分类

《企业会计准则第 22 号——金融工具确认和计量》采用排除法对金融负债进行分

类。除下列各项外，企业应当将金融负债分类为以摊余成本计量的金融负债。

（1）以公允价值计量且其变动计入当期损益的金融负债，包括交易性金融负债（含属于金融负债的衍生工具）和指定为以公允价值计量且其变动计入当期损益的金融负债。例如，企业通过中国银行间市场交易商协会平台发行短期融资票据等。

应该注意的是，在非同一控制下的企业合并中，企业作为购买方确认的或有对价形成金融负债的，该金融负债也应当以公允价值计量且其价值变动计入当期损益（详见第10章）。

（2）金融资产转移不符合终止确认条件或继续涉入被转移金融资产所形成的金融负债。

例如，企业以应收账款抵押、出售方式进行融资（保理业务）、以具有追索权的应收票据向银行贴现取得资金，以及银行机构出售信贷资产时可能存在的情形。

（3）部分财务担保合同，以及不属于以公允价值计量且其变动计入当期损益的金融负债的以低于市场利率贷款的贷款承诺。

企业作为此类金融负债发行方的，即为其他企业提供财务担保，或做出低于市场利率贷款的贷款承诺（如银行授信等）时，应当在初始确认后按照损失准备金额以及初始确认金额扣除依据《企业会计准则第14号——收入》相关规定所确定的累计摊销额后的余额孰高进行计量。

例如，两个企业的某项财务担保合同约定，如果被担保方财务状况良好，则担保方不需要承担责任；如果被担保方财务状况恶化，且债权人起诉，则担保方需要承担责任，确认相关金融负债（或确认相关损失准备）。假定担保方初始确认金额，即担保费为80万元，企业依据《企业会计准则第14号——收入》相关规定，按直线法将担保费在担保期内摊销、分期确认收入。截至目前，累计摊销额为20万元，初始确认金额扣除累计摊销额后的余额为60万元。如果此时担保方认为被担保方财务状况恶化，预期信用损失100万元，则该金融负债应按100万元（摊销后余额与损失准备金额的较高者）计量，同时确认损失准备40万元。

除以上三种情况外，企业的其他金融负债应以摊余成本计量，计入应付账款（应付票据）、应付债券、银行借款等科目，按实际利率法对其折价或溢价进行摊销，确认利息费用，计量摊余成本。

（三）权益工具

权益工具是指能证明拥有某个企业在扣除所有负债后的资产中的剩余权益的合同，即拥有对企业净资产的所有权合同。在同时满足下列条件的情况下，企业应当将发行的金融工具分类为权益工具。

（1）该金融工具应当不包括交付现金或其他金融资产给其他方，或在潜在不利条件下与其他方交换金融资产或金融负债的合同义务。例如，企业以发行股票方式融资时，通常就不具有向股东（股票认购者）偿还认购股票款项的义务，股东对发行方的净资产拥有所有权。

（2）将来须用或可用企业自身权益工具结算该金融工具。如为非衍生工具，该金融工具应当不包括交付可变数量的自身权益工具进行结算的合同义务；如为衍生工具，企业只能通过以固定数量的自身权益工具交换固定金额的现金或其他金融资产结算该金融工具。其中，企业自身权益工具不包括应按照《企业会计准则第 37 号——金融工具列报》分类为权益工具的特殊金融工具（例如，某些开放式基金的可随时赎回的基金份额），也不包括本身就要求在未来收取或交付企业自身权益工具的合同。

典型的权益工具有：企业发行的普通股、优先股（不含可赎回的优先股）、认股权证、股票期权等。

下文关于金融负债、权益工具区分的内容，有助于进一步认识、辨析企业的金融负债与权益工具，准确地进行确认与计量。

二、金融负债与权益工具的区分

对投资方而言，无论持有的是债务工具还是权益工具，在会计处理方面都仅涉及资产类科目，但对发行方或融资方而言，需要视具体情况在负债类、权益类科目中做出选择。企业在判断一项金融工具是否应划分为金融负债或权益工具时，应当以相关合同条款及其所反映的经济实质而非仅以法律形式为依据，企业不应仅依据政府监管规定或工具名称进行划分。有些金融工具（如企业发行的某些优先股、可转换债券等）可能既有权益工具的特征，又有金融负债的特征。因此，企业应当全面、细致地分析此类金融工具各组成部分的合同条款，以确定其显示的是金融负债还是权益工具的特征，并进行整体评估，以判定整个工具应划分为金融负债或权益工具，还是既包括负债成分，又包括权益工具成分的复合金融工具。

1. 分析是否存在无条件地避免交付现金或其他金融资产的合同义务

（1）如果企业不能无条件地避免以交付现金或其他金融资产来履行一项合同义务，则该合同义务符合金融负债的定义。例如，企业发行债券时已做出承诺、未来期间无条件还本付息的情形，就是典型的金融负债。

【例 2 - 9】 甲公司发行一项面值总额为 1 亿元人民币的优先股，承诺每年按 6%的股息率支付优先股股息；同时该公司还发行了一项永续债，无固定还款期限且不可赎回、每年按 6%的利率强制付息。请分析甲公司本次证券发行的业务性质。

【解析】

本例中，甲公司发行的优先股使甲公司承担了每年支付 6%的优先股股息，即甲公司不能无条件避免交付现金，则发行方承担了未来每年支付 6%股息的合同义务，该强制付息的合同义务应确认金融负债，而不应确认为权益工具，虽然字面上看是“股”（优先股）。

该公司的永续债，尽管无固定还款期限且不可赎回，形式上类似股票，但由于企业承担了以利息形式永续支付现金的合同义务，因此，应确认为金融负债。

（2）如果企业能够无条件地避免交付现金或其他金融资产，例如能够根据相应的议事机制自主决定是否支付股息（即无支付股息的义务），同时所发行的金融工具没有到期日且合同对手没有回售权，或虽有固定期限但发行方有权无限期递延（即无支付本金的义务），则此类交付现金或其他金融资产的结算条款不构成金融负债。如果发放股利由发行方根据相应的议事机制自主决定，则股利是累积股利还是非累积股利本身不影响该金融工具被分类为权益工具。

【例2-10】 甲公司发行了一项年利率为8%、无固定还款期限、可自主决定是否支付利息的不可累积永续债，其他合同条款如下：

该永续债嵌入了一项看涨期权，允许甲公司在发行第5年及之后以面值回购该永续债；

如果甲公司在第5年年末没有回购该永续债，则之后的票息率增加至10%；

该永续债票息在甲公司向其普通股股东支付股利时必须支付；

甲公司根据相应的议事机制能够自主决定普通股股利的支付，该公司发行该永续债之前，多年来均支付普通股股利。

假定没有其他条款导致该工具分类为金融负债。

请依据以上信息，分析甲公司本次证券发行的业务性质。

【解析】

本例中，由于甲公司能够根据相应的议事机制自主决定普通股股利的支付，并进而影响永续债利息的支付，对甲公司而言，该永续债利息并未形成支付现金或其他金融资产的合同义务；尽管甲公司有可能在第5年年末行使回购权，但是甲公司并没有回购的合同义务。如果没有其他情形导致该工具被分类为金融负债，则该永续债应整体被分类为权益工具，虽然字面上看是“债”（永续债）。

此外，虽然合同中存在利率跳升安排，但该安排也不构成企业无法避免的支付义务。因此，该永续债应确认为权益工具。

（3）有些金融工具虽然没有明确地包含交付现金或其他金融资产义务的条款和条件，但有可能通过其他条款和条件间接地形成合同义务。例如，企业发行金融工具签出的以现金或其他金融资产结算的期权时，就可能选择交付现金或其他金融资产，从而形成企业的一项金融负债。

2. 分析是否通过交付固定数量的自身权益工具结算

上文述及，权益工具是证明拥有企业的资产扣除负债后的剩余权益（即净资产）的合同。对于将来须交付企业自身权益工具的金融工具，如果未来结算时交付的权益工具数量是可变的，或者收到的对价的金额是可变的，则该金融工具的结算将对其他权益工具所代表的剩余权益带来不确定性（通过影响剩余权益总额或者稀释其他权益工具），也就不符合权益工具的定义。

实务中，一项须用或可用企业自身权益工具结算的金融工具是否对其他权益工具的价值带来不确定性，通常与该工具的交易目的相关。如果该企业自身权益工具是作为现金或其他金融资产的替代品（例如作为商品交易中的支付手段等），则该企业自身权益工具的接收方一般而言需要该工具在交收时具有确定的公允价值，以便得到与接受现金或其他金融资产的同等收益，因此，企业所交付的自身权益工具数量是根据交付时的公允价值计算的，是可变的。反之，如果该企业自身权益工具是为了使持有方作为出资人享有企业（发行人）资产扣除负债的剩余权益，那么需要交付的企业自身权益工具数量通常在一开始就已商定，而不是在交付时计算确定。

将来须用或可用企业自身权益工具结算的金融工具应当区分为衍生工具和非衍生工具。例如，甲公司发行了一项无固定期限、能够自主决定支付本息的可转换优先股。按合同规定，甲公司将在第 5 年年末将发行的该金融工具强制转换为可变数量的普通股，则该可转换优先股是一项非衍生工具。又如，甲公司发行一项 5 年期分期付息、到期还本，同时到期可转换为固定数量普通股的可转换债券，则该可转换债券中嵌入的转换权是一项衍生工具。

（1）基于自身权益工具的非衍生工具。对于非衍生工具，如果发行方未来有义务交付可变数量的自身权益工具进行结算，则该非衍生工具是金融负债；否则，该非衍生工具是权益工具。

某项合同并不仅仅因为其可能导致企业交付自身权益工具而成为一项权益工具。企业可能承担交付一定数量的自身权益工具的合同义务，如果将交付的企业自身权益工具数量是变化的，使得将交付的企业自身权益工具的数量乘以其结算时的公允价值等于合同义务的金额，则无论该合同义务的金额是固定的，还是完全或部分地基于除企业自身权益工具的市场价格以外变量（例如利率、某种商品的价格或某项金融工具的价格）的变动而变化的，该合同应当分类为金融负债。

【例 2－11】 甲公司与乙公司签订的合同，可能存在以下三种不同的约定：甲公司以 100 万元等值的自身权益工具偿还所欠乙公司债务；甲公司以 100 盎司黄金等值的自身权益工具偿还所欠乙公司债务；甲公司发行了名义金额人民币 100 元的优先股，合同条款规定甲公司在 3 年后将优先股强制转换为普通股，转股价格为转股日前一个工作日该普通股的市价。请分析其业务性质。

【解析】

第一种情况，甲公司须偿还的负债金额 100 万元是固定的，但甲公司须交付的自身权益工具的数量随着其权益工具市场价格的变动而变动。此时，甲公司发行的该金融工具应当划分为金融负债。

第二种情况，甲公司须偿还的负债金额随黄金价格变动而变动，同时，甲公司须交付的自身权益工具的数量随着其权益工具市场价格的变动而变动。此时，该金融工具应当划分为金融负债。

第三种情况，转股价格是变动的，未来须交付的普通股数量是可变的，实质可视作甲公司将在 3 年后使用自身普通股并按其市价履行支付优先股每股人民币 100 元的义务。此时，该强制可转换优先股整体是一项金融负债。

本例中，企业通过交付自身权益工具来结算合同义务，该合同属于一项金融负债，而并非企业的权益工具，因为企业以可变数量的自身权益工具作为合同结算方式，是现金或其他金融资产的替代品。

（2）基于自身权益工具的衍生工具。对于衍生工具，如果发行方只能通过以固定数量的自身权益工具交换固定金额的现金或其他金融资产进行结算（即“固定换固定”），则该衍生工具是权益工具；如果发行方以固定数量自身权益工具交换可变金额现金或其他金融资产，或以可变数量自身权益工具交换固定金额现金或其他金融资产，或在转换价格不固定的情况下以可变数量自身权益工具交换可变金额现金或其他金融资产，则该衍生工具应当确认为衍生金融负债或衍生金融资产。

例如，企业发行在外的股票期权赋予了工具持有方以固定价格购买固定数量的发行方股票的权利。该合同的公允价值可能会随着股票价格以及市场利率的波动而变动。但是，只要该合同的公允价值变动不影响结算时发行方可收取的现金或其他金融资产的金额，也不影响需交付的权益工具的数量，则发行方应将该股票期权作为一项权益工具处理（详见第3章）。

运用上述“固定换固定”原则来判断金融工具的会计分类，常见于可转换债券及具备转股条款的永续债、优先股等。如果发行的金融工具合同条款中包含在一定条件下转换成发行方普通股的约定且存在交付现金或其他金融资产的义务（例如每年支付固定股息的可转换优先股中的转换条款），该转股权将涉及发行方是否需要交付可变数量自身权益工具或者是否“固定换固定”的判断。在实务中，转股条款呈现的形式可能纷繁复杂，发行方应审慎确定其合同条款及所反映的经济实质能否满足“固定换固定”原则。

下面，我们通过例题分析企业典型的金融负债的核算原理与方法。

【例2-12】 沿用例2-5的资料。假设乙公司发行债券筹措的资金系用于建设一座厂房，支付给证券公司的发行费用与发行期间冻结资金产生的利息收入相等，乙公司将该债券分类为以摊余成本计量的金融负债。请做出乙公司的账务处理。

【解析】

（1）计算该债券的实际利率 r。

本例仅给出票面年利率为4.72%，乙公司尚需按插值法计算债券的实际利率r，以计量每期的利息费用及摊余成本。

依照债券发行价格计量模型，即债券发行价格等于债券未来现金流的现值，可以写出以下等式：

$$59\times(1+r)^{-1}+59\times(1+r)^{-2}+59\times(1+r)^{-3}+59\times(1+r)^{-4}+(59+1\,250)\times(1+r)^{-5}=1\,000(\text{万元})$$

采用插值法，计算得出 $r\approx10\%$，这表明债券票面年利率4.72%低于实际利率，乙公司折价发行该债券。

(2) 计算各期利息费用及摊余成本，见表2-4。

表2-4　债券利息费用及摊余成本计算表　　单位：万元

日期	期初摊余成本 (1)	实际利息费用 (2)＝(1)×10％	现金流出 (3)	折价摊销 (4)＝(2)－(3)	期末摊余成本 (5)＝(1)＋(2)－(3)
2019	1 000	100	59	41	1 041
2020	1 041	104	59	45	1 086
2021	1 086	109	59	50	1 136
2022	1 136	114	59	55	1 191
2023	1 191	118*	59	59	1 250

*尾数调整：1 250＋59－1 191＝118。

(3) 乙公司的有关账务处理如下：

2019年1月1日，折价发行债券并将其分类为以摊余成本计量的金融负债时：

借：银行存款（或其他货币资金）　　10 000 000
　　应付债券——利息调整　　2 500 000
　贷：应付债券——面值　　12 500 000

本例中，乙公司支付给证券公司的发行费用与发行期间冻结资金产生的利息收入相等，即无须另付交易费用，"利息调整"明细科目仅体现债券发行的折价；如果乙公司需另付交易费用，则应计入初始计量金额，即"利息调整"中，并摊销至以后各期利息费用。

2019年12月31日，乙公司支付债券利息，确认利息费用时：

借：在建工程　　1 000 000
　贷：应付利息　　590 000
　　　应付债券——利息调整　　410 000
借：应付利息　　590 000
　贷：银行存款　　590 000

上述分录表明，虽然乙公司本期支付的利息只有590 000元，但确认的利息费用（在建工程成本）高达1 000 000元，原因是发行时承担了价格折扣2 500 000元，本期应分担的价格折扣（折价摊销）为410 000元，应计入利息费用。

同理，我们可以做出2020—2022年年末乙公司支付债券利息，确认利息费用时的账务处理，此处省略。

2023年12月31日，乙公司支付最后一次利息，偿还本金时：

借：在建工程　　1 1800 000
　贷：应付利息　　590 000
　　　应付债券——利息调整　　590 000
借：应付利息　　590 000
　贷：银行存款　　590 000
借：应付债券——面值　　12 500 000
　贷：银行存款　　12 500 000

【例 2-13】 2020 年 10 月 3 日，甲公司经核准，按面值发行 100 亿元短期融资券，期限 1 年，票面年利率 8%，每张面值 100 元，到期一次性还本付息。甲公司支付给证券公司 100 万元发行费用。甲公司将此债券指定为以公允价值计量且其变动计入当期损益的金融负债。2020 年 12 月 31 日，该融资券市场价格为每张 108 元，2021 年 3 月 31 日市场价格为每张 105 元，2021 年 6 月 30 日市场价格为每张 103 元，上述市场价格均不含利息。2021 年 9 月 30 日该融资券到期兑付完成。假定不考虑企业自身信用风险变动等因素。

请依据以上信息，编制该公司融资券从发行至到期的会计分录（单位：万元）。

【解析】

甲公司的账务处理可分以下步骤进行：

(1) 2020 年 10 月 3 日，发行融资券并将其指定为以公允价值计量且其变动计入当期损益的金融负债。

借：银行存款（或其他货币资金）	999 900	
投资收益——交易费用	100	
贷：交易性金融负债——面值		1 000 000

(2) 2020 年 12 月 31 日，确认公允价值变动与利息费用。

借：公允价值变动损益	80 000	
贷：交易性金融负债——公允价值变动		80 000
借：财务费用(8%×1 000 000×3/12)	20 000	
贷：应付利息		20 000

(3) 2021 年 3 月 31 日，季末确认公允价值变动与利息费用。

借：交易性金融负债——公允价值变动	30 000	
贷：公允价值变动损益		30 000
借：财务费用	20 000	
贷：应付利息		20 000

(4) 2021 年 6 月 30 日，季末确认公允价值变动与利息费用。

借：交易性金融负债——公允价值变动	20 000	
贷：公允价值变动损益		20 000
借：财务费用	20 000	
贷：应付利息		20 000

(5) 2021 年 9 月 30 日融资券到期兑付。

借：财务费用	20 000	
贷：应付利息		20 000
借：交易性金融负债——面值	1 000 000	
——公允价值变动	30 000	
应付利息	80 000	

　　贷：银行存款　　　　　　　　　　　　　　　　　　　　1 080 000

　　　　公允价值变动损益　　　　　　　　　　　　　　　　　30 000

延伸阅读

短期融资券与公司债券区别

短期融资券（或称短期融资票据）与公司债券虽然都是企业的负债融资方式，但存在明显的区别，如表 2-5 所示。

表 2-5　短期融资券与公司债券的区别

区别点	短期融资券	公司债券
定义	是指具有法人资格的非金融企业（以下简称企业）在银行间债券市场发行的、约定在一年内还本付息的债务融资工具	指公司依照法定程序发行、约定在一年以上期限内还本付息的债务融资工具
发行管理文件	中国人民银行《银行间债券市场非金融企业债务融资工具管理办法》（2008 年 4 月 15 日实施），中国银行间市场交易商协会《银行间债券市场非金融企业短期融资券业务指引》（2009 年 11 月 3 日）	中国证监会《公司债券发行与交易管理办法》（2021 年 2 月 23 日实施）
发行管理部门	中国人民银行、中国银行间市场交易商协会	中国证监会
发行管理方式	注册发行	核准发行
发行条件	（1）企业发行短期融资券应依据《银行间债券市场非金融企业债务融资工具注册规则》在中国银行间市场交易商协会注册 （2）企业发行短期融资券应遵守国家相关法律法规，短期融资券待偿还余额不得超过企业净资产的 40% （3）企业发行短期融资券所募集的资金应用于企业生产经营活动，并在发行文件中明确披露具体资金用途。企业在短期融资券存续期内变更募集资金用途应提前披露	（1）发行人最近三年无债务违约或者延迟支付本息的事实 （2）发行人最近三个会计年度平均可分配利润不少于债券一年利息的 1.5 倍 （3）发行人最近一期末净资产规模不少于 250 亿元 （4）发行人最近 36 个月内累计公开发行债券不少于 3 期，发行规模不少于 100 亿元 （5）中国证监会根据投资者保护的需要规定的其他条件
会计核算科目	通常使用“交易性金融负债”科目。	通常使用“应付债券”科目。

资料来源：摘编自中国人民银行《银行间债券市场非金融企业债务融资工具管理办法》（2008）、《银行间债券市场非金融企业短期融资券业务指引》（2009）和中国证监会《公司债券发行与交易管理办法》（2021）。

【例 2-14】　甲公司为上市公司，因扩建厂房所需，拟通过发行可转债的方式筹集建设资金。相关交易或事项如下：

（1）经相关部门批准，甲公司于 2020 年 1 月 1 日按每份面值 100 元发行了 60 万份可转换债券。发行文件显示，债券期限为 3 年，票面利率为 4%，利息在每年底支付，到期一次还本，债券持有者在发行 1 年后可将其持有的债券转换为甲公司普通股股票，每5元债券面值可转换为1股普通股股票（每股面值1元）。发行债券募集的资金已存入银行专户。

（2）其他资料与假设：1）甲公司将发行的可转换债券的负债成分划分为以摊余成本计量的金融负债；2）甲公司发行可转换债券时二级市场上与之类似的没有附带转换权的债券市场利率为8%；3）在当期付息前转股的，不考虑利息的影响，按债券面值及初始转股价格计算转股数量；4）折现系数（P/S，8%，3）=0.793 8，（P/A，8%，3）=2.577 1；5）支付给证券公司债券承销费用100万元；（6）不考虑所得税影响。

（3）2021年1月1日，全体债券持有人将其持有的可转换债券的60%转换为甲公司普通股股票。

请依据以上信息，完成甲公司的相关账务处理：

（1）计算发行可转换债券时负债成分和权益成分的公允价值。

（2）编制发行可转换债券时的会计分录。

（3）编制2020年年末计提利息的会计分录。

（4）编制2021年年初将债券转为股份时的会计分录。

（5）编制2021年年末计提利息的会计分录。

【解析】

（1）本例中，甲公司发行可转换债券，授予债券持有人以固定数量的债券换取固定数量的普通股的权利，该债券的转股权利应归类为权益工具，确认为其他权益工具。将该债券的负债成分确认为应付债券（按摊余成本计量）。

二级市场上，与甲公司类似的未附带转换权的债券的市场利率为8%，以此为折现率，计算债券发行价格，即负债成分的公允价值。

负债成分的公允价值=未来现金流量的现值=6 000×(P/S，8%，3)+6 000×4%×(P/A，8%，3)=6 000×0.793 8+240×2.577 1=5 381.30(万元)。

权益成分的公允价值=附带转换权的债券发行价格－负债成分的公允价值=6 000－5 381.30=618.70(万元)。

负债成分应分摊的承销费用=100×5 381.30÷6 000=89.69(万元)，计入债券初始计量金额。

权益成分应分摊的承销费用=100×618.70÷6 000=10.31(万元)，或100－89.69=10.31(万元)，冲减权益。

（2）发行可转换债券时的会计分录（单位：万元，下同）：

借：银行存款	5 900.00
应付债券——可转换债券（利息调整）	708.39
贷：应付债券——可转换债券（面值）	6 000.00
其他权益工具	608.39

（3）2020年年末，支付利息，确认利息费用：

2020年应付利息=债券面值×票面利率×期限=6 000×4%×1=240(万元)

按实际利率法计算当期的利息费用＝应付债券期初摊余成本×实际利率×期限

＝(6 000－708.39)×8%×1＝423.33(万元)

假设甲公司厂房扩建工程已按期开工建设并达到利息费用资本化条件，则可做出以下分录：

借：在建工程　423.33

　贷：应付利息　240.00

　　应付债券——可转换债券（利息调整）　183.33

借：应付利息　240

　贷：银行存款　240

（4）编制2021年年初将债券转为股份时的会计分录：

未摊销的债券折价＝708.39－183.33＝525.06(万元)

摊余成本＝6 000－708.39＋183.33＝5 474.94(万元)

其中的60%，即3 284.96万元，转入股本与资本公积。

借：应付债券——可转换债券（面值）(6 000×60%)　3 600.00

　其他权益工具　608.39

　贷：股本（6 000×60%÷5）　720.00

　　资本公积——股本溢价　3 173.35

　　应付债券——可转换债券（利息调整）(525.06×60%)　315.04

（5）编制2021年年末计提利息的会计分录：

2021年应付利息＝6 000×40%×4%×1＝96(万元)

2021年年末摊余成本＝6 000－708.39＋183.33－3 600＋315.04＝2 189.98(万元)

2021年利息费用＝2 189.98×8%×1＝175.20(万元)

据此，做出以下分录：

借：在建工程　175.20

　贷：应付利息　96.00

　　应付债券——可转换债券（利息调整）　79.20

借：应付利息　96

　贷：银行存款　96

2022年年末，甲公司确认利息费用、支付利息、偿还本金时账务处理方法同上，此处省略。

三、与金融工具相关的交易费用的会计处理

金融工具的交易费用，是指可直接归属于购买、发行或处置金融工具的增量费用。增量费用，是指企业不购买、发行或处置金融工具就不会发生的费用。例如，证券登记

费、承销（保荐）费、法律、会计、评估等专业服务费用，以及印刷成本、印花税等辅助性费用。

1. 与金融资产相关的交易费用

（1）企业分类为以公允价值计量且其变动计入当期损益的金融资产，初始计量时，应将交易费用计入当期损益，即冲减“投资收益”（见例2-7）。

（2）企业分类为其他类型的金融资产，初始计量时，应将交易费用“资本化”，计入金融资产取得成本（见例2-5、例2-6）。

2. 与金融负债相关的交易费用

（1）企业分类为以摊余成本计量的金融负债，初始计量时，支付给证券公司（保荐、承销机构）的佣金通常在筹措的债务资金中扣付，计入金融负债的初始计量金额，即“利息调整”等明细科目（见例2-12、例2-14）；会计师事务所、信用评级机构等收取的费用，需另行支付，计入管理费用。

（2）企业分类为其他类型的金融负债，初始计量时，应将交易费用计入当期损益，即冲减“投资收益”（见例2-13）。

3. 与权益工具相关的交易费用

与权益工具相关的交易费用可直接归属于权益性交易的，应当从权益中扣减。例如，企业以发行股票方式筹措资金时，支付给证券公司（保荐、承销机构）的佣金通常在筹措的权益融资金额中扣付，冲减股票发行溢价。终止的未完成权益性交易所发生的交易费用应当计入当期损益。

例如，甲公司近日首次公开发行股份（IPO）5 000万股普通股（每股面值为1元）工作顺利完成，发行价格为20元/股，募集权益资金总额10亿元，并在科创板成功上市。应支付给某证券公司保荐、承销费用4 000万元，支付给会计师事务所、律师事务所、资产评估机构服务费用合计2 000万元。相关账务处理应为（单位：元）：

借：银行存款（或其他货币资金）	940 000 000
资本公积——资本溢价（证券公司承销费）	40 000 000
管理费用——IPO审计、评估等费用	20 000 000
贷：股本	50 000 000
资本公积——资本溢价	950 000 000

如果甲公司IPO工作因各种原因终止，则支付给证券公司、会计师事务所等中介机构的费用，均应计入管理费用。

应该注意的是，企业发行复合金融工具（如可转换债券、永续债等）发生的交易费用，应当在金融负债成分和权益工具成分之间按照各自占总发行价款的比例进行分摊（见例2-14）。与多项交易相关的共同交易费用，应当在合理的基础上，采用与其他类似交易一致的方法，在各项交易间进行分摊。

四、金融工具的重分类

1. 金融资产的重分类

（1）导致金融资产重分类的情形。极少数情况下，企业可能会改变其管理金融资产的业务模式。此时，企业应当按照企业会计准则规定对所有受影响的相关金融资产进行重分类。

企业改变其管理金融资产的业务模式，大致存在以下几种情况。

情形一：企业进行债权投资时，原管理金融资产的业务模式是持有至债权到期，现金流量特征是取得利息收入并收回本金，将该项投资分类为“按摊余成本计量的金融资产”，现由于资金流动性管理等原因，将管理金融资产的业务模式改为持有至债权到期或择机出售的模式，现金流量特征变为取得利息收入并收回本金或出售变现。此时，企业应当将该项投资重分类为“以公允价值计量且其变动计入其他综合收益的金融资产”。企业应将该金融资产在重分类日的公允价值与原账面价值之间的差额计入其他综合收益。

情形二：企业进行债权投资时，原管理金融资产的业务模式是持有至债权到期，现将管理金融资产的业务模式改为随时出售的模式。此时，企业应当将该投资重分类为“以公允价值计量且其变动计入当期损益的金融资产”。企业应将该金融资产在重分类日的公允价值与原账面价值之间的差额计入当期损益。

情形三：企业进行债权投资时，原管理金融资产的业务模式是持有至债权到期或择机出售的模式，现改为持有至到期的模式。此时，企业应当将该投资重分类为“按摊余成本计量的金融资产”。企业应将之前计入其他综合收益的累计利得或损失转出，调整该金融资产在重分类日的公允价值，并以调整后的金额作为新的账面价值，即视同该金融资产一直以摊余成本计量。该金融资产重分类不影响其实际利率和预期信用损失的计量。

情形四：企业进行债权投资时，原管理金融资产的业务模式是持有至债权到期或择机出售的模式，现改为随时出售的模式。此时，企业应当将该投资重分类为“以公允价值计量且其变动计入当期损益的金融资产”，即继续以公允价值计量该金融资产。同时，企业应当将之前计入其他综合收益的累计利得或损失从其他综合收益转入当期损益。

情形五：企业进行债权、股权投资时，原管理金融资产的业务模式是随时出售，现改为长期持有。此时，企业应当将该投资重分类为“按摊余成本计量的金融资产”，并以其在重分类日的公允价值作为新的账面余额及确定实际利率的基础。

情形六：企业进行债权、股权投资时，原管理金融资产的业务模式是随时出售，现改为长期持有或随时出售。此时，企业应当将该投资重分类为“以公允价值计量且其变动计入其他综合收益的金融资产”，并继续以公允价值计量该金融资产。

（2）金融资产重分类的会计处理方法。企业对金融资产进行重分类，应当自重分类日起采用未来适用法进行相关会计处理，不得对以前已经确认的利得、损失（包括减值损失或利得）或利息进行追溯调整。重分类日，是指导致企业对金融资产进行重分类的业务模式发生变更后的首个报告期间的第一天。

应该注意的是，如果企业管理金融资产的业务模式没有发生变更，而金融资产的条款发生变更但未导致终止确认时，不允许重分类。如果金融资产条款发生变更导致金融资产终止确认的，不属于重分类，企业应当终止确认原金融资产，同时按照变更后的条款确认一项新金融资产。

2. 金融负债的重分类

企业承担金融负债时，还本付息是其必须履行的义务，且还本付息的金额、时间、方式已在合同中约定，因此，通常情况下企业的金融负债不得进行重分类，除非与债权人协商一致后对合同条款做出了实质性修改。

3. 权益工具的重分类

《企业会计准则第22号——金融工具确认和计量》仅对金融资产、金融负债的重分类做出了说明，而对权益工具的重分类事项并未予以明确。《企业会计准则第37号——金融工具列报》第十九条规定，企业已分类为权益工具的金融工具，自不再具有在企业清算时按比例份额获得净资产的权利等特征时，发行方应当将其重分类为金融负债，以重分类日该工具的公允价值计量，重分类日权益工具的账面价值和金融负债的公允价值之间的差额确认为权益。例如，企业发行的优先股、永续债等，在初始计量时根据合同约定将其分类为权益工具（“其他权益工具”），以后企业依照优先股、永续债等所附的赎回条款实施赎回时，应当将该金融工具重分类为金融负债。

【例2-15】 沿用例2-5的资料。假设甲公司2021年1月1日将持有的债券重分类为以公允价值计量且其变动计入当期损益的金融资产。重分类日，该债券的公允价值为9 900 000元，已确认的损失准备为70 000元。假定不考虑其他因素的影响。请做出甲公司的账务处理。

【解析】

由例2-5中的表2-2可知，重分类日该债券的账面价值（摊余成本）为10 860 000元，重分类为以公允价值计量且其变动计入当期损益的金融资产时，持有的债券应按公允价值9 900 000元计量，其差额扣除损失准备后，计入公允价值变动损益。据此，甲公司做出以下处理：

借：交易性金融资产	9 900 000	
公允价值变动损益	890 000	
债权投资减值准备	70 000	
债权投资——利息调整	1 640 000	
贷：债权投资——成本		12 500 000

五、金融工具的减值

依据《企业会计准则第22号——金融工具确认和计量》第四十六条，企业应当以预期信用损失为基础，对下列项目进行减值会计处理并确认损失准备：（1）分类为以摊余成本计量的金融资产和以公允价值计量且其变动计入其他综合收益的金融资产；（2）租赁应收款；（3）合同资产（《企业会计准则第 14 号——收入》定义的合同资产）；（4）部分贷款承诺和财务担保合同 。

上述规定表明，金融工具的减值范围，既包括部分金融资产（以应收账款、应收票据、贷款、债权投资、其他债权投资科目核算的资产），也包括租赁应收款、合同资产等非金融资产，还包括部分贷款承诺（银行授信等）、财务担保合同等金融负债。

1. 相关概念

（1）损失准备。损失准备是指针对金融工具的减值范围内相关项目的预期信用损失计提的减值准备。

（2）预期信用损失。信用损失，是指企业按照原实际利率折现的、根据合同应收的所有合同现金流量与预期收取的所有现金流量之间的差额，即全部现金短缺的现值。预期信用损失，是指以发生违约的风险（概率）为权重的金融工具信用损失的加权平均值。

在估计现金流量时，企业应当考虑金融工具在整个预计存续期的所有合同条款（如提前还款、展期、看涨期权或其他类似期权等）。企业所考虑的现金流量应当包括出售所持担保品获得的现金流量，以及属于合同条款组成部分的其他信用增级所产生的现金流量。

2. 金融工具信用风险的评估

企业对金融工具信用风险评估，可以分三个阶段进行，如表 2-6 所示。

表 2-6　金融工具信用风险评估模型

	第一阶段	第二阶段	第三阶段
特点	初始确认后信用风险并未显著增加（包括在资产负债表日信用风险较低）	初始确认后信用风险显著增加但不存在表明发生信用损失的客观证据（无减值迹象）	在资产负债表日存在已发生信用减值的客观证据（有减值迹象）
损失准备的计量	相当于未来 12 个月内预期信用损失的金额	相当于整个存续期预期信用损失的金额	整个存续期预期信用损失
利息收入计算	账面余额×实际利率	账面余额×实际利率	摊余成本×实际利率或经信用调整的实际利率

企业在每个资产负债表日评估其金融工具信用风险自初始确认后是否已经显著增加，如果信用风险自初始确认后未显著增加，则说明处于第一阶段，此时，企业按照相当于未来 12 个月内预期信用损失的金额计量损失准备，并按照账面余额和实际利率计算利息收入；如果信用风险自初始确认后已显著增加但尚未发生信用减值的，则说明处于第二阶段，此时企业按照相当于整个存续期内预期信用损失的金额计量损失准备，并按照账面余额和实际利率计算利息收入；如果初始确认后发生信用减值的，则说明处于第三阶段，此时，企业按照相当于整个存续期内预期信用损失的金额计量损失准备，并按照摊余成本和实际利率计算利息收入。对于资产负债表日只具有较低信用风险的金融

工具，企业可以假设其信用风险自初始确认后未显著增加。

企业在评估金融工具的信用风险自初始确认后是否已显著增加时，应当考虑金融工具预计存续期内发生违约风险的变化，而不是预期信用损失金额的变化。

（1）企业通常应当在金融工具逾期前确认该金融工具整个存续期预期信用损失。企业在确定信用风险自初始确认后是否显著增加时，企业无须付出不必要的额外成本或努力即可获得合理且有依据的前瞻性信息的，不得仅依赖逾期信息来确定信用风险自初始确认后是否显著增加；企业必须付出不必要的额外成本或努力才可获得合理且有依据的逾期信息之外的单独或汇总的前瞻性信息的，可以采用逾期信息来确定信用风险自初始确认后是否显著增加。

（2）企业通常视逾期超过30天为信用风险显著增加。无论企业采用何种方式评估信用风险是否显著增加，通常情况下，如果逾期超过30天，则表明金融工具的信用风险已经显著增加。除非企业在无须付出不必要的额外成本或努力的情况下即可获得合理且有依据的信息，证明即使逾期超过30天，信用风险自初始确认后仍未显著增加。

3. 金融工具预期信用损失的计量方法

企业按照下列方法确定相关金融工具的预期信用损失：

（1）对于金融资产，信用损失为本公司应收取的合同现金流量与预期收取的现金流量之间差额的现值；

（2）对于租赁应收款项，信用损失为本公司应收取的合同现金流量与预期收取的现金流量之间差额的现值；

（3）对于资产负债表日已发生信用减值但并非购买或源生已发生信用减值的金融资产，信用损失为该金融资产账面余额与按原实际利率折现的估计未来现金流量的现值之间的差额。

企业计量金融工具预期信用损失时应考虑的因素包括：通过评价一系列可能的结果而确定的无偏概率加权平均金额；货币时间价值；在资产负债表日无须付出不必要的额外成本或努力即可获得的有关过去事项、当前状况以及未来经济状况预测的合理且有依据的信息。

【例2-16】 2019年11月10日，甲公司按照面值购入1 000万元的乙公司债券。2019年12月31日，由于市场利率变动，债券的公允价值跌至930万元，甲公司认为信用风险无显著增加，按12个月内预期信用损失的金额计提了50万元的损失准备。2020年1月1日，甲公司以当天的公允价值930万元出售了该债券。假设不考虑交易费用，也不考虑债券持有期间的利息收入确认。

请分别根据以下两种情况，做出甲公司的账务处理：

（1）甲公司将持有的债券分类为按摊余成本计量的金融资产。

（2）甲公司将持有的债券分类为以公允价值计量且其价值变动计入其他综合收益的金融资产。

【解析】

（1）若甲公司将持有的债券分类为按摊余成本计量的金融资产（单位：万元，下同）。

①购入时：

借：债权投资　1 000

　贷：银行存款　1 000

②资产负债表日计提损失准备时：

借：信用减值损失　50

　贷：债权投资减值准备　50

③出售时：

借：银行存款　930

　　债权投资减值准备　50

　　投资收益　20

　贷：债权投资　1 000

（2）若甲公司将持有的债券分类为以公允价值计量且其价值变动计入其他综合收益的金融资产。

①购入时：

借：其他债权投资——成本　1 000

　贷：银行存款　1 000

②资产负债表日公允价值变动、计提损失准备时：

借：其他综合收益　70

　贷：其他债权投资——公允价值变动　70

借：信用减值损失　50

　贷：其他综合收益　50

③出售时：

借：银行存款　930

　　其他债权投资——公允价值变动　70

　贷：其他债权投资——成本　1 000

借：投资收益　20

　贷：其他综合收益　20

第 2 节　衍生工具会计

一、衍生工具的概念

金融工具分为基础金融工具和衍生工具。基础金融工具的价值取决于标的物本身的价值，而且其取得或者发生时常常伴随着资金的流入或流出。常见的基础金融工具有货币、票据、债券、股票等。衍生工具又称派生金融工具，是在基础金融工具的基础上通过特定技术设计形成的新的金融工具，是企业金融创新的产物，如各种远期、期货、互换、期权等，具有高风险、高杠杆效应的特点。

（一）衍生工具的会计定义

根据《企业会计准则第22号——金融工具确认和计量》，衍生工具是指同时具备下列特征的金融工具或其他合同：

（1）其价值随特定利率、金融工具价格、商品价格、汇率、价格指数、费率指数、信用等级、信用指数或其他变量的变动而变动，变量为非金融变量的，该变量不应与合同的任何一方存在特定关系；

（2）不要求初始净投资，或者与对市场因素变化预期有类似反应的其他合同相比，要求较少的初始净投资；

（3）在未来某一日期结算。

（二）衍生工具的概念解释

（1）衍生工具的价值变动取决于标的变量的变化。例如，企业以授予股票期权激励员工时，股票期权的价值及激励员工的效果直接受该企业股票价格变动影响（详见第3章）。又如，甲企业是国内金融企业，与乙境外金融企业签订了一份1年期利率互换合约，每半年末甲企业向乙企业支付美元固定利息、从乙企业收取以6个月期美元LIBOR计算确定的浮动利息，合约名义金额为1亿美元。合约签订时，其公允价值为零。假定合约签订半年后，浮动利率（6个月期美元LIBOR）与合约签订时不同，甲企业将根据未来可收取的浮动利息现值扣除将支付的固定利息现值确定该合约的公允价值。这里的合约的公允价值因浮动利率的变化而改变。

（2）企业从事衍生工具交易不要求初始净投资，通常指签订某项衍生工具合同时不需要支付现金。

例如，某企业与其他企业签订一项将来买入债券的远期合同，就不需要在签订合同时支付将来购买债券所需的现金。但是，不要求初始净投资，并不排除企业按照约定的交易惯例或规则相应缴纳一笔保证金，例如，企业进行期货交易时通常就要求缴纳一定的保证金，但其金额与未来购买商品所支付的价款相比，较为悬殊。衍生工具交易具有典型的杠杆效应。

（3）衍生工具通常在未来某一特定日期结算，也可能在未来多个日期结算。例如，利率互换就可能涉及合同到期前多个结算日期。未来的不确定性导致的风险，是衍生工具的固有属性。

延伸阅读

衍生工具的产生与发展

衍生工具是在一定的客观背景中，在一系列因素的推动下产生和发展起来的。

1. 客观背景

衍生工具的产生源于金融市场上的价格风险。20 世纪 70 年代以后，金融环境发生了很大的变化，利率、汇率和通货膨胀呈现极不稳定和高度易变的状况，使金融市场的价格风险大增。

从汇率变动看，1971 年布雷顿森林体系崩溃后，以美元为中心的固定汇率制完全解体，西方主要国家纷纷实行浮动汇率制，加之 20 世纪 70 年代国际资本流动频繁，使得外汇市场的汇率变动无常，大起大落。

从利率变动看，20 世纪 60 年代末开始，西方国家的利率开始上升，70 年代的两次石油危机更使国际金融市场的利率水平扶摇直上，金融市场的投资者和借贷者暴露在高利率风险中。50—60 年代，西方货币学派兴起，至 70 年代对西方国家的领导人产生影响，西方国家普遍以货币供应量取代利率作为货币政策的中介目标，放松对利率的管制，致使利率变动频繁。

汇率、利率以及相关股市价格的频繁变动，使企业、金融机构和个人时刻面临金融市场价格变动风险，迫切需要规避市场风险。因此，作为新兴风险管理手段的以期货、期权和互换为主体的衍生工具应运而生。20 世纪 80 年代后，美、英、日等发达国家不断放松金融管制，实行金融自由化措施，创造更为宽松的金融竞争环境。一方面使得利率、汇率等市场行情更加频繁地波动，规避风险的要求进一步加大；另一方面为新市场的创立和新业务的开展提供了更多的机会和可能，促进了衍生工具的持续发展。

2. 新技术的推动

通信技术和电子计算机信息处理技术的飞速发展及其在金融业的运用大大降低了金融交易的成本，与此同时，新兴的金融分析理论和信息处理与技术设备的结合，为开发设计和推广衍生工具奠定了坚实的技术基础。

3. 金融机构的推动

受金融自由化和证券化的影响，非银行金融机构利用其新颖而富有竞争力的金融工具，与银行展开竞争。国际监管的外在压力迫使银行积极实现盈利方式的转移，衍生金融市场吸引了为数众多的金融机构，并迅速发展起来。

4. 金融理论的推动

费希尔·布莱克（Fischer Black）、迈伦·斯科尔斯（Myron Scholes）、罗伯特·默顿（Robert Merton）等学者在衍生工具定价理论、金融风险管理方面的系列研究成果，推动了衍生工具的广泛应用，促进了金融市场的发展与繁荣。

资料来源：张亦春，郑振龙，林海.《金融市场学》.6 版．北京：高等教育出版社，2020.

二、衍生工具的种类

常见的衍生工具包括远期、期货、期权和互换等。

（一）远期

远期（forward contract）是指合约双方现在约定的在将来某一特定日期按照事先商定的价格和方式买卖约定数量的某种金融工具的合约，包括远期外汇合约和远期利率协议。例如，某企业与中国银行约定，在未来某个时点买入或卖出一定数量外汇的交易等。远期的主要特点为：

（1）合约非标准化；

（2）属于场外交易；

（3）一般不实行保证金制度；

（4）大部分都要进行实物交割。

（二）期货

期货（futures）是指合约双方在有组织的交易所（例如中国金融期货交易所、上海期货交易所等），根据交易规则，通过公开竞价的方式达成的在未来特定时间交割特定数量的特定金融工具的标准合约，主要包括货币期货、利率期货、股指期货。期货的主要特点为：

（1）交易集中在有组织的交易所内；

（2）交易的对象是标准化合约；

（3）合约最终进行实物交割的比例很小；

（4）交易实行保证金制度。

远期与期货在交易市场、价格方式、合同条款等方面均有所不同（见表2-7）。

表2-7　远期与期货的比较

区别点	远期	期货
交易市场	无组织、不集中、不公开	有组织、集中、公开
价格方式	买卖双方确定	公开竞价
合同条款	买卖双方确定	标准化
保证金	不需缴纳保证金	需缴纳保证金
清算作业	买卖双方直接清算	清算所负责清算
市价变动	平时不计，到期结算损益	逐日结算，根据差额增加或减少保证金

(三) 期权

期权（option）是指合约双方达成的是否在约定日（或以前）按约定价格买卖特定数量某种金融工具的合约。例如，企业为激励核心员工，授予其在未来可以按约定价格、数量购买企业股票的权利等。期权主要包括货币期权、利率期权、股票期权、股指期权等。

(四) 互换

互换（swap）是指两个或两个以上的个体以特定的方式在未来某一时段内交换一系列现金流的协议，主要包括利率互换和货币互换。其特点为：

（1）互换合约的标的是两种不同的金融工具；

（2）互换是非标准化的；

（3）互换在场外进行交易；

（4）互换可以发挥交易双方的比较优势，降低筹资成本。

三、衍生工具的经济特征与功能

(一) 经济特征

衍生工具的经济特征如表 2－8 所示。

表 2－8　衍生工具的经济特征

经济特征	释义
衍生性	衍生工具从基础金融工具的基础上发展、衍生而来，其价值随着基础金融工具的价格变动而变动
契约性	是一种面向未来的、代表权利义务关系的合约，具有明显的契约性质
杠杆性	不要求或只要求很少的初始净投资，市场参与者只需动用少量的资金甚至仅凭信用即可进行数额较大的交易
风险性	交易的损失有时没有边界，参与者面临极高的风险，会使投资者遭受严重损失，风险与衍生工具如影随形

(二) 衍生工具的功能

投机（短期投资）与套利是衍生工具的主要功能。由于衍生工具的杠杆性、复杂性和投机性等特点，其具有高收益和高风险并存的天然属性。

1. 以期货、期权为工具进行投机

对于投机者来说，期货和期权的相似之处在于它们都提供了一种杠杆，但两者之间

又存在重大差异。投机者进行期货交易时，潜在损失和潜在收益都具有放大效应，而采用期权时，无论情况变得多么糟糕，投机者的损失都会限定在为期权支付的初始金额。

案例 2-1　以期权为工具的投机

B公司的当前股价是20美元，期限为两个月、行权价为22.5美元的看涨期权的售价为1美元。假设某个投机者准备以B公司股票为标的投资2 000美元。该投机者有两个策略可以选择：一种是购买B公司股票100股，另一种是购买2 000份看涨期权。假设B公司的股价在第二个月上涨到27美元，那么第一种方法能够产生利润：100×(27－20)＝700（美元）。按照第二种方法，2 000份期权的总利润为2 000×4.5＝9 000（美元）。扣除期权的初始成本，可得到净利润为9 000－2 000＝7 000（美元）。可见，期权策略比购买股票策略的盈利能力更强。当然，期权也会产生较大的潜在损失。假设股价同期跌至15美元，则第一种方法即购买股票产生的损失为100×(20－15)＝500（美元）。由于股价下跌时看涨期权放弃行使，此期权策略将导致损失2 000美元，即为期权支付的初始金额。其有利的一面是，无论股价下跌幅度有多大，投机者的损失都可限定在期权初始金额（期权费）范围内。

资料来源：摘编自 https://www.examw.com/cpa/zhan/113006/index-2.html。

2. 衍生工具的套利行为

套利者是期货、远期和期权市场上的重要参与者。套利是指同时在两个以上的市场开展交易，以锁定无风险利润。

案例 2-2　衍生工具的套利行为

某公司股票同时在纽约证券交易所和伦敦证券交易所交易。假设在纽约证券交易所的股价为182美元，在伦敦证券交易所的股价为100英镑，此时汇率为1.85美元兑换1英镑。市场套利者可以在纽约交易所购买100股股票，同时在伦敦交易所卖出这些股票，在忽略交易成本的情况下，取得的无风险利润为100×(1.85×100－182)＝300（美元）。当然，交易成本可能会抵消投资者的部分利润。但是，大型客户通常都会获得某些税费减免，从而降低交易费用。因此，这样的套利机会对投资银行这类大型机构而言，还是颇具吸引力的。

资料来源：摘编自 https://www.tzks.cn/caikuai/2011-06/article-28768.html。

四、衍生工具的会计处理

衍生工具的会计处理可以从独立的衍生工具、嵌入衍生工具（embedded derivatives）两个角度考察。

(一) 独立的衍生工具

通常情况下，衍生工具是指独立存在于某项合同中的衍生工具，即不是嵌入非衍生合同中的金融工具。衍生工具的会计处理要点，如表 2－9 所示。

表 2－9 衍生工具的会计处理要点

分析角度	释义
会计确认	与衍生工具交易有关的权利和义务不符合确认的条件，衍生工具的不断创新对传统会计要素的定义和确认标准产生冲击。企业会计准则规定： (1) 企业成为金融合同的一方时，应当确认 (2) 权利结束、资产转移时终止确认
会计计量	衍生工具以现时价值、未来价值而不是以历史成本为基础，衍生工具的不断创新对传统会计的历史成本计量基础造成冲击。企业会计准则规定： (1) 一般按公允价值计量（初始和后续） (2) 交易费用计入当期费用或初始成本 (3) 期末公允价值变动损益计入当期损益 (4) 设置“衍生工具”“套期工具”和“被套期项目”科目进行核算
会计报告	由于对会计确认、会计计量产生了影响，衍生工具的不断创新无疑也对会计信息的报告形成冲击，不能满足充分揭示原则和及时性原则的要求，当然也就不能真正体现会计信息的相关性

企业可设置“衍生工具”会计科目，核算衍生工具公允价值及其变动形成的衍生资产或者衍生负债。企业取得的衍生工具，按其公允价值借记本科目，发生的交易费用借记“投资收益”科目，两者之和贷记“银行存款”等科目；资产负债表日，衍生工具的公允价值与账面价值的差额，计入“公允价值变动损益”科目，终止确认的衍生工具，比照“交易性金融资产”“交易性金融负债”等科目的规定进行处理。本科目的余额，反映企业衍生工具形成的资产的公允价值或者负债的公允价值。

【例 2－17】 甲公司于 2021 年 2 月 1 日向乙公司发行以自身普通股为标的的看涨期权。根据该期权合同，如果乙公司行权（行权价为 102 元），则有权以每股 102 元的价格从甲公司购入普通股 1 000 股。

其他有关资料如下：

(1) 合同签订日为 2021 年 2 月 1 日；

(2) 行权日（欧式期权）为 2022 年 1 月 31 日；

(3) 2021 年 2 月 1 日每股市价为 100 元；

(4) 2021 年 12 月 31 日每股市价为 104 元；

(5) 2022 年 1 月 31 日每股市价为 104 元；

(6) 2022 年 1 月 31 日应支付的固定行权价格为 102 元；

(7) 期权合同中的普通股数量为 1 000 股；

(8) 2021 年 2 月 1 日期权的公允价值为 5 000 元；

(9) 2021 年 12 月 31 日期权的公允价值为 3 000 元；

(10) 2022年1月31日期权的公允价值为2 000元。

假定不考虑其他因素。请依据以上信息做出甲公司的账务处理。

【解析】

假设一：期权将以现金净额结算。

2022年1月31日，甲公司应向乙公司支付相当于本公司普通股1 000股市值的金额。因甲公司不能完全避免向另一方支付现金的义务，因此应当将此期权分类为金融负债。甲公司有义务向乙公司交付104 000元（104元/股×1 000股），并从乙公司收取102 000元（102元/股×1 000股），因约定以现金净额结算，则甲公司支付给乙公司的金额为2 000元（104 000－102 000）。

会计处理为：

(1) 2021年2月1日，确认发行的看涨期权（此时的公允价值为5 000元）：

借：银行存款	5 000	
贷：衍生工具——看涨期权		5 000

(2) 2021年12月31日，确认期权公允价值减少：

借：衍生工具——看涨期权	2 000	
贷：公允价值变动损益		2 000

(3) 2022年1月31日，确认期权公允价值减少：

借：衍生工具——看涨期权	1 000	
贷：公允价值变动损益		1 000

乙公司行使该看涨期权，甲公司有义务向其支付净额2 000元。

借：衍生工具——看涨期权	2 000	
贷：银行存款		2 000

假设二：期权将以普通股净额结算。

普通股净额结算是指发行方以普通股代替现金进行净额结算，支付的普通股公允价值等于应当支付的现金金额。在普通股净额结算约定下，由于甲公司需交付的普通股数量（(行权日每股价格－102)×100/行权日每股价格）不确定，因此甲公司应当将此期权分类为金融负债。甲公司向乙公司交付普通股数量约为19.23股(2 000/104)，因必须交付的股数量为整数，因此，实际交付19股，余下的金额24元（0.23股×104元/股）以现金方式交付。

会计处理为：

(1) 确认看涨期权公允价值及其变动的账务处理同上，此处省略。

(2) 2022年1月31日，乙公司行权时：

借：衍生工具——看涨期权	2 000	
贷：股本		19
资本公积——股本溢价		1 957
银行存款		24

【例2-18】 甲公司2022年2月1日将100万元汇入在郑州商品交易所开设的账户，用于期货合约交易。2月6日买入一张单价为2 600元/吨、数量为200吨的绿豆合约，应付保证金31 200元。2月底该期货合约单价上涨至2 610元/吨，3月底该合约单价上涨至2 615元/吨，4月25日公司按照单价2 620元/吨卖出平仓。请做出甲公司有关账务处理。

【解析】

(1) 2月1日，以银行存款拨付期货交易资金。

借：存出保证金（或其他货币资金，下同）——郑商所　　1 000 000

　贷：银行存款　　1 000 000

(2) 2022年2月6日，下达交易指令购买绿豆合约。

借：衍生工具——期货合约　　31 200

　贷：存出保证金——郑商所　　31 200

(3) 2月28日，结算月末持仓期货合约的浮动盈亏（公允价值变动）为(2 610－2 600)×200＝2 000（元）。

借：衍生工具——期货合约　　2 000

　贷：公允价值变动损益　　2 000

(4) 3月31日，结算月末持仓期货合约浮动盈亏为（2 615－2 600）×200－2 000＝1 000（元）。

借：衍生工具——期货合约　　1 000

　贷：公允价值变动损益　　1 000

(5) 4月25日，卖出期货合约平仓，结算盈亏额＝(2 620－2 600)×200－3 000＝1 000（元）。此笔期货合约买入价格为2 600元/吨，卖出价格为2 620元/吨，净收益4 000元。其中，2020年2月已确认收益2 000元，2020年3月已确认收益1 000元，剩余1 000元的收益在当月入账。

借：存出保证金——郑商所　　4 000

　贷：衍生工具——期货合约　　3 000

　　投资收益　　1 000

合约平仓，冲回原购买期货合约的款项时：

借：存出保证金——郑商所　　31 200

　贷：衍生工具——期货合约　　31 200

以上分录过入总分类账所属各明细分类账户后，“存出保证金——郑商所”账户为借方余额1 004 000元，“衍生工具——期货合约”“公允价值变动损益”账户结平，“投资收益”账户的贷方余额为1 000元，表明该公司通过期货投资业务获得了收益。

（二）嵌入衍生工具

1. 嵌入衍生工具的定义

衍生工具通常是独立存在的，但也可能嵌入在非衍生工具或其他合同（主合同）

中，这种衍生工具称为嵌入衍生工具。嵌入衍生工具与主合同构成混合合同（如企业持有的可转换公司债券等）。

嵌入衍生工具对混合合同的现金流量产生影响的方式应当与单独存在的衍生工具类似，且该混合合同的全部或部分现金流量随特定利率、汇率、金融工具价格、商品价格、价格指数、费率指数、信用等级、信用指数或其他变量的变动而变动，变量为非金融变量的，该变量不应与合同的任何一方存在特定关系。

（1）主合同通常包括租赁合同、保险合同、服务合同、特许权合同、债务工具合同、合营合同等。

（2）在混合合同中，嵌入衍生工具通常以具体合同条款体现。例如，甲公司签订了按一般物价指数调整租金的3年期租赁合同。根据该合同，第1年的租金预先约定，从第2年开始，租金按前一年的一般物价指数调整。此例中，主合同是租赁合同，嵌入衍生工具体现为一般物价指数调整条款。

常见的、可体现嵌入衍生工具的合同条款主要有：可转换公司债券中嵌入的股份转换选择权条款、与权益工具挂钩的本金或利息支付条款、与商品或其他非金融项目挂钩的本金或利息支付条款、看涨期权条款、看跌期权条款、提前还款权条款、信用违约支付条款等。

衍生工具如果附属于一项金融工具但根据合同规定可以独立于该金融工具进行转让，或者具有与该金融工具不同的交易对手方，则该衍生工具不是嵌入衍生工具，应当作为一项单独存在的衍生工具处理。例如，某贷款合同可能附有一项相关的利率互换。如该互换能够单独转让，那么该互换是一项独立存在的衍生工具，而不是嵌入衍生工具，即使该互换与主合同（贷款合同）的交易对手（借款人）是同一方 。

同样，如果某工具是衍生工具与其他非衍生工具“合成”或“拼成”的，那么其中的衍生工具也不能视为嵌入衍生工具，而应作为单独存在的衍生工具处理。例如，某公司有一项5年期浮动利率债务工具投资和一项5年期支付浮动利率、收取固定利率的利率互换合同，两者放在一起创造了一项“合成”的5年期固定利率债务工具投资。在这种情况下，“合成”工具中的利率互换不应作为嵌入衍生工具处理。

2. 嵌入衍生工具的会计处理原则

（1）包含金融资产主合同的混合工具。如果混合工具包含的主合同属于《企业会计准则第22号——金融工具确认和计量》规范的资产的，企业不应从该混合合同中分拆嵌入衍生工具，而应当将该混合合同作为一个整体适用本准则关于金融资产分类的相关规定。

（2）其他混合工具。混合合同包含的主合同不属于《企业会计准则第22号——金融工具确认和计量》规范的资产，且同时符合下列条件的，企业应当从混合合同中分拆嵌入衍生工具，将其作为单独存在的衍生工具处理。

1）嵌入衍生工具的经济特征和风险与主合同的经济特征和风险不紧密相关；

2）与嵌入衍生工具具有相同条款的单独工具符合衍生工具的定义；

3）该混合合同不是以公允价值计量且其变动计入当期损益进行会计处理。

【例 2－19】 甲公司发行了一项可回售可转换优先股。该优先股条款约定，若甲公司 5 年内未能成功上市，则投资者有权在第 5 年年末将该优先股按照约定的收益率回售给甲公司。此外，投资者可以随时将该优先股转换成甲公司的普通股，初始转股价格固定，但当甲公司后续发行新股的价格低于初始转股价格时，投资者有权要求将初始转股价格下调，且下调后不再转回。请分析甲公司本项业务的金融工具特征。

【解析】

此例中，股份转换权属于嵌入衍生工具，与主债务合同不紧密相关。如果混合合同整体没有指定为以公允价值计量且其变动计入当期损益的金融负债，则应将该股份转换权分拆为单独的衍生工具核算。

（3）衍生工具分拆的重新评估。当企业在成为混合合同的一方时，应评价嵌入衍生工具是否应分拆出来作为单独的衍生工具处理。随后，除非混合合同条款的变化将对原混合合同现金流量产生重大影响，否则企业不应对是否分拆重新进行评估。混合合同条款的变化导致原混合合同现金流量发生重大改变的，应重新评估嵌入衍生工具是否应分拆。企业在确定现金流量调整是否重大时，应当分析判断与嵌入衍生工具、主合同或两者相关的预计未来现金流量发生改变的程度，以及相对于合同以前预计现金流量是否有重大的改变。但是，对于同一控制和非同一控制下的企业合并以及合营企业成立，企业在并购日或成立日可能需要重新评估购入的合同中嵌入衍生工具是否需要分拆。

（4）嵌入衍生工具的计量。企业应当按照《企业会计准则第 22 号——金融工具确认和计量》的规定，对混合合同的主合同进行会计处理。企业无法根据嵌入衍生工具的条款和条件对嵌入衍生工具的公允价值进行可靠计量的，该嵌入衍生工具的公允价值应当根据混合合同公允价值和主合同公允价值之间的差额确定。使用了上述方法后，该嵌入衍生工具在取得日或后续资产负债表日的公允价值仍然无法单独计量的，企业应当将该混合合同整体指定为以公允价值计量且其变动计入当期损益的金融工具。

当企业成为混合合同的一方，而主合同不属于规范的资产且包含一项或多项嵌入衍生工具时，准则要求企业识别所有此类嵌入衍生工具、评估其是否需要与主合同分拆，并且对于需与主合同分拆的嵌入衍生工具，应以公允价值进行初始确认和后续计量。

例如，在本章第 1 节例 2－14 中，企业发行的可转换债券属于嵌入衍生工具，从其持有人的角度看，嵌在可转换债券中的权益转换权不与主债务工具紧密相关，应与主合同分拆，作为独立的工具进行核算，应根据债券本身及转换权的价值分别确认为负债与权益。

延伸阅读

“中国的巴林事件”回顾

1995 年 2 月 23 日的“327 国债事件”直接导致国债期货交易暂停，我国在金融衍生产品上的第一次试点以失败告终。这次失败曾一度引发对我国是否重新推出国债期货，是否需要发展金融衍生品等问题的激烈讨论。

“327国债事件”的主角是1992年发行的3年期国库券，其发行总量为240亿元，1995年6月到期兑付，利率是9.5%的票面利息加保值贴补率，国债期货合约代号为“327”，但财政部是否对之实行保值贴补并不确定。进入1995年2月，其价格一直在147.80元和148.30元之间徘徊，但随着对财政部是否实行保值贴补的猜测和不确定性的延续，“327”国债期货价格发生大幅变动。以万国证券公司为代表的空方主力认为1995年1月起通货膨胀已见顶回落，不会贴息，坚决做空，而其对手方中国经济开发信托投资公司（简称中经开）则依据物价翘尾、周边市场“327”品种价格普遍高于上海，以及提前了解财政部决策动向等因素，坚决做多，不断推升价位。

1995年2月23日，一直在“327”品种上联合做空的辽宁国发（集团）有限公司抢先得知“327”贴息消息，立即由做空改为做多，使得“327”品种在一分钟内上涨2元，10分钟内上涨3.77元。做空主力万国证券公司立即陷入困境，按照其当时的持仓量和价位，一旦期货合约到期，履行交割义务，其亏损高达60多亿元。为维护自身利益，“327”合约空方主力在148.50元价位封盘失败后，在交易结束前最后8分钟，空方主力大量透支交易，以700万手、价值1 400亿元的巨量空单，将价格打压至147.50元收盘，使“327”合约暴跌3.8元，并使当日开仓的多头全线爆仓，造成了传媒所称的“中国的巴林事件”。

事发当日晚上，上海证券交易所召集有关各方紧急磋商，最终权衡利弊，确认空方主力恶意违规，宣布最后8分钟所有的“327”品种期货交易无效，各会员之间实行协议平仓。

资料来源：罗培新，卢文道．反思“327”国债事件．南方周末，2006-3-30.

第3节　套期会计

一、套期概述

（一）套期定义

在《企业会计准则第24号——套期会计》中，套期（hedge）是指企业为管理外汇风险、利率风险、价格风险、信用风险等特定风险引起的风险敞口，指定金融工具为套期工具，以使套期工具的公允价值或现金流量变动，预期抵销被套期项目全部或部分公允价值或现金流量变动的风险管理活动。企业管理风险的此类策略也被称为“对冲”“两头赌”。

（二）套期会计的目标

套期会计的目标是在财务报告中反映企业采用金融工具管理因特定风险引起的风险敞口的风险管理活动的影响。

案例 2－3　衍生工具与风险规避

1. 利用衍生工具，防范商品价格波动风险

某企业的主要原料是锌锭。2010 年 9 月，该企业接到一批订单，需要在 2011 年 5 月份交货。由于库存和资金的问题，该企业决定 10 月份在现货市场上购买锌锭。9 月份现货锌锭价格为每吨 1 090 元，预计 10 月份锌锭价格会上涨。为了规避在 10 月份从现货市场上购买锌锭价格上涨的风险，该企业可以利用期货市场保值，参与期货交易。

假设该企业于 9 月份买入 10 月到期的锌锭期货合约，期货价格为每吨 1 000 元。到了 10 月份，锌锭现货价格上涨为每吨 1 170 元，并且 10 月份到期的期货合约到期时将涨到每吨 1 180 元。该企业在买进现货 300 吨锌锭的同时卖出锌锭期货合约，用期货市场的每吨盈利 180 元（1 180－1 000）去弥补现货市场上因价格上涨而每吨多付的 80 元（1 170－1 090），从而一定程度规避了价格上涨的风险。

2. 利用衍生工具，规避企业的汇率风险

某公司欲在 2010 年 2 月进口一批原材料，需要大量美元，预期美元汇率将大幅上升。该公司在金融市场购入 2010 年 2 月份到期的美元期货合约，在合约到期前，筹足资金购入所需美元现货，同时卖出期货合约。如果汇率果然上升，则期货市场上赚取的头寸可以抵补购入美元现货因汇率上升而带来的额外成本；如果汇率朝着预期相反的方向变动，现货市场上的节约又可以抵补期货市场上的损失。通过不同交易部位的同时操作，可达到规避汇率风险的目的。

3. 利用衍生工具，规避企业的利率风险

企业以浮动利率从银行贷款时，可以通过签订远期利率协议锁定合约期间的借款成本。假设某企业从银行贷款的本金是 1 亿美元，按照 LIBOR（伦敦银行同业拆借利率）＋0.5％的利率来支付利息，利息每 6 个月支付一次。但是下一期间 LIBOR 可能会变高，这将导致总利率提高而给企业的现金流量和盈利能力带来不利影响。为此，企业可以购买固定利率的远期利率协议从而锁定企业的借款成本。

资料来源：许文章. 四项金融工具会计准则解读：非金融企业视角. 财务与会计，2006（12）：4.

（三）套期的分类

套期分为公允价值套期、现金流量套期和境外经营净投资套期。

1. 公允价值套期

公允价值套期是指对已确认资产或负债、尚未确认的确定承诺，或上述项目的组成部分的公允价值变动风险敞口进行的套期。该公允价值变动源于特定风险，且将影响企业的损益或其他综合收益。其中，影响其他综合收益的情形，仅限于企业对指定为以公允价值计量且其变动计入其他综合收益的非交易性权益工具投资的公允价值变动风险敞口进行的套期。

作为企业管理交易价格变动风险的策略，公允价值套期工具主要包括以下方式：

（1）签订未来以预期价格购买商品的合同（尚未确认的确定承诺），为规避商品价格风险，同时签订一项未来卖出商品的期货合约，对该确定承诺的价格风险引起的公允价值变动风险敞口进行套期，例如案例2-3中的第一种情况。

（2）企业签订一项以固定利率换浮动利率的利率互换合约，对其承担的固定利率负债的利率风险引起的公允价值变动风险敞口进行套期，例如案例2-3中的第三种情况。

（3）企业购买一项看跌期权合同，对持有的选择以公允价值计量且其变动计入其他综合收益的非交易性权益工具投资的证券价格风险引起的公允价值变动风险敞口进行套期。

2. 现金流量套期

现金流量套期是指对现金流量变动风险敞口进行的套期。该现金流量变动源于与已确认资产或负债、极可能发生的预期交易，或与上述项目组成部分有关的特定风险，且将影响企业的损益。例如，甲公司从乙银行借入一笔长期借款，当时市场利率为6%，按照浮动利率付利息。为防范利率变动带来的风险，甲公司可与对手方丙公司签订一份利率互换合约，对丙公司按照浮动利率（上升为8%）收取利息。这样，利率上升时，从丙公司收取的利息与按照浮动利率向乙银行多支付的利息可以对冲，从而达到规避利率风险的目的。

3. 境外经营净投资套期

境外经营净投资套期是指对境外经营净投资外汇风险敞口进行的套期。其中，境外经营净投资，是指企业在境外经营净资产中的权益份额。

应该注意的是，企业对确定承诺的外汇风险进行套期的，可以将其作为现金流量套期或公允价值套期处理。外币现金流量固定时，汇率变动导致公允价值发生变动，此时的套期为公允价值套期；从未来本币的现金流量发生变动的角度看，此时的套期是现金流量套期。

（四）套期工具和被套期项目

1. 套期工具

（1）符合条件的套期工具。套期工具是指企业为进行套期而指定的、其公允价值或现金流量变动预期可抵销被套期项目的公允价值或现金流量变动的金融工具。具体包括：

1）以公允价值计量且其变动计入当期损益的衍生工具，但签出期权除外。嵌入在混合合同中但未分拆的衍生工具不能作为单独的套期工具。

企业的签出期权（除非该签出期权指定用于抵销购入期权）不能作为套期工具，因为该期权的潜在损失可能大大超过被套期项目的潜在利得，从而不能有效地对冲被套期项目的风险。购入期权的一方可能承担的损失最多就是期权费，可能拥有的利得通常等于或大大超过被套期项目的潜在损失，可被用来有效对冲被套期项目的风险。因此，购入期权的一方可以将购入的期权作为套期工具。

嵌入在混合合同中但未分拆的衍生工具，无法单独计量，因此，不能作为单独的套期工具。

2）以公允价值计量且其变动计入当期损益的非衍生金融资产或非衍生金融负债。指定为以公允价值计量且其变动计入当期损益且其自身信用风险变动引起的公允价值变动计入其他综合收益的金融负债，由于没有将整体公允价值变动计入损益，不能被指定为套期工具。需要特别注意的是，企业自身权益工具不属于企业的金融资产或金融负债，不能作为套期工具。

例如，甲公司持有 1 年期的票据，其收益率与黄金价格指数挂钩。甲公司将该票据分类为以公允价值计量且其变动计入当期损益的金融资产。同时，甲公司签订了一项 1 年后以固定价格购买黄金的合同（尚未确认的确定承诺），以满足生产需要。此种情况下，该票据作为以公允价值计量且其变动计入当期损益的非衍生金融资产，可以被指定为套期工具，对尚未确认的确定承诺的价格风险引起的公允价值变动风险敞口进行套期。

3）对于外汇风险套期，企业可以将非衍生金融资产（选择以公允价值计量且其变动计入其他综合收益的非交易性权益工具投资除外）或非衍生金融负债的外汇风险成分指定为套期工具。

例如，甲公司的记账本位币为人民币，发行了 5 000 万美元、年利率为 5%的固定利率债券，每半年支付一次利息，2 年后到期。甲公司将该债券分类为以摊余成本计量的金融负债。甲公司同时签订了 2 年后到期的、5 000 万美元的固定价格销售承诺（尚未确认的确定承诺）。此种情况下，甲公司可以将以摊余成本计量的美元负债的外汇风险成分作为套期工具，对固定价格销售承诺的外汇风险引起的公允价值变动或者现金流量变动风险敞口进行套期。

（2）指定套期工具。企业在确立套期关系时，应当将符合条件的金融工具整体指定为套期工具，因为企业对套期工具进行计量时，通常以该金融工具整体为对象，采用单一的公允价值基础对其进行计量。但是，由于期权的时间价值、远期合同的远期要素和金融工具的外汇基差通常可以单独计量，为便于提高某些套期关系的有效性，允许企业在对套期工具进行指定时，做出以下例外处理，如表 2-10 所示。

表 2-10 套期工具指定的例外处理

套期工具指定情形	套期工具指定方法
期权的价值	企业可以将期权的内在价值和时间价值分开，只将期权的内在价值变动指定为套期工具
远期合同的要素	企业可以将远期合同的远期要素和即期要素分开，只将即期要素的价值变动指定为套期工具
外币计价的金融工具	企业可以将金融工具的外汇基差单独分拆，只将排除外汇基差后的金融工具指定为套期工具
套期工具的期限	企业可以将套期工具的一定比例指定为套期工具
金融工具的组合	企业可以将两项或两项以上金融工具（或其一定比例）的组合指定为套期工具
对多种风险的套期	如果企业套期工具与被套期项目的不同风险敞口之间有具体对应关系，则一项套期工具可以被指定为对一种以上的风险进行套期

例如，甲公司的记账本位币是人民币，其承担了一项5年期浮动利率的美元债务。为规避该金融负债的外汇风险和利率风险，甲公司与某金融机构签订一项交叉货币利率互换合同，使该互换合同的条款与该金融负债的条款相匹配，并将该互换合同指定为套期工具。根据该互换合同，甲企业可以定期收取按美元浮动利率计算确定的利息，同时支付按人民币固定利率计算确定的利息。甲公司使用该互换合同对利率风险和外汇风险进行套期。

2. 被套期项目

被套期项目是指使企业面临公允价值或现金流量变动风险且被指定为被套期对象的、能够可靠计量的项目，即需要进行风险对冲且可以计量的项目。企业可以将下列单个项目、项目组合或其组成部分指定为被套期项目：

（1）已确认资产或负债。

（2）尚未确认的确定承诺。确定承诺，是指在未来某特定日期或期间，以约定价格交换特定数量资源、具有法律约束力的协议。

例如，甲公司为我国境内机器设备制造企业，采用人民币作为记账本位币。甲公司与境外乙公司签订了一项设备购买合同，约定6个月后按固定的外币价格购入设备，即甲公司与乙公司达成了一项确定承诺。同时，甲公司签订了一份外币远期合同，以对该项确定承诺产生的外汇风险进行套期。这里，甲公司的承诺是确定的，具有法律约束力，必须履行，但签订合同时尚未进行设备交割，无法进行账务处理，因此，称为“尚未确认的确定承诺”。

（3）极可能发生的预期交易（尚未承诺但预期会发生的交易）。例如，某企业虽然尚未签订原材料采购合同，但基于目前原材料的库存情况，预计原材料采购是必需的，因此，企业仍需对原材料价格变动风险进行预判与管理。

（4）境外经营净投资。企业对以上项目进行套期时，因各项目的自身性质及面临的风险因素不同，形成了上文述及的三类套期，即公允价值套期、现金流量套期和境外经营净投资套期。

二、套期关系评估

（一）运用套期会计的条件

运用套期会计方法对公允价值套期、现金流量套期或境外经营净投资套期进行会计处理需要同时满足如下条件：

（1）套期关系仅由符合条件的套期工具和被套期项目组成。

（2）在套期开始时，企业正式指定了套期工具和被套期项目，并准备了关于套期关系和企业从事套期的风险管理策略和风险管理目标的书面文件。该文件至少载明了套期工具、被套期项目、被套期风险的性质以及套期有效性评估方法（包括套期无效部分产生的原因分析以及套期比率确定方法）等内容。

（3）套期关系符合套期有效性要求。

（二）套期有效性的认定

套期有效性，是指套期工具的公允价值或现金流量变动能够抵销被套期风险引起的被套期项目公允价值或现金流量变动的程度。套期工具的公允价值或现金流量变动大于或小于被套期项目的公允价值或现金流量变动的部分为套期无效部分，即无法对冲的部分。

套期同时满足下列条件的，企业应当认定套期关系符合套期有效性要求：

（1）被套期项目和套期工具之间存在经济关系。该经济关系使得套期工具和被套期项目的价值因面临相同的被套期风险而发生方向相反的变动，即套期不是为了投机，而是防范经营风险，发挥其风险与收益的对冲作用。

（2）被套期项目和套期工具经济关系产生的价值变动中，信用风险的影响不占主导地位。换言之，被套期项目的风险主要来自价格、汇率、利率等因素的变动。

（3）套期关系的套期比率，应当等于企业实际套期的被套期项目数量与对其进行套期的套期工具实际数量之比，但不应当反映被套期项目和套期工具相对权重的失衡，这种失衡会导致套期无效，并可能产生与套期会计目标不一致的会计结果。

如果企业从事的是真正的套期保值活动，而没有任何的投机成分，则企业一定会力求寻找最合适的套期比率，以使得被套期项目和套期工具之间的价值变动尽可能地实现更明显的对冲效果。

例如，甲公司有 200 吨原材料现货，为了对该 200 吨现货的价值下跌进行对冲，其本应该在期货市场上订立 200 吨期货合约进行套期保值活动，即最合适的套期比率应该是 1∶1。如果甲公司同时还打算进行一部分期货投机活动，订立了 220 吨的期货合约，则实际采用的套期比率为 1∶1.1。虽然该套期比率也是实际数量之比，但其反映了被套期项目和套期工具相对权重的失衡，偏离了最合适的套期比率，产生了套期无效部分。这种失衡产生了与套期会计目标不一致的会计结果，因为套期会计目标是尽可能地实现对冲效果，而不是赚取额外的衍生品投资收益。此时，甲公司不应将220吨期货合约均指定为套期工具。

（三）套期有效性评估的时间要求

企业应当在套期开始日及以后期间持续地对套期关系是否符合套期有效性要求进行评估，分析在套期剩余期限内预期将影响套期关系的套期无效部分产生的原因。企业至少应当在资产负债表日及相关情形发生重大变化将影响套期有效性要求时对套期关系进行评估。

（四）套期关系再平衡

套期关系再平衡，是指对已经存在的套期关系中被套期项目或套期工具的数量进行调整，以使套期比率重新符合套期有效性要求。

如果套期关系由于套期比率的原因而不再满足套期有效性要求，但指定该套期关系的风险管理目标没有改变，企业可以进行套期关系再平衡，通过调整套期关系的套期比率，使其重新满足套期有效性要求，从而延续套期关系。基于其他目的对被套期项目或套期工具所指定的数量进行变动，不属于套期关系再平衡。

企业在套期关系再平衡时，应当首先确认套期关系调整前的套期无效部分，并更新在套期剩余期限内预期将影响套期关系的套期无效部分产生原因的分析，同时相应更新套期关系的书面文件。

三、套期工具的会计处理

企业可以设置“套期工具”“被套期项目”“套期损益”等科目对套期进行会计核算。其中，“套期工具”核算企业开展套期保值业务（包括公允价值套期、现金流量套期和境外经营净投资套期）的套期工具公允价值变动形成的资产或负债；“被套期项目”核算企业开展套期业务的被套期项目及其公允价值变动形成的资产或负债；“套期损益”核算套期工具和被套期项目价值变动形成的利得和损失。

（一）公允价值套期的确认和计量

满足运用套期会计方法条件的公允价值套期应按下列规定处理：

（1）套期工具产生的利得或损失通常应当计入当期损益。如果套期工具是对选择以公允价值计量且其变动计入其他综合收益的非交易性权益工具投资（或其组成部分）进行套期的，则套期工具产生的利得或损失应当计入其他综合收益。

（2）被套期项目因被套期风险敞口形成的利得或损失应当计入当期损益，同时调整未以公允价值计量的已确认被套期项目的账面价值。如果被套期项目为以公允价值计量且其变动计入其他综合收益的金融资产（或其组成部分）的，其账面价值已经按公允价值计量，则不需调整。

（3）被套期项目为尚未确认的确定承诺（或其组成部分）的，其在套期关系指定后因被套期风险引起的公允价值累计变动额应当确认为一项资产或负债，相关的利得或损失应当计入各相关期间损益。当履行确定承诺而取得资产或承担负债时，应当调整该资产或负债的初始确认金额，以包括已确认的被套期项目的公允价值累计变动额。

【例2-20】 2022年1月1日，甲公司为规避所持有库存商品A的公允价值变动风险，决定在期货市场上建立套期保值头寸，并指定期货合同为2022年上半年库存商品A价格变化引起的公允价值变动风险的套期。期货合同的标的资产与被套期项目存货在数量、质量、价格变动、产地等方面相同。

2022年1月1日，期货合同的公允价值为零，库存商品A的账面成本均为2 000 000元，公允价值为2 200 000元。2022年6月30日，期货合同的公允价值上涨了50 000元，库存商品A的公允价值下降了50 000元。当日，甲公司将库存商品A出售，并将期货合同结算。

假定该公司评估认定该套期完全有效。不考虑期货合同的时间价值、商品销售相关的增值税及其他因素。请做出甲公司的账务处理。

【解析】

甲公司的账务处理如下。

（1）2022年1月1日，将库存商品A套期，应将其转入被套期项目。

借：被套期项目——库存商品A　　2 000 000

　贷：库存商品——A　　2 000 000

2022年1月1日，被指定为套期工具的期货合同的公允价值为0，不做账务处理。

（2）2022年6月30日，确认期货合同和被套期的库存商品A的公允价值变动，出售库存商品A并结算期货合同。

①确认套期工具的公允价值变动。

借：套期工具——期货合同　　50 000

　贷：套期损益　　50 000

②确认被套期项目的公允价值变动。

借：套期损益　　50 000

　贷：被套期项目——库存商品A　　50 000

③售出库存商品A，收到货款，存入银行。

借：银行存款（或应收账款）　　2 150 000

　贷：主营业务收入　　2 150 000

④结转库存商品A的销售成本1 950 000元。

借：主营业务成本　　1 950 000

贷：被套期项目——库存商品A　　1 950 000

⑤收到套期工具的结算款50 000元，存入银行。

借：银行存款（或其他货币资金）　　50 000

贷：套期工具——期货合同　　50 000

本例中，甲公司6月30日销售存货时因价格下跌，损失了部分毛利（5万元），采用套期策略后，可与期货合同结算价值进行对冲，从而规避了存货公允价值下跌风险。

（二）现金流量套期的确认和计量

1. 套期工具所产生的利得或损失的处理

对于满足运用套期会计方法条件的现金流量套期，企业应当区分套期工具所产生的利得或损失中属于套期有效的部分和属于套期无效的部分。对于套期工具产生的利得或损失中属于套期有效的部分，企业应当将其作为现金流量套期储备，应当计入其他综合收益。对于套期工具产生的利得或损失中属于套期无效的部分，应当计入当期损益。

现金流量套期储备的金额，等于下列两项的绝对额中的较低者：一是套期工具自套期开始的累计利得或损失；二是被套期项目自套期开始的预计未来现金流量现值的累计变动额。每期计入其他综合收益的现金流量套期储备的金额应当为当期现金流量套期储备的变动额。

2. 现金流量套期储备的处理

（1）被套期项目为预期交易，且该预期交易使企业随后确认一项非金融资产或非金融负债的，或者非金融资产或非金融负债的预期交易形成一项适用于公允价值套期会计的确定承诺时，企业应当将原在其他综合收益中确认的现金流量套期储备金额转出，计入该资产或负债的初始确认金额。

（2）对于其他现金流量套期，企业应当在被套期的预期现金流量影响损益的相同期间，将原在其他综合收益中确认的现金流量套期储备金额转出，计入当期损益。

（3）如果在其他综合收益中确认的现金流量套期储备金额是一项损失，且该损失全部或部分预计在未来会计期间不能弥补的，企业应当在预计不能弥补时，将预计不能弥补的部分从其他综合收益中转出，计入当期损益。

当企业对现金流量套期终止运用套期会计时，在其他综合收益中确认的累计现金流量套期储备金额，应当按照下列规定进行处理：

（1）被套期的未来现金流量预期仍然会发生的，累计现金流量套期储备的金额应当予以保留，并按照前述现金流量套期储备的后续处理规定进行会计处理。

（2）被套期的未来现金流量预期不再发生的，累计现金流量套期储备的金额应当从其他综合收益中转出，计入当期损益。被套期的未来现金流量预期不再极可能发生但可能预期仍然会发生，在预期仍然会发生的情况下，累计现金流量套期储备的金额应当予以保留，并按照前述现金流量套期储备的后续处理的规定进行会计处理。

【例2-21】 2022年1月1日，甲公司计划在2022年6月30日销售一批商品A，数量为200 000吨。为规避该预期销售有关的现金流量变动风险（销售价格下跌导致销售现金流入减少的可能性），甲公司于2022年1月1日在大连期货交易所签订了一项商品期货合同，且将其指定为对该预期商品销售的套期工具。商品期货合同的标的资产与被套期预期商品销售在数量、质量、价格变动、产地等方面相同，并且商品期货合同的结算日和预期商品销售日期均为2022年6月30日。该公司相关业务的数据资料如下：

（1）2022年1月1日，商品期货合同的公允价值为零，商品的预期销售价格为2 200 000元。

（2）2022年6月30日，商品期货合同的公允价值上涨了50 000元，商品A的销售价格下降了50 000元。当日，公司将商品A出售，并将商品期货合同结算。假定甲公司预期该套期完全有效，不考虑商品销售相关的增值税及其他因素。请做出甲公司的账务处理。

【解析】

甲公司的风险管理策略是对预期交易未来的现金流量进行套期保值。其账务处理如下：

（1）2022年1月1日，甲公司不做账务处理。

（2）2022年6月30日，确认现金流量套期储备。

借：套期工具——商品期货合同　　50 000

　贷：其他综合收益——套期储备　　50 000

（3）2022年6月30日，商品A对外售出。

借：银行存款（或应收账款）　　2 150 000

　贷：主营业务收入　　2 150 000

（4）商品期货合同以银行存款结算。

借：银行存款（或其他货币资金）　　50 000

　贷：套期工具——商品期货合同　　50 000

（5）将现金流量储备金额转出，调整主营业务销售收入。

借：其他综合收益——套期储备　　50 000

　贷：主营业务收入　　50 000

以上分录表明，虽然2022年6月30日商品A价格下跌，但由于实施了风险管理策略，甲公司仍然可以达成预期的收入与现金流量目标（2 200 000元）。

（三）境外经营净投资的套期

1. 会计处理原则

企业境外经营净投资的套期，包括对作为净投资的一部分进行会计处理的货币性项目的套期，应当按照类似于现金流量套期会计的规定处理。

（1）套期工具形成的利得或损失中属于套期有效的部分，应当计入其他综合收益。全部或部分处置境外经营时，上述计入其他综合收益的套期工具利得或损失应当相应转出，计入当期损益。

（2）套期工具形成的利得或损失中属于套期无效的部分，应当计入当期损益。

【例2-22】 2022年10月1日，甲公司（记账本位币为人民币）对其境外子公司（乙公司）有一项境外经营净投资外币（FC）5 000万元。为进行风险管理，甲公司与某境外金融机构签订了一项外汇远期合同，约定于2023年4月1日卖出FC 5 000万元。其他有关资料如表2-11所示。

表2-11 汇率变动及公允价值情况

日期	即期汇率（FC/RMB）	远期汇率（FC/RMB）	远期合同的公允价值（RMB）
2022年10月1日	1.71	1.70	0
2022年12月31日	1.64	1.63	3 430 000
2023年3月31日	1.60	—	5 000 000

假定甲公司的上述套期满足运用套期会计方法的所有条件。请做出该公司的账务处理。

【解析】

（1）2022年10月1日，外汇远期合同的公允价值为0，不做账务处理。

（2）2022年12月31日，确认外汇远期合同的公允价值变动。

借：套期工具——外汇远期合同　　3 430 000

　贷：其他综合收益——外币报表折算差额　　3 430 000

确认对子公司净投资的汇兑损益。

借：其他综合收益——外币报表折算差额((1.71－1.64)×50 000 000)

　　3 500 000

　贷：长期股权投资　　3 500 000

（3）2023年3月31日，确认外汇远期合同的公允价值变动。

借：套期工具——外汇远期合同　　1 570 000

　贷：其他综合收益——外币报表折算差额　　1 570 000

确认对子公司净投资的汇兑损益：

借：其他综合收益——外币报表折算差额（(1.64－1.60)×50 000 000)

　　2 000 000

　贷：长期股权投资　　2 000 000

（4）2023年4月1日结算外汇远期合同。

借：银行存款（或其他货币资金）　　5 000 000

　贷：套期工具——外汇远期合同　　5 000 000

（四）套期会计的终止

在适用套期关系再平衡的情况下，企业应当首先考虑套期关系再平衡，然后评估套期关系是否满足运用套期会计方法的条件。

企业发生下列情形之一的，应当终止运用套期会计：

(1) 因风险管理目标发生变化，导致套期关系不再满足风险管理目标。

(2) 套期工具已到期、被出售、合同终止或已行使。

(3) 被套期项目与套期工具之间不再存在经济关系，或者被套期项目和套期工具经济关系产生的价值变动中，信用风险的影响开始占主导地位。

(4) 套期关系不再满足运用套期会计方法的其他条件。在适用套期关系再平衡的情况下，企业应当首先考虑套期关系再平衡，然后评估套期关系是否满足运用套期会计方法的条件。

练习题

一、单项选择题

1. 下列项目中，属于衍生工具的是（　　）。

A. 现金　　B. 应收账款
C. 认股权证　　D. 债券投资

2. “衍生工具”科目为（　　）科目。

A. 资产类　　B. 负债类
C. 共同类　　D. 成本类

3. 甲公司为一家上市公司。2021年1月1日，甲公司发行1亿元优先股。合同条款约定，甲公司可根据相应的议事机制自行决定是否派发股利，如果甲公司的控股股东发生变更（假设该事项不受甲公司控制），甲公司必须按面值赎回该优先股。根据上述资料，甲公司应将该工具分类为（　　）。

A. 金融负债　　B. 权益工具
C. 复合金融工具　　D. 金融资产

4. 下列各项中，不属于《企业会计准则第22号——金融工具确认和计量》阐述的衍生工具的特征的是（　　）。

A. 其价值随特定利率、金融工具价格、商品价格、汇率、价格指数、费率指数、信用等级、信用指数或其他变量的变动而变动
B. 变量为非金融变量的，该变量不应与合同的任何一方存在特定关系
C. 与对市场因素变化预期有类似反应的其他合同相比，要求更多的初始净投资
D. 在未来某一日期结算

5. 下列合同不属于金融工具的是（　　）。

A. 经营租赁　　B. 融资租赁
C. 利率互换　　D. 发行股票

6. 下列各项中，可以作为套期工具的金融工具是（　　）。

A. 签出期权

B. 对于指定为以公允价值计量且其变动计入当期损益、其自身信用风险变动引起的公允价值变动计入其他综合收益的金融负债

C. 以公允价值计量且其变动计入其他综合收益的非交易性权益工具投资

D. 非衍生金融负债的外汇风险成分

7. 2020 年 9 月 1 日，A 公司发行了不可赎回的优先股。该优先股每年每股的固定累计强制股利为 500 元。如果当年的收益不足以支付股利，则该股利将在未来的年度支付。A 公司可以宣告额外的股利，但是必须在各类不同的股票间平均分配。下列有关 A 公司对该优先股的分类，正确的有（　　）。

A. 划分为金融资产核算　　B. 划分为金融负债核算

C. 划分为权益工具核算　　D. 作为复合金融工具处理

8. 2022 年 1 月 1 日，甲公司发行了一项年利率为 10%、无固定还款期限、可自主决定是否支付利息的不可累积永续债，其他合同条款如下（假定没有其他条款导致该工具分类为金融负债）：(1) 该永续债嵌入了一项看涨期权，允许甲公司在发行第 5 年及之后以面值回购该永续债；(2) 如果甲公司在第 5 年年末没有回购该永续债，则之后的票息率增加至 12%；(3) 该永续债的票息在甲公司向其普通股股东支付股利时必须支付。假定甲公司根据相应的议事机制能够自主决定普通股股利的支付；该公司发行该永续债之前多年来均存在普通股股利的支付义务。不考虑其他因素，甲公司应将发行的永续债分类为（　　）。

A. 金融负债　　B. 长期股权投资

C. 应付债券　　D. 权益工具

9. A 公司与 B 公司签订合同约定，A 公司以 800 盎司黄金等值的自身权益工具偿还所欠 B 公司债务。A 公司应将其发行的金融工具划分为（　　）。

A. 长期借款　　B. 金融负债

C. 以摊余成本计量的金融资产　　D. 权益工具

10. 关于金融负债和权益工具区分的基本原则表述中，不正确的是（　　）。

A. 如果企业不能无条件地避免以交付现金或其他金融资产来履行一项合同义务，则该合同义务按权益工具核算

B. 如果企业能够无条件地避免交付现金或其他金融资产，例如能够根据相应的议事机制自主决定是否支付股息，同时所发行的金融工具没有到期日且持有方没有回售权，或虽有固定期限但发行方有权无限期递延，则此类交付现金或其他金融资产的结算条款不构成金融负债

C. 如果发放股利由发行方根据相应的议事机制自主决定，则股利是累积股利还是非累积股利本身均不会影响该金融工具被分类为权益工具

D. 对于非衍生工具，如果发行方未来有义务交付可变数量的自身权益工具进行结

算，则该非衍生工具是金融负债

二、多项选择题

1. 以下属于衍生工具经济特征的是（　　）。

A. 衍生性　　B. 契约性

C. 杠杆性　　D. 风险性

2. 下列会计科目中，与套期活动直接相关的有（　　）。

A. 套期工具　　B. 套期损益

C. 资本公积　　D. 被套期项目

E. 资产减值损失

3. 根据我国现行企业会计准则，下列各项风险可以被指定为被套期风险的有（　　）。

A. 外汇风险　　B. 利率风险

C. 信用风险　　D. 股票价格风险

4. 关于套期工具的说法中，正确的有（　　）。

A. 衍生工具通常可以作为套期工具

B. 衍生工具全部可以作为套期工具

C. 非衍生工具绝对不可以作为套期工具

D. 非衍生工具有时可以作为套期工具

E. 作为套期工具的基本条件是其公允价值能够可靠计量

5. 下列项目不可以作为公允价值套期中的被套期项目的有（　　）。

A. 采用权益法核算的股权投资

B. 母公司对子公司的投资

C. 对境外经营净投资

D. 持有至到期投资的利率风险

E. 企业合并交易中与购买另一个企业的确定承诺相关的风险

6. 下列关于套期的说法，正确的有（　　）。

A. 套期属于企业的一项风险管理活动

B. 套期分为公允价值套期、现金流量套期和境外经营净投资套期

C. 现金流量套期中，其现金流量变动源于与已确认资产或负债、极可能发生的预期交易，或与上述项目组成部分有关的特定风险，且不影响企业的损益

D. 境外经营净投资套期，是指对境外经营净投资外汇风险敞口进行的套期

7. 下列关于现金流量套期和境外经营净投资套期的确认和计量，表述正确的有（　　）。

A. 套期工具产生的利得或损失中属于套期有效的部分，应当计入其他综合收益

B. 套期工具产生的利得或损失中属于套期无效的部分，应当计入当期损益

C. 如果在其他综合收益中确认的现金流量套期储备金额是一项损失，且该损失全部或部分预计在未来会计期间不能弥补的，企业应当在预计不能弥补时，将预

计不能弥补的部分从其他综合收益中转出，计入留存收益

D. 全部或部分处置境外经营净投资的套期时，原计入其他综合收益的套期工具利得或损失应当相应转出，计入当期损益

8. 企业对以公允价值计量且其变动计入当期损益的金融资产进行的下列会计处理，正确的有（　　）。

A. 企业划分为以公允价值计量且其变动计入当期损益的金融资产的股票、债券，应当按照取得时的公允价值和相关的交易费用作为初始确认金额

B. 支付的价款中包含已宣告但尚未发放的现金股利或债券利息，应当单独确认为应收项目

C. 企业在持有期间取得的利息或现金股利，应当确认为投资收益

D. 资产负债表日，公允价值变动计入当期损益

9. 企业如果认定套期关系符合套期有效性要求，套期应满足的条件有（　　）。

A. 被套期项目和套期工具经济关系产生的价值变动中，信用风险的影响不占主导地位

B. 被套期项目和套期工具经济关系产生的价值变动中，信用风险的影响占主导地位

C. 被套期项目和套期工具之间存在经济关系

D. 套期关系的套期比率，应当等于企业实际套期的被套期项目数量与对其进行套期的套期工具实际数量之比，但不应当反映被套期项目和套期工具相对权重的失衡

10. 下列关于指定为以公允价值计量且其变动计入当期损益的信用风险敞口的会计处理中，正确的有（　　）。

A. 金融工具被指定为以公允价值计量且其变动计入当期损益的，企业应当在指定时将其账面价值（如有）与其公允价值之间的差额计入当期损益

B. 原分类为以公允价值计量且其变动计入其他综合收益的金融资产被指定为公允价值计量且其变动计入当期损益的金融工具，企业应当将之前计入其他综合收益的累计利得或损失转出，计入当期损益

C. 当对金融工具终止以公允价值计量且其变动计入当期损益时，该金融工具在终止时的公允价值应当作为其新的账面价值

D. 当对金融工具终止以公允价值计量且其变动计入当期损益时，该金融工具在终止时的账面价值应当作为其新的账面价值

三、综合分析题

1. 2021年5月7日，甲投资公司支付价款1 016万元（含交易费用1万元和已宣告尚未发放现金股利15万元），购入乙公司发行的股票200万股，占乙公司有表决权股份的0.5%。甲公司将其指定为以公允价值计量且其变动计入其他综合收益的非交易性权益工具投资。其他相关信息如下：

（1）2021年5月10日，甲公司收到乙公司发放的现金股利15万元。

（2）2021年6月30日，乙公司股票市价为每股5.2元。

(3) 2021年12月31日，甲公司仍持有该股票；该股票市价为每股5元。

(4) 2022年5月9日，乙公司宣告发放现金股利4 000万元。

(5) 2022年5月10日，甲公司收到乙公司发放的现金股利。

(6) 2022年5月20日，甲公司以每股4.9元的价格将股票全部出售。

假定不考虑其他因素。

要求：做出甲公司的账务处理。

2. 2021年10月1日，A进出口公司与B银行签订了一份6个月到期的购买1 000 000美元的远期合约，到期日为2022年3月31日，双方约定在交割日以净额现金交割。

(1) 各相关时点的远期合约的即期汇率和至交割日的远期汇率如表2-12所示。

表2-12 即期汇率与至交割日的远期汇率

日期	即期汇率	至交割日的远期汇率
2021年10月1日	7.17	7.20
2021年12月31日	7.14	7.17
2022年3月31日	7.23	7.23

(2) 各时点远期合约的公允价值如表2-13所示。

表2-13 公允价值变动情况 单位：元

日期	远期合约约定汇率	市场远期汇率	估计公允价值变动
2021年12月31日	7.20	7.17	−29 118.00
2022年3月31日	7.20	7.23	30 000.00

要求：做出A公司相应的会计处理。

3. 2022年1月1日，M汽车销售公司为防范汽车公允价值变动风险，与某期货交易所签订了一项衍生工具合同Y，并将其指定为2022年上半年该汽车价格变化引起的公允价值变动风险的套期工具。衍生工具Y的标的资产与汽车在数量、质量、价格变动和产地方面相同。

2022年1月1日，衍生工具Y的公允价值为零，被套期汽车存货的账面价值和成本均为1 000 000元，公允价值为1 100 000元。2022年6月30日，衍生工具Y的公允价值上涨了25 000元，汽车价格下降了25 000元。当日，M公司将汽车出售，并将衍生工具Y结算。M公司预期上述套期完全有效。假定不考虑增值税及其他因素。

要求：做出M公司的账务处理。

第 3 章

股份支付会计

学习目标

股份支付作为现代企业长期激励机制之一，是企业薪酬福利体系的重要组成部分。《企业会计准则第 11 号——股份支付》对企业股份支付的分类、确认、计量和披露做出了原则性规定。本章以此为依据，并参照中国证监会《上市公司股权激励管理办法（2018）》等相关规定，重点讲述股份支付的概念、特点、分类、会计核算与披露。

第 1 节　股份支付会计概述

一、股份支付的概念和特点

（一）股份支付的概念

股份支付是"以股份为基础的支付"的简称，亦称"股权激励计划"（equity incentive plan 或 stock incentive plan）。它是指企业为获取职工和其他方提供服务而授予权益工具或者承担以权益工具为基础确定的负债的交易。

企业股份支付的对象是企业的职工或为企业提供服务的第三方。换取其他方服务的股份支付，通常发生于以"服务外包"（service outsourcing）为营运模式的企业。这些企业以股份让渡为代价，换取其他方在技术研发、资金融通、人力资源管理、媒体公关管理、客户服务、市场营销等方面提供的服务。这一模式的优点是：节省企业的现金支出，将有限的资源尽可能配置在具有自身优势、可以形成企业核心竞争力的业务领域。

（二）股份支付的特点

我们可以从以下三个角度把握股份支付的特点：

1. 股份支付是企业与职工或其他方之间发生的交易

企业首次公开募股（initial public offerings，IPO）、支付股票股利，或以股票为支付对价进行的企业合并交易，虽然也涉及企业的股份让渡，但不能按照《企业会计准则第11号——股份支付》进行账务处理。只有发生在企业与职工或提供服务的其他方之间的交易，才符合该准则中“股份支付”的定义，并据此做出账务处理。

2. 股份支付是以获取职工或其他方服务为目的的交易

企业实施股份支付计划是为了获取职工或其他方的服务，且用于正常的经营活动，而不是其他目的。

3. 股份支付交易的对价或定价与企业自身权益工具未来的价值密切相关

企业自身的权益工具包括会计主体本身、母公司和同集团的其他会计主体的权益工具。企业以股份支付形式激励员工或其他方时，要么支付自身权益工具，要么支付现金，而其金额高低取决于结算时企业自身权益工具的公允价值。对价的特殊性是股份支付的重要特征。

延伸阅读

华为的股权激励计划

华为技术有限公司（以下简称“华为”）创立于1987年。主要从事电信网络设备、IT设备、云技术服务以及智能终端的研究、开发、制造和销售，为电信运营商、企业和消费者等提供信息与通信（ICT）解决方案和相关服务。它是一家由员工持有全部股份的民营企业。创办人任正非持股约0.65%，核心员工持股99.35%。

华为2022年度财务报告显示，营业收入6 423亿元，净利润356亿元，缴纳企业所得税约84亿元；研发费用1 615亿元，研发强度高达25.1%，总资产达10 638亿元。华为的研究与开发人员约为11.4万名，占员工总数的55.4%。华为是全球最大的专利持有企业之一，共持有有效授权专利超过12万件。各项数据表明，华为已成为全球领先的ICT基础设施和智能终端提供商。

华为骄人成就的取得，可归功于多种因素。例如，国家的改革开放政策，地方政府的支持，优秀的企业创始人，优越的创业环境，宽松的创新氛围，独特的治理结构，持续的危机意识，等等。其中，一个不可忽视的因素是，华为在创立初期就实施了员工持股计划。该项计划的重要意义在于它抓住了企业各生产要素中的重要环节——人力资本及其配置效率，它将公司的长远发展和员工的个人贡献有机地结合在一起，形成了长远的共同奋斗、分享机制。正如任正非2019年10月15日接受北欧媒体采访时所言，员工是华为的创造者和所有者。其实现路径就是员工股权激励计划。

华为的员工股权激励计划是一个持续创新、优化的过程。从其历史进程看，可分为三个发展阶段：

（1）初期（1990—1997年）。华为创立初期，公司资金较为短缺。华为曾以每股10元价格、税后利润15%的分配率，向员工授予实体股权，获得内部融资，并借此留住员工、激发其创造力。此举的巧妙之处是实现了“融资”与“融智”的有机结合。华为股权激励政策的“吸才效应”随之显现，仅1997年度就有近2 000名专业人才加入公司，年营业收入高达70亿元。

（2）中期（1998—2012年）。基于对公司前期股权激励政策运行效果的体验、认可，员工对公司的信任度大幅提升，公司开始逐步推进由实体股权激励转为虚拟股权激励，并扩大股权激励范围。公司获得大额资金支持，员工获得丰厚收益，经营业绩实现跨越式发展。2012年实现销售收入2 202亿元，同比增长8%；实现净利润154亿元，同比增长33%。

（3）近期（2013年至今）。在此阶段，公司融资渠道日益拓宽，资金较为充裕，对股权激励融资功能的依赖弱化，开始逐步推出时间单元计划（time unit plan，TUP）。每年根据员工岗位及级别、绩效，分配一定数量的5年期权，员工不需花钱购买，可获得相应的分红权和增值权，5年后清零。这一计划的优势是，逐步实现对多元化的业务及人群进行差异化激励，给员工分利，为公司留权，为未来发展留下空间。至此，公司迈入跨国经营、集约发展的新时代。

资料来源：摘编自华为2022年年报及相关新闻报道。

二、股份支付的种类

《企业会计准则第11号——股份支付》规定，股份支付分为以权益结算的股份支付和以现金结算的股份支付（如图3-1所示）。

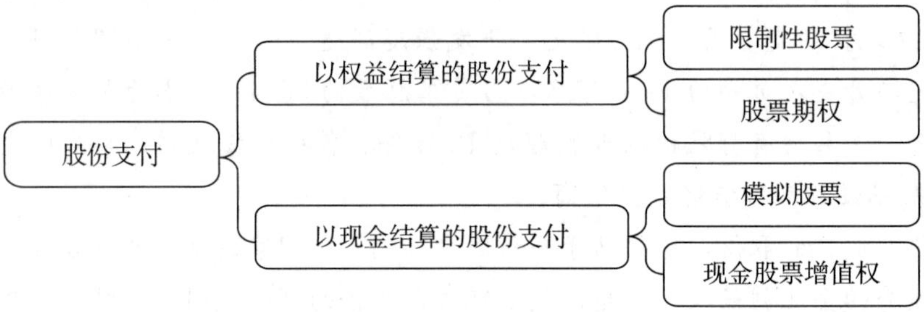

图3-1　股份支付的分类

（一）以权益结算的股份支付

以权益结算的股份支付，是指企业为获得服务而以股份或其他权益工具作为对价进行结算的交易。常用的工具有两类：限制性股票（restricted stock）和股票期权（stock option）。

1. 限制性股票

限制性股票，是指职工或其他方按照股份支付协议规定的条款和条件，从企业获得一定数量的本企业股票，激励对象只有在工作年限届满或业绩目标符合股权激励计划规定条件的，才可出售限制性股票并从中获益。其特点可概括为“先发股票、再看表现”。

通常情况下，如果激励对象在获得股票后离职，或虽工作年限届满且业绩目标符合股权激励计划规定的条件，但此时股票价格低于其当初认购价格，则企业承担股票回购义务。

例如，甲公司股东会决议，于2022年1月1日授予张总经理100万股甲公司股票，每股认购价格为5元（此时的市场价为9元）。公司规定，在甲公司年营业收入达到10亿元之后，或者张总经理至少再连续服务3年才允许出售其持有的股票。如果张总经理3年服务期满后甲公司股票价格升为每股16元，则可出售股票，赚取约11元/股的价差，公司达成激励目标；如果3年期满后甲公司股票价格低于每股5元，或者张总经理3年服务期未满而中途离职，则甲公司按原认购价格（5元/股）或加上一定的利息补价回购张总经理持有的100万股甲公司股票。

2. 股票期权

股票期权，是指企业授予职工或其他方在未来一定时期内以预先确定的价格和条件购买本企业一定数量股票的权利。激励对象只有在工作年限或业绩目标符合股权激励计划规定条件的，才可在未来一定时期内以预先确定的优惠价格购买本企业一定数量股票，以后再择机出售股票并从中受益。其特点可概括为“先看表现、再发股票”。

例如，甲公司经股东会审议通过，于2020年1月1日授予王总经理100万份股票期权。该项计划规定，王总经理连续服务满3年或完成其他业绩指标，就可以在2022年年末以每股8元的价格购买100万股甲公司股票。

假设王总经理已连续服务满3年，或完成了其他业绩指标，且公司股票价格在2022年年末高于8元/股，则王总经理就可行权，以8元/股的价格购入100万股甲公司股票；反之，王总经理就不行权，即放弃认股的权利。当然，如果王总经理中途离职或业绩考核未达标，则丧失在2022年年末以8元/股的价格购买100万股甲公司股票的权利。

（二）以现金结算的股份支付

以现金结算的股份支付，是指企业为获取职工服务而承担的以股份或其他权益工具为基础计算的交付现金或其他资产义务的交易。这种方式下，企业承担了向激励对象交付现金或其他资产的义务，因此，以现金结算的股份支付是一项负债。该种激励方式常用的工具有两类：模拟股票（phantom stock）和现金股票增值权（stock appreciation rights，SAR）。

1. 模拟股票

模拟股票，或称虚拟股份，是指激励对象按虚拟股份分享收益。除不需要实际授予股票和持有股票之外，模拟股票的运作原理与限制性股票类似。

例如，甲公司股东会决议，于2021年1月1日授予研发工程师李先生100万股模拟股票。如果在2022年，甲公司分配2021年利润，每股派发现金股利0.3元，则李先生可获得30万元的现金股利分红（含税）。当然，由于是模拟股票，“假装得到了股票”，不是真正的股东，因此，李先生在公司股东会上不享有股东的权利。

2. 现金股票增值权

现金股票增值权，是指企业授予激励对象在未来一定时期和约定条件下，获得规定数量的股票价格上升所带来收益的权利。

被授权人在约定条件下行权，上市公司按照行权日与授权日资本市场股票差价乘以授权股票数量，发放给被授权人现金。除不需要持有股票外，其运作原理与股票期权类似。

例如，甲公司股东会决议，于2020年3月1日授予其营销总监赵先生100万份现金股票增值权，授予价格为每股8元；该项计划规定，赵先生在甲公司连续工作满3年，即可以行权。如果赵先生在2022年4月1日行权，此时甲公司的股价为每股12元，则甲公司应支付给赵先生的现金为100×(12－8)＝400（万元）（含税）。

企业需要充分考虑其企业性质、资本结构、市场竞争程度、所处行业、发展阶段、企业经营状况等多种因素，确定股权激励方式。无论是以权益结算的股份支付还是以现金结算的股份支付，其成本均应以相关权益工具的公允价值为基础进行计量。

三、股份支付的环节与时点

股份支付是一段时间的交易，它涉及若干重要环节和时间节点。重要环节包括等待期（行权限制期）、行权有效期和禁售期等。重要时间节点分别为：授予日、可行权日、行权日、出售日和失效日（如图3-2所示）。

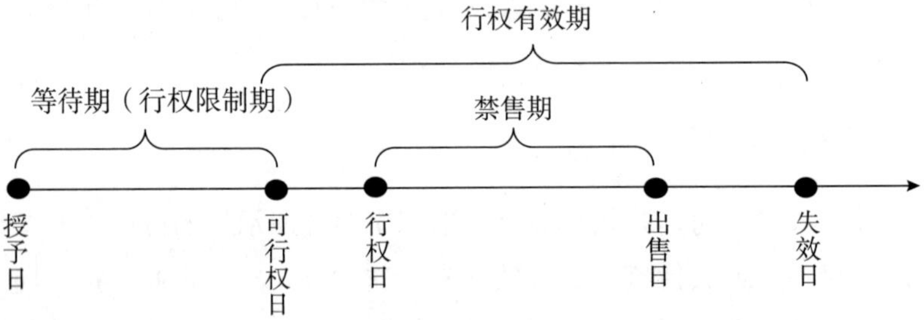

图3-2　股份支付的重要环节和时间节点

1. 授予日

授予日，亦称授权日，是股份支付协议获得批准的日期。“获得批准”，是指企业与职工或其他方就股份支付的协议条款和条件已达成一致，并且该协议获得股东大会或类似机构的批准。

2. 可行权日

可行权日，是可行权条件得到满足，职工或其他方具有从企业取得权益工具或现金的权利的日期。值得注意的是，在可行权日，激励对象只是获得了可收取权益工具或者现金的权利，而不是实际上已取得权益工具或现金。激励对象可以选择放弃权利，也可以选择延后行使权力。

3. 行权日

行权日，是激励对象行使权利的日期。以股票期权进行激励的，行权是激励对象按照约定的价格认购企业股票；以限制性股票进行激励的，行权是激励对象卖出股票、赚取差价；以现金股票增值权进行激励的，行权是激励对象根据企业股价上升幅度向企业申请领取现金的行为。

4. 出售日

出售日，是指股票持有人在禁售期期满可以将所取得的股票进行出售的日期。一般来说，以股票期权进行激励时，激励对象按照约定价格认购的企业股票可以在 12 个月后分批次出售；限制性股票的持有者在等待期（服务期）期满后方可解锁出售。

5. 失效日

失效日，是指权利失效的日期。行权有效期的最后一天，即为失效日。过了这一天，如果激励对象还没有行权，那么股权激励计划就自动失效。

【例 3-1】 甲公司是一家在创业板上市的高新技术企业。2018 年 1 月 1 日，甲公司股东会通过一项决议，为其 200 名研发人员每人授予 10 万股普通股股票，优惠价格为 5 元/股（此时的市场价格为 9 元/股），这 200 名研发人员已全部认购。决议规定，这些员工从 2018 年 1 月 1 日起在该公司连续服务 3 年，即可出售所持有的股票获得出售价差，且该项权利应在 2022 年 12 月 31 日之前行使。请分析甲公司股份支付业务的相关环节与时间节点。

【解析】

依题意可判断本例是企业以限制性股票进行激励的情形。2018 年 1 月 1 日是公司做出决议并与员工达成协议的日期，是授予日；3 年后的同日，即 2021 年 1 月 1 日是可行权日；如果此日公司股价为 15 元/股，且上述仍在岗的员工决定在此日出售股票，取得约 10 元/股的价差收益（含印花税、手续费），则此日也是行权日、出售日；如果上述职员决定等待未来股价进一步提升后再行权出售，则行权日、出售日是未来一段时间的某个日期。此时，行权日滞后于可行权日，但不可延迟至 2022 年 12 月 31 日以后，2022 年 12 月 31 日是失效日。失效日的设置，旨在避免未来公司股价可能下跌至授予日认购价格（5 元/股）以下时引发的激励政策失效及公司回购股票的义务。从激励对象的角度来看，时间越长，其未来的不可预测性越大，未来收益贴现到当期的价值就越小，对激励对象的激励就越小。失效日的设置在一定程度上可以保护激励对象的利益。

本例中，2018年1月1日至2021年1月1日为等待期，2021年1月1日至2022年12月31日是行权有效期。

如果本例改为，200名研发人员3年业绩考核合格后方可以优惠价格认购公司的股票（即股票期权激励方式），则2021年1月1日行权、认购公司股票的员工在公司规定的禁售期（锁定期）期满后才可出售所持股票，赚取差价。当然，如果对企业未来业绩增长及股价上涨充满信心，则这些员工也可以选择长期持股。

四、股份支付的条件

股份支付条件分为可行权条件（vesting conditions）和非可行权条件（non-vesting conditions），如图3-3所示。

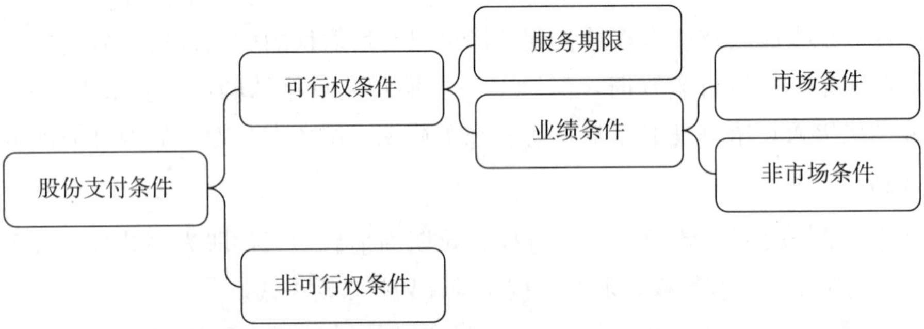

图3-3　股份支付条件的分类

可行权条件，是指能够确定企业得到职工或其他方提供的服务，且该服务使职工或其他方具有获取股份支付协议规定的权益工具或现金等权利的条件。可行权条件包括服务期限条件和业绩条件。业绩条件，是指职工或其他方完成规定服务期限且企业已达到特定业绩目标才能行权的条件，包括市场条件和非市场条件。

市场条件，是指行权价格、可行权条件、行权可能性与权益工具的市场价格相关的业绩条件，如股价上涨幅度等。企业在确定权益工具授予日的公允价值时，应考虑股份支付协议中规定的市场条件不能满足的可能性，但市场条件是否得到满足，不影响企业对预计可行权情况的估计。其原因是，作为市场条件的企业股价上涨等目标，受多种因素影响，并不是仅靠企业业绩的增长及激励对象的努力就可以实现的。

非市场条件，是指除市场条件之外的其他业绩条件，如盈利目标、销售目标等。企业在确定权益工具在授予日的公允价值时，不考虑非市场条件的影响。其原因是，确定权益工具授予日的公允价值主要考虑市场对企业权益工具的估值水平，而非市场条件如盈利目标或销售目标等企业内部因素与市场价格并不直接相关。

在企业股份支付协议中，有时还存在可行权条件以外的其他条件或条款，即非可行权条件，例如，企业设立股份认购款项专户、激励对象应当按行权价格支付款项、企业持续实施股份支付政策等。非可行权条件虽然也是股份支付协议中规定的条款或条件，但该条件没有满足时，激励对象也可以行权。非可行权条件具有非强制性的属性。

【例3-2】 2020年1月，N上市公司与其管理层成员签署股份支付协议，规定如果管理层成员在其后连续3年在公司任职，并且公司股价每年均提高10%以上，管理层成员即可以低于市价的价格购买一定数量的本公司股票。同时作为协议的补充，公司把全体管理层成员的年薪提高了100 000元，公司将这部分年薪按月存入公司的专属内部基金，3年后，管理层成员可将此用于抵作未来行权时支付的购买股票款项。如果管理层成员决定退出这项基金，可随时全额提取。N公司估计授予的此项期权在授予日的公允价值为12 000 000元。在授予日，N公司估计3年内管理层离职的比例为10%；第二年年末，N公司调整其估计离职率为5%；到第三年年末，公司实际离职率为6%。第一年，公司股价提高了11%，第二年提高了12%，第三年提高了8%。公司在第一年、第二年的年末均预计下年能够实现在当年股价基础上增长10%以上的目标。请问此例中涉及股份支付的哪些条款和条件？N公司应如何进行账务处理？

【解析】

本例中，满足服务3年和公司股价年增长10%以上的要求，属于可行权条件。其中，服务满3年属于服务期限条件，10%的股价增长属于业绩条件中的市场条件。虽然公司要求管理层成员将部分薪金存入统一账户保管，但不影响其行权，因此统一账户条款是非可行权条件。

N公司在2020年、2021年、2022年年末均需确认股份支付的相关服务费用。2019年年末，仍然在岗的（剩余94%）管理层成员满足了市场条件之外的全部可行权条件。尽管股价年增长10%以上的市场条件未得到满足，但N公司在此三年中每年都确认收到了管理层提供的服务，因此应相应确认激励费用。

第2节　股份支付的确认、计量与披露

一、以权益结算的股份支付的确认与计量

《企业会计准则第11号——股份支付》规定，以权益结算的股份支付换取职工提供服务的，应当以授予职工权益工具的公允价值计量。换取其他方服务的股份支付，其他方服务的公允价值能够可靠计量的，应当以股份支付所换取的服务在取得日的公允价值计量，计入相关成本或费用。取得服务公允价值不能可靠计量的，按权益工具的公允价值计量。

（一）权益工具公允价值的确定

一般而言，应当以市场价格为基础确定权益工具的公允价值。如果没有活跃的交易

市场，则应当考虑使用估值技术。

对于股票期权，一般通过期权定价模型来估计其公允价值。估值时需要考虑以下因素：期权的行权价格、期权期限、基础股份的现行价格、股价的预计波动性、股份的预计股利、股权期限内的无风险利率、企业的资本结构等。

对于限制性股票而言，则按照授予日普通股的市场价格与限制性股票的授予价格（即认购价格）的差额来确定其公允价值。

权益工具公允价值无法可靠确定时，企业应在获取服务的时点、后续的每个资产负债表日和结算日，以最终可行权或实际行权的权益工具数量为基础，以内在价值（intrinsic value）对该权益工具进行计量，内在价值的变动计入当期损益。

内在价值是指交易对方有权认购或取得的股份的公允价值，与其按照股份支付协议应当支付的价格（行权价）间的差额。

例如，2018年公司授予员工股票期权，2022年10月员工可以每股10元的价格认购公司股票。2022年10月，该公司股票的市价为25元/股。这里，25元是公允价值，25－10＝15（元）即为内在价值。

企业对上述以内在价值计量的已授予权益工具进行结算，应当遵循以下要求：

（1）结算发生在等待期内的，企业应当将结算作为加速可行权处理，即立即确认本应于剩余等待期内确认的服务金额。

（2）结算时支付的款项应当作为回购该权益工具处理，即减少所有者权益。结算支付的款项高于该权益工具在回购日内在价值的部分，计入当期损益（可参见例3－6）。

（二）换取职工服务的股份支付确认与计量

换取职工服务的股份支付，应当以所授予的权益工具在授予日的公允价值计量，不确认权益工具后续公允价值的变动。

对于无等待期，授予后可以立即行权的股份支付（通常是对激励对象以往业绩的奖励，授予后激励对象可以随时行权），应在授予日，按照权益工具的公允价值，将取得的服务计入相关资产成本或当期费用，同时计入资本公积。

对于有等待期，授予后不可立即行权的股份支付（通常是对激励对象未来业绩的奖励），应在每个资产负债表日，按照授予日权益工具的公允价值，将当期取得的服务计入相关资产成本或当期费用，同时计入资本公积。等待期内，职工人数可能发生变动，企业需要根据最新取得的可行权职工人数做出最佳估计，修正预计可行权的权益工具数量。根据授予日权益工具的公允价值乘以预计可行权的权益工具数量，计算截止到当期累计应确认的资产成本或费用金额，再减去前期累计已确认金额，作为当期确认的当期费用或资产成本。

以权益结算的股份支付会计处理方法见表3－1。

表 3-1　以权益结算的股份支付会计处理方法

1. 股票期权
(1) 授予日 授予后可立即行权（无等待期），授予日会计处理： 借：管理费用等 贷：资本公积——股本溢价（按授予日权益工具的公允价值计量；公允价值可能是期权的公允价值，也可能是股票公允价值） 授予后不可立即行权（有等待期），授予日不做会计处理。 (2) 等待期内的每个资产负债表日 根据最新取得的可行权人数做出最佳估计，预计可行权的权益工具数量，按授予日的公允价值为基础进行计量： 借：管理费用等 贷：资本公积——其他资本公积 (3) 可行权日之后 对于权益结算的股份支付，在可行权日之后不再对已确认的成本费用和所有者权益总额进行调整。 (4) 行权日 收到激励对象的认股款时： 借：银行存款（无偿授予时不涉及该科目） 资本公积——其他资本公积 贷：股本 资本公积——股本溢价
2. 限制性股票
(1) 授予日 收到激励对象的认股款时（企业办理增资手续）： 借：银行存款 贷：股本 资本公积——股本溢价 同时，就回购义务确认负债 借：库存股（按照发行限制股票的数量以及相应的回购价格计算确定的金额） 贷：其他应付款——限制性股票回购义务 (2) 等待期内的每个资产负债表日 根据最新取得的可行权人数做出最佳估计，预计可行权的权益工具数量，按授予日的公允价值为基础进行计量： 借：管理费用等 贷：资本公积——其他资本公积 (3) 等待期内，可能存在发放现金股利（可撤销股利或不可撤销股利）情况 ① 发放可撤销现金股利（不可解锁的激励对象取得的现金股利应退回） **对于预计未来可以解锁的情形：** 借：利润分配——应付现金股利或利润 贷：应付股利——限制性股票股利 借：其他应付款——限制性股票回购义务（分配现金股利金额） 贷：库存股 **对于预计未来不可以解锁的情形：** 借：其他应付款——限制性股票回购义务 贷：应付股利——限制性股票股利 ② 发放不可撤销现金股利（不可解锁的激励对象取得的现金股利不退回） **对于预计未来可以解锁的情形：** 借：利润分配——应付现金股利或利润 贷：应付股利——限制性股票股利

续表

对于预计未来不可以解锁的情形： 借：管理费用等 　贷：应付股利——限制性股票股利 （4）等待期满 激励对象达到解锁条件，公司就不需要回购股票，则： 借：其他应付款——限制性股票回购义务 　贷：库存股 激励对象未达到解锁条件，公司就需要回购、注销股票，则： 借：其他应付款——限制性股票回购义务 　贷：银行存款 借：股本 　资本公积——股本溢价 　贷：库存股

【例3-3】 A公司系在纳斯达克（NASDAQ）上市的互联网企业。2019年1月1日以非公开发行的方式向50名管理人员每人授予10万股自身股票，授予价格为8元/股。当日，50名管理人员全部认购，认购款项为4 000万元，A公司履行了相关增资手续。公司估计该限制性股票在授予日的公允价值为10元/股。

公司股权激励计划规定，授予对象从2019年1月1日起在本公司连续服务满3年的，已授予股票可于2022年1月1日全部解锁；其间离职的，A公司将按照原授予价格回购。截至2022年1月1日，所授予股票不得流通或转让，在此期间取得的现金股利暂由公司管理，作为应付股利在解锁时向激励对象支付；对于未能解锁的限制性股票，公司在回购股票时扣除激励对象已享有的该部分现金股利（可撤销股利）。

2019年，公司宣告发放现金股利为每股1元。

2019年度，公司有2名管理人员离职，公司估计3年中离职的管理人员为5名。

假设不考虑税费及其他因素。

请根据以上资料，做出A公司2019年相关业务的会计处理（单位：万元）。

【解析】

（1）2019年1月1日授予日，管理人员认购限制性股票。

借：银行存款(50×10×8)　　4 000

　贷：股本(50×10×1)　　500

　　资本公积——股本溢价　　3 500

此过程表明，企业在进行股权激励的同时，也达到了融资的目的。这是它不同于企业其他激励方式（如发放奖金、授予荣誉称号等）的独特之处。

针对未满足可行权条件、不能解锁而需要回购的部分进行估计，并确认回购义务：

借：库存股(50×10×8)　　4 000

　贷：其他应付款——限制性股票回购义务　　4 000

上述负债金额的计量，是以全部限制性股票都不能解锁、全部限制性股票都需要回购为假设前提的，体现了谨慎性原则的要求。

(2) 等待期内应当综合考虑限制性股票锁定期和解锁期，进行会计处理。

公司估计 3 年中离职的管理人员为 5 名，留下来继续提供服务、所持股票可以解锁的管理人员为 50－5＝45(人)，由此估计 2019 年确认相关成本费用的公允价值为：

(50－5)×10×10×1/3＝1 500(万元)

借：管理费用——管理人员股权激励费用　　1 500

　贷：资本公积——其他资本公积　　1 500

(3) 对于预计未来可解锁的限制性股票持有者现金股利进行处理。

上市公司应分配给限制性股票持有者的现金股利应当作为利润分配进行会计处理。

2019 年 12 月 31 日预计未来可解锁限制性股票持有者的现金股利＝1×(50－5)×10＝450 (万元)。据此做出以下处理：

借：利润分配——应付现金股利　　450

　贷：应付股利——限制性股票股利　　450

同时，公司对这些可解锁限制性股票持有者的回购义务应予解除，冲减当初估计的负债：

借：其他应付款——限制性股票回购义务　　450

　贷：库存股　　450

(4) 对于预计未来不可解锁限制性股票持有者，公司应分配给限制性股票持有者的现金股利冲减相关负债。

2019 年 12 月 31 日预计未来不可解锁限制性股票持有者的现金股利＝1×5(预计离职人数)×10＝50(万元)，会计处理为：

借：其他应付款——限制性股票回购义务　　50

　贷：应付股利——限制性股票股利　　50

此处应注意题目中的规定：对于未能解锁的限制性股票，公司在回购股票时应扣除激励对象已享有的该部分现金股利。

如果本题改为，不可解锁限制性股票持有者的现金股利为不可撤销，即无论是否达到解锁条件，限制性股票持有者仍有权获得在等待期内的现金股利，则上述账务处理应为：

借：管理费用（若激励对象为营销人员，则为“销售费用”）　　50

　贷：应付股利——限制性股票股利　　50

(5) 针对 2019 年实际离职的管理人员，应当按照约定的回购价格进行股票回购，冲减回购义务。

借：其他应付款——限制性股票回购义务(2×10×(8 元认股款－1 元分红))　　140

　　应付股利——限制性股票股利(2×10×1)　　20

　贷：银行存款(2×10×8)　　160

注销已回购的股票时：

借：股本(2×10×1)　　20

　　资本公积——股本溢价　　140

贷：库存股(2×10×8)　　160

如果本题改为不可解锁限制性股票持有者的现金股利为不可撤销，则上述账务处理应为：

借：其他应付款——限制性股票回购义务(2×10×8)　　160

贷：银行存款(2×10×8)　　160

注销已回购的股票时：

借：股本(2×10×1)　　20

资本公积——股本溢价　　140

贷：库存股(2×10×8)　　160

(6) 以后年度（2020年、2021年），企业应根据管理人员变动情况，确认相关成本费用，调整回购义务。对于实际离职的管理人员，企业应当按照约定的回购价格回购股票，冲减回购义务；留下来的激励对象，可以参与分红，直至出售股票赚取差价。

【例3-4】 M公司股东大会2017年12月批准了一项股份支付协议。协议规定，2018年1月1日，公司向其100名管理人员每人授予1 000份股票期权，这些管理人员必须从2018年1月1日起在公司连续服务3年，服务期满时方可以每股6元的价格购买1 000股公司股票。公司股票面值为1元。公司估计该期权在授予日（2018年1月1日）的公允价值为每股9元。

2018年有5名管理人员离开公司；2018年12月31日，公司估计3年中离开的管理人员比例将达到15%；2019年有3名管理人员离开公司；2019年12月31日，公司将估计的管理人员离开比例修正为10%；2020年有1名管理人员离开公司。2021年1月1日，未离开的管理人员全部行权获得股票。请就M公司股权支付的相关业务做出账务处理。

【解析】

M公司股份支付计划的结算工具是股票期权，属于以权益结算的股份支付。管理人员必须满足一定条件（连续服务3年）才能达到行权条件，因此属于“有等待期，授予后不可立即行权的股份支付”。

(1) 等待期股份支付费用估算（如表3-2所示）。

表3-2　M公司各期股份支付费用计算表

单位：元

会计核算日	计算	当期费用	累计费用
2018年1月1日	不做会计处理		
2018年12月31日	900 000×(1−15%)×1/3	255 000	255 000
2019年12月31日	900 000×(1−10%)×2/3	285 000*	540 000
2020年12月31日	9×1 000×(100−5−3−1)	279 000**	819 000

* 285 000=900 000×(1−10%)×2/3−255 000。

** 279 000=9×1 000×(100−5−3−1)−285 000−255 000。

(2) M公司会计处理。

2018年1月1日，授予日不做会计处理。

2018年12月31日：

借：管理费用——管理人员股权激励费用　　255 000

　贷：资本公积——其他资本公积　　255 000

2019年12月31日：

借：管理费用——管理人员股权激励费用　　285 000

　贷：资本公积——其他资本公积　　285 000

2020年12月31日：

借：管理费用——管理人员股权激励费用　　279 000

　贷：资本公积——其他资本公积　　279 000

2021年1月1日，行权日：

未离开的管理人员满足可行权条件，且全部行权获得股票，企业收取管理人员认股款为6×1 000×(100－5－3－1)＝546 000(元)。

发行股票面值＝1 000×(100－5－3－1)×1＝91 000(元)

发行股票溢价＝546 000＋9×1 000×(100－5－3－1)－91 000＝1 274 000(元)

借：银行存款　　546 000

　　资本公积——其他资本公积　　819 000

　贷：股本——普通股股本　　91 000

　　　资本公积——普通股股本溢价　　1 274 000

上述未离开的管理人员行权、持有股票后，在约定的锁定期期满后进入出售期。之后，可择机出售变现或长期持有。

应该注意的是，采用股票期权激励方式下，企业的融资过程（收取认股款）发生于激励对象未来行权之时，这是它区别于限制性股票的显著特点之一。

二、以现金结算的股份支付

以现金结算的股份支付情形下，企业承担了未来向激励对象支付现金的义务，实质上是企业对职工的一项负债，在未结算前确认为“应付职工薪酬”，这是它与以权益结算的股份支付的本质区别。

对于无等待期，授予后可以立即行权的股份支付，应当在授予日按照企业承担负债的公允价值计入相关资产成本或费用，借记费用或资产科目，贷记“应付职工薪酬——股份支付”。可行权日至结算前的每个资产负债表日，企业应对负债的公允价值重新计量，将其变动计入当期损益，借记或贷记“公允价值变动损益”“应付职工薪酬——股份支付”。

对于有等待期，授予后不可立即行权的股份支付，授予日不做会计处理。在等待期内的每个资产负债表日，按预计可行权工具的最佳估计值为基础，乘以当时企业承担负债的公允价值，将当期取得的服务计入相关资产成本或当期损益，同时确认负债，借记资产成本或费用科目，贷记“应付职工薪酬——股份支付”。可行权日至结算前的每个资产负债表日，企业应对负债的公允价值重新计量，将其变动计入当期损益，借记“公允价值变动损益”，贷记“应付职工薪酬——股份支付”（或相反）。

上述分析表明，对于现金结算的股份支付，企业在可行权日之后不再确认成本或费用。在可行权日到行权日之间，由于权益工具公允价值变化导致的负债（“应付职工薪酬”）公允价值的变动，应计入当期损益（“公允价值变动损益”）。这也是它与以权益工具结算的股份支付较大的区别。在行权日，企业应按照行权日负债的公允价值，借记“应付职工薪酬——股份支付”，贷记“银行存款”。

以现金支付的股份支付的会计处理方法见表3-3。

表3-3　以现金支付的股份支付的会计处理方法

<table>
<tr><th></th><th>无等待期，授予后可立即行权</th><th>有等待期，授予后不可立即行权</th></tr>
<tr><td>授予日</td><td>按授予日企业承担负债的公允价值
借：管理费用等
　贷：应付职工薪酬——股份支付</td><td>不做会计处理</td></tr>
<tr><td>等待期</td><td rowspan="2">公允价值的变动
借：公允价值变动损益
　贷：应付职工薪酬——股份支付（或相反）</td><td>按照每个资产负债表日的公允价值确认当期成本
借：管理费用等
　贷：应付职工薪酬——股份支付</td></tr>
<tr><td>可行权日后</td><td>公允价值的变动
借：公允价值变动损益
　贷：应付职工薪酬——股份支付（或相反）</td></tr>
<tr><td>行权日</td><td>借：应付职工薪酬——股份支付
　贷：银行存款</td><td>借：应付职工薪酬——股份支付
　贷：银行存款</td></tr>
</table>

【例3-5】 2015年年初，M公司经股东大会审议通过，对其400名中层以上管理人员每人授予100份现金股票增值权，并规定这些职员从2018年1月1日起在公司连续服务3年，即可按照股价的增长幅度获得现金，该增值权应在2022年12月31日之前行使。M公司估计的该增值权的公允价值和可行权日后每份增值权的现金支出情况如表3-4所示。

表3-4　M公司各资产负债表日现金股票增值权的公允价值及支付现金数据　　单位：元

年份	公允价值	支付现金
2018	28	
2019	30	
2020	36	32
2021	42	40
2022		50

第一年（2018年）有40名中层以上管理人员离开公司，M公司估计3年中还将有30名职员离开；第二年有20名职员离开，M公司估计仍将有20名职员离开；第三年

有30名职员离开，第三年年末有140人行使了股份增值权获得现金；第四年年末有100人行使了股份增值权。第五年年末，剩余的70人也行使了股份增值权。请就M公司上述股份支付相关业务做出会计处理。

【解析】

(1) M公司的费用和应付职工薪酬计算，如表3-5所示。

表3-5 M公司各年资产负债表日的费用与薪酬负债计算表 单位：元

年份	负债计算 ①	支付现金计算 ②	负债 ③	支付现金 ④	当期费用 ⑤
2018	(400－70)×100×28×1/3	0	308 000	0	308 000
2019	(400－60－20)×100×30×2/3	0	640 000	0	332 000
2020	(400－90－140)×100×36	140×100×32	612 000	448 000	420 000
2021	(400－230－100)×100×42	100×100×40	294 000	400 000	82 000
2022	0	70×100×50	0	350 000	56 000
合计		1 198 000		1 198 000	1 198 000

注：①计算得③，②计算得④，当期③－前一期③＋当期④＝当期⑤。

(2) 2018年12月31日。

借：管理费用——管理人员股权激励费用 308 000

　贷：应付职工薪酬——股份支付 308 000

(3) 2019年12月31日。

借：管理费用——管理人员股权激励费用 332 000

　贷：应付职工薪酬——股份支付 332 000

(4) 2020年12月31日（可行权日，部分激励对象行权）。

借：管理费用——管理人员股权激励费用 420 000

　贷：应付职工薪酬——股份支付 420 000

借：应付职工薪酬——股份支付 448 000

　贷：银行存款 448 000

(5) 2021年12月31日（可行权日后，部分激励对象延迟行权，在股价上涨时，导致企业应发放的现金增加；企业不再确认激励费用）。

借：公允价值变动损益 82 000

　贷：应付职工薪酬——股份支付 82 000

借：应付职工薪酬——股份支付 400 000

　贷：银行存款 400 000

(6) 2022年12月31日。

借：公允价值变动损益 56 000

　贷：应付职工薪酬——股份支付 56 000

借：应付职工薪酬——股份支付 350 000

　贷：银行存款 350 000

三、可行权条件的修改

通常情况下，企业股份支付协议生效后，不应对其条款和条件随意修改。但在某些情况下，修改股份支付协议中的条款和条件更符合企业的实际情况。例如，企业存在股票除权、除息或者为了取得更佳的激励效果等情形。企业调整行权价格或股票期权数量时，需要经董事会做出决议并报请股东大会审议批准，或者由股东大会授权董事会决定。

应该强调的是，无论企业已授予的权益工具的条款、条件如何修改，甚至取消权益工具的授予或结算该权益工具，企业都应至少确认按照权益工具在授予日的公允价值计量取得的相应服务，除非因不能满足权益工具的可行权条件（市场条件除外）而无法行权。

由此，我们将可行权条件的修改情形及其相应的会计处理原则归纳如下（详见表3-6）。

表3-6　可行权条件修改与会计处理原则

修改情形	会计处理原则
(1) 条款和条件的有利修改（针对职工而言，如增加权益工具授予数量，降低认股价格，缩短服务期等）	将增加的权益工具的公允价值相应地确认为取得服务的增加（增加成本或费用）
(2) 条款和条件的不利修改（针对职工而言，如减少权益工具授予数量，提高认股价格，延长服务期等）	如同该变更从未发生，不考虑条件的修改，除非企业取消了部分或全部已授予的权益工具
(3) 取消或结算（主动取消）	将取消或结算作为加速可行权处理，立即确认原本应在剩余等待期内确认的金额。取消或结算时支付给职工的款项作为权益的回购处理，支付的金额高于权益工具在回购日公允价值的部分，计入当期费用
(4) 未满足可行权条件作废（被动取消）	①如果未满足服务期限或非市场业绩条件，则实际可行权的权益工具数量为零，不应确认股权激励成本或费用，需要把以前期间确认的成本费用冲回 ②如果未满足市场条件或非可行权条件，但是满足服务期限条件和非市场条件，则应确认股权激励成本费用，不可以冲回以前确认的成本或费用

【例3-6】 2019年12月26日，C公司股东大会审议通过了一项决议，授予其每位管理人员100份股票期权，约定这些管理人员自2020年1月1日起在公司连续服务3年后，可以2元/股的价格购入本公司股票。假设授予日该股票期权的公允价值无法可靠取得。

C公司共有100名管理人员。2020年离职5人，预计3年离职率为10%，年末每股市价为5元；2021年离职6人，预计3年离职率为15%，每股市价为8元。假定C公司于2022年10月2日按照7元/股支付给职工，以回购其权益工具。不考虑其他因素。

请根据上述资料做出相关账务处理。

【解析】

本例涉及企业股份支付的两个特殊情况：授予日股票期权的公允价值无法可靠取得，应使用权益工具内在价值计量等待期股权激励费用；企业修改了可行权条件，即服务期满前提前结算，结算时支付给职工的款项应作为权益工具的回购处理，支付的金额高于权益工具在回购日公允价值的部分，计入当期费用。

（1）2020年年末。

公司股价为5元/股，股票的内在价值为3元/股（市价5—认股价2）。

借：管理费用——管理人员股权激励费用（100×90%×100×3×1/3）　9 000

　　贷：资本公积——其他资本公积　9 000

（2）2021年年末。

公司股价为8元/股，股票的内在价值为6元/股（市价8—认股价2）。

借：管理费用——管理人员股权激励费用（100×85%×100×6×2/3—9 000）

　　25 000

　　贷：资本公积——其他资本公积　25 000

（3）2022年10月2日。

公司在可行权日之前，结算、回购了权益工具，视同加速可行权，立即确认本应于剩余等待期内确认的服务费用。此时的股价为7元/股。

借：管理费用（100×(100—5—6)×7—9 000—25 000）　28 300

　　贷：资本公积——其他资本公积　28 300

同时，结算时支付的款项应减少所有者权益，结算支付的款项高于该权益工具在回购日内在价值的部分，计入当期损益。

此时权益工具的内在价值＝7—2＝5(元/股)

借：资本公积——其他资本公积（100×(100—5—6)×5）　44 500

　　管理费用——管理人员股权激励费用　17 800

　　贷：银行存款（100×(100—5—6)×7）　62 300

四、以回购股份方式进行的股权激励

企业除发行新股、激励对象赠予外，企业也可通过回购本公司发行在外股份的方式向激励对象授予权益工具。企业回购本公司发行在外股份的，用于回购的资金应当从公司的税后利润中支付。其会计核算流程如下：

1. 按照公司法规定预留未分配利润

企业实行职工激励所需资金，应控制在当期可供投资者分配的利润数额之内。预留回购股份的全部支出应当通过备查账簿入账。

2. 回购股份

企业在证券监管机构禁止回购的窗口期之外进行回购股份时，应当按照回购股份的全部支出作为库存股处理，借记“库存股”科目，贷记“银行存款”等科目，并进行备查登记。

3. 确认成本费用

按照《企业会计准则第 11 号——股份支付》的规定，企业应当在等待期内每个资产负债表日以对可行权权益工具数量的最佳估计为基础，按照权益工具在授予日的公允价值，将当期取得的服务计入相关成本或费用，同时增加“资本公积——其他资本公积”，即按照以权益结算的股份支付进行处理。

4. 职工行权

企业应于职工行权购买本企业股份收到价款时，转销交付职工的库存股成本和等待期内“资本公积——其他资本公积”累计金额，同时，按照其差额调整“资本公积——股本溢价”。

【例 3-7】 沿用例 3-4 的资料。假设 M 公司以每股 8 元的价格（含印花税、手续费）在二级市场回购本公司股票 95 000 股，并于 2021 年 1 月 1 日将其中的 91 000 股按约定价格配售给未离开的管理人员。其他资料不变。请据此做出账务处理。

【解析】

（1）各期期末确认有关费用、其他资本公积的处理，同例 3-4。

（2）回购股票时，购入价格、交易费用“资本化”：

借：库存股（95 000×8）	760 000	
贷：银行存款或其他货币资金		760 000

（3）管理人员行权、获得股份时：

借：银行存款或其他货币资金（91×1 000×6）	546 000	
资本公积——其他资本公积	819 000	
贷：股本		91 000
资本公积——资本溢价		546 000
库存股（95 000×8）		728 000

五、集团内股份支付

通常情况下，企业的股份支付交易，接受服务方同时也是结算方，而且采用企业自身的权益工具进行结算。企业集团是母公司与多个子公司构成的主体，在其发生股份支付交易时，有时会出现母公司与子公司之间、子公司与子公司之间的互助行为，即接受服务方并不是结算方，或者接受服务方采用集团内其他企业的权益工具进行结算。

企业集团内发生的股份支付交易，应当遵循以下原则进行会计处理。

1. 从结算方的角度

如前所述，结算企业以其本身权益工具结算的，应当将该股份支付交易作为以权益结算的股份支付处理；除此之外，应当作为以现金结算的股份支付处理。

结算企业是接受服务企业的投资者（股东）的，应按照授予日权益工具的公允价值或应承担负债的公允价值确认为对接受服务企业的长期股权投资，同时确认资本公积（其他资本公积）或负债。

2. 从接受服务方的角度

接受服务企业没有结算义务或授予本企业职工的是其本身权益工具的，应将该股份支付交易作为以权益结算的股份支付处理。

接受服务企业具有结算义务且授予本企业职工的是企业集团内其他企业权益工具的，应将该股份支付交易作为以现金结算的股份支付处理。

基于以上分析，可以将企业集团内发生的股份支付的会计处理归纳为以下情形：

（1）假设母公司帮助子公司结算，且母公司以自身的权益工具结算：

母公司：

借：长期股权投资

　贷：资本公积——其他资本公积

子公司：

借：管理费用等

　贷：资本公积——其他资本公积

（2）假设母公司帮助子公司结算，但不是用自身的权益工具结算：

母公司：

借：长期股权投资

　贷：应付职工薪酬

子公司：

借：管理费用等

　贷：资本公积——其他资本公积

（3）假设接受服务企业以自身的权益工具进行结算：

借：管理费用

　贷：资本公积——其他资本公积

（4）假设接受服务企业自己结算，但以其他公司的权益工具进行结算：

借：管理费用

　贷：应付职工薪酬

【例3-8】 沿用例3-4资料。假定M公司的激励对象从2018年1月1日起在该公司连续服务3年，即可按照每股6元价格购买M公司的母公司的股票1 000股。其他资料不变。请据此做出M公司及其母公司的账务处理。

(1) M公司的账务处理。

2018年1月1日，授予日不做会计处理。

2018年12月31日：

借：管理费用——管理人员股权激励费用　　255 000

　贷：资本公积——其他资本公积　　255 000

2019年12月31日：

借：管理费用——管理人员股权激励费用　　285 000

　贷：资本公积——其他资本公积　　285 000

2020年12月31日：

借：管理费用——管理人员股权激励费用　　279 000

　贷：资本公积——其他资本公积　　279 000

2021年1月1日，行权日：

未离开的管理人员满足可行权条件，且全部行权获得母公司的股票，M公司并未收取管理人员的认股款。

借：资本公积——其他资本公积　　819 000

　贷：股本——普通股股本　　91 000

　　资本公积——普通股股本溢价　　728 000

(2) 母公司的账务处理。

2018年1月1日，授予日不做会计处理。

2018年12月31日：

借：长期股权投资　　255 000

　贷：资本公积——其他资本公积　　255 000

2019年12月31日：

借：长期股权投资　　285 000

　贷：资本公积——其他资本公积　　285 000

2020年12月31日：

借：长期股权投资　　279 000

　贷：资本公积——其他资本公积　　279 000

2021年1月1日，行权日：

未离开的管理人员满足可行权条件，且全部行权获得母公司的股票，母公司收取管理人员的认股款。

借：银行存款　　546 000

　资本公积——其他资本公积　　819 000

贷：股本——普通股股本　　91 000
　　资本公积——普通股股本溢价　　1 274 000

延伸阅读

企业股权激励计划决策的影响因素

企业股权激励计划是企业激励体系的重要组成部分，旨在培育、激发员工对企业的归属感与责任感。企业在进行股权激励时必然会付出一定的代价，如计划制订成本、计划实施成本、股权被稀释、每股收益被摊薄等。企业在进行股权激励决策时应对这些因素及未来业绩增长、现金溢余、股价变动等进行分析、预判。此外，以下因素也不容忽视。

1. 企业的成长周期

企业所处的发展阶段对股权激励决策有重要影响。一般认为，企业创立初期，经营风险较高，员工流动性较大，可实施全员激励政策，以尽可能维持人力资本存量；企业高速成长期，经营业绩大幅提升，员工稳定性增强，可实施大多数员工激励政策，以达到激励多数、鞭策甚至淘汰少数的目的；企业进入成熟期，主要实施对管理人员和关键技能人员的激励政策，以留住、吸引核心员工，维持或提升企业的核心竞争力。

2. 激励方式的选择

上述关于股权支付的会计核算过程显示，不同的激励方式对企业的影响方式、时间、程度不同。企业在选择激励方式或其组合时，应进行细致的分析与权衡。当然，还应将激励方式和约束机制统筹考虑，否则，股权激励计划就有可能失去效用。

3. 股份的授予数量

《上市公司股权激励管理办法》(2018) 规定，上市公司股权激励的授予数量，不超过其股本总额的10%，单个激励对象获授的股份数量不超过股本总额的1%。企业股权激励的具体数量、结构，应根据以下因素进行综合评估与测算：公司的规模与盈利能力；公司的人力资源情况；激励对象的需求与期望等。

4. 行权条件的设计

股权激励之所以能调动员工的积极性，重要的一个原因就是，激励对象能够通过自身的工作努力程度影响激励效果和实现概率。设计恰当的行权条件可以实现企业与员工的双赢。企业设计、选取恰当的行权条件应考虑四个因素：第一，行权条件必须与公司的价值增长相一致；第二，行权条件的价值评定应该是明确且令人信服的；第三，行权条件涉及的目标应该是员工能够通过自身努力实现的；第四，行权条件应不至于泄露公司的财务机密，这一点对非上市公司而言非常重要。

5. 激励周期的设定

为使股权激励计划产生长期的激励效用，企业应分阶段推进股权激励计划，以确保员工的工作激情能够延续。企业设定激励周期，应参照企业的战略规划期、员工的心理预期、工作性质综合确定。作为支撑企业战略实现的激励工具，股权激励的周期应与企业的战略规划期匹配。股权激励旨在通过解决员工的后顾之忧来赢得员工的忠诚，过长的激励周期会弱化激励效果，无法调动员工的参与欲望；过短的激励周期则会使一部分员工萌生投机念头。当然，企业之所以采用股权激励，也是因为某些岗位的工作成果无法在短期内呈现出来。因此，股权激励的周期设置还应考虑激励对象的工作性质。

6. 退出机制安排

股权激励计划退出机制是企业针对等待期激励对象的流动性设计的应对措施。为规避法律纠纷，企业在推行股权激励方案前应先明确退出机制，特别是应对以下三种情况做出明确界定：其一，对于合同期满、法定退休等正常的离职情况，已实现的激励成果归激励对象所有，未实现部分则由企业收回。若激励对象离开企业后还会在一定程度上影响企业的经营业绩，则未实现部分也可予以保留，以激励其能继续关注、支持公司的发展。其二，对于辞职、辞退等非正常退出情况，除了未实现部分自动作废之外，已实现部分的收益可适度打折处理。其三，对于只出勤不出力的情况，退出办法可做出类似这样规定：若激励对象连续两次考核不合格，则激励资格自动取消，即默认此激励对象不是公司所需的人力资本，当然没有资格获取人力资本收益。

资料来源：摘编自中国证监会《上市公司股权激励管理办法》(2018)。

六、企业股份支付的披露

股份支付的相关披露包括财务报表内的披露（表内披露）和财务报表附注中的披露（表外披露）两部分。

（一）表内披露

企业应在等待期的每个资产负债表日，核算与股份支付相关的资产成本、费用、负债或权益，并在财务报表中的相应项目中列示。

（二）表外披露

股份支付相关的表外披露主要包括两个方面：一是与股份支付本身有关的信息；二是股份支付交易对当期财务状况或经营成果的影响。

（1）企业应当在财务报表附注中披露与股份支付有关的下列信息，对性质相似的股份支付信息可以合并披露：

1）当期授予、行权和失效的各项权益工具总额。

2）期末发行在外的股份期权或其他权益工具行权价格的范围和合同剩余期限。

3）当期行权的股份期权或其他权益工具以其行权日价格计算的加权平均价格。

4）权益工具公允价值的确定方法。

（2）企业应当在附注中披露股份支付交易对当期财务状况和经营成果的影响，至少包括下列信息：

1）当期因以权益结算的股份支付而确认的费用总额。

2）当期因以现金结算的股份支付而确认的费用总额。

3）当期以股份支付换取的职工服务总额及其他方服务总额。

案例3-1 三一重工股份支付的信息披露

三一重工股份有限公司（以下简称“三一重工”）主营混凝土机械、挖掘机械、起重机械、路面机械及桩工机械的生产、销售与维修，是经湖南省人民政府以湘政函〔2000〕209号文批准，由三一重工业集团有限公司依法变更而设立的股份有限公司。经中国证监会证监发行字〔2003〕55号文核准，该公司于2003年6月18日向社会公开发行人民币普通股（A股）60 000 000股，每股面值1.00元，每股发行价15.56元，并于2003年7月3日在上海证券交易所上市交易。

经2012年第一次临时股东大会决议，三一重工于2012年12月24日首次授予限制性股票与股票期权。激励对象包括：公司及子公司的董事、高级管理人员（不含独立董事和监事）、对公司整体业绩和持续发展有直接影响的核心技术人员和管理骨干及其他合资格人士。

该公司2022年年度报告中披露的股份支付的主要信息如下：

1. 重要事件

股份支付事项	披露时间与媒体
2022年5月13日，2021年年度股东大会审议通过了《关于2022年员工持股计划（草案）的议案》及相关议案；2022年7月28日，公司收到中国证券登记结算有限责任公司上海分公司出具的《过户登记确认书》，公司回购专用证券账户持有的19 702 000股股份已于2022年7月28日过户至公司2022年员工持股计划账户。	2022年7月29日，上海证券交易所网站，《关于2022年员工持股计划完成股票非交易过户的公告》。
2022年7月29日，公司召开2022年第三次临时股东大会，审议通过公司《2022年限制性股票激励计划（草案）》等议案；2022年7月29日，第八届董事会第四次会议审议通过了《关于向激励对象授予2022年限制性股票的议案》，确定以2022年7月29日为授予日，向145名激励对象授予限制性股票2 907.018 4万股，授予价格为9.66元/股。	2022年9月29日，上海证券交易所网站，《关于2022年限制性股票激励计划授予登记完成的公告》。

2. 股份支付总体情况

本期授予的各项权益工具总额	396 850 601元
本期行权的各项权益工具总额	285 995 228元

续表

本期失效的各项权益工具总额	85 153 148 元
公司期末发行在外的其他权益工具行权价格的范围和合同剩余期限	①2020 年 12 月 14 日设立员工持股计划，12 月 25 日过户 829.937 5 万份库存股至员工持股计划，转换价格 16.94 元/股，解锁期为 2021 年至 2024 年；②2022 年 7 月 29 日发行 2 238.625 万股限制性股票价格 9.66 元/股，解锁期为 2024 年至 2025 年

3. 授予日权益工具公允价值的确定方法

公司选用 Black-Scholes 模型确定股票期权公允价值，以限制性股票授予日收盘价为基础确定限制性股票公允价值。截至 2022 年 12 月 31 日，本股权激励计划首次授予和预留授予股票期权和限制性股票的公允价值总成本为 660 333 000 元。其中，2022 年授予部分成本为 165 210 000 元。

4. 可行权权益工具数量的确定依据

在等待期内每个资产负债表日，根据最新取得的可行权职工人数变动等后续信息做出最佳估计，修正预计可行权的权益工具数量。在可行权日，最终预计可行权权益工具的数量与实际可行权工具的数量一致。

5. 股份支付对资本公积的影响

本年由于股票期权行权、员工持股计划的发行和行权以及限制性股票的发行净增加资本公积 171 718 000 元；限制性股票和员工持股计划持有期摊销使得资本公积净增加 58 945 000 元。

6. 股份支付对库存股的影响

本年发行员工持股计划 19 702 000 股，减少库存股 250 325 000 元；发行限制性股票激励 22 386 250 股，减少库存股 284 430 000 元，并确认回购义务，增加库存股 216 250 000 元。

【编者提示】

通过阅读三一重工年报中的以上信息，我们至少可以形成以下认识：

（1）该公司目前股份支付的方式是以权益结算的股份支付，即限制性股票、股票期权、员工持股计划，且是分批次、交叉进行的。公司未实施以现金结算的股份支付。我们提示读者注意员工持股计划与限制性股票、股票期权在激励对象、方式及会计核算方面的异同。

（2）该公司目前的股份支付的是为了获取职工的服务，未实施对其他方的股份支付。

（3）公司“库存股”源于两种情况：为了授予激励对象权益工具而回购；因部分激励对象的限制性股票未能解锁而回购。

（4）2012 年 12 月以来，三一重工实施了多批次的股权激励。信息使用者除了关注其会计核算、信息披露外，也应对股权激励的效果（股权激励是否有助于留着人才、吸引人才？是否提升了公司业绩、股价？）进行观察、思考。

资料来源：摘编自三一重工年度报告。

练习题

一、单项选择题

1. 股份支付通常涉及可行权条件，下列项目中，属于市场条件的是（　　）。

A. 销售指标的实现情况　　B. 最低利润增长率

C. 股价　　D. 可行权比率

2. 关于以权益结算的股份支付的会计处理原则，下列说法中错误的是（　　）。

A. 以权益结算的股份支付换取职工提供服务的，应当以授予日授予职工权益工具的公允价值计量

B. 在资产负债表日，后续信息表明可行权权益工具的数量与以前估计不同的，应当进行调整，并在行权日调整至实际可行权的权益工具数量

C. 授予后立即可行权的换取职工服务的以权益结算的股份支付，应当在授予日按照权益工具的公允价值计入相关成本或费用

D. 在可行权日之后，不再对已确认的成本费用和所有者权益总额进行调整

3. 下列各项中，应当作为以现金结算的股份支付进行会计处理的是（　　）。

A. 授予高管人员低于市价购买公司股票的期权计划

B. 以低于市价向员工出售限制性股票的计划

C. 授予研发人员以预期股价相对于基准日股价的上涨幅度为基础支付奖励款的计划

D. 公司承诺达到业绩条件时向员工无对价定向发行股票的计划

4. 2022年1月1日，甲公司经股东大会批准与其高管人员签订股份支付协议，协议约定：等待期为自2022年1月1日起两年，两年期满有关高管人员仍在甲公司工作且每年净资产收益率不低于15%的，高管人员每人可无偿取得10万股甲公司股票。甲公司普通股按董事会批准该股份支付协议前20天平均市场价格计算的公允价值为20元/股，授予日甲公司普通股的公允价值为18元/股。2022年12月31日，甲公司普通股的公允价值为15元/股。根据甲公司生产经营情况及市场价格波动等因素综合考虑，甲公司预计该股份支付行权日其普通股的公允价值为24元/股。不考虑其他因素，下列各项中，属于甲公司在计算2022年因该股份支付确认费用时应使用的普通股的公允价值是（　　）。

A. 预计行权日甲公司普通股的公允价值

B. 2022年1月1日甲公司普通股的公允价值

C. 2022年12月31日甲公司普通股的公允价值

D. 董事会批准该股份支付协议前20天按甲公司普通股平均市场价格计算的公允价值

5. 对于以现金结算的股份支付，企业在可行权日之后至结算日前的每个资产负债表日因负债公允价值的变动应计入（　　）。

A. 管理费用　　B. 制造费用

C. 资本公积　　D. 公允价值变动损益

二、多项选择题

1. 下列关于股份支付的会计处理中，正确的有（　　）。

A. 以权益结算的股份支付，在可行权日之后不再对已确认的成本费用和所有者权益总额进行调整

B. 在等待期内的每个资产负债表日，将取得职工提供的服务计入成本费用

C. 以现金结算的股份支付，在可行权日之后不再确认成本费用，负债公允价值的变动应当计入当期损益

D. 为换取职工提供服务所发生的以权益结算的股份支付，应以授予日所授予权益工具的公允价值计量

2. 根据《企业会计准则第11号——股份支付》规定，可行权条件一般包括（　　）。

A. 股价增长率　　B. 服务期限条件

C. 非市场条件　　D. 销售指标实现情况

3. 股份支付通常涉及的主要环节包括（　　）。

A. 授予日　　B. 可行权日　　C. 行权日　　D. 失效日

4. 下列各项关于附等待期的股份支付会计处理的表述中，正确的有（　　）。

A. 以权益结算的股份支付，相关权益工具的公允价值在授予日后不再调整

B. 附市场条件的股份支付，应在所有市场及非市场条件均满足时确认相关成本费用

C. 现金结算的股份支付在授予日不做会计处理，但权益结算的股份支付应予处理

D. 业绩条件为非市场条件的股份支付，等待期内应根据后续信息调整对可行权情况的估计

5. 下列关于股份支付计量原则的表述中，正确的有（　　）。

A. 以权益结算的股份支付，应按授予日权益工具的公允价值计量

B. 不管是以权益结算还是以现金结算的股份支付，除了立即可行权的股份支付外，在授予日均不做会计处理

C. 以现金结算的股份支付，应按等待期内每个资产负债表日负债的公允价值重新计量

D. 等待期内每期应确认的成本费用的金额，应该是权益工具的公允价值、预计可行权权益工具的数量和已过时间占等待期全部时间的比例相乘之后的金额

三、综合分析题

1. 2×20 年 1 月 1 日，某公司向其 100 名管理人员每人授予 300 份股票期权。这些管理人从 2×20 年 1 月 1 日起在该公司连续服务 3 年，即可按每股 6 元的价格购买 300 股每股面值为 1 元的甲公司股票。某公司估计该期权在授予日的公允价值为每份 16 元。2×20 年有 10 名管理人员离开，公司估计 3 年中离开的管理人员比例将达到 18%；2×21 年又有 3 名职员离开，公司将管理人员离开公司的比例修正为 15%；2×22 年又有 6 名管理人员离开公司。截至 2×22 年 12 月 31 日，有 81 名管理人员行权。

要求：就该公司股份支付的业务做出相关会计处理。

2. A 公司有关以现金结算的股份支付的资料如下：

(1) 2019 年 1 月 1 日，A 公司对其 50 名中层以上管理人员每人授予 10 万份现金股票增值权，这些人员从 2019 年 1 月 1 日起必须在 A 公司连续服务 2 年，即可自 2020 年 12 月 31 日起根据股价的增长幅度获得现金，该增值权应在 2021 年 12 月 31 日之前行使完毕。

(2) 2019 年年末 A 公司估计，该现金股票增值权公允价值为每份 15 元。2019 年有 8 名管理人员离开 A 公司，A 公司估计还将有 1 名管理人员离开。

(3) 2020 年年末 A 公司估计，该现金股票增值权公允价值为每份 18 元。2020 年又有 2 名管理人员离开公司，2020 年年末，假定有 10 人行使现金股票增值权取得了现金。每份现金股票增值权支付现金 16 元。

(4) 2021 年 12 月 31 日剩余 30 人全部行使了现金股票增值权。每份现金股票增值权支付现金 20 元。

要求：根据以上资料，做出 A 公司关于股份支付的会计处理。

3. 在例 3-6 中，C 公司于 2020 年 10 月 2 日，即员工服务期未满 3 年提前按照 7 元/股支付给职工，回购其权益工具，取消了员工未来取得公司股票的权利。

要求：查阅有关资料，分析 C 公司此举的动机或原因。

第 4 章

非货币性资产交换会计

学习目标

通常情况下，企业生产经营所需的资产大都是以支付银行存款、现金等货币资金的方式购置取得的。有时企业出于盘活存量资产、节省现金流出等考虑，也可能以其拥有的非货币性资产换取所需的资产。2019 年 6 月 10 日起施行的《企业会计准则第 7 号——非货币性资产交换》对企业的此类业务及其会计核算进行了界定与规范。本章以此为基础，主要讲解非货币性资产交换的概念，梳理非货币性资产交换的会计处理思路与方法。

第 1 节　非货币性资产交换会计概述

一、非货币性资产交换的界定

非货币性资产交换，是指企业主要以固定资产、无形资产、投资性房地产和长期股权投资等非货币性资产进行的交换。该交换不涉及或只涉及少量的货币性资产（即补价）。

非货币性资产是相对于货币性资产而言的。货币性资产，是指企业持有的货币资金和收取固定或可确定金额的货币资金的权利，如现金、银行存款、应收账款和应收票据、债权投资等；非货币性资产，是指货币性资产以外的资产，如交易性金融资产、存货（原材料、包装物、低值易耗品、库存商品等）、其他债权投资、其他权益工具投资、固定资产、在建工程、生产性生物资产、无形资产、投资性房地产、长期股权投资、预付账款等。

从非货币性资产交换的概念可以看出，非货币性资产交换具有以下特征：

（1）非货币性资产交换的交易标的主要是非货币性资产，交易标的的非货币性决定了交易的偶然性；

（2）非货币性资产交换是交易双方均以非货币性资产进行交换的行为；

（3）非货币性资产交换一般不涉及货币性资产，但也可能涉及少量的货币性资产。

“少量的货币性资产”通常是指交换中交易双方资产价值存在差异时的补价。具体判断标准见表 4－1。

表 4－1　非货币性资产交换判断标准

判断标准	支付补价	支付的补价/换入资产公允价值＜25% 或者：支付的补价/(换出资产公允价值＋支付补价)＜25%
	收到补价	收到的补价/换出资产公允价值＜25% 或者：收到的补价/(换入资产公允价值＋收到补价)＜25%

提示：计算上述比例时，各公允价值均不含增值税。

需要注意的是，通常情况下，交易双方对于该交易是否属于非货币性资产交换的判断应该一致，但也有例外，因为双方关于交换“商业实质”的判断可能存在差异。

二、非货币性资产交换准则适用范围

《企业会计准则第 7 号——非货币性资产交换》适用于所有非货币性资产交换，但下列各项适用其他相关会计准则：

（1）企业以存货换取客户的非货币性资产的，适用《企业会计准则第 14 号——收入》。

（2）非货币性资产交换中涉及企业合并的，适用《企业会计准则第 20 号——企业合并》《企业会计准则第 2 号——长期股权投资》《企业会计准则第 33 号——合并财务报表》。

（3）非货币性资产交换中涉及由《企业会计准则第 22 号——金融工具确认和计量》规范的金融资产的，金融资产的确认、终止确认和计量适用《企业会计准则第 22 号——金融工具确认和计量》和《企业会计准则第 23 号——金融资产转移》。

（4）非货币性资产交换中涉及由《企业会计准则第 21 号——租赁》规范的使用权资产或应收融资租赁款等的，相关资产的确认、终止确认和计量适用《企业会计准则第 21 号——租赁》。

（5）非货币性资产交换的一方直接或间接对另一方持股且以股东身份进行交易的，或者非货币性资产交换的双方均受同一方或相同的多方最终控制，且该非货币性资产交换的交易实质是交换的一方向另一方进行了权益性分配或交换的一方接受了另一方权益性投入的，适用权益性交易的有关会计处理规定。

案例 4－1　河南众诚科技与郑州众诚置换房产

河南众诚信息科技股份有限公司（简称“众诚科技”，证券代码：835207）是一家立足中原市场，以客户需求为导向、精诚服务为宗旨，致力于为客户提供高效、经济的信息化解决方案的高新技术实力型企业，为中原地区政府部门、教育单位和上市企业等客户提供全方位的信息化解决方案和技术支持。

2019年12月27日，公司董事会发布《河南众诚信息科技股份有限公司进行资产置换暨关联交易的公告》（公告编号：2019－033），其中披露公司自有第10层房产置换交易对方第8层房产的交易信息。该公告的主要摘编如下：

1. 基本情况

公司为提高公司研发能力、引进高端人才、改善研发办公环境，与郑州众诚科技发展有限公司（下称“郑州众诚”）达成交易。公司于2018年4月以现金购买郑州市金水区河南新科技市场6＃楼10～12层房产（以上关联交易详情可见于2018年4月11日披露的《河南众诚信息科技股份有限公司购买资产暨关联交易的公告》（公告编号：2018－010））。公司为进一步提升研发能力，准备建设“创新实验室”，经董事会讨论，认为河南新科技市场6＃楼8层的硬件条件更加适合“创新实验室”所需的场地，公司与郑州众诚达成交易意向，以公司拥有的第10层房产置换对方的第8层房产。两层房产的面积、格局、房型、市场价值相同。公司与关联方郑州众诚达成房产置换意向，以评估结果作为资产置换的价格依据。双方通过协商，以评估值的90%，即646.88万元确定为双方资产的成交价格。具体内容待股东大会审议通过后，与郑州众诚实际签署正式置换协议。

2. 交易标的情况说明

本次交易置入的固定资产是郑州市金水区河南新科技市场6＃楼8层，属于郑州众诚；置换出资产是河南新科技市场6＃楼10层，属于众诚科技，本次交易将两标的的权属进行置换。交易标的产权清晰，不存在抵押、质押及其他任何限制转让的情况；不涉及诉讼、仲裁事项或查封、冻结等司法措施。

3. 交易标的审计、评估情况

本次交易经过河南尺度房地产估价有限公司评估，评估基准日为2019年11月30日，估价结果为：河南新科技市场6＃楼8层与10层价值相等，均为718.76万元人民币。交易标的成交价格以评估价值为参考依据，最终双方通过协商，以评估值的90%，即646.88万元确定为双方资产的成交价格，价格公允。

4. 房产置换方式

双方房产评估价格相同，最终协商确定的成交价格相同，因此，资产置换不涉及现金收付，房产置换计划于2020年1月25日之前完成。

5. 交易目的及对公司的影响

本次交易使得公司以更好的硬件条件建设“创新实验室”，为公司引进高端技术人才创造条件，增强公司的技术研发能力、提高公司产品竞争力。本次房产置换不会对公司财务及经营状况产生不利影响。

【编者提示】

（1）案例中的房产置换是《企业会计准则第7号——非货币性资产交换》所指的非货币性资产交换吗？

（2）本次交换取得成功的前提是什么？是彼此了解还是机缘巧合？是双方资产价格相近还是互通有无？抑或兼而有之？

资料来源：摘编自公司公开信息。

第2节　非货币性资产交换会计确认和计量

一、非货币性资产交换的确认原则

企业应当分别按照下列原则对非货币性资产交换中的换入资产进行确认，对换出资产终止确认：

（1）对于换入资产，应当在其符合资产定义并满足资产确认条件时予以确认；

（2）对于换出资产，应当在其满足资产终止确认条件时终止确认。

在换入资产的确认时点与换出资产的终止确认时点存在不一致的情形下，在资产负债表日，企业应当按照下列原则进行会计处理：

（1）换入资产满足资产确认条件，换出资产尚未满足终止确认条件的，在确认换入资产的同时将交付换出资产的义务确认为一项负债；

（2）换入资产尚未满足资产确认条件，换出资产满足终止确认条件的，在终止确认换出资产的同时将取得换入资产的权利确认为一项资产。

二、非货币性资产交换的计量原则

换入资产的初始计量根据不同的情况可以选择以公允价值为基础的计量或者以账面价值为基础的计量。

1. 以公允价值为基础计量

非货币性资产交换同时满足下列条件的，应当以公允价值为基础计量。

（1）该项交换具有商业实质；

（2）换入资产或换出资产的公允价值能够可靠地计量。

在以公允价值为基础计量模式下，对于换入资产，应当以换出资产的公允价值和应支付的相关税费作为换入资产的成本进行初始计量；对于换出资产，应当在终止确认时，将换出资产的公允价值与其账面价值之间的差额计入当期损益。

一般而言，取得资产的成本应当按照所放弃资产的对价来确定。换入资产和换出资产的公允价值均能够可靠计量的，应当以换出资产的公允价值作为换入资产成本的基础，但有确凿证据表明换入资产的公允价值更加可靠时，则以换入资产的公允价值作为换入资产的入账价值。

2. 以账面价值为基础计量

不具有商业实质或者换入资产和换出资产公允价值均不能可靠计量的非货币性资产交换，应当以账面价值为基础计量，即企业应当以换出资产的账面价值和应支付的相关税费作为换入资产的初始计量金额；对于换出资产，终止确认时不确认损益。

3. 商业实质的判断

满足下列条件之一的非货币性资产交换具有商业实质：

（1）换入资产的未来现金流量在风险、时间分布或金额方面与换出资产显著不同。

（2）使用换入资产所产生的预计未来现金流量现值与继续使用换出资产不同，且其差额与换入资产和换出资产的公允价值相比是重大的。

例如，某企业以一批存货换入一项设备，因存货流动性强，能够在较短的时间内产生现金流量，设备作为固定资产要在较长的时间内为企业带来现金流量，两者产生现金流量的时间相差较大，上述存货与固定资产产生的未来现金流量显著不同。由此可以判断，企业以一批存货换入一项设备的交易具有商业实质。

又如，某企业以其不准备持有至到期的国库券换入一幢房屋以备出租，该企业预计未来每年收到的国库券利息与房屋租金在金额和流入时间上虽然有可能相同，但是收到国库券利息通常风险很小，租金的取得需要依赖于承租人的财务及信用情况等，两者现金流量的风险或不确定性程度存在明显差异，国库券与房屋的未来现金流量显著不同。

再如，某企业以其专利权换入另一企业拥有的一项长期股权投资，虽然交换时可以假定或预计两项资产的公允价值相同，未来现金流量的风险、时间分布或金额也相同，但是对于换入企业而言，换入的长期股权投资可能使得该企业对被投资方由重大影响变为控制关系，从而使其未来的现金流现值与原专利权有较大差异；另一企业换入的专利权通过解决生产经营中的技术难题，产生的现金流量的现值与原长期股权投资也有显著的差异。

案例 4-2　青岛汇金通电力设备股份有限公司关于资产置换暨关联交易的公告

青岛汇金通电力设备股份有限公司（下称“汇金通”）因业务规模不断扩大，人员需求不断增加，现有办公场所已趋饱和。同时，鉴于现有办公场所距胶州城区较偏远，不利于人才的流入，亟待在胶州城区购置办公场所。汇金通拟与刘凯先生签订《资产置换协议》，以公司闲置的非生产经营用房产（以下简称“置出标的资产”）置换刘凯先生拥有的位于胶州城区的办公房产（以下简称“置入标的资产”），其中置出标的资产以公司账面价值为定价依据作价 1 060 万元，置入标的资产以第三方出具的评估价值为定价依据作价 800 万元，置换差价 260 万元由刘凯先生以现金方式一次性支付。因刘凯先生为公司控股股东、实际控制人刘锋、刘艳华之子和公司董事长，根据《上海证券交易所股票上市规则》的规定，刘凯先生为本公司的关联方，本次交易构成关联交易。

（1）置入标的资产位于胶州市澳门路，房屋设计用途为办公，所在区域商服配套设施较齐全，基础设施较完善，交通较便捷，商业区位较优越。其权属状况清晰，不存在抵押、质押及其他任何限制转让的情况，不涉及诉讼、仲裁事项或查封、冻结等司法措施，不存在妨碍权属转移的其他情况。

（2）置出标的资产位于胶州市少海南路，房屋设计用途为公司客户招待。其权属状况清晰，不存在抵押、质押及其他任何限制转让的情况，不涉及诉讼、仲裁事项或查封、冻结等司法措施，不存在妨碍权属转移的其他情况。

（3）关联交易定价依据。

1）置入资产定价依据。为保证定价公允合理，聘请了中证房地产评估造价集团有限公司对置入标的进行了评估，经过市场调查和实地查勘，依据相关法律法规，遵循独立、客观、公正、合法、谨慎原则，在估价假设和限制条件的基础上，运用比较法对估价对象的市场价值进行测算，确定估价对象在价值时点未设立法定优先受偿权利下的公开市场价值为人民币800万元整，并出具中证（青岛）估字（2019）第0506号《房地产估价报告》。

2）置出资产定价依据。2018年12月，置出标的资产达到预定可使用状态，由在建工程转入固定资产。截至2018年12月31日，经审计的置出标的资产账面价值为9 000 602.65元，尚未计提折旧、摊销。因置出标的资产购入时间短，市场价格无明显变化，双方一致同意按置出标的资产经审计后的账面价值为定价依据确定定价为1 060万元。

（4）关联交易履约安排。对于本次资产置换中的差价260万元，由刘凯在签订本协议后10个工作日内以现金方式一次性支付，本次资产置换完成后，汇金通应协助刘凯尽快办理上述资产的变更手续；由此产生的税费，各自自行承担。

（5）该关联交易对上市公司的影响。

1）本次置入标的资产，满足了公司日常经营办公需求，有利于促进人才引进，符合公司人力资源发展计划和发展战略。

2）本次置出标的资产，可有效盘活公司闲置资产，提高公司的资产利用率，减少资金占用，降低公司管理成本。置出标的资产为公司客户招待使用，不涉及公司生产经营活动，处置资产不会对公司生产经营产生影响。本次处置资产获得的差价亦将对公司财务状况产生积极影响。

3）本次资产置换暨关联交易，遵循了公开、公平、公正的原则，定价公允合理，不会影响公司独立性，不存在损害公司和全体股东特别是中小股东利益的情形。

【编者提示】

阅读以上信息后，我们可以思考以下问题：

（1）案例中的房产置换具有商业实质吗？

（2）本次交换的交易对手方是公司董事长刘凯先生，公司采取哪些措施才能做到交易的“公开、公平、公正”？

（3）本次交换会涉及税务事项吗？

资料来源：摘编自公司公开信息。

第3节　非货币性资产交换的会计处理

一、以公允价值为基础计量的会计处理

（一）不涉及补价情况

1. 换入资产入账价值的确定

非货币性资产交换具有商业实质且公允价值能够可靠计量的，应当以换出资产的公允价值和应支付的相关税费作为换入资产的成本，除非有确凿证据表明换入资产公允价值比换出资产公允价值更加可靠。

换入资产和换出资产涉及相关税费的，按照相关税收规定计算确定。具体而言，与换出资产有关的相关税费和出售资产相关税费的会计处理相同，例如，换出资产的增值税为价外税，计入应交税费销项税额，换出应税消费品应交的消费税计入税金及附加等；与换入资产有关的相关税费与购入资产相关税费的会计处理相同，例如，换入资产的增值税为价外税，计入应交税费进项税额，支付的不可抵扣的运费和保险费等计入换入资产的成本。

2. 换出资产损益的确认

在以公允价值为基础计量的情况下，不论是否涉及补价，只要换出资产的公允价值与账面价值不同，就一定会涉及损益的确认。

企业应当在换出资产终止确认时，将换出资产的公允价值与其账面价值之间的差额计入当期损益（亦称交换损益）。换出资产的公允价值不能可靠计量，或者换入资产和换出资产公允价值虽然能够可靠计量，但有确凿证据表明换入资产的公允价值更加可靠的，应当在终止确认时，将换入资产的公允价值与换出资产账面价值之间的差额计入当期损益。这里，“当期损益”适用的具体科目因换出资产种类不同而有所不同（如表4－2所示）。

表4－2　交换损益表现形式

换出非货币性资产的种类	交换损益的表现形式
（1）固定资产、在建工程、生产性生物资产、无形资产等	换出资产公允价值和换出资产账面价值的差额，计入资产处置损益
（2）长期股权投资、其他债权投资	换出资产公允价值和换出资产账面价值的差额，计入投资收益，并将其持有期间形成的“其他综合收益”转入投资收益
（3）其他权益工具投资	换出资产公允价值和换出资产账面价值的差额，计入投资收益，并将其持有期间形成的“其他综合收益”转入留存收益
（4）投资性房地产	按照换出资产公允价值确认为其他业务收入，按照换出资产账面价值，计入其他业务成本。交换损益表现为其他业务收入与其他业务成本之差

续表

换出非货币性资产的种类	交换损益的表现形式
(5) 存货	按照换出存货公允价值确认为主营业务收入，按照换出资产账面价值计入主营业务成本。交换损益表现为主营业务收入与主营业务成本之差

【例4-1】 2020年9月，A公司以其自用的设备交换B公司生产的电脑，换入的电脑作为固定资产管理。A、B公司均为增值税一般纳税人，适用的增值税税率为13%。设备的账面原价为130万元，在交换日的累计折旧为35万元，公允价值为80万元。电脑的账面价值为100万元，在交换日的市场价格为80万元，计税价格等于市场价格。B公司换入A公司的设备是生产电脑过程中需要使用的设备。

假设A公司没有为该项设备计提资产减值准备，整个交易过程中，除支付运费1.09万元（含可抵扣增值税进项税额0.09万元）外，未发生其他相关税费。假设B公司已为库存电脑计提存货跌价准备10万元，其在整个交易过程中没有发生除增值税以外的其他税费。请做出A、B公司的账务处理。

【解析】

此例中，资产交换过程未涉及货币性资产，因此该项交换属于非货币性资产交换。本例是以存货换入固定资产，对A公司来讲，换入的电脑是经营过程中必需的资产，对B公司来讲，换入的设备是生产电脑过程中必须使用的机器，两项资产交换后对换入企业未来现金流量影响的方式、程度显著不同，两项资产的交换具有商业实质；同时，两项资产的公允价值都能够可靠计量，具备以公允价值计量的两个条件。因此，A公司和B公司均应当以换出资产的公允价值为基础，确定换入资产的成本，并确认产生的交换损益。

(1) A公司的账务处理。

A公司换入资产的增值税进项税额＝800 000×13%＝104 000(元)

换出设备的增值税销项税额＝800 000×13%＝104 000(元)

借：固定资产清理	950 000	
累计折旧	350 000	
贷：固定资产——设备		1 300 000
借：固定资产清理	10 000	
应交税费——应交增值税（进项税额）	900	
贷：银行存款		10 900
借：固定资产——电脑	800 000	
应交税费——应交增值税（进项税额）	104 000	
资产处置损益——非货币性资产交换损益	160 000	
贷：固定资产清理		960 000

应交税费——应交增值税（销项税额）　　104 000

（2）B公司的账务处理。

企业以存货换取客户的非货币性资产的，适用《企业会计准则第14号——收入》。假定B公司换出存货的交易日即符合《企业会计准则第14号——收入》规定的收入确认条件。

根据增值税的有关规定，企业以库存商品换入其他资产，视同销售行为发生，应计算增值税销项税额，缴纳增值税。

换出电脑的增值税销项税额＝800 000×13%＝104 000(元)

换入设备的增值税进项税额＝800 000×13%＝104 000(元)

借：固定资产——设备　　800 000
　　应交税费——应交增值税（进项税额）　　104 000
　贷：主营业务收入　　800 000
　　　应交税费——应交增值税（销项税额）　　104 000
借：主营业务成本　　900 000
　　存货跌价准备　　100 000
　贷：库存商品——电脑　　1 000 000

本例中，B公司的交换损益为主营业务收入与主营业务成本之差。

（二）涉及补价情况

以公允价值为基础计量的非货币性资产交换，涉及补价的，应当按照下列规定进行处理：

（1）支付补价的，以换出资产的公允价值，加上支付补价的公允价值和应支付的相关税费，作为换入资产的成本，换出资产的公允价值与其账面价值之间的差额计入当期损益。

有确凿证据表明换入资产的公允价值更加可靠的，以换入资产的公允价值和应支付的相关税费作为换入资产的初始计量金额，换入资产的公允价值减去支付补价的公允价值，与换出资产账面价值之间的差额计入当期损益。

（2）收到补价的，以换出资产的公允价值，减去收到补价的公允价值，加上应支付的相关税费，作为换入资产的成本，换出资产的公允价值与其账面价值之间的差额计入当期损益。

有确凿证据表明换入资产的公允价值更加可靠的，以换入资产的公允价值和应支付的相关税费作为换入资产的初始计量金额，换入资产的公允价值加上收到补价的公允价值，与换出资产账面价值之间的差额计入当期损益。

【例4-2】 2021年4月，甲、乙公司经过商议一致同意，甲公司以一批产品换入乙公司的一项专利技术。在交换日，甲公司换出产品的账面价值为500万元，公允价值为700万元，计税价格为700万元，甲公司将产品运抵乙公司并向乙公司开具了增值税专用发票；乙公司换出的专利技术账面原价为1 000万元，已计提累计摊销200万元，未计提减值准备。经评估确认，公允价值为900万元，双方于交换日办妥了专利技术所有权转让手续，乙公司换入的产品作为存货进行管理，甲公司另以银行存款支付乙公司109万元，甲、乙公司均为增值税一般纳税人，存货适用的增值税税率为13%，专利技术免征增值税，不考虑其他因素。请做出甲、乙公司的账务处理。

【解析】

对于甲公司而言，换出存货的交易符合《企业会计准则第14号——收入》的规定，按照该准则确认收入，结转成本；对于乙公司而言，该项资产交换涉及收取货币性资产，即补价109万元，因收到的补价109万元÷换出资产公允价值900万元=12.11%<25%，该项交换属于非货币性资产交换。

（1）甲公司的账务处理。

借：无形资产——专利技术	9 000 000	
贷：主营业务收入		7 000 000
应交税费——应交增值税（销项税额）		910 000
银行存款		1 090 000
借：主营业务成本	5 000 000	
贷：库存商品		5 000 000

（2）乙公司的账务处理。

借：库存商品	7 000 000	
应交税费——应交增值税（进项税额）	910 000	
银行存款	1 090 000	
累计摊销	2 000 000	
贷：无形资产		10 000 000
资产处置损益——非货币性资产交换损益		1 000 000

（三）涉及多项非货币资产交换情况

以公允价值为基础计量的非货币性资产交换，同时换入或换出多项资产的，应当按照下列规定进行处理：

1. 以换出资产的公允价值为基础

（1）对于同时换入的多项资产，按照换入的金融资产以外的各项换入资产公允价值相对比例，将换出资产公允价值总额（涉及补价的，加上支付补价的公允价值或减去收到补价的公允价值）扣除换入金融资产公允价值后的净额进行分摊，以分摊至各项换入资产的金额，加上应支付的相关税费，作为各项换入资产的成本进行初始计量。

需要说明的是，在确定分摊基数时，需先将换出资产公允价值总额扣除金融资产公允价值，其原因是货币性资产交换中涉及由《企业会计准则第22号——金融工具确认和计量》规范的金融资产的，应以其自身的公允价值入账，不会受换出资产公允价值总额的影响。

（2）对于同时换出的多项资产，将各项换出资产的公允价值与其账面价值之间的差额，在各项换出资产终止确认时计入当期损益。

2. 以换入资产的公允价值为基础

（1）有确凿证据表明换入资产的公允价值更加可靠的，以各项换入资产的公允价值和应支付的相关税费作为各项换入资产的初始计量金额。

（2）有确凿证据表明换入资产的公允价值更加可靠的，按照各项换出资产的公允价值的相对比例，将换入资产的公允价值总额（涉及补价的，减去支付补价的公允价值或加上收到补价的公允价值）分摊至各项换出资产，分摊至各项换出资产的金额与各项换出资产账面价值之间的差额，在各项换出资产终止确认时计入当期损益。

【例4-3】 甲公司和乙公司经过协商，一致同意甲公司以其生产的一批存货（交换日即满足收入确认条件）和一项生产经营用的固定资产（机器设备）换入乙公司持有的一项无形资产和一项交易性金融资产（股票）。甲公司换出存货的账面价值为150万元，公允价值为200万元，税务机关核定的计税价格为200万元；换出固定资产的账面原值为300万元，已计提累计折旧50万元，公允价值为300万元，经税务机关核定的计税价格为300万元。甲公司换出存货构成一项单项履约义务，且对方于置换日取得该存货的控制权。

乙公司换出无形资产的账面原值为260万元，已计提累计摊销35万元，公允价值为250万元，经税务机关核定的计税价格为250万元；换出的交易性金融资产的账面价值为200万元（其中，成本为150万元，公允价值变动50万元），换出时公允价值为250万元。甲公司为换入无形资产支付专业人员服务费5万元，乙公司为换入固定资产和存货发生运费5.45万元（其中，可抵扣增值税进项税额为0.45万元）。甲公司收到乙公司支付的银行存款50万元。假设交换发生后资产的原用途不变。

存货、固定资产的增值税税率为13%，无形资产的增值税税率为6%，运费的增值税税率为9%。不考虑其他因素。请做出甲、乙公司的账务处理（单位：万元）。

【解析】

（1）甲公司的账务处理。

甲公司换入资产的总价值＝换出存货的公允价值200＋换出固定资产的公允价值300＝500(万元)。因甲公司仅换入两项资产，即无形资产与交易性金融资产，且交易性金融资产不参与价值分摊，因此，应将扣除换入的金融资产的公允价值250万元后的差额250万元(500－250)，全部计入无形资产的入账价值。

无形资产的入账价值＝250＋5＝255(万元)

交易性金融资产的入账价值＝250(万元)

换出存货的增值税销项税额＝200×13%＝26(万元)

换出固定资产的增值税销项税额＝300×13%＝39(万元)

换入无形资产的增值税进项税额＝250×6%＝15(万元)

甲公司确认的损益＝换出两项资产的公允价值与账面价值的差额

=(200－150)＋(300－250)＝100(万元)

甲公司的会计分录为：

借：固定资产清理	250	
累计折旧	50	
贷：固定资产		300
借：无形资产	255	
应交税费——应交增值税（进项税额）	15	
交易性金融资产——成本（假定甲公司持有意图与乙公司相同）	250	
银行存款	45	
贷：主营业务收入		200
固定资产清理		250
应交税费——应交增值税（销项税额）		65
资产处置损益——非货币性资产交换损益		50
借：主营业务成本	150	
贷：库存商品		150

上述分录中，资产处置损益＋(主营业务收入－主营业务成本)＝甲公司确认的损益总额，即 100 万元。

(2) 乙公司的账务处理。

乙公司换出资产的总成本＝换出无形资产的公允价值 250＋换出交易性金融资产的公允价值 250＋为换入固定资产和存货发生运费 5(＝5.45/(1＋9%))＝505(万元)，应按换入的存货及固定资产的公允价值比例进行分摊，确定其入账价值。

换入存货的入账价值＝505×200/(200＋300)＝202(万元)

换入固定资产的入账价值＝505×300/(200＋300)＝303(万元)

换出无形资产的增值税销项税额＝250×6%＝15(万元)

换入存货的增值税进项税额＝200×13%＝26(万元)

换入固定资产的增值税进项税额＝300×13%＝39(万元)

支付运费的增值税进项税额＝5.45/(1＋9%)×9%＝0.45(万元)

乙公司确认的损益＝换出两项资产的公允价值与账面价值的差额

＝无形资产(250－225)＋金融资产(250－200)＝75(万元)

乙公司的会计分录：

借：固定资产	303.00	
库存商品	202.00	
应交税费——应交增值税（进项税额）	65.45	
累计摊销	35.00	
贷：无形资产		260.00
应交税费——应交增值税（销项税额）		15.00

交易性金融资产——成本	150.00
——公允价值变动	50.00
投资收益	50.00
资产处置损益	25.00
银行存款	55.45

二、以账面价值为基础计量的会计处理

非货币性资产交换不具有商业实质，或者虽然具有商业实质但换入和换出资产的公允价值均不能可靠计量的，应该以账面价值为基础计量，不论是否涉及补价，均不确认交换损益。

（一）不涉及补价的情况

在以账面价值为基础计量时，对于换入资产，企业应当以换出资产的账面价值和应支付的相关税费作为换入资产的初始计量金额；对于换出资产，终止确认时不确认损益。

（二）涉及补价的情况

以账面价值为基础计量的非货币性资产交换，涉及补价的，应当按照下列规定进行处理：

（1）支付补价的，以换出资产的账面价值，加上支付补价的账面价值和应支付的相关税费，作为换入资产的初始计量金额，不确认损益。

（2）收到补价的，以换出资产的账面价值，减去收到补价的公允价值，加上应支付的相关税费，作为换入资产的初始计量金额，不确认损益。

【例4-4】 甲公司与乙公司经过协商，签订一项资产置换合同，甲公司以其持有丙公司的股权作为对价换取乙公司的一项非专利技术，并支付补价10万元。甲公司的上述长期股权投资，账面价值为90万元，未计提减值准备，由于该长期股权投资在活跃市场没有报价，其公允价值不可计量。乙公司的非专利技术原值为160万元，已计提累计摊销50万元，由于该非专利技术较为保密，其公允价值也无法可靠计量。假定交易不考虑相关税费。请做出甲、乙公司的账务处理。

【解析】

该项资产交换涉及收付货币性资产，即补价10万元。对甲公司而言，支付的补价10万元÷换入资产账面价值110万元＝9.09%＜25%。因此，该项交换属于非货币性资产交换，乙公司的情况类似。由于两项资产的公允价值不能可靠计量，因此，甲、乙公司换入资产的成本均应当按照换出资产的账面价值确定。

（1）甲公司的账务处理。

借：无形资产——非专利技术	1 000 000	
贷：长期股权投资		900 000

银行存款　　100 000

(2) 乙公司的账务处理（假设乙公司拟长期持有本次换取的丙公司股权且对丙公司具有重大影响）。

借：长期股权投资　　1 000 000
　　累计摊销　　500 000
　　银行存款　　100 000
　贷：无形资产　　1 600 000

（三）涉及多项非货币性资产交换的情况

以账面价值为基础计量的非货币性资产交换，同时换入或换出多项资产的，应当按照下列规定进行处理：

(1) 对于同时换入的多项资产，按照各项换入资产的公允价值的相对比例，将换出资产的账面价值总额（涉及补价的，加上支付补价的账面价值或减去收到补价的公允价值）分摊至各项换入资产（无论是不是金融资产均参与分摊），加上应支付的相关税费，作为各项换入资产的初始计量金额。换入资产的公允价值不能可靠计量的，可以按照各项换入资产的原账面价值的相对比例或其他合理的比例对换出资产的账面价值进行分摊。

(2) 对于同时换出的多项资产，各项换出资产终止确认时均不确认损益。

【例 4-5】 2021 年 5 月，甲公司与乙公司经过协商，将甲公司拥有的设备和一项专利技术与乙公司的一项在建工程和对丙公司的长期股权投资进行交换。甲公司设备账面价值为 891 万元，已计提折旧 200 万元，计提减值准备 250 万元；专利技术账面价值为 359 万元，已摊销金额 150 万元，计提减值准备 20 万元。乙公司在建工程截止到交换日的成本为 520 万元，对丙公司的长期股权投资账面余额为 130 万元。

由于甲公司持有的设备和专利技术市场上并不多见，其公允价值不能可靠计量。乙公司的在建工程因完工程度难以合理确定，其公允价值不能可靠计量，且由于丙公司不是上市公司，乙公司对丙公司长期股权投资的公允价值也不能可靠计量。假设甲公司拟长期持有本次换取的丙公司股权且对丙公司具有重大影响。不考虑相关税费等因素。请做出甲、乙公司的账务处理。

【解析】

本例中，由于换入资产、换出资产的公允价值均不能可靠计量，甲、乙公司均应当以换出资产账面价值总额作为换入资产的成本，各项换入资产的成本，应当按各项换入资产的账面价值占换入资产账面价值总额的比例分配后确定。

甲公司的账务处理如下：

(1) 计算换入资产、换出资产账面价值总额：

换入资产账面价值总额＝520(在建工程)＋130(长期股权投资)＝650(万元)
换出资产账面价值总额＝(891－200－250)(设备)＋(359－150－20)(专利技术)
　　　　　　　　　　＝630(万元)

（2）确定换入资产总成本：

换入资产总成本＝换出资产账面价值总额＝630(万元)

（3）计算各项换入资产账面价值占换入资产账面价值总额的比例：

在建工程占换入资产账面价值总额的比例＝520÷650＝80%

长期股权投资占换入资产账面价值总额的比例＝130÷650＝20%

（4）确定各项换入资产成本：

在建工程成本＝630×80%＝504(万元)

长期股权投资成本＝630×20%＝126(万元)

（5）会计分录：

借：固定资产清理	4 410 000	
累计折旧	2 500 000	
固定资产减值准备	2 000 000	
贷：固定资产——专有设备		8 910 000
借：在建工程	5 040 000	
长期股权投资	1 260 000	
累计摊销	1 500 000	
无形资产减值准备	200 000	
贷：固定资产清理		4 410 000
无形资产——专利技术		3 590 000

乙公司的账务处理如下：

（1）计算换入资产、换出资产账面价值总额：

换入资产账面价值总额＝(891－200－250)(设备)＋(359－150－20)(专利技术)
＝630(万元)

换出资产账面价值总额＝520(在建工程)＋130(长期股权投资)＝650(万元)

（2）确定换入资产总成本：

换入资产总成本＝换出资产账面价值总额＝650(万元)

（3）计算各项换入资产账面价值占换入资产账面价值总额的比例：

设备占换入资产账面价值总额的比例＝441÷630＝70%

专利技术占换入资产账面价值总额的比例＝189÷630＝30%

（4）确定各项换入资产成本：

设备成本＝650×70%＝455(万元)

专利技术成本＝650×30%＝195(万元)

（5）会计分录：

借：固定资产——设备　　4 550 000

　　无形资产——专利技术　　1 950 000

　贷：在建工程　　5 200 000

　　　长期股权投资　　1 300 000

三、非货币性资产交换的信息披露

企业应当在报表附注中披露与非货币性资产交换有关的下列信息：

（1）非货币性资产交换是否具有商业实质及其原因。

（2）换入资产、换出资产的类别。

（3）换入资产初始计量金额的确定方式。

（4）换入资产、换出资产的公允价值以及换出资产的账面价值。

（5）非货币性资产交换确认的损益。

案例 4-3　汇金通 2019 年年度报告中的非货币性资产交换信息披露

承案例 4-2 资料，汇金通 2019 年年度报告中，关于非货币性资产交换事项，有如下表述：

2019 年 3 月，公司将拥有的位于胶州市少海南路的房产与刘凯拥有的位于胶州市澳门路的房产进行置换。置出房产账面价值为 903 万元，公允价值为 1 060 万元，置入房产公允价值为 800 万元，置换差价 260 万元由董事长刘凯先生以现金方式一次性支付。

置入的房产为办公楼，满足公司经营办公需求，具有商业实质。本期确认交换损益 63 万元。

【编者提示】

1. 比照企业会计准则关于非货币性资产交换信息披露的要求，判断汇金通的上述信息披露是否完整。

2. 汇金通收到置换差价 260 万元与本期确认交换损益 63 万元存在较大差异，请分析其原因。

资料来源：摘编自公司公开信息。

练习题

一、单项选择题

1. 在不涉及补价的情况下，下列各项交易事项中，属于非货币性资产交换的是（　　）。

A. 开出商业承兑汇票购买原材料　　B. 以一项债权投资换入机器设备

C. 以拥有的股权投资换入非专利技术　　D. 以应收账款换入对联营企业投资

2. 下列交易或事项中，甲公司应按非货币性资产交换进行会计处理的是（　　）。

A. 以持有的应收账款换取乙公司的产品

B. 以持有的应收票据换取乙公司的电子设备

C. 以持有的土地使用权换取乙公司的产品作为固定资产使用

D. 以债权投资换取乙公司25%股权投资

3. 甲公司发生的事项如下：①购入商品应付乙公司账款2 000万元，以库存商品偿付该欠款的20%，其余以银行存款支付；②以持有的公允价值2 500万元的对子公司（丙）投资换取公允价值为2 400万元的丁公司25%股权，收取补价100万元并存入银行；③以分期收款结算方式销售大型设备，款项分3年收回；④甲公司对戊公司发行自身普通股，取得戊公司持有己公司的80%股权。上述交易均发生于非关联方之间，不考虑其他因素，下列各项关于甲公司发生的上述交易中，属于非货币性资产交换的是（　　）。

A. 分期收款销售大型设备

B. 以甲公司普通股取得己公司80%股权

C. 库存商品和银行存款偿付乙公司款项

D. 以持有的丙公司股权换丁公司股权并收到部分现金补价

4. 甲公司为房地产开发企业，下列各项具有商业实质的资产交易中，甲公司应当适用《企业会计准则第7号——非货币性资产交换》的是（　　）。

A. 甲公司以其拥有的一项专利权换取戊公司的10台机器设备

B. 甲公司以其一栋已开发完成的商品房换取己公司的一块土地

C. 甲公司以其持有的乙公司5%的股权换取丙公司的一块土地

D. 甲公司以其一套用于经营出租的公寓换取丁公司以交易为目的的10万股股票

5. 对于甲公司而言，下列各项交易中，应当认定为非货币性资产交换进行会计处理的是（　　）。

A. 甲公司以一批产成品交换乙公司一辆汽车

B. 甲公司以其作为固定资产核算的生产设备交换乙公司一批原材料

C. 甲公司以应收丁公司的2 200万元银行承兑汇票交换乙公司一栋办公用房

D. 甲公司以一项专利权交换乙公司一项非专利技术，并以银行存款收取补价，所收取补价占换出专利权公允价值的30%

6. 2020年5月，甲公司用一批账面价值为160万元、公允价值为200万元的原材料和一项原价为230万元、已计提折旧90万元、公允价值为100万元的固定资产，与乙公司交换其账面价值为250万元的长期股权投资（对联营企业的投资）。乙公司支付给甲公司的补价的账面价值为80万元，乙公司另为换入固定资产支付运费5万元。假定不考虑增值税等因素，则在非货币性资产交换不具有商业实质的情况下，乙公司取得的原材料和固定资产的入账价值分别为（　　）万元。

A. 220、115　　B. 176、154　　C. 179、151　　D. 223、112

7. 经与乙公司协商，甲公司以一台设备换入乙公司的一项专利技术。交换日，甲公司换出设备的账面价值为560万元，公允价值为700万元（等于计税价格），甲公司将设备运抵乙公司并向乙公司开具了增值税专用发票，当日双方办妥了相关手续。经评估确认，该专项技术的公允价值为900万元，甲公司另以银行存款支付乙公司109万元，甲、乙公司均为增值税一般纳税人，设备适用的增值税税率为13%，不考虑其他因素，甲公司换入专利技术的入账价值是（　　）万元。

A. 669　　B. 900　　C. 809　　D. 791

8. 甲公司以一台设备换入乙公司的一辆卡车。甲公司设备的账面价值为60万元，已提折旧22万元，乙公司的卡车账面价值为50万元，甲公司汽车和乙公司设备的公允价值均无法可靠计量，甲公司另向乙公司支付补价4万元。假定不考虑其他因素，甲公司应确认的损益为（　　）万元。

A. 38　　B. 0　　C. 12　　D. 50

9. 甲公司以一项专利技术换入乙公司公允价值为320万元的长期股权投资（未对被投资方形成控制），甲公司收到的补价的公允价值为100万元。该项专利技术的原价为450万元，累计摊销为50万元，公允价值无法可靠计量。甲公司将换入的股权投资作为长期股权投资核算。假设该项交易不具有商业实质，甲公司换入该项长期股权投资的初始投资成本为（　　）万元。

A. 300　　B. 400　　C. 350　　D. 320

10. 下列关于企业以账面价值为基础计量的非货币性资产交换处理原则，表述正确的是（　　）。

A. 企业应按照换入资产的公允价值与账面价值之间的差额计算处置损益

B. 企业为换出资产支付的相关税费计入资产的处置损益

C. 企业为换入资产发生的相关税费通常计入换入资产的成本

D. 涉及多项非货币性资产交换时，应当按照各项换入资产的原值占换入资产的原值总额的比例，对换入资产总成本进行分配，确定各项换入资产成本

二、多项选择题

1. 按企业会计准则规定，下列各项中，属于非货币性资产交换的有（　　）。

A. 以应收账款换取土地使用权

B. 以专利技术换取拥有控制权的股权投资

C. 以未到期应收票据换取一项股权投资

D. 以作为交易性金融资产的股票投资换取机器设备

2. 不考虑其他因素，甲公司发生的下列交易事项中，属于非货币性资产交换的有（　　）。

A. 以对子公司股权投资换入一项投资性房地产

B. 以本公司生产用专利技术换入乙公司生产的产品

C. 以一项债权投资换入固定资产

D. 以一项作为应收账款核算的债权换入投资性房地产

3. 甲公司为一家互联网视频播放经营企业，其为减少现金支出而进行的取得有关影视作品播放权的下列交易中，属于非货币性资产交换的有（　　）。

A. 以应收商业承兑汇票换取其他方持有的乙版权

B. 以本公司持有的丙版权换取其他方持有的丁版权

C. 以将于3个月内到期的国债投资换取其他方持有的戊版权

D. 以一项其他权益工具投资换取其他方持有的己版权

4. 下列各项关于甲公司发生的交易或事项中，不适用非货币性资产交换准则进行会计处理的有（　　）。

A. 甲公司以出租的厂房换取乙公司所持联营企业的投资

B. 甲公司以专利权作价对其合营企业进行增资并达到控制

C. 甲公司以持有的5年期债券投资换取丙公司的专有技术

D. 甲公司以生产用设备向股东分配利润

5. 下列交易中，不属于非货币性资产交换的有（　　）。

A. 以市价为550万元且作为交易性金融资产核算的股票、票面金额和公允价值均为200万元的应收票据换取公允价值为750万元的机床

B. 以账面价值为560万元、公允价值为600万元的厂房换取一套电子设备，另收取的不含税补价的公允价值为140万元

C. 以公允价值为300万元的工程物资换取一项无形资产，另支付的不含税补价的公允价值为120万元

D. 以一项公允价值为200万元、账面价值为260万元的应收账款换取一批原材料，另支付的不含税补价的公允价值为38万元

6. 甲公司与丙公司签订一项资产置换合同。甲公司以其持有的联营企业30%股权作为对价，另以银行存款支付补价100万元，换取丙公司生产的一大型设备，该设备的总价款为3 900万元（等于其公允价值）。该联营企业30%股权的取得成本为2 200万元，取得时该联营企业可辨认净资产公允价值为7 500万元（可辨认资产、负债的公允价值与账面价值相等），甲公司取得该股权后至置换大型设备时，该联营企业累计实现净利润3 500万元，分配现金股利400万元，其他债权投资增值650万元。交换日，甲公司持有的该联营企业30%股权的公允价值为3 800万元。假定该交换具有商业实质。不考虑相关税费及其他因素，下列对上述交易的会计处理中，正确的有（　　）。

A. 甲公司处置该联营企业股权确认投资收益620万元

B. 丙公司确认换入该联营企业股权入账价值为3 800万元

C. 丙公司确认换出大型专用设备的营业收入为3 900万元

D. 甲公司确认换入大型专用设备的入账价值为3 900万元

7. 甲、丙公司均为增值税一般纳税人，其存货适用的增值税税率均为13%，不动产适用的增值税税率为9%。甲公司以一项投资性房地产换入丙公司一批A产品。甲公司该项投资性房地产采用成本模式计量，原价为400万元，累计折旧为100万元，公允价值为360万元；丙公司该批产品的成本为280万元，公允价值为300万元。丙公司向甲公司支付银行存款53.4万元（包含丙公司应支付的补价的公允价值60万元和丙公司应收取的增值税进销差额6.6万元），甲公司将换入的A产品作为库存商品核算，甲公司为该批产品发生运杂费1万元。假设该项交易具有商业实质，下列有关甲公司的会计处理中，正确的有（　　）。

A. 甲公司换出投资性房地产影响损益金额为60万元

B. 甲公司换出投资性房地产发生的增值税应计入处置损益

C. 甲公司换入存货的入账价值为370万元

D. 甲公司为换入A产品发生的运杂费应计入库存商品成本

8. 不具有商业实质、不涉及补价的非货币性资产交换中，影响换入资产入账价值的因素有（　　）。

A. 换出资产的原始价值

B. 为换入资产发生的运输费用

C. 换出资产的销项税

D. 换出资产已计提的减值准备

9. 关于资产交换所适用的会计准则，下列表述中正确的有（　　）

A. 企业以存货换取客户的非货币性资产且具有商业实质的，换出的存货的会计处理适用收入准则

B. 非货币性资产交换中涉及企业合并的，适用企业合并准则、长期股权投资准则和合并财务报表准则

C. 非货币性资产交换中涉及金融资产的，金融资产的确认、终止确认和计量适用金融工具确认和计量准则及金融资产转移准则

D. 非货币性资产交换中涉及使用权资产或应收融资租赁款等的，相关资产的确认、终止确认和计量适用租赁准则

10. 在非货币性资产交换中，以公允价值和应支付的相关税费为基础计算换入资产成本的，应同时满足的条件包括（　　）。

A. 该项交换具有商业实质

B. 换入资产或换出资产的公允价值能够可靠计量

C. 换入资产的公允价值大于换出资产的公允价值

D. 换入资产预计未来现金流量现值大于换出资产的预计未来现金流量现值

三、计算分析题

2021年12月，北方公司决定以一批商品和一项对甲公司投资的股票与南方公司交换其持有的一项对合营企业的长期股权投资和一台生产经营用设备。北方公司换出的库存商品的账面价值为300万元，公允价值为400万元（等于其按收入准则确定的交易价格）；换出的甲公司的股票作为交易性金融资产核算，其账面价值为520万元，其中成

本为400万元，公允价值变动为120万元，换出日的公允价值为600万元；南方公司换出的长期股权投资的账面价值为600万元，公允价值为672万元；换出的设备的账面价值为480万元，已计提折旧160万元，计提减值准备40万元，公允价值为288万元，另外南方公司向北方公司支付银行存款54.56万元（包含南方公司应支付的补价的公允价值40万元和增值税进销项差额14.56万元）。北方公司和南方公司换入的资产均不改变其用途。

上述设备和库存商品适用的增值税税率均为13%，公允价值为计税价格，假定该项非货币性资产交换具有商业实质。整个交易过程中没有发生除增值税以外的其他相关税费。

要求：

（1）计算北方公司换入各项资产的成本并编制相关的会计分录；

（2）计算南方公司换入各项资产的成本并编制相关的会计分录。

第 5 章

租赁会计

学习目标

企业运营模式、财务管理模式的多元化需求，催生、推动了租赁市场的发展。在租赁交易中，一些企业出于资产购置资金短缺、减少资金占用、防范资产运营风险、实施“轻资产”战略等方面的考虑，选择租入方式获得需要的资产；从租赁业务供给端来看，一些企业因资产闲置而租出资产，或因业务模式变更或市场环境变化，将其生产销售的产品代之以出租模式，或者企业本身就是专营的租赁机构，以资产出租为主营业务。本章以《企业会计准则第 21 号——租赁》为基础，重点讲述租赁的识别、分类及其会计处理方法。

第 1 节　租赁的概念及分类

一、租赁的概念与识别

在《企业会计准则第 21 号——租赁》（以下简称“本准则”或“租赁准则”）中，租赁是指在一定期间内，出租人将资产的使用权让与承租人以获取对价的合同。

在合同开始日，企业应当评估合同是否为租赁或者包含租赁的成分。如果合同一方让渡了在一定期间内控制一项或多项已识别资产使用的权利以换取对价，则合同为租赁或者包含租赁。确定一项合同是否属于或者包含租赁业务，直接关系到企业能否根据本准则进行确认与计量。

一项合同被分类为租赁，必须具备三个要素，如图 5－1 所示。

（一）存在一定期间

在合同中，“一定期间 ”不仅可以是合同直接明确的一段时间，也可以表述为已识别资产的使用量（如某项设备的产出量）。如果客户有权在部分合同期内控制已识别资产的使用，则合同包含一项在该部分合同期间的租赁。

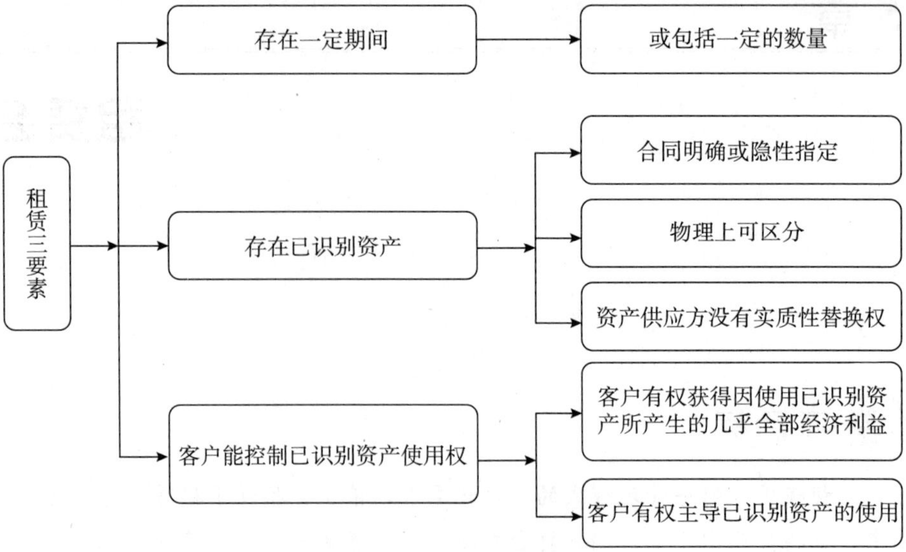

图5-1　租赁三要素示意

（二）存在已识别资产

1. 合同明确或隐性指定

【例5-1】　甲公司为一家生产石油化工产品的企业（客户），与乙铁路局（供应方）签订了使用乙铁路局10节火车车皮的5年期合同。该车皮为罐车，载重量为40吨，专为运输甲公司生产的化工产品而设计，未经重大改造不适合其他客户使用。合同中没有明确指定车皮的序列编号，但是乙铁路局仅拥有10节适合甲公司使用的火车车皮。如果车皮不能正常工作，合同要求乙铁路局修理或更换车厢。请分析10节火车车皮是否属于已识别资产？

【解析】

10节火车车皮属于一项已识别资产。其理由是，在合同中没有明确指定具体哪10节火车车皮，但是被隐性指定，因为乙铁路局仅拥有10节适合甲公司使用的火车车皮，必须使用其来履行合同，乙铁路局无法自由替换该车皮。因此，10节火车车皮是一项已识别资产。

2. 物理上可区分

如果资产的部分产能在物理上可区分（例如，承租某办公楼的第8层全部房间），则该部分产能属于已识别资产。如果资产的某部分产能与其他部分在物理上不可区分（例如，光缆的部分容量），则该部分不属于已识别资产，除非其实质上代表该资产的全部产能，从而使客户获得因使用该资产所产生的几乎全部经济利益的权利。

例如，甲公司是一家从事城市智慧化建设的综合服务商，负责当地云计算产业园的投资建设和运营。2020年1月，甲公司与乙公司（电信运营服务和互联网接入服务提供商）签订了一份为期10年的合同，以取得连接A城市和B城市光缆中4条指定的物理上可区分的光纤使用权。若光纤损坏，乙公司应负责修理和维护。乙公司拥有额外的光纤，但仅可因修理、维护或故障等原因替换指定给甲公司使用的光纤。在这一合同中，相关条款明确指定了4条光纤，该4条光纤与光缆中的其他光纤在物理上可区分，乙公司不可因修理、维护或故障以外的原因替换光纤，这表明该合同存在4项已识别资产（光纤）。

3. 资产供应方没有实质性替换权

即使合同已对资产进行指定，如果资产供应方在整个使用期间拥有对该资产的实质性替换权，则该资产不属于已识别资产（合同资产并未和资产供应方的同类其他资产明确区分开来，并未被识别出来）。同时符合下列条件时，表明资产供应方拥有资产的实质性替换权：

（1）资产供应方拥有在整个使用期间替换资产的实际能力（具有可操作性）。

例如，客户无法阻止供应方替换资产，且用于替换的资产对于资产供应方而言易于获得或者可以在合理期间内取得。

（2）资产供应方通过行使替换资产的权利将获得经济利益（具有经济性）。

例如，替换资产的预期经济利益将超过替换资产所需成本。此时，还应注意，当出现资产供应方在资产运行结果不佳或者进行技术升级的情况下，因修理和维护而替换资产的权利或义务不属于实质性替换权。

【例5-2】 甲公司是一家生产销售猪肉脯的企业，与广州白云机场运营商签订了使用机场内某处不确定商业区域销售肉脯的3年期合同。合同规定了商业区域的面积大小，商业区域可以位于机场内任一登机区域，机场有权在整个使用期间随时调整分配给甲公司的商业区域位置。甲公司使用易于移动的自有售货亭销售猪肉脯。机场有很多符合合同规定的区域可供甲公司使用。请分析该合同中是否存在已识别资产。

【解析】

该合同中不存在已识别资产。其原因是：

（1）广州白云机场在整个使用期间有变更甲公司使用的商业区域的实际能力。机场内有许多区域符合合同规定的商业区域，机场有权随时将甲公司使用的商业区域的位置变更至其他区域而无须甲公司批准。

（2）机场通过替换商业区域将获得经济利益。因为售货亭易于移动，所以机场变更甲公司所使用商业区域的成本极小。机场能够根据情况变化最有效地利用机场登机区域，因此机场能够通过替换机场内的商业区域获益。甲公司控制的是自有的售货亭，而合同规定的是机场内的商业区域，机场可随意变更该商业区域，因此机场有替换甲公司所使用商业区域的实质性权利。尽管合同具体规定了甲公司使用的商业区域的面积，但合同中不存在已识别资产。

（三）客户能控制已识别资产使用权

为确定合同是否让渡了在一定期间内控制已识别资产使用的权利，企业应当评估合同中的客户是否有权获得在使用期间因使用已识别资产所产生的几乎全部经济利益，并有权在该使用期间主导已识别资产的使用。

1. 客户有权获得因使用已识别资产所产生的几乎全部经济利益

（1）在评估客户是否有权获得因使用已识别资产所产生的几乎全部经济利益时，企业应当在规定的客户权利范围内考虑因使用已识别资产所产生的经济利益。例如，如果合同规定汽车在使用期间仅限在某一特定区域内使用，则企业应当仅考虑在该区域内使用汽车所产生的经济利益，而不包括在该区域外使用汽车所产生的经济利益。

（2）为了控制已识别资产的使用，客户应当有权获得整个使用期间使用该资产所产生的几乎全部经济利益（例如，在整个使用期间独家使用该资产）。客户可以通过多种方式直接或间接获得使用资产所产生的经济利益，例如，通过使用、持有或转租资产。

（3）使用资产所产生的经济利益包括资产的主要产出和副产品（包括来源于这些项目的潜在现金流量）以及通过与第三方之间的商业交易实现的其他经济利益。

2. 客户有权主导已识别资产的使用

存在下列情形之一的，可视为客户有权主导对已识别资产在整个使用期间的使用：

（1）客户有权在整个使用期间主导已识别资产的使用目的和使用方式。如果客户有权在整个使用期间在合同规定的使用范围内改变资产的使用目的和使用方式，则视为客户有权在该使用期间主导资产的使用目的和使用方式。在判断客户是否有权在整个使用期间主导已识别资产的使用目的和使用方式时，企业应当考虑在该使用期间与改变资产的使用目的和使用方式最为相关的决策权。相关决策权是指对使用资产所产生的经济利益产生影响的决策权。最为相关的决策权可能因资产性质、合同条款和条件的不同而不同。包括：

1）变更资产产出类型的权利（例如，决定将集装箱用于运输商品还是储存商品，或者决定在零售区域销售的产品组合）；

2）变更资产的产出时间的权利（例如，决定机器或发电厂的运行时间）；

3）变更资产的产出地点的权利（例如，决定车或船舶的目的地，或者决定设备的使用地点）；

4）变更资产是否产出以及产出数量的权利（例如，决定是否使用发电厂发电以及发电量的多少）。

（2）已识别资产的使用目的和使用方式在使用前已预先确定，并且客户有权在整个使用期间自行或主导他人按照其确定的方式运营该资产，或者客户设计了已识别资产（或资产的特定方面）并在设计时已预先确定了该资产在整个使用期间的使用目的和使用方式。

综上所述，只有识别该合同属于租赁或者包含租赁的，才能根据本章所述租赁准则进行确认与计量，否则，只能作为提供或接受服务并按其他相关准则进行会计核算。

【例5-3】 甲公司为一家家用电器生产销售企业（客户），与乙租赁公司（货运商）签订了一份使用10个40英尺集装箱的5年期合同。合同指定了具体的集装箱为长12米、宽2.35米、高2.4米、容积67.7立方米，集装箱归乙公司所有。甲公司有权决定何时何地使用这些集装箱以及运输何种货物。合同还明确规定甲公司不能运输爆炸物等禁运物品。不用时，集装箱存放在甲公司处。若某个集装箱需要保养或维修，乙公司应以同类型的集装箱替换。除非甲公司违约，乙公司在合同期内不得收回集装箱。

除集装箱外，合同还规定乙公司应按照甲公司的要求提供运输集装箱的卡车和司机。卡车存放在乙公司处。乙公司可使用任一卡车满足甲公司的需求，卡车既可以用于运输甲公司的货物，也可以运输其他客户的货物，即如果其他客户要求运输货物的目的地与甲公司要求的目的地距离不远且时间接近，乙公司可以用同辆一卡车运送甲公司使用的集装箱及其他客户的货物。请分析该合同是否包含10个集装箱的租赁且拥有5年使用权，以及关于卡车的合同条款是否构成一项租赁。

【解析】

（1）分析是否存在已识别资产。合同明确指定了10个集装箱，乙公司一旦交付集装箱给甲公司，仅在集装箱需要保养或维修时方可替换，因此，这10个集装箱是已识别资产。合同既未明确也未隐性指定卡车，因此运输集装箱的卡车不属于已识别资产。

（2）分析客户是否有权获得因使用已识别资产所产生的几乎全部经济利益。甲公司有权获得在5年使用期内使用这些集装箱所产生的几乎全部经济利益，且在整个使用期间（包括不使用集装箱运输货物的期间）拥有这些集装箱的独家使用权。

（3）分析客户是否有权主导资产的使用。合同中关于集装箱可运输货物的限制并未赋予乙公司主导集装箱使用目的和使用方式的权利。在合同规定的使用权范围内，甲公司可以主导集装箱的使用目的和使用方式，决定何时何地使用集装箱以及使用集装箱运输何种货物。当集装箱不用于运输货物时，甲公司还可决定是否使用以及如何使用集装箱（如，用于存储）。甲公司在5年使用期内有权改变这些决定，因此甲公司有权主导这些集装箱的使用。

综上所述，该合同包含集装箱的租赁，甲公司拥有10个集装箱的5年使用权。关于卡车的合同条款并不构成一项租赁，而是一项配套服务。

【例5-4】　甲公司（客户）与乙公司（制造商）签订了3年期合同，购买一批特定材质、版型和尺码的西装。乙公司仅有一家符合甲公司需求的工厂，且乙公司无法用另一家企业生产或销售的西装供货。乙公司工厂的产能超过与甲公司签订的合同中的数量（即甲公司未就工厂的几乎全部产能签订合同）。乙公司全权决定该工厂的运营，包括工厂的产出水平以及将不用于满足该合同的产出用于履行哪些客户合同。请分析该合同是否构成一项租赁。

【解析】

（1）乙公司仅可通过唯一 一家工厂履行合同，工厂是隐性指定的，因此是已识别资产。

（2）甲公司无权获得使用该工厂所产生的几乎全部经济利益，因为乙公司在使用期间可以使用该工厂履行其他客户合同。

(3) 甲公司在3年使用期内也无权主导工厂的使用目的和使用方式，因为乙公司有权决定工厂的产出水平以及将生产的产品用于履行哪些客户合同。甲公司的权利仅限于合同中规定的工厂的特定产出。甲公司对工厂的使用享有与从工厂购买西装的其他客户同样的权利。

综上，单凭甲公司无权获得使用工厂所产生的几乎全部经济利益这一事实，或单凭甲公司无权主导工厂的使用这一事实，均足以判断甲公司在使用期间不能控制工厂的使用权。则该合同不属于租赁。

延伸阅读

租赁的经济意义

金融经济学或公司金融学从不同的角度，对企业租入资产行为的意图或经济意义进行了分析、研究。概括起来主要有以下要点：

(1) 以租代购，解决购入资产时的资金短缺问题；

(2) 防范资产因技术进步导致的快速陈旧风险；

(3) 减少一些资产的资金占用，实施“轻资产”战略；

(4) 避免因通货膨胀造成的损失；

(5) 控制融资成本；

(6) 增加表内融资机会；等等。

二、租赁的分拆与合并

(一) 租赁的分拆

合同中同时包含多项单独租赁的，承租人和出租人应当将合同予以分拆，并分别进行会计处理。

合同中同时包含租赁和非租赁部分的，承租人和出租人应当将租赁和非租赁部分进行分拆。分拆时，各租赁部分应当分别按照租赁准则进行会计处理，非租赁部分应当按照其他适用的企业会计准则进行会计处理。企业按照租赁准则对租赁进行简化处理时，可以不对租赁和非租赁部分进行分拆。

同时符合下列条件，使用已识别资产的权利构成合同中的一项单独租赁：

(1) 承租人可从单独使用该资产或将其与易于获得的其他资源一起使用中获利。

(2) 该资产与合同中的其他资产不存在高度依赖或高度关联关系。

1. 承租人的处理

在分拆合同包含租赁和非租赁部分时，承租人应当按照各项租赁部分单独价格及非租赁部分的单独价格之和的相对比例分摊合同对价。租赁和非租赁部分的相对单独价格，应当根据出租人或类似供应方就该部分或类似部分向企业单独收取的价格确定。如果可观察的单独价格不易于获得，承租人应当最大限度地利用可观察的信息估计单独价格。

为简化处理，承租人可以按照租赁资产的类别选择是否分拆合同包含的租赁和非租赁部分。承租人选择不分拆的，应当将各租赁部分及与其相关的非租赁部分分别合并为租赁（按金融工具准则规定应分拆的嵌入衍生工具除外），按照租赁准则进行会计处理。

2. 出租人的处理

出租人应当分拆租赁部分和非租赁部分，根据收入准则关于交易价格分摊的规定分摊合同对价。

（二）租赁的合并

企业与同一交易方或其关联方在同一时间或相近时间订立的两份或多份包含租赁的合同，在满足下列条件之一时，应当合并为一份合同进行会计处理：

（1）该两份或多份合同基于总体商业目的而订立并构成一揽子交易，若不作为整体考虑则无法理解其总体商业目的。

（2）该两份或多份合同中的某份合同的对价金额取决于其他合同的定价或履行情况。

（3）该两份或多份合同让渡的资产使用权合起来构成一项单独租赁。

两份或多份合同合并为一份合同进行会计处理的，仍然需要区分该份合同中的租赁部分和非租赁部分。

三、租赁期

租赁期是指承租人有权使用租赁资产且不可撤销的期间。若承租人有续租选择权，且可合理确定将行使该选择权的，租赁期还应当包含续租选择权涵盖的期间。若承租人有终止租赁选择权，但可合理确定将不会行使该选择权的，租赁期应当包含终止租赁选择权涵盖的期间。

（一）租赁开始日

租赁期自租赁期开始日起计算。租赁期开始日，是指出租人提供租赁资产使其可供承租人使用的起始日期。如果承租人在租赁协议约定的起租日或租金起付日之前，已获得对租赁资产使用权的控制，则表明租赁期已经开始。租赁协议中对起租日或租金支付时间的约定，并不影响对租赁期开始日的判断。

例如，在某商铺的租赁安排中，出租人于2020年1月1日将房屋钥匙交付承租人，承租人在收到钥匙后，就可以自主安排对商铺的装修布置，并安排搬迁。合同规定有3

个月的免租期，起租日为2020年4月1日，承租人自起租日开始支付租金。在此交易中，由于承租人自2020年1月1日起就已拥有对商铺使用权的控制，因此租赁期开始日为2020年1月1日，即租赁期包含出租人给予承租人的免租期。

（二）不可撤销期间

在确定租赁期和评估不可撤销租赁期间时，企业应根据租赁条款约定确定可强制执行合同的期间。如果承租人和出租人双方均有权在未经另一方许可的情况下终止租赁，且罚款金额不重大，则该租赁不再可强制执行。如果只有承租人有权终止租赁，则在确定租赁期时，企业应将该项权利视为承租人可行使的终止租赁选择权予以考虑。如果只有出租人有权终止租赁，则不可撤销的租赁期包括终止租赁选择权所涵盖的期间。

例如，承租人与出租人签订了一份租赁合同，约定自租赁期开始日1年内不可撤销，如果撤销，撤销方将支付重大罚金，1年期满后，经双方同意可再延长1年，如有一方不同意，将不再续期，且没有罚款。假设承租人对于租赁资产并不具有重大依赖。在此情况下，自租赁期开始日起的第1年有强制的权利和义务，是不可撤销期间。此后1年的延长期并非不可撤销期间，因为承租人或出租人均可单方面选择不续约而无须支付任何罚款。

（三）续租选择权和终止租赁选择权

在租赁期开始日，企业应当评估承租人是否合理确定将行使续租或购买标的资产的选择权，或者将不行使终止租赁选择权。

在评估时，企业应当考虑对承租人行使续租选择权或不行使终止租赁选择权带来经济利益的所有相关事实和情况，包括自租赁期开始日至选择权行使日之间的事实和情况的预期变化。需要考虑的因素包括但不限于以下方面：

（1）与市价相比，选择权期间的合同条款和条件。

（2）在合同期内，承租人进行或预期进行重大租赁资产改良的，在可行使续租选择权、终止租赁选择权或者购买租赁资产选择权时，预期能为承租人带来的重大经济利益。

（3）与终止租赁相关的成本。

（4）租赁资产对承租人运营的重要程度。

（5）与行使选择权相关的条件及满足相关条件的可能性。

同时，租赁的不可撤销期间的长短会影响对承租人是否合理确定将行使或不行使选择权的评估。通常租赁的不可撤销期间越短，承租人行使续租选择权或不行使终止租赁选择权的可能性就越大（原因在于不可撤销期间越短，获取替代资产的相对成本就越高）。

例如，承租人签订了一份房屋租赁合同，包括4年不可撤销期限和2年按照市价行使的续租选择权。在搬入该房屋之前，承租人花费了大量资金对租赁房屋进行了改良，预计在4年结束时租赁资产改良仍将具有重大价值，且该价值仅可通过继续使用租赁资产实现。在此情况下，承租人合理确定将行使续租选择权，因为如果在4年结束时放弃该租赁资产改良，将蒙受重大经济损失。因此，在租赁开始时，承租人确定租赁期为6年。

(四) 对租赁期和购买选择权的重新评估

发生承租人可控范围内的重大事件或变化，且影响承租人是否合理确定将行使相应选择权的，承租人应当对其是否合理确定将行使续租选择权、购买选择权或不行使终止租赁选择权进行重新评估，并根据重新评估结果修改租赁期。

承租人可控范围内的重大事件或变化包括但不限于下列情形：

(1) 在租赁期开始日未预计到的重大租赁资产改良，在可行使续租选择权、终止租赁选择权或购买选择权时，预期将为承租人带来重大经济利益。

(2) 在租赁期开始日未预计到的租赁资产的重大改动或定制化调整。

(3) 承租人做出的与行使或不行使选择权直接相关的经营决策。例如，决定续租互补性资产、处置可替代的资产或处置包含相关使用权资产的业务。

四、租赁的分类

(一) 承租人角度的租赁分类

租赁准则规定，承租人应确认使用权资产和租赁负债，但对短期租赁和低价值租赁，可以选择不确认使用权资产和租赁负债的简化处理方法。依此规定，从承租人的角度看，可以将租赁分类为应确认使用权资产和租赁负债的租赁与可以使用简化处理方法进行核算的租赁。

(二) 出租人角度的租赁分类

租赁准则规定，出租人应当在租赁开始日将租赁分为融资租赁（finance lease）和经营租赁（operating lease）。融资租赁，是指实质上转移了与资产所有权有关的全部风险和报酬的租赁，其所有权最终可能转移，也可能不转移。经营租赁，也称服务租赁，是指除融资租赁以外的其他租赁。经营租赁方式下，出租人通常向承租人提供短期内使用的资产（如房屋、设备等），并提供维修、保养、人员培训等服务。

经营租赁与融资租赁在当事人、承租目的等方面均存在较大差异（见表5-1）。

表5-1 经营租赁与融资租赁比较

分析角度	经营租赁	融资租赁
当事人	出租人、承租人	出租人、承租人、供应商（或建造商等）、金融机构。通常情况下，融资租赁合同的出租人根据承租人的需求，指定供应商（或建造商等）提供或建造租赁标的，并由金融机构提供融资服务

续表

分析角度	经营租赁	融资租赁
承租目的	为了满足生产商、经营商短期的或临时的需要而租入资产	以融资为主要目的，承租人有明显购置资产的意愿
风险和报酬	资产所有权不转移，租赁期内资产的风险与报酬仍归出租人。承租人要承担出租资产的保险、折旧、维修等有关费用	与租赁资产所有权有关的风险和报酬转移给承租人。租赁期内，承租人对租赁资产视同自有资产，承担相应的保险、折旧、维修等有关费用
权利	租赁期满，承租人可续租，但没有廉价购买资产的选择权利	租赁期满，承租人可廉价购买该项资产或以优惠的租金延长租期
租约	可签订租约，也可不签。签有租约时，一般包含解约条款，可因一方的要求而随时取消	禁止中途解约，除非发生意外事件，或承租人与出租人已就同一或同样资产签订新租约
租期	一般短于租赁资产的使用寿命，资产的租赁费不能全部补偿租赁资产的购置成本	一般较长，为租赁资产使用寿命的大部分，75%以上（含75%）
租金	租金是出租人收取用于弥补出租资产的成本、持有期内的相关费用，并取得合理利润的投资报酬	租金内容与经营租赁相似，但不包括资产租赁期内的保险、维修等有关费用。租金等于资产市场价值的90%以上（含90%）
资产专用性	不具有资产专用性，所有承租方均可使用	只有合约规定的承租人才能使用，出租方为承租人专门定制

延伸阅读

融资租赁的判断标准

一般而言，满足下列标准之一的，应认定为融资租赁：

（1）在租赁期届满时，租赁资产的所有权转移给承租人。

（2）承租人有购买租赁资产的选择权，所订立的购买价款预计将远低于行使选择权时租赁资产的公允价值，因而在租赁开始日就可合理地确定承租人将行使该选择权。

（3）资产的所有权虽然不转移，但租赁期占租赁资产使用寿命的大部分。这里的“大部分”掌握在租赁期占租赁开始日租赁资产使用寿命的75%以上。

（4）在租赁开始日，租赁收款额的现值几乎相当于租赁资产的公允价值。这里的“几乎相当于”通常掌握在90%以上。

（5）租赁资产性质特殊，如果不作较大改造，只有承租人才能使用。

融资租赁以外的租赁为经营租赁。

资料来源：摘编自《企业会计准则第21号——租赁》。

企业租赁实务中，按出租人取得租赁物的来源和方式，将租赁分为直接融资租赁、销售方式租赁、售后租回、转租租赁、杠杆租赁等。其特征如表5-2所示。

表5-2 按出租人取得租赁物的来源和方式进行分类及其特征

租赁类型	特征
直接融资租赁	融资租赁的典型形式。出租人直接将生产或购入的资产租给承租人，直接签订合同收取租金，涉及出租人和承租人两方。充当直接租赁的出租人一般是专门的租赁公司
销售方式租赁	出租人通过租赁方式将产品租给承租人而赚取收益。出租人可从销售产品和取得利息两个方面获取收益
售后租回	承租人（卖方）将所出售的资产租回。承租人通过资产的出售，可以满足对资金的需求；通过资产的租回，可以获取原资产的使用权
转租租赁	在租赁合同有效期限内承租人不退出租赁关系，而将租赁物出租给次承租人使用，并收取租金。原承租人与出租人之间的租赁关系继续存在
杠杆租赁	在租赁交易中，资产购置所需资金的一部分（10%～20%）由出租人承担，其余大部分资金由贷款人向出租人提供（以租赁资产作抵押的租赁方式）。一般适用于大额资产的租赁

第2节 承租人的会计处理

一、初始计量

（一）租赁负债的初始计量

依据租赁准则，承租人应在租入资产确认使用权资产的同时确认租赁负债。

租赁负债应当按照租赁期开始日尚未支付的租赁付款额的现值进行初始计量。

租赁期开始日尚未支付的租赁付款额按以下公式计算：（固定付款额及实质固定付款额－租赁激励额＋可变租赁付款额＋预计将会被行使的购买选择权的行权价格＋预计将会被行使的终止租赁选择权所需支付的款项＋承租人担保余值下预计应支付的款项）－截至租赁期开始日已支付的租赁付款额。

初始计量的账务处理如下：

借：使用权资产（按成本或倒挤）

　　租赁负债——未确认融资费用

　　（未来期间租赁付款额－未来期间租赁付款额现值）

　贷：租赁负债——租赁付款额（未来期间租赁付款额）

　　　银行存款（租赁期开始日或之前支付的租赁付款额＋初始直接费用－已收的租赁激励）

1. 租赁付款额的计量

租赁付款额，是指承租人向出租人支付的与在租赁期内使用租赁资产的权利相关的款项。包括：

(1) 固定付款额及实质固定付款额，存在租赁激励的，扣除租赁激励相关金额。租赁业务中的实质固定付款额是指在形式上可能包含变量但实质上无法避免的付款额。例如：

1）付款额设定为可变租赁付款额，但该可变条款几乎不可能发生，不具有真正的经济实质。

2）承租人有多套付款额方案，但其中仅有一套是可行的。

3）承租人有多套可行的付款额方案，但必须选择其中一套。承租人应采用总折现金额最低的一套付款额方案作为租赁付款额。

例如，承租人甲公司签订了一份为期5年的卡车租赁合同。合同中关于租赁付款额的条款为：如果该卡车在某月份的行驶里程不超过1万公里，则该月应付的租金为10 000元；如果该卡车在某月份的行驶里程超过1万公里但不超过2万公里，则该月应付的租金为16 000元；该卡车1个月内的行驶里程最高不能超过2万公里，否则承租人需要支付巨额罚款。

在此合同中，租赁付款额中包含基于使用情况的可变性，且在某些月份里确实可避免支付较高租金，然而，月付款额10 000元是不可避免的。因此，月付款额10 000元属于实质固定付款额，应被纳入租赁负债的初始计量中。

租赁激励，是指出租人为达成租赁向承租人提供的优惠，包括出租人向承租人支付的与租赁有关的款项、出租人为承租人偿付或承担的成本等。存在租赁激励的，承租人在确定租赁付款额时，应扣除租赁激励相关金额。

(2) 取决于指数或比率的可变租赁付款额，该款项在初始计量时根据租赁期开始日的指数或比率确定。可变租赁付款额，是指承租人为取得在租赁期内使用租赁资产的权利，向出租人支付的因租赁期开始日后的事实或情况发生变化（而非时间推移）而变动的款项。

在可变租赁付款额中，仅取决于指数或比率的可变租赁付款额纳入租赁负债的初始计量中，包括与消费者价格指数挂钩的款项、与基准利率挂钩的款项和为反映市场租金费率变化而变动的款项等。此类可变租赁付款额应当根据租赁期开始日的指数或比率确定。

除了取决于指数或比率的可变租赁付款额之外，其他可变租赁付款额均不纳入租赁负债的初始计量中。

(3) 购买选择权的行权价格，前提是承租人合理确定将行使该选择权。在租赁期开始日，承租人应评估是否合理确定将行使购买标的资产的选择权。在评估时，承租人应考虑对其行使或不行使购买选择权产生经济激励的所有相关事实和情况。如果承租人合理确定将行使购买标的资产的选择权，则租赁付款额中应包含购买选择权的行权价格。

(4) 行使终止租赁选择权需支付的款项，前提是租赁期反映出承租人将行使终止租赁选择权。在租赁期开始日，承租人应评估是否合理确定将行使终止租赁的选择权。在评估时，承租人应考虑行使或不行使终止租赁选择权产生经济激励的所有相关事实和情况。如果承租人合理确定将行使终止租赁选择权，则租赁付款额中应包含行使终止租赁选择权需支付的款项，并且租赁期不应包含终止租赁选择权涵盖的期间。

(5) 根据承租人提供的担保余值预计应支付的款项。担保余值，是指与出租人无关的一方向出租人提供担保，保证在租赁结束时租赁资产的价值至少为某指定的金额。如果承租人提供了对余值的担保，则租赁付款额应包含该担保下预计应支付的款项，它反映了承租人预计将支付的金额，而不是承租人担保余值下的最大敞口。

例如，承租人甲公司与出租人乙公司签订了汽车租赁合同，租赁期为 5 年。合同中就担保余值的规定为：如果标的汽车在租赁期结束时的公允价值低于 40 000 元，则甲公司需向出租人支付 40 000 元与汽车实际公允价值之间的差额，因此，甲公司在该担保余值下的最大敞口为 40 000 元。在租赁期开始日，若甲公司预计标的汽车在租赁期结束时的公允价值为 40 000 元，即甲公司预计在担保余值下将支付的金额为零，则甲公司在计算租赁负债时，与担保余值相关的付款额为零。

2. 折现率的选择

上文提及，租赁负债应当按照租赁期开始日尚未支付的租赁付款额的现值进行初始计量。在计算租赁付款额的现值时，承租人应当采用租赁内含利率作为折现率；无法确定租赁内含利率的，应当采用承租人增量借款利率作为折现率。

(1) 租赁内含利率，是指使出租人的租赁收款额的现值与未担保余值的现值之和等于租赁资产公允价值与出租人的初始直接费用之和的利率。

其中，未担保余值，是指租赁资产余值中，出租人无法保证能够实现或仅由与出租人有关的一方予以担保的部分。

初始直接费用，是指为达成租赁所发生的增量成本。

增量成本是指若企业不取得该租赁，则不会发生的成本，如佣金、印花税等。无论是否实际取得租赁都会发生的支出，不属于初始直接费用，例如为评估是否签订租赁合同而发生的差旅费、法律费用等，此类费用应当在发生时计入当期损益。

(2) 承租人增量借款利率，是指承租人在类似经济环境下为获得与使用权资产价值接近的资产，在类似期间以类似抵押条件借入资金的利率。

例如，承租人甲公司与出租人乙公司签订了一份车辆租赁合同，租赁期为 5 年。在租赁开始日，该车辆的公允价值为 100 000 元，乙公司预计在租赁结束时其公允价值（即未担保余值）将为 10 000 元。租赁付款额为每年 23 000 元，于年末支付。乙公司发生的初始直接费用为 5 000 元。乙公司计算租赁内含利率 r 如下：

$$23\,000\times(P/A, r, 5)+10\,000\times(P/F, r, 5)=100\,000+5\,000$$

采用 Excel 表格或插值法进行计算，可得出租赁内含利率 r 为 5.79%。

(二) 使用权资产的初始计量

承租人通过租赁合同，取得资产的使用权，构成使用权资产。使用权资产应当按照成本进行初始计量，该成本通常由以下四部分组成：

（1）租赁负债的初始计量金额。

（2）在租赁期开始日或之前支付的租赁付款额，存在租赁激励的，扣除已享受的租赁激励相关金额。

（3）承租人发生的初始直接费用。

（4）承租人为拆卸及移除租赁资产、复原租赁资产所在场地或将租赁资产恢复至租赁条款约定状态预计将发生的成本。承租人有可能在租赁期开始日就承担了上述成本的支付义务，也可能在特定期间内因使用标的资产而承担了相关义务。承租人应在其有义务承担上述成本时，将这些成本确认为使用权资产成本的一部分，按照或有事项准则对其进行确认和计量。

【例5-5】 2020年1月1日，承租人甲公司就某栋建筑物的某3个楼层与出租人乙公司签订了为期10年的租赁协议，并拥有5年的续租选择权。有关资料如下：

（1）初始租赁期内的不含税租金为每年1 000万元，续租期间为每年1 100万元，所有款项应于每年年初支付；

（2）为获得该项租赁，甲公司发生的初始直接费用为400万元，其中，300万元为向该楼层前任租户支付的款项，100万元为向促成此租赁交易的房地产中介支付的佣金；

（3）作为对甲公司的激励，乙公司同意补偿甲公司100万元的佣金；

（4）在租赁期开始日，甲公司评估后认为，不能合理确定将行使续租选择权，因此，将租赁期确定为10年；

（5）甲公司无法确定租赁内含利率，其增量借款利率为每年5%，该利率反映的是甲公司以类似抵押条件借入期限为10年、与使用权资产等值的相同币种的借款而必须支付的利率。

（6）据查，现值系数（P/A，5%，9）=7.107 82。

为简化处理，假设不考虑相关税费影响。

请依据以上资料，做出甲公司的账务处理（单位：万元）。

【解析】

（1）计算甲公司租赁期开始日租赁付款额的现值，并确认租赁负债和使用权资产。

在租赁期开始日，由于每年年初支付租金，所以在支付第1年的租金1 000万元以后，剩余9年租金（每年1 000万元）按5%的年利率折现后的现值计量租赁负债。

1）剩余9期租赁付款额=1 000×9=9 000(万元)。

2）租赁负债=剩余9期租赁付款额的现值=1 000×(P/A,5%,9)=1 000×7.107 82=7 107.82(万元)。

3）未确认融资费用=剩余9期租赁付款额9 000－剩余9期租赁付款额的现值7 107.82=1 892.18(万元)。

4）使用权资产=剩余9期租赁付款额的现值7 107.82＋支付第1期租赁付款额

1 000＝8 107.82(万元)。

据此，做出以下会计分录：

借：使用权资产　　8 107.82

　租赁负债——未确认融资费用　　1 892.18

　贷：租赁负债——租赁付款额　　9 000.00

　　银行存款（第1年的租赁付款额）　　1 000.00

（2）将初始直接费用计入使用权资产的初始成本。

借：使用权资产　　400

　贷：银行存款　　400

（3）将已收的租赁激励相关金额从使用权资产入账价值中扣除。

借：银行存款　　100

　贷：使用权资产　　100

综上，甲公司使用权资产的初始成本为：8 107.82＋400－100＝8 407.82（万元）。

二、后续计量

（一）租赁负债的后续计量

1. 计量基础

在租赁期开始日后，承租人应当按以下原则对租赁负债进行后续计量：

（1）确认租赁负债的利息时，增加租赁负债的账面金额。承租人应当按照固定的周期性利率计算租赁负债在租赁期内各期间的利息费用，并计入当期损益，符合资本化条件的，计入相关资产成本。此处的周期性利率，是指承租人对租赁负债进行初始计量时所采用的折现率，或者因租赁付款额发生变动或因租赁变更而需按照修订后的折现率对租赁负债进行重新计量时，承租人所采用的修订后的折现率。会计处理为借记“财务费用”“在建工程”“制造费用”等科目，贷记“租赁负债——未确认融资费用”科目。

（2）支付租赁付款额时，减少租赁负债的账面金额。借记“租赁负债——租赁付款额”，贷记“银行存款”等科目。

（3）未纳入租赁负债计量的可变租赁付款额，即并非取决于指数或比率的可变租赁付款额，在实际发生时计入当期损益。借记“主营业务成本”（或“销售费用”等），贷记“银行存款”等科目。

（4）因重估或租赁变更等原因导致租赁付款额发生变动时，重新计量租赁负债的账面价值。借记“使用权资产”，贷记“租赁负债”等科目，或相反。

【例5-6】　沿用例5-5甲公司资料。请计算2020—2025年租赁负债的利息费用，编制2020年、2021年相关会计分录（单位：万元）。

【解析】

（1）2020—2025年利息费用计算过程（见表5-3）：

表5-3　租赁期利息费用计算　　单位：万元

年份	租赁负债年初余额	租赁付款额	利息费用	租赁负债年末余额
	①	②	③=(①-②)×5%	④=①-②+③
2020	7 107.82	—	355.39	7 463.21
2021	7 463.21	1 000	323.16	6 786.37
2022	6 786.37	1 000	289.32	6 075.69
2023	6 075.69	1 000	253.78	5 329.47
2024	5 329.47	1 000	216.47	4 545.94
2025	4 545.94	1 000	177.30	3 723.24

应该注意的是，由于是年初付款，第一年的租赁付款金额未计入租赁负债中。

（2）会计分录。

1）2020年年末对未确认融资费用进行摊销。

借：财务费用——利息费用　　355.39

　贷：租赁负债——未确认融资费用　　355.39

若甲公司租入的楼宇用于生产、加工产品的厂房等，利息费用符合资本化条件，则借记“制造费用”科目。

2）2021年年初支付租金时。

借：租赁负债——租赁付款额　　1 000

　贷：银行存款　　1 000

2021年年末对未确认融资费用进行摊销时。

借：财务费用——利息费用　　323.16

　贷：租赁负债——未确认融资费用　　323.16

如果未采用上述填列表格的方式计算每年年末未确认融资费用摊销额，也可以采用下列简便方法计算：

2020年年末未确认融资费用摊销额

=(年初租赁付款额9 000-年初未确认融资费用1 892.18)×5%=355.39(万元)

2021年年末未确认融资费用摊销额

=[(9 000-1 000)-(1 892.18-355.39)]×5%=323.16(万元)

甲公司2022—2025年的账务处理方法同上，此处省略。

【例5-7】　沿用例5-5甲公司资料，除固定付款额外，合同还规定租赁期间甲公司3个楼层当年营业收入超过4 000万元的，当年应再支付按实际营业收入的1%计算的租金，于当年年末支付。假设在租赁的第3年，甲公司的营业收入为5 000万元。请编制甲公司2022年支付可变租赁付款额的会计分录（单位：万元）。

【解析】

由于该可变租赁付款额与未来的营业收入挂钩，而并非取决于指数或比率，因此不应被纳入租赁负债的初始计量中。甲公司第3年年末应支付的可变租赁付款额为50万元，在实际发生时计入当期损益。

借：销售费用（5 000×1%） 50

　贷：银行存款 50

2. 租赁负债的重新计量

在租赁期开始日后，当发生下列四种情形时，承租人应当按照变动后的租赁付款额的现值重新计量租赁负债，并相应调整使用权资产的账面价值。使用权资产的账面价值已调减至零，但租赁负债仍需进一步调减的，承租人应当将剩余金额计入当期损益。

（1）实质固定付款额发生变动。承租人应当按照变动后租赁付款额的现值重新计量租赁负债。在该情形下，承租人采用的折现率不变，即采用租赁期开始日确定的折现率。

（2）担保余值预计的应付金额发生变动。在租赁期开始日后，承租人应对其在担保余值下预计支付的金额进行估计。该金额发生变动的，承租人应当按照变动后租赁付款额的现值重新计量租赁负债，采用的折现率仍然不变。

（3）用于确定租赁付款额的指数或比率发生变动。在租赁期开始日后，因浮动利率的变动而导致未来租赁付款额发生变动的，承租人应当按照变动后租赁付款额的现值重新计量租赁负债。在此情形下，承租人应采用反映利率变动的修订后的折现率进行折现。

在租赁期开始日后，因用于确定租赁付款额的其他指数或比率（浮动利率除外）的变动而导致未来租赁付款额发生变动的，承租人应当按照变动后租赁付款额的现值重新计量租赁负债。在该情形下，承租人采用的折现率不变。

（4）购买选择权、续租选择权或终止租赁选择权的评估结果或实际行使情况发生变化。租赁期开始日后，发生下列两种情形的，承租人应采用修订后的折现率对变动后的租赁付款额进行折现，以重新计量租赁负债：

1）续租选择权或终止租赁选择权。发生承租人可控范围内的重大事件或变化，且影响承租人是否合理确定将行使续租选择权或终止租赁选择权的，承租人应当对其是否合理确定将行使相应选择权进行重新评估。

2）购买选择权。发生承租人可控范围内的重大事件或变化，且影响承租人是否合理确定将行使购买选择权的，承租人应当对其是否合理确定将行使购买选择权进行重新评估。

其中，可控范围内是指企业能自行控制的范围内，例如房价上涨不在企业的可控范围内。因此，虽然该事项导致购买选择权及续租选择权的评估结果发生变化，但不需重新计量租赁负债。

上述两种情形下，承租人在计算变动后租赁付款额的现值时，应当采用剩余租赁期间的租赁内含利率作为折现率；无法确定剩余租赁期间的租赁内含利率的，应当采用重估日的承租人增量借款利率作为折现率。

【例5-8】 沿用例5-5、例5-6甲公司资料。其他资料如下：合同规定，租赁付款额在租赁期开始日后每两年基于过去24个月消费者价格指数的上涨进行上调。租赁期开始日的消费者价格指数为100。甲公司在初始计量租赁负债时，应基于租赁期开始日的消费者物价指数确定租赁付款额，无须对后续年度因消费者物价指数导致的租金变动做出估计。因此，在租赁期开始日，甲公司应以每年1 000万元的租赁付款额为基础计量租赁负债。假设在2022年年初（租赁第3年年初）的消费者价格指数为108，甲公司在租赁期开始日采用的折现率为5%。（已知：$(P/A, 5\%, 7)=5.786\ 37$）请编制2022年年初重新计量租赁负债的相关会计分录（单位：元）。

【解析】

（1）未按物价指数调整前，2022年年初（在第3年年初）租赁负债=6 786.37(万元)。

计算方法见例5-6中的表5-3。

（2）经消费者价格指数调整后的第3年租赁付款额= 1 000×108/100=1 080(万元)。

（3）应当于第3年年初重新计量租赁负债，以反映变动后的租赁付款额，即租赁负债应当以每年1 080万元的租赁付款额（剩余8笔）为基础重新计量。每年1 080万元的租赁付款额按不变的折现率（即5%）进行折现：

$$\begin{aligned}2022\text{年年初重新计量租赁负债} &= 1\ 080+1\ 080\times(P/A,5\%,7)\\ &= 1\ 080+1\ 080\times 5.786\ 37=7\ 329.28(\text{万元})\end{aligned}$$

（4）甲公司的租赁负债将增加，甲公司的租赁负债=重新计量后的租赁负债7 329.28 −重新计量前的租赁负债6 786.37=542.91（万元）。

（5）相关账务处理。

借：使用权资产	542.91
租赁负债——未确认融资费用	97.09
贷：租赁负债——租赁付款额（8×80）	640.00

【例5-9】 承租人甲公司与出租人乙公司签订了一份为期5年的演播录课室全套设备租赁合同，租赁期开始日为2021年1月1日。有关资料如下：

（1）甲公司计划开发自有设备以替代租赁资产，自有设备计划在5年内投入使用。甲公司拥有在租赁期结束时以1 000万元购买该设备的选择权。每年的租赁付款额固定为2 000万元，于每年年末支付。在租赁开始日，甲公司无法确定租赁内含利率，其增量借款利率为5%。同时，在租赁开始日甲公司对行使购买选择权的可能性进行评估后认为，不能合理确定将行使购买选择权。这是因为，甲公司计划开发自有设备，继而在租赁期结束时替代租赁资产。因此，甲公司按照5年并采用直线法计提折旧。

（2）假设在2023年（第3年）年年末，甲公司做出削减开发项目的战略决定，包括上述替代设备的开发。该决定在甲公司的可控范围内，并影响其是否合理确定将行使购买选择权。此外，甲公司预计该设备在租赁期结束时的公允价值为 4 000 万元。甲公司重新评估其行使购买选择权的可能性后认为，将行使该购买选择权。

其原因是：在租赁期结束时不大可能有可用的替代设备，并且该设备在租赁期结束时的预期市场价值（4 000 万元）远高于行权价格（1 000 万元）。因此，甲公司应在第 3 年年末将购买选择权的行权价格纳入租赁付款额中。假设甲公司无法确定剩余租赁期间的租赁内含利率，其第 3 年年末的增量借款利率为 5.5%。甲公司预计该设备剩余使用年限为 7 年，预计净残值为 0。

（3）折现系数 $(P/A, 5\%, 5)=4.33$；$(P/A, 5.5\%, 2)=1.85$；$(P/F, 5.5\%, 2)=0.9$。

请依据以上资料，做出甲公司的相关账务处理（单位：万元）。

【解析】

（1）租赁期开始日确认租赁负债 $=2\,000\times(P/A, 5\%, 5)=2\,000\times4.33=8\,660$（万元）。

借：使用权资产　　8 660

　　租赁负债——未确认融资费用（10 000－8 660）　　1 340

　贷：租赁负债——租赁付款额（2 000×5）　　10 000

（2）租赁期支付租金及摊销。

①租赁负债及摊销计算（见表 5－4）。

表 5－4　租赁负债及摊销计算　　单位：万元

年份	租赁负债年初金额	利息费用	租赁付款额	租赁负债年末金额
	①	②＝①×5%	③	④＝①＋②－③
2021	8 660.00	433.00	2 000	7 093.00
2022	7 093.00	354.65	2 000	5 447.65
2023	5 447.65	272.38	2 000	3 720.03
2024	3 720.03	186.00	2 000	1 906.03
2025	1 906.03	2 000－1 906.03＝93.97	2 000	—

②2021 年年末支付租金及摊销。

借：租赁负债——租赁付款额　　2 000

　贷：银行存款　　2 000

未确认融资费用摊销额＝(年初租赁付款额 10 000－年初未确认融资费用 1 340)×5%＝433(万元)

借：财务费用——利息费用　　433

　贷：租赁负债——未确认融资费用　　433

③2022 年年末支付租金及摊销。

借：租赁负债——租赁付款额　　2 000

贷：银行存款　　2 000

未确认融资费用摊销额=[(10 000−2 000)−(1 340−433)]×5%=354.65(万元)

借：财务费用——利息费用　　354.65

贷：租赁负债——未确认融资费用　　354.65

(3) 在第3年年末，甲公司重新计量租赁负债以涵盖购买选择权的行权价格，并采用修订后的折现率5.5%进行折现。

重新计量后的租赁负债(支付前3年的付款额后) $=2\ 000\times(P/A,\ 5.5\%,\ 2)+1\ 000\times(P/F,\ 5.5\%,\ 2)$

$=2\ 000\times1.85+1\ 000\times0.9=4\ 600$(万元)

重新计量前的租赁负债(支付前3年的付款额后)= 3 720.03(万元)

应调整增加使用权资产=4 600−3 720.03=879.97(万元)

借：使用权资产　　879.97

租赁负债——未确认融资费用 (1 000−879.97)　　120.03

贷：租赁负债——租赁付款额　　1 000.00

租赁负债后续计量如表5-5所示：

表5-5　租赁负债及摊销计算　　单位：万元

年份	租赁负债年初金额	利息费用	租赁付款额	租赁负债年末金额
	①	②=①×5.5%	③	④=①+②−③
2024	4 600	253	2 000	2 853
2025	2 853	147=2 000+1 000(行权价格)−2 853	2 000	1 000

2024年年末支付租金及摊销：

借：租赁负债——租赁付款额　　2 000

贷：银行存款　　2 000

借：财务费用——利息费用　　253

贷：租赁负债——未确认融资费用　　253

2025年年末支付租金、摊销及确认固定资产：

借：租赁负债——租赁付款额　　2 000

贷：银行存款　　2 000

借：财务费用——利息费用　　147

贷：租赁负债——未确认融资费用　　147

借：固定资产——办公楼　　(倒挤) 3 102.84

使用权资产累计折旧(8 660/5×3+(8 660/5×2+879.97)/7×2) 6 437.13

租赁负债——租赁付款额　　1 000.00

贷：使用权资产（8 660+879.97）　　9 539.97
　　银行存款　　1 000.00

（二）使用权资产的后续计量

1. 计量基础

在租赁期开始日后，承租人应当采用成本模式对使用权资产进行后续计量，即以成本减累计折旧及减值损失计量使用权资产。承租人按照租赁准则有关规定重新计量租赁负债的，应当相应调整使用权资产的账面价值。

2. 使用权资产的折旧

承租人应当遵循如表 5－6 所示的原则、方法，对使用权资产计提折旧。

表 5－6　使用权资产折旧原则与方法

	释义	备注
（1）折旧原则	承租人应当参照固定资产有关折旧规定，自租赁期开始日起的当月对使用权资产计提折旧	当月计提确有困难的，为便于实务操作，企业也可以选择自租赁期开始的下月计提折旧
（2）折旧方法	通常承租人按直线法对使用权资产计提折旧	企业也可以选择更能反映使用权资产有关经济利益预期实现方式的其他折旧方法
（3）折旧年限	承租人能够合理确定租赁期届满时取得租赁资产所有权的，应当在租赁资产剩余使用寿命内计提折旧；承租人无法合理确定租赁期届满时能够取得租赁资产所有权的，应当在租赁期与租赁资产剩余使用寿命两者孰短的期间内计提折旧	如果使用权资产的剩余使用寿命短于前两者，则应在使用权资产的剩余使用寿命内计提折旧
（4）核算方法	企业应根据使用权资产的用途，将计提的折旧金额计入相关资产的成本或者当期损益	

3. 使用权资产的减值

在租赁期开始日后，承租人应当按照《企业会计准则第 8 号——资产减值》的规定，确定使用权资产是否发生减值，并对已识别的减值损失进行会计处理。使用权资产发生减值的，按应减记的金额，借记“资产减值损失”科目，贷记“使用权资产减值准备”科目。使用权资产减值准备一旦计提，不得转回。承租人应当按照扣除减值损失之后的使用权资产的账面价值，计算以后期间的折旧金额。

（三）租赁变更的会计处理

租赁变更，是指原合同条款之外的租赁范围、租赁对价、租赁期限的变更，包括增加或终止一项或多项租赁资产的使用权，延长或缩短合同规定的租赁期等。

租赁变更生效日，是指双方就租赁变更达成一致的日期。

这里，应特别注意“租赁变更”与“租赁负债的重新计量”之间的区别。租赁负债的重新计量包括：实质固定付款额发生变动；担保余值预计的应付金额发生变动；浮动利率的变动导致未来租赁付款额发生变动的，指数或比率（浮动利率除外）的变动导致未来租赁付款额发生变动；购买选择权、续租选择权或终止租赁选择权的评估结果或实际行使情况发生变化。租赁变更仅仅是指增加或终止租赁资产的使用权，以及延长或缩短租赁期。

1. 租赁变更作为一项单独租赁处理

租赁发生变更且同时符合下列条件的，承租人应当将该租赁变更作为一项单独租赁进行会计处理：

（1）该租赁变更通过增加一项或多项租赁资产的使用权扩大了租赁范围或延长了租赁期限；

（2）增加的对价与租赁范围扩大部分或租赁期限延长部分的单独价格按该合同情况调整后的金额相当。

【例5-10】 承租人甲公司与出租人乙公司就2 000平方米的办公场所签订了一项为期10年的租赁合同。在第6年年初，甲公司和乙公司同意对原租赁合同进行变更，以扩租同一办公楼内3 000平方米的办公场所。扩租的场所于第6年第2季度末可供甲公司使用。增加的租赁对价与新增3 000平方米办公场所的当前市价（根据甲公司获取的扩租折扣进行调整后的金额）相当。扩租折扣源于乙公司节约的成本，即若将相同场所租赁给新租户，乙公司将会发生的额外成本（如营销成本等）。请分析甲公司办公场所租入业务的变化情况。

【解析】

本例中，甲公司应当将该变更作为一项单独的租赁，与原来的10年期租赁分别进行会计处理。原因在于：该租赁变更通过增加3 000平方米办公场所的使用权扩大了租赁范围，并且增加的租赁对价与新增使用权的单独价格按该合同情况调整后的金额相当。据此，在新租赁的租赁期开始日（即第6年第2季度末），甲公司确认与新增3 000平方米办公场所租赁相关的使用权资产和租赁负债。

甲公司对原有2 000平方米办公场所租赁的会计处理不会因为该租赁变更而进行任何调整。

2. 租赁变更未作为一项单独租赁处理

租赁变更未作为一项单独租赁进行会计处理的，在租赁变更生效日，承租人应当进行下列会计处理：

（1）按照租赁分拆的规定对变更后合同的对价进行分摊。

（2）确定变更后的租赁期。

（3）采用变更后的折现率对变更后的租赁付款额进行折现，以重新计量租赁负债。

（4）在计算变更后租赁付款额的现值时，承租人应当采用剩余租赁期间的租赁内含利率作为折现率；无法确定剩余租赁期间的租赁内含利率的，应当采用租赁变更生效日的承租人增量借款利率作为折现率。

对上述租赁负债调整的影响，承租人应区分以下情形进行会计处理：

（1）租赁变更导致租赁范围缩小或租赁期缩短的，承租人应当调减使用权资产的账面价值，以反映租赁的部分终止或完全终止。承租人应将部分终止或完全终止租赁的相关利得或损失计入当期损益。

（2）其他租赁变更，承租人应当相应调整使用权资产的账面价值。

【例5-11】 承租人甲公司与出租人乙公司就5 000平方米的办公场所签订了10年期的租赁合同。年租赁付款额为100 000元，在每年年末支付。甲公司无法确定租赁内含利率。在租赁期开始日，甲公司的增量借款利率为6%，相应的租赁负债和使用权资产的初始确认金额均为736 000元，即100 000×(P/A，6%，10)≈736 000。在第6年年初，甲公司和乙公司同意对原租赁合同进行变更，即自第6年年初起，将原租赁场所缩减至2 500平方米。每年的租赁付款额（自第6至第10年）调整为60 000元。承租人在第6年年初的增量借款利率为5%。假设甲公司采用直线法对使用权资产计提折旧。请依据以上资料，做出甲公司的账务处理。

【解析】

（1）在原租赁合同生效后的前5年，甲公司的账务处理思路与例5-5、例5-6、例5-9相同，此处省略。

（2）在租赁变更生效日（即第6年年初），甲公司基于以下情况对租赁负债进行重新计量：

①剩余租赁期为5年；

②年付款额为60 000元；

③采用修订后的折现率5%进行折现。

据此，计算得出租赁变更后的租赁负债为259 770元，即259 770=60 000×(P/A，5%，5)。

甲公司应基于原使用权资产部分终止的比例（即缩减的2 500平方米占原使用权资产的50%），来确定使用权资产账面价值的调减金额。

在租赁变更之前，原使用权资产的账面价值为368 000元（736 000×5/10），50%的账面价值为184 000元；原租赁负债的账面价值为421 240元（即，100 000×(P/A，6%，5)），50%的账面价值为210 620元。

因此，在租赁变更生效日（第6年年初），甲公司终止确认50%的原使用权资产和原租赁负债，并将租赁负债减少额与使用权资产减少额之间的差额26 620元（210 620－184 000）作为利得计入当期损益。其中，租赁负债的账面价值减少额为210 620元（250 000－39 380）由租赁付款额的减少额250 000元（100 000×50%×5）减未确认融资费用的减少额39 380元（250 000－210 620）相减得到。

甲公司终止确认50%的原使用权资产和原租赁负债的账务处理为：

借：租赁负债——租赁付款额　250 000
　　使用权资产累计折旧（368 000÷10×5）　184 000
　贷：租赁负债——未确认融资费用　39 380
　　　使用权资产（736 000÷2）　368 000
　　　资产处置损益　26 620

此外，甲公司将剩余租赁负债（210 620元）与变更后重新计量的租赁负债（259 770元）之间的差额49 150元，相应调整使用权资产的账面价值。其中，租赁负债账面价值的增加额为49 150元，由租赁付款额的增加额50 000元（(60 000－100 000×50%)×5）减未确认融资费用的增加额850元（50 000－49 150）得到。

甲公司调整现使用权资产价值的账务处理为：

借：使用权资产　49 150
　　租赁负债——未确认融资费用　850
　贷：租赁负债——租赁付款额　50 000

【例5－12】 承租人甲公司与出租人乙公司就5 000平方米的办公场所签订了一项为期10年的租赁合同。年租赁付款额为100 000元，在每年年末支付。甲公司无法确定租赁内含利率。甲公司在租赁期开始日的增量借款利率为6%。在第7年年初，甲公司和乙公司同意对原租赁合同进行变更，即，将租赁期延长4年。每年的租赁付款额不变（即在第7至第14年的每年年末支付100 000元）。甲公司在第7年年初的增量借款利率为7%。请做出甲公司的账务处理。

【解析】

在租赁变更生效日（即第7年年初），甲公司基于下列情况对租赁负债进行重新计量：

（1）剩余租赁期为8年；

（2）年付款额为100 000元；

（3）采用修订后的折现率7%进行折现。

据此，计算得出租赁变更后的租赁负债为597 130元，即597 130＝100 000×(P/A，7%，8)。租赁变更前的租赁负债为346 510元，即346 510＝100 000×(P/A，6%，4)。

甲公司将变更后租赁负债的账面价值与变更前的账面价值之间的差额250 620元（597 130－346 510），相应调整使用权资产的账面价值。

会计分录如下：

借：使用权资产　250 620
　　租赁负债——未确认融资费用　149 380
　贷：租赁负债——租赁付款额（100 000×4）　400 000

三、短期租赁和低价值资产租赁

上文述及，对于短期租赁和低价值资产租赁，承租人可以选择不确认使用权资产和租赁负债的简化会计处理方法。如果承租人选择了这种方法，则可以将租赁付款额在租赁期内各个期间按照直线法或其他系统、合理的方法计入相关资产成本或当期损益。

（一）短期租赁

短期租赁，是指在租赁期开始日，租赁期不超过 12 个月的租赁。但包含购买选择权的租赁不属于短期租赁。

对于短期租赁，承租人可以选择按照租赁资产的类别做出简化会计处理。做出这一选择后，未来该类资产（具有类似性质和用途的一组租赁资产）下所有的短期租赁都应采用简化会计处理。

（二）低价值资产租赁

低价值资产租赁，是指单项租赁资产为全新资产时价值较低的租赁。

承租人在判断是不是低价值资产租赁时，应基于租赁资产的全新状态下的价值进行评估，不应考虑资产已被使用的年限。对于低价值资产租赁，承租人可根据每项租赁的具体情况做出简化会计处理选择。

低价值资产应同时满足下列规定：只有承租人能够从单独使用该低价值资产或将其与承租人易于获得的其他资源一起使用中获利，且该项资产与其他租赁资产没有高度依赖或高度关联关系时，才能对该资产租赁选择进行简化会计处理。

低价值资产租赁的标准应该是一个绝对金额，即仅与资产全新状态下的绝对价值有关，不受承租人规模、性质等影响，也不考虑该资产对于承租人或相关租赁交易的重要性。

常见的低价值资产包括平板电脑、普通办公家具、电话等小型资产。如果承租人已经或者预期要把相关资产转租赁，则不能将原租赁按照低价值资产租赁进行简化会计处理。

应注意的是，按照简化会计处理的短期租赁和低价值资产租赁发生租赁变更或者其他原因导致租赁期发生变化的，承租人应当将其视为一项新租赁，重新按照上述原则判断该项新租赁是否可以选择简化会计处理。

四、承租人的列报和披露

（一）报表列报

在资产负债表中，承租人应分别设置“使用权资产”和“租赁负债”项目，单独列报使用权资产和租赁负债。其中，“使用权资产”项目反映资产负债表日承租人企业持有的使用权资产的期末账面价值。该项目应根据“使用权资产”科目的期末余额，减去“使用权资产累计折旧”和“使用权资产减值准备”科目的期末余额后的金额填列。“租赁负债”项目反映资产负债表日承租人企业尚未支付的租赁付款额的期末账面价值，该项目应根据“租赁负债”科目的期末余额填列。自资产负债表日起一年内到期应予以清偿的租赁负债的期末账面价值，在“一年内到期的非流动负债”项目反映。

在利润表中，承租人应分别列示租赁负债的利息费用与使用权资产的折旧费用。其中，租赁负债的利息费用在财务费用项目中列示。

在现金流量表中，承租人应当按照如下方式列示：偿还租赁负债本金和利息所支付的现金，应当计入筹资活动现金流出；对短期租赁和低价值资产租赁进行简化处理的，支付的相关付款额，应当计入经营活动现金流出；支付的未纳入租赁负债计量的可变租赁付款额，应当计入经营活动现金流出。

（二）附注披露

承租人应当在附注中披露与租赁有关的下列信息：

（1）各类使用权资产的期初余额、本期增加额、期末余额以及累计折旧额和减值金额；

（2）租赁负债的利息费用；

（3）计入当期损益的按租赁准则规定简化处理的短期租赁费用和低价值资产租赁费用；

（4）未纳入租赁负债计量的可变租赁付款额；

（5）转租使用权资产取得的收入；

（6）与租赁相关的总现金流出；

（7）售后租回交易产生的相关损益；

（8）其他按照《企业会计准则第37号——金融工具列报》应当披露的有关租赁负债的信息；

（9）选择采用不确认使用权资产和租赁负债并按短期租赁和低价值租赁进行简化处理的，应当披露这一事实及原因。

案例5-1　东方航空2020年年报中的租赁信息

中国东方航空股份有限公司（简称“东方航空”）是一家在上海证券交易所、香港联合交易所、纽约证券交易所上市的航空运输企业。其2020年年报披露了以下信息（节选）。

1. 客机自购与租入情况

截至2020年12月31日，公司共运营722架客机（其中包括托管公务机9架），如表5-7所示。

表5-7　东方航空客机保有情况

机型	自购（架）	经营租赁方式租入（架）	融资租赁方式租入（架）	各机型保有量（架）
B777-300ER	10		10	20
B787-9	3		7	10

续表

机型	自购（架）	经营租赁方式租入（架）	融资租赁方式租入（架）	各机型保有量（架）
A350-900	1		7	8
A330系列	30	5	21	56
A320系列	137	72	127	336
B737系列	102	117	73	292
合计	283	194	245	722

2. 使用权资产的确认与计量

东方航空使用权资产类别主要包括飞机及发动机、房屋建筑物、其他设备。

公司将在租赁期开始日，租赁期不超过12个月，且不包含购买选择权的租赁认定为短期租赁；将单项租赁资产为全新资产时价值不超过5 000美元或35 000元人民币的租赁认定为低价值资产租赁。公司对短期租赁和低价值资产租赁选择不确认使用权资产和租赁负债。在租赁期内各个期间按照直线法计入相关的资产成本或当期损益。

除上述短期租赁和低价值资产租赁外，公司在租赁期开始日，将可在租赁期内使用租赁资产的权利确认为使用权资产，包括：租赁负债的初始计量金额；在租赁期开始日或之前支付的租赁付款额，存在租赁激励的，扣除已享受的租赁激励相关金额；承租人发生的初始直接费用；承租人为拆卸及移除租赁资产、复原租赁资产所在场地或将租赁资产恢复至租赁条款约定状态预计将发生的成本。

除与飞机发动机大修相关的部分组件按飞行小时以工作量法计提折旧外，公司后续采用年限平均法对使用权资产计提折旧。能够合理确定租赁期届满时取得租赁资产所有权的，在租赁资产剩余使用寿命内计提折旧。无法合理确定租赁期届满时能够取得租赁资产所有权的，在租赁期与租赁资产剩余使用寿命两者孰短的期间内计提折旧。按照变动后的租赁付款额的现值重新计量租赁负债，并相应调整使用权资产的账面价值时，如使用权资产账面价值已调减至零，但租赁负债仍需进一步调减的，将剩余金额计入当期损益。东方航空使用权资产构成见表5-8。

表5-8 东方航空使用权资产构成 单位：百万元

	飞机及发动机	房屋及建筑物	其他设备	合计
2020年12月31日成本余额	165 590	2 168	213	167 971
累计折旧	49 912	1 153	64	51 129
账面价值	115 678	1 015	149	116 842

3. 租赁负债的确认与计量

在租赁期开始日，公司将尚未支付的租赁付款额的现值确认为租赁负债，短期租赁和低价值资产租赁除外。在计算租赁付款额的现值时，采用租赁内含利率作为折现率；无法确定租赁内含利率的，采用承租人增量借款利率作为折现率。公司按照固定的周期性利率计算租赁负债在租赁期内各期间的利息费用，并计入当期损益，但另有规定计入相关资产成本的除外。未纳入租赁负债计量的可变租赁付款额于实际发生时计入当期损益，但另有规定计入相关资产成本的除外。租赁期开始日后，当实质固定付款额发生变动、担保余值预计的应付金额发生变化、用于确定租赁付款额的指数或比率发生变动、购买选择权、续租选择权或终止选择权的评估结果或实际行权情况发生变化时，公司按照变动后的租赁付款额的现值重新计量租赁负债。东方航空租赁负债变动情况见表5-9。东方航空租赁负债利息费用现金流出见表5-10。

表5-9　东方航空租赁负债变动情况　　单位：百万元

	2020年	2019年
年初余额	110 275	109 306
本年增加	7 191	24 023
本年减少	−18 447	−23 895
处置子公司		−10
汇率变动的影响	−2 768	851
年末余额	96 251	110 275
减：一年内到期的租赁负债	14 073	15 590
报告价值	82 178	94 685

表5-10　东方航空租赁负债利息费用现金流出　　单位：百万元

	2020年	2019年
租赁负债利息费用	3 655	3 894
计入当期损益的采用简化会计处理的短期租赁费用和低价值资产租赁费用	358	631
转租使用权资产取得的收入	118	90
与租赁相关的总现金流出	23 640	29 869
未纳入租赁负债计量的未来潜在现金流出（已签订的不可撤销的短期租赁合同）	130	83

【编者提示】

1. 飞机是东方航空这类典型航空运输企业的重要资产，请分析其相当多数量的飞机采用租赁方式取得的背景与原因。

2. 进一步查阅东方航空年报资料，分析其支付的租金及融资费用在报表中的列示方式。

资料来源：摘编自东方航空公开信息。

第3节　出租人的会计处理

出租人应当在租赁开始日将租赁分为融资租赁和经营租赁。一项租赁属于融资租赁还是经营租赁取决于交易的实质，而不是合同的形式。如果一项租赁实质上转移了与租赁资产所有权有关的几乎全部风险和报酬，出租人应当将该项租赁分类为融资租赁（其判断标准详见本章第1节的“延伸阅读”）。出租人应当将融资租赁以外的其他租赁分类为经营租赁。

一、出租人对融资租赁的会计处理

（一）初始计量

1. 科目设置

（1）“融资租赁资产”科目。该科目核算出租人为开展融资租赁业务取得资产的成本。租赁业务不多的企业，也可通过“固定资产”等科目核算。租赁企业和其他企业对于融资租赁资产在未融资租赁期间的会计处理遵循固定资产准则或其他适用的会计准则。

（2）“应收融资租赁款”科目。该科目核算出租人融资租赁产生的租赁投资净额。本科目可分别设置“租赁收款额”“未实现融资收益”“未担保余值”等进行明细核算。租赁业务较多的，出租人还可以在“租赁收款额”明细科目下进一步设置明细科目核算。本科目的期末借方余额，反映未担保余值和尚未收到的租赁收款额的现值之和。本科目期末余额应在资产负债表“长期应收款”项目中填列。

2. 会计处理

在租赁期开始日，出租人应当对融资租赁确认应收融资租赁款，并终止确认融资租赁资产。出租人对应收融资租赁款进行初始计量时，应当以租赁投资净额作为应收融资租赁款的入账价值。

租赁投资净额为未担保余值和租赁期开始日尚未收到的租赁收款额按照租赁内含利率折现的现值之和。

租赁内含利率，是指使出租人的租赁收款额的现值与未担保余值的现值之和（即租赁投资净额）等于租赁资产公允价值与出租人的初始直接费用之和的利率。因此，出租人发生的初始直接费用包括在租赁投资净额中，也即包括在应收融资租赁款的初始入账价值中。

租赁投资总额＝租赁收款额＋未担保余值

租赁投资净额＝未担保余值现值＋租赁收款额现值

＝租赁资产公允价值＋出租人初始直接费用

租赁投资总额－租赁投资净额＝未实现融资收益

其中，租赁收款额包括：

（1）承租人需支付的固定付款额及实质固定付款额。存在租赁激励的，应当扣除租赁激励相关金额。

（2）取决于指数或比率的可变租赁付款额。

（3）购买选择权的行权价格，前提是合理确定承租人将行使该选择权。

（4）承租人行使终止租赁选择权需支付的款项，前提是租赁期反映出承租人将行使终止租赁选择权。

（5）由承租人、与承租人有关的一方以及有经济能力履行担保义务的独立第三方向出租人提供的担保余值。

具体账务处理如下：

出租人购入和以其他方式取得融资租赁资产的，借记“融资租赁资产”科目，贷记“银行存款”等科目。

在租赁期开始日，出租人应当按尚未收到的租赁收款额借记“应收融资租赁款——租赁收款额”科目，按预计租赁期结束时的未担保余值，借记“应收融资租赁款——未担保余值”科目，按已经收取的租赁款，借记“银行存款”等科目，按融资租赁方式租出资产的账面价值，贷记“融资租赁资产”科目；融资租赁方式租出资产的公允价值与账面价值的差额，借记或贷记“资产处置损益”科目；按发生的初始直接费用，贷记“银行存款”等科目；差额贷记“应收融资租赁款——未实现融资收益”科目。

综上所述，租赁期开始日，出租人确认应收融资租赁款的有关账务处理应为：

借：应收融资租赁款——租赁收款额
　　　　　　　　　——未担保余值
　贷：融资租赁资产（租出资产的账面价值）
　　　资产处置损益（租出资产公允价值——账面价值）
　　　银行存款（支付的初始直接费用）
　　　应收融资租赁款——未实现融资收益

若某融资租赁合同必须以收到租赁保证金为生效条件，则出租人收到承租人交来的租赁保证金，借记“银行存款”科目，贷记“其他应付款——租赁保证金”科目。承租人到期不交租金，以保证金抵作租金时，借记“其他应付款——租赁保证金”科目，贷记“应收融资租赁款”科目。承租人违约，按租赁合同或协议规定没收保证金时，借记“其他应付款——租赁保证金”科目，贷记“营业外收入”科目。

（二）后续计量

1. 科目设置

（1）“租赁收入”科目。本科目核算出租人确认的融资租赁和经营租赁的租赁收入。本科目可按租赁资产类别和项目进行明细核算。期末，应将本科目余额转入“本年利润”科目，结转后本科目无余额。对于日常经营活动以租赁为主营业务的企业，其利息收入和租赁收入可记入“租赁收入”科目，并作为利润表中的营业收入项目列报。其他企业可根据自身业务特点确定租赁收入的核算科目，使用“其他业务收入”等科目进行核算，并作为利润表中的营业收入项目列报。

（2）“应收融资租赁款减值准备”科目。本科目核算应收融资租赁款的减值准备。其期末贷方余额反映应收融资租赁款的累计减值准备金额。

2. 会计处理

租赁开始日后，出租人应当按照固定的周期性利率（租赁内含利率）计算并确认租赁期内各个期间的利息收入。同时，应按照金融工具相关准则对应收融资租赁款进行资产减值和终止确认的相关处理。

具体账务处理如下：

（1）出租人在融资租赁情况下，每期收到应收融资租赁款时：

借：银行存款等

贷：应收融资租赁款——租赁收款额

（2）确认租赁期内各个期间的利息收入时：

借：应收融资租赁款——未实现融资收益

贷：租赁收入、其他业务收入等

（3）出租人确认未计入租赁收款额的可变租赁付款额时：

借：银行存款等

贷：租赁收入、其他业务收入等

（4）确认应收融资租赁款减值损失：

借：信用减值损失（按预期信用减值模型计量）

贷：应收融资租赁款减值准备

【例5-13】 2019年12月31日，甲公司与乙租赁公司签订了一份租赁合同，从乙公司租入一条用于生产全自动成套设备的A型流水线。

（1）租赁合同主要条款如下：

①租赁资产：A型流水线。

②租赁期开始日：2020年1月1日；租赁期：2020年1月1日—2025年12月31日，共6年。

③固定租金支付：自2020年1月1日，每年年末支付租金800万元。如果甲公司能够在每年年末的最后一天及时付款，则给予减少租金50万元的奖励。

取决于指数或比率的可变租赁付款额：租赁期限内，如遇中国人民银行贷款基准利率调整，出租人将对租赁利率做出同方向、同幅度的调整。基准利率调整日之前各期和调整日当期租金不变，从下一期租金开始按调整后的租金金额收取。

④租赁开始日租赁资产的公允价值：该流水线在2019年12月31日的公允价值为3 500万元，账面价值为3 000万元。

⑤初始直接费用：签订租赁合同过程中乙公司发生可归属于租赁项目的手续费、佣金50万元。

⑥承租人的购买选择权：租赁期届满时，甲公司享有优惠购买该流水线的选择权，购买价为100万元，估计该日租赁资产的公允价值为400万元。

⑦取决于租赁资产绩效的可变租赁付款额：2021年和2022年，甲公司每年按该流水线所生产的产品——全自动成套机器的年销售收入的10%向乙公司支付。

⑧承租人的终止租赁选择权：甲公司享有终止租赁选择权。在租赁期间，如果甲公司终止租赁，需支付的款项为剩余租赁期间的固定租金支付金额。

⑨担保余值和未担保余值均为0。

⑩全新流水线的使用寿命为7年。

（2）假设2021年和2022年，甲公司分别实现全自动成套机器年销售收入5 000万元和10 000万元。根据租赁合同，乙公司2021年和2022年应向甲公司收取的与销售收入挂钩的租金分别为500万元和1 000万元。

（3）租赁期届满时承租人行使了购买权，乙公司实际收到100万元。

（4）不考虑租赁环节的相关税费。

请依据以上资料，做出出租人乙公司的账务处理（单位：万元）。

【解析】

出租人乙公司的会计处理如下：

1. 初始计量

（1）判断租赁类型。

①存在优惠购买选择权：优惠购买价100万元远低于行使选择权日租赁资产的公允价值400万元，即购买价格100万元仅为公允价值的25%（远低于公允价值400万元），因此在2019年12月31日就可合理确定甲公司将会行使这种选择权。

②租赁期6年，占租赁开始日租赁资产使用寿命的85.71%（6/7＝85.71%）≥75%，占租赁资产使用寿命的大部分。

③乙公司综合考虑其他各种情形和迹象，认为该租赁实质上转移了与该流水线所有权有关的几乎全部风险和报酬。

按照准则，一项租赁业务只要符合融资租赁的标准之一，即可认定为融资租赁。显然，乙公司应将流水线出租业务认定为融资租赁。

（2）确定租赁收款额。

①甲公司固定付款额扣除租赁激励后的金额＝(800－50)×6＝4 500(万元)。

②取决于指数或比率的可变租赁付款额。该款项在未来期间根据与租赁期开始日的指数或比率的差异确定，因此在租赁期开始日不予考虑。

③承租人购买选择权的行权价格。

租赁期届满时，甲公司享有优惠购买该流水线的选择权，购买价为100万元，估计该日租赁资产的公允价值为400万元。优惠购买价100万元远低于行使选择权日租赁资产的公允价值，因此在2019年12月31日就可合理确定甲公司将会行使这种选择权。

因此，租赁收款额中应包括承租人购买选择权的行权价格100万元。

④终止租赁的罚款。

虽然甲公司享有终止租赁选择权，但若终止租赁，甲公司需支付的款项为剩余租赁期间的固定租金支付金额。

因此，根据上述条款，可以合理确定甲公司不会行使终止租赁选择权。

⑤由承租人向出租人提供的担保余值：甲公司向乙公司提供的担保余值为0。

综上，“应收融资租赁款——租赁收款额”明细科目初始确认金额＝①4 500＋③100＝4 600(万元)。

(3) 确认租赁投资总额。

租赁投资总额＝出租人应收的租赁收款额4 600＋未担保余值0＝4 600(万元)

(4) 确认租赁投资净额的金额和未实现融资收益。

“应收融资租赁款”总账科目初始确认金额（租赁投资净额）＝租赁资产在租赁开始日公允价值3 500＋出租人发生的租赁初始直接费用50＝3 550(万元)。

“应收融资租赁款——未实现融资收益”明细科目初始确认金额＝租赁投资总额4 600－租赁投资净额3 550＝1 050(万元)。

(5) 计算租赁内含利率。

租赁内含利率是使租赁投资总额的现值（即租赁投资净额）等于租赁资产在租赁开始日的公允价值与出租人的初始直接费用之和的利率。

$$(800-50)\times(P/A, r, 6)+100\times(P/F, r, 6)=3\ 550(\text{万元})$$

用插值法计算，得到租赁的内含利率为7.82%。

(6) 2020年1月1日。

借：应收融资租赁款——租赁收款额　　4 600
　贷：银行存款　　50
　　融资租赁资产　　3 000
　　资产处置损益（3 500－3 000）　　500
　　应收融资租赁款——未实现融资收益　　1 050

2. 后续计量

(1) 计算乙公司租赁期内各期的利息收入（见表5-11）。

表5-11　租赁投资净额及利息收入情况表　　单位：万元

日期	确认的利息收入 ①＝期初③×7.82%	租赁收款额 ②	租赁投资净额余额 期末③＝期初③＋①－②
2020年1月1日			3 550
2020年12月31日	277.61	750	3 077.61

续表

日期	确认的利息收入 ①=期初③×7.82%	租赁收款额 ②	租赁投资净额余额 期末③=期初③+①-②
2021年12月31日	240.67	750	2 568.28
2022年12月31日	200.84	750	2 019.12
2023年12月31日	157.90	750	1 427.02
2024年12月31日	111.59	750	788.61
2025年12月31日	61.39*	750	100
2025年12月31日		100	
合计	1 050	4 600	

* 做尾数调整 61.39=750+100-788.61。

(2) 2020年12月31日收到第1期租金时。

借：银行存款　750

　贷：应收融资租赁款——租赁收款额　750

未实现融资收益摊销额=(年初租赁收款额4 600-年初未实现融资收益1 050)×7.82%=277.61(万元)

借：应收融资租赁款——未实现融资收益　277.61

　贷：租赁收入　277.61

(3) 2021年12月31日收到第2期租金。

借：银行存款　750

　贷：应收融资租赁款——租赁收款额　750

未实现融资收益摊销额=[(4 600-750)-(1 050-277.61)]×7.82%=240.67(万元)

借：应收融资租赁款——未实现融资收益　240.67

　贷：租赁收入　240.67

第3期至第6期的账务处理同上，此处略。

(4) 收取的与销售收入挂钩的租金。

2021年：

借：银行存款（或应收账款）　500

　贷：租赁收入（5 000×10%）　500

2022年：

借：银行存款（或应收账款）　1 000

　贷：租赁收入（10 000×10%）　1 000

(5) 租赁届满时。

借：银行存款　100

贷：应收融资租赁款——租赁收款额　　100

（三）融资租赁变更的会计处理

1. 租赁变更作为一项单独租赁处理

融资租赁发生变更且同时符合下列条件的，出租人应当将该变更作为一项单独租赁进行会计处理：

（1）该变更通过增加一项或多项租赁资产的使用权而扩大了租赁范围或延长了租赁期限；

（2）增加的对价与租赁范围扩大部分或租赁期限延长部分的单独价格按该合同情况调整后的金额相当。该方式与承租人会计处理完全一致。

2. 租赁变更未作为一项单独租赁处理

（1）融资租赁的变更未作为一项单独租赁进行会计处理时，如果变更在租赁开始日生效，且该租赁被分类为经营租赁的，出租人应当自租赁变更生效日开始将其作为一项新的经营租赁进行会计处理，并以租赁变更生效日前的租赁投资净额作为租赁资产（如固定资产）的账面价值。

（2）如果变更在租赁开始日生效，且该租赁仍被分类为融资租赁时，出租人修改或重新议定租赁合同，未导致应收融资租赁款终止确认，但导致未来现金流量发生变化的，应当重新计算该应收融资租赁款的账面余额，并将相关利得或损失计入当期损益（如租赁收入）。

二、出租人对经营租赁的会计处理

在经营租赁下，与租赁资产所有权相关的风险和报酬并未转移给承租人，所以出租人仍应将租出资产作为自有资产核算，不涉及租出资产终止确认问题，同时需要继续对租出资产计提相关折旧。对收到的租金及初始直接费用等的具体处理如下。

（一）租金的处理

在租赁期内各个期间，出租人应采用直线法或者其他系统合理的方法将经营租赁的租赁收款额确认为租金收入。企业确认各期租金收入时，借记“银行存款”“其他应收款”等科目，贷记“租赁收入”“其他业务收入”等科目。

（二）出租人对经营租赁提供激励措施

出租人提供免租期的，出租人应将租金总额在不扣除免租期的整个租赁期内，按直线法或其他合理的方法进行分配，免租期内应当确认租金收入。出租人承担了承租人某些费用的，出租人应将该费用自租金收入总额中扣除，按扣除后的租金收入余额在租赁期内进行分配。

（三）初始直接费用

出租人发生的与经营租赁有关的初始直接费用应当资本化至租赁标的资产的成本，在租赁期内按照与租金收入相同的确认基础分期计入当期损益。

（四）折旧和减值

对于经营租赁资产中的固定资产，出租人应当采用类似资产的折旧政策计提折旧；对于其他经营租赁资产，应当根据该资产适用的企业会计准则，采用系统合理的方法进行摊销。出租人应当按照《企业会计准则第 8 号——资产减值》的规定，确定经营租赁资产是否发生减值，并对已识别的减值损失进行会计处理。

（五）可变租赁付款额

出租人取得的与经营租赁有关的可变租赁付款额，如果是与指数或比率挂钩的，应在租赁期开始日计入租赁收款额；除此之外的，应当在实际发生时计入当期损益。

（六）经营租赁的变更

经营租赁发生变更的，出租人应自变更生效日开始，将其作为一项新的租赁进行会计处理，与变更前租赁有关的预收或应收租赁收款额视为新租赁的收款额。

三、出租人的列报和披露

（一）报表列报

出租人应当根据资产的性质，在资产负债表中列示经营租赁资产及融资租赁的应收项目。

（二）附注披露

出租人应当在附注中披露与融资租赁有关的下列信息：

（1）资产负债表日后连续五个会计年度每年将收到的未折现租赁收款额，以及剩余年度将收到的未折现租赁收款额总额；

（2）未折现租赁收款额与租赁投资净额的调节表；

（3）销售损益、租赁投资净额的融资收益以及与未纳入租赁投资净额的可变租赁付款额相关的收入。

出租人应当在附注中披露与经营租赁有关的下列信息：

（1）将经营租赁固定资产与出租人持有自用的固定资产分开，并按经营租赁固定资产的类别提供《企业会计准则第 4 号——固定资产》要求披露的信息；

（2）各期租赁收入，并单独披露与未计入租赁收款额的可变租赁付款额相关的收入。

第4节 特殊租赁业务的会计处理

一、转租赁会计处理

转租赁是在原租赁合同仍然有效的情况下原承租人将租入资产转租给第三方的交易。转租情况下，原租赁合同和转租赁合同通常都是单独协商达成的，交易对手不同。准则要求转租出租人（中间出租人）对原租赁合同和转租赁合同分别根据承租人和出租人会计处理原则，进行会计处理。

在对转租赁进行分类时，转租出租人应基于原租赁中产生的使用权资产，而不是租赁资产（如作为租赁对象的不动产或设备）进行分类。原租赁资产不归转租出租人所有，原租赁资产也未计入其资产负债表。因此，转租出租人应基于其控制的资产（即使用权资产）进行会计处理。

原租赁为短期租赁，且转租出租人作为承租人已经按照租赁准则采用简化会计处理方法的，应将转租赁分类为经营租赁。

其具体会计处理原则如下。

（一）被分类为融资租赁的转租赁

在签订转租赁合同时，中间出租人应终止确认与原租赁相关且转给转租承租人的使用权资产，并按转租赁投资净额确认租赁应收款，将使用权资产与转租赁投资净额之间的差额确认为当期损益。同时，中间出租人在资产负债表中保留原租赁的租赁负债，该负债代表应付原租赁出租人的租赁付款额。在转租期间，中间出租人既要确认转租赁的融资收益，也要确认原租赁的利息费用。

（二）被分类为经营租赁的转租赁

在签订转租赁合同时，中间出租人应继续保留原租赁相关的使用权资产和租赁负债。在转租期间，中间出租人应确认转租赁的租赁收入，同时继续确认使用权资产的折旧费用和原租赁产生租赁负债的利息费用。

二、生产商或经销商出租人的融资租赁会计处理

生产商或经销商通常为客户提供购买或租赁其产品或商品的选择。如果生产商或经销商出租其产品或商品构成融资租赁，则该交易产生的损益应相当于按照考虑适用的交易量或商业折扣后的正常售价直接销售标的资产所产生的损益。

（一）主营业务收入的确认

在租赁期开始日应当按照租赁资产公允价值与租赁收款额按市场利率折现的现值两者孰低确认收入。

（二）主营业务成本的确认

按照租赁资产账面价值扣除未担保余值的现值后的余额结转销售成本。

（三）取得融资租赁所发生的成本不属于初始直接费用

由于取得融资租赁所发生的成本主要与生产商或经销商赚取的销售利得相关，生产商或经销商出租人应当在租赁期开始日将其计入损益（销售费用），即与其他融资租赁出租人不同，生产商或经销商出租人取得融资租赁所发生的成本不属于初始直接费用，不计入租赁投资净额。

【例5-14】 甲公司是一家设备制造商，与乙公司签订了一份租赁合同，向乙公司出租其所生产的设备，合同主要条款如下：

（1）租赁资产：B型机床设备。

（2）租赁期：2019年1月1日至2021年12月31日，共3年。

（3）租金支付：自2019年起每年年末支付年租金1 000万元。

（4）租赁合同规定的年利率：5%，与市场利率相同。

（5）该设备2019年1月1日的公允价值为2 700万元，账面价值为2 000万元。

（6）甲公司达成该租赁合同而发生的相关成本为5万元。

（7）该设备于2019年1月1日交付乙公司，预计使用寿命为8年，无残值；租赁期届满时，乙公司可以0.1万元购买该设备，预计租赁到期日该设备的公允价值不低于1 500万元，乙公司对此金额提供担保；租赁期内该设备的保险、维修等费用均由乙公司自行承担。假设不考虑其他因素和其他各项税费影响。

（8）折现系数：$(P/A, 5\%, 3)=2.723\ 2$；$(P/F, 5\%, 3)=0.863\ 8$。

请依据以上资料，做出甲公司的账务处理（单位：万元）。

【解析】

（1）判断租赁类型。

本例中，租赁期满承租人乙公司可以远低于租赁到期日租赁资产公允价值的金额0.1万元购买租赁资产，甲公司认为其可以合理确定乙公司将行使购买选择权，综合考虑其他因素，与该项资产所有权有关的几乎所有风险和报酬已实质转移给乙公司，因此甲公司将该租赁认定为融资租赁。

（2）确定收入金额，计算租赁期开始日租赁收款额按市场利率折现的现值。

$$\text{租赁收款额}=\text{租金}\times\text{期数}+\text{购买价格}=1\ 000\times3+0.1=3\ 000.1(\text{万元})$$

$$\text{租赁收款额现值}=1\ 000\times(P/A, 5\%, 3)+0.1\times(P/F, 5\%, 3)$$

$=1\ 000\times 2.723\ 2+0.1\times 0.863\ 8=2\ 723.29$(万元)

按照租赁资产公允价值 2 700 万元与租赁收款额按市场利率折现的现值 2 723.29 万元两者孰低的原则，确认收入为 2 700 万元。

(3) 确定销售成本金额，计算租赁资产账面价值扣除未担保余值的现值后的余额。

销售成本＝账面价值－未担保余值的现值＝2 000－0＝2 000(万元)

(4) 编制会计分录：

①2019 年 1 月 1 日（租赁期开始日）：

借：应收融资租赁款——租赁收款额　　3 000.1

　贷：主营业务收入　　2 700.0

　　应收融资租赁款——未实现融资收益　　300.1

借：主营业务成本　　2 000

　贷：库存商品　　2 000

借：销售费用　　5

　贷：银行存款　　5

由于甲公司在确定营业收入和租赁投资净额（即应收融资租赁款）时，是基于租赁资产的公允价值，因此，需要根据租赁收款额、未担保余值和租赁资产公允价值重新计算租赁内含利率。即，

$$1\ 000\times(P/A,r,3)+0.1\times(P/F,r,3)=2\ 700(\text{万元})$$

使用插值法，求得 $r=5.46\%$。

②计算租赁期内各期的融资收益（见表 5－12)。

表 5－12　租赁投资净额及利息收入情况表　　单位：万元

日期	收取租赁款项	确认的融资收入	应收租赁款减少额	应收租赁款净额
	①	②＝期初④×5.46%	③＝①－②	期末④＝期初④－③
2019 年 1 月 1 日				2 700
2019 年 12 月 31 日	1 000	147.42	852.58	1 847.42
2020 年 12 月 31 日	1 000	100.87	899.13	948.29
2021 年 12 月 31 日	1 000	51.81*	948.19*	0.1
2021 年 12 月 31 日	0.1		0.1	
合计	3 000.1	300.1	2 700	

* 尾数调整：51.81＝1 000－948.19；948.19 ＝948.29－0.1。

③2019 年 12 月 31 日会计分录：

借：银行存款　　1 000

贷：应收融资租赁款——租赁收款额　　1 000

未实现融资收益摊销额=(年初租赁收款额3 000.1−年初未实现融资收益300.1)×5.46%=147.42（万元）

借：应收融资租赁款——未实现融资收益　　147.42

贷：租赁收入（其他业务收入）　　147.42

④2020年12月31日会计分录：

借：银行存款　　1 000

贷：应收融资租赁款——租赁收款额　　1 000

未实现融资收益摊销额=[(3 000.1−1 000)−(300.1−147.42)]×5.46%=100.87(万元)

借：应收融资租赁款——未实现融资收益　　100.87

贷：租赁收入　　100.87

⑤2021年12月31日会计分录：

借：银行存款　　1 000.1

贷：应收融资租赁款——租赁收款额　　1 000.1

未实现融资收益摊销额采用倒挤的方法：

未实现融资收益摊销额=1 000−(948.29−0.1)=51.81(万元)

借：应收融资租赁款——未实现融资收益　　51.81

贷：租赁收入　　51.81

三、售后租回的会计处理

（一）售后租回交易

售后租回是一种特殊形式的租赁业务，是指卖主（即承租人）将一项资产出售后，又将该项资产从买主（即出租人）一方租回，习惯上称为“回租”。这样，既通过资产销售改善企业的现金流，又可通过租入方式继续使用该项资产。租赁准则规定，若企业（卖方兼承租人）将资产转让给其他企业（买方兼出租人），并从买方兼出租人租回该项资产，则卖方兼承租人和买方兼出租人均应按照售后租回交易的规定进行会计处理。同时，企业应当按照《企业会计准则第14号——收入》的规定，评估确定售后租回交易中的资产转让是否属于销售，并区别进行会计处理。

需要注意的是，在标的资产的法定所有权转移给出租人并将资产租赁给承租人之前，承租人可能会先获得标的资产的法定所有权。但是，是否具有标的资产的法定所有权本身并非会计处理的决定性因素。如果承租人在资产转移给出租人之前已经取得对标的资产的控制权，则该交易属于售后租回交易。然而，如果承租人未能在资产转移给出租人之前取得对标的资产的控制权，那么即便承租人在资产转移给出租人之前先获得标的资产的法定所有权，该交易也不属于售后租回交易。

延伸阅读

美国西南航空售后租回 20 架飞机：融资 8.15 亿美元

美国西南航空（Southwest Airlines）在 2020 年 5 月 8 日的证券备案中披露了新签署的协议，将售后租回 20 架波音 737 客机，以融资 8.15 亿美元。20 架客机中包含 10 架 737-800 客机和 10 架 737 Max 8 客机，西南航空将把这笔资金用于日常商务运营。

售后租回交易可帮助航空公司增加资金流动性，但美林银行分析师表示，客机的月租金会增加航司的营业支出。根据最新市场分析，目前 737 Max 8 客机的月租价格为 26.5 万～30 万美元，737-800 客机的月租价格为 15 万～32 万美元，具体价格根据客机的生产日期设定。

与西南航空签订售后租回协议的其中一家租赁公司是中银航空租赁有限公司（BOC Aviation Ltd），其将向西南航空购买 10 架 737 Max 8 客机，并租回给西南航空。

中银航空租赁有限公司在 2008 年就与西南航空建立了合作关系，在 2009 年从该航空公司购买了 11 架 737-700 并进行租回交易。

此前，美联航为筹集资金，也向中银航空租赁有限公司出售了 22 架客机并进行租回，其中包括 6 架波音 787-9 客机和 16 架 737 Max 客机，而且美联航将对客机进行长期租赁。

资料来源：http://www.pinchain.com/article/219988.

（二）资产转让属于销售的售后租回交易的会计处理

首先，卖方兼承租人应当按原资产账面价值中与租回获得的使用权有关的部分，计量售后租回所形成的使用权资产，并仅就转让至买方兼出租人的权利确认相关利得或损失。买方兼出租人根据其他适用的会计准则对资产购买进行会计处理，并根据租赁准则对资产出租进行会计处理。

其次，对售后租回交易中的资产转让属于销售的，如果销售对价的公允价值与资产的公允价值不同，或者出租人未按市场价格收取租金，企业应当进行以下调整：

（1）销售对价低于市场价格的款项作为预付租金进行会计处理；

（2）销售对价高于市场价格的款项作为买方兼出租人向卖方兼承租人提供的额外融资进行会计处理。

同时，承租人按照公允价值调整相关销售利得或损失，出租人按市场价格调整租金收入。在进行上述调整时，企业应当按以下二者中较易确定者进行：

（1）销售对价的公允价值与资产的公允价值的差异；

（2）合同付款额的现值与按市场租金计算的付款额的现值的差异。

（三）资产转让不属于销售的售后租回交易的会计处理

卖方兼承租人应不终止确认所转让的资产，而应当将收到的现金作为金融负债，并按照《企业会计准则第22号——金融工具确认和计量》进行会计处理；买方兼出租人不确认被转让资产，而应当将支付的现金作为金融资产，并按照《企业会计准则第22号——金融工具确认和计量》进行会计处理。

【例5-15】 甲公司（卖方兼承租人）于2019年1月1日以2 000万元的价格向乙公司（买方兼出租人）出售一栋建筑物。交易前，该建筑物的账面原值为1 200万元，累计折旧为200万元，账面价值为1 000万元。同时，甲公司与乙公司签订合同，取得了该建筑物18年的使用权（全部剩余使用年限为40年），年付款额为120万元，于每年年末支付。根据交易的条款和条件，甲公司转让建筑物符合《企业会计准则第14号——收入》销售成立的条件。该建筑物在销售当日的公允价值为1 800万元。假定甲公司与乙公司均确定租赁内含利率为4.5%。已知（P/A，4.5%，18）=12.16。乙公司将该建筑物的租赁分类为经营租赁。假设不考虑初始直接费用和各项税费的影响。请依据以上资料做出甲、乙公司的账务处理。

【解析】

由于该建筑物的销售对价并非公允价值，甲公司和乙公司分别进行了调整，以按照公允价值计量销售收益和租赁应收款。超额售价200万元（2 000－1 800）作为乙公司向甲公司提供的额外融资进行确认。

年付款额现值为1 459.2万元（年付款额120万元，共18期，按每年4.5%进行折现），其中200万元与额外融资相关，1 259.2元与租赁相关（分别对应年付款额16.45万元和103.55万元），具体计算过程如下：

年付款额现值=120×(P/A，4.5%，18)=1 459.2(万元)

额外融资年付款额=200/1 459.2×120=16.45(万元)

租赁相关年付款额=120－16.45=103.55(万元)

（1）在租赁期开始日，甲公司对该交易的会计处理如下：

第一步，按与租回获得的使用权部分占该建筑物的原账面金额的比例计算售后租回所形成的使用权资产。因为：

$$\frac{\text{租赁负债}}{\text{资产的公允价值}}=\frac{\text{使用权资产成本}}{\text{资产的账面价值}}$$

即售后租回所形成的使用权资产成本=资产的账面价值×租赁负债/资产的公允价值。

使用权资产入账价值=1 000万元（该建筑物的账面价值）×[1 259.2万元（18年使用权资产的租赁付款额现值）÷1 800万元(该建筑物的公允价值)]=699.56(万元)。

第二步，计算与转让至乙公司的权利相关的利得。

出售该建筑物的全部利得=1 800－1 000 =800(万元)

其中：

1）与保留的该建筑物使用权相关的利得＝800×(1 259.2÷1 800)＝559.64(元)。

因保留了该建筑物的使用权，视同该部分资产未处置，故该部分利得不予确认损益，应反映在使用权资产入账价值中。即使用权资产入账价值也可以如此计算：使用权资产＝1 259.2(18 年使用权资产的租赁付款额现值)－559.64(与该建筑物使用权相关利得)＝699.56(万元)。

2）与转让至乙公司的权利相关的利得＝800－559.64＝240.36(万元)，应作为资产处置损益予以确认。

第三步，会计分录（2019 年 1 月 1 日）。

①与额外融资相关。

借：银行存款　　200

　贷：长期应付款　　200

②与租赁相关。

借：银行存款　　1 800.00

　　使用权资产　　699.56

　　累计折旧　　200.00

　　租赁负债——未确认融资费用（1 863.9－1 259.2）　　604.70

　贷：固定资产　　1 200.00

　　　租赁负债——租赁付款额（103.55×18）　　1 863.90

　　　资产处置损益　　240.36

后续甲公司支付的年付款额 120 万元中的 103.55 万元作为租赁付款额处理；16.45 万元作为以下两项进行会计处理：①结算 200 万元金融负债而支付的款项；②利息费用。以第一年年末为例：

①与额外融资相关。

利息费用＝200×4.5％＝9(万元)

长期应付款减少额＝16.45－9＝7.45(万元)

借：财务费用　　9.00

　　长期应付款　　7.45

　贷：银行存款　　16.45

②与租赁相关。

利息费用＝1 259.2×4.5％ ＝56.67(万元)

借：财务费用　　56.67

　贷：租赁负债——未确认融资费用　　56.67

借：租赁负债——租赁付款额　　103.55

　贷：银行存款　　103.55

以后各年的处理以此类推。

(2) 综合考虑租期占该建筑物剩余使用年限的比例等因素，乙公司将该建筑物的租赁分类为经营租赁。

在租赁期开始日，乙公司对该交易的会计处理如下：

借：固定资产——建筑物　　1 800

　　长期应收款　　200

　贷：银行存款　　2 000

租赁期开始日之后，乙公司将从甲公司处取得的年收款额120万元中的103.55万元作为租赁收款额进行会计处理。从甲公司处取得的年收款额中的其余16.45万元作为以下两项进行会计处理：①结算金融资产200万元而收到的款项；②利息收入。

借：银行存款　　120.00

　贷：租赁收入　　103.55

　　　利息收入（200×4.5%）　　9.00

　　　长期应收款（16.45－9）　　7.45

以后各年的处理相同，此处省略。

练习题

一、单项选择题

1. 下列关于租赁的识别的说法中，不正确的是（　　）。

A. 租赁是指在一定期间内，出租人将资产的使用权让与承租人以获取对价的合同

B. 租赁的主要特征是转移所有权，且这种转移需要对方付出合同对价

C. 出租人授予的知识产权许可，适用于《企业会计准则第14号——收入》

D. 以划拨或转让方式取得土地使用权不适用于租赁准则

2. 下列关于生产商或经销商出租人的融资租赁会计处理中，说法不正确的是（　　）。

A. 在租赁期开始日应当按照租赁公允价值与租赁收款额按市场利率折现值两者孰低确认收入

B. 在租赁开始日应当按照租赁资产账面价值扣除未担保余值的现值后的余额结转成本

C. 取得融资租赁所发生的成本，生产商或经销商出租人应当在租赁期开始日将其计入租赁投资净额

D. 如果为吸引客户，出租人以较低的利率报价，导致其在租赁期开始日确认的收入偏高，则应当将销售利得限制为采用市场利率所能取得的销售利得

3. 下列关于租赁期的说法中，不正确的是（　　）。

A. 承租人有续租选择权，且合理确定行使该选择权的，租赁期应当包含续租选择

权涵盖的期间

B. 承租人有终止租赁选择权，且合理确定将会行使该选择权的，租赁期应当包含终止租赁选择权涵盖的期间

C. 在确定租赁期和评估不可撤销租赁期间时，企业应根据租赁条款约定确定可强制执行合同的期间

D. 如果不可撤销的租赁期间发生变化，企业应当修改租赁期

4. 甲汽贸公司与王某签订一项合同协议，协议约定甲汽贸公司将一辆客车交付王某租用，租赁期为2年，甲汽贸公司负责整个租赁期内的客车维护。合同对价中包含了客车的维护费用。客车的维护服务存在可观察的单独价格，且市场上多家公司可提供该维护服务。下列有关该合同协议的说法中，不正确的是（　　）。

A. 甲汽贸公司应将该合同按照租赁部分与非租赁部分分拆后进行会计处理

B. 合同中租车约定适用租赁准则进行会计处理

C. 合同中的维护服务在实际发生时适用收入准则进行会计处理

D. 合同中租车与维护服务具有高度关联，应作为一揽子合同进行处理

5. 2020年1月1日，A公司与B公司签订一份租赁协议，协议约定，A公司从B公司租入一栋办公楼，租赁期开始日为2020年2月1日，租赁期限为5年，年租金为50万元，于每年年末支付。A公司预计租赁结束时恢复该办公楼租赁前使用状态将要发生的支出为20万元，租赁合同中约定的租赁内含利率为8%，($(P/A, 8\%, 5)=3.9927$；$(P/F, 8\%, 5)=0.6806$)，假定不考虑其他因素，A公司于租赁期开始日应确认的使用权资产金额为（　　）万元。

A. 213.25　　B. 199.64　　C. 250　　D. 270

二、多项选择题

1. 下列有关被分类为经营租赁的转租赁说法中，正确的有（　　）。

A. 中间出租人继续保留与原租赁相关的租赁负债与使用权资产

B. 中间出租人继续确认使用权资产的折旧费用和租赁负债的利息

C. 中间出租人应在转租期间确认转租赁的租赁收入

D. 中间出租人应在转租期内终止确认与原租赁相关且转给租赁承租人的使用权资产

2. 下列交易事项中，不适用租赁准则的有（　　）。

A. 出租人授予的知识产权许可

B. 出租人对不可再生资源出让使用权

C. 承租人通过出让方式取得的土地使用权

D. 承租人承租生物资产

3. 下列各项中，属于承租人初始直接费用的有（　　）。

A. 租赁合同的印花税

B. 租赁谈判人员的差旅费

C. 租赁谈判人员的佣金费

D. 评估是否签订租赁合同发生的法律费用

4. 下列各项租赁资产中，一般可以划分为低价值租赁的有（　　）。

A. 平板电脑　　B. 电话　　C. 汽车　　D. 普通办公家具

5. 下列情形中，出租人可能将租赁分类为融资租赁的有（　　）。

A. 若承租人撤销租赁，撤销租赁对出租人造成的损失由承租人承担

B. 承租人有能力以远低于市场水平的租金继续租赁至下一期间

C. 资产余值的公允价值波动所产生的利得或损失归属于出租人

D. 承租人拥有续约选择权，并很可能在租赁期结束时行使

三、综合分析题

1. 2020年12月31日，甲公司由于业务规模拓展，就某栋办公楼与乙公司签订租赁合同，相关业务资料如下：

（1）该合同租赁期限为20年（2021年1月1日至2040年12月31日），并拥有5年的续租选择权。租赁价款为3 000万元。续租期间为每年120万元。2021年1月1日，甲公司预付了900万元租赁费，剩余款项每年年末支付租金105万元，甲公司无法确定租赁内含利率，其增量借款利率为5%，同时合同规定，若甲公司在租赁期第一年营业销售额达到5 000万元以上，则甲公司需要在第一年年末额外支付15万元租赁费用。

（2）甲公司为获得该项租赁，发生初始直接费用5万元，以银行存款支付。作为对甲公司的激励，乙公司同意于租赁期开始日补偿甲公司2万元的佣金。甲公司向乙公司提供担保承诺，担保余值金额为20万元，甲公司预计该商业楼在租赁期结束时的公允价值为30万元。该房地产预计尚可使用年限为30年。租赁期开始日，甲公司评估将不会行使续租选择权。

假定不考其他因素。$(P/A, 5\%, 20)=12.462\,2$；$(P/F, 5\%, 20)=0.376$。

要求：

（1）若甲公司第一年营业销售额未达到5 000万元以上，计算甲公司因该租赁合同确认的使用权资产及租赁负债，并编制2021年的会计分录。

（2）若甲公司第一年营业销售额达到5 000万元以上，计算甲公司因该租赁合同确认的使用权资产及租赁负债，并编制2021年的会计分录。

2. 甲公司（卖方兼承租人）与乙公司签订合同，合同条款如下：

（1）2019年12月31日将一台全新塑钢机以121万元出售给乙公司，同时再租回该设备。该全新塑钢机账面价值为100万元、公允价值为110万元。

（2）自2020年1月1日起甲公司租赁该机器3年，租赁内含利率为5%，每年年末支付租金45万元。

（3）该设备尚可使用寿命为4年。甲公司对固定资产采用直线法计提折旧，预计净残值为0。

(4) 甲公司发生初始直接费用为1万元。相关款项均已收到或支付。

(5) 假设该资产销售不符合《企业会计准则第14号——收入》规定的销售成立的条件。不考虑其他因素。

要求：

(1) 分析甲公司的会计处理思路，并编制相关的会计分录。

(2) 计算2020年甲公司应当确认的财务费用金额，并编制相关的会计分录。

(3) 计算2020年甲公司应当计提的折旧费用金额，并编制相关的会计分录。

(4) 计算2020年年末甲公司资产负债表中“长期应付款”项目列报的金额。

第 6 章

债务重组会计

学习目标

企业的生存发展从来都不是一帆风顺的。企业持有债权类资产时，虽然对债务人的资信情况已有调查与评估，且有完备的风险控制策略与手段，但仍可能会遇到债务人因市场环境的变化或经营决策的失误而出现财务困难，不能按期足额偿还债务的情形。在此情况下，企业（债权人）应积极应对，与债务人充分协商，或者提请法院裁决，以寻求合理的债权债务重组方案。本章在《企业会计准则第 12 号——债务重组》（以下简称“债务重组准则”）的基本框架下，重点讨论债务重组的基本特征及相关业务的会计处理程序。

第 1 节　债务重组的概念和方式

一、债务重组的概念与特征

1. 债务重组的概念

在债务重组准则中，债务重组是指在不改变交易对手的情况下，经债权人和债务人协定或法院裁定，就清偿债务的时间、金额或方式等重新达成协议的交易。

2. 债务重组的特征

债务重组的特征，应从以下两个方面进行分析：

（1）关于交易对手。债务重组准则强调，债务重组是指在不改变交易对手的情况下进行的交易。实务中经常出现第三方参与相关交易的情形，例如第三方公司以不同于原合同条款的方式代债务人向债权人偿债；或者新组建的公司承接原债务人的债务，与债权人进行债务重组；或者资产管理公司从债权人处收购债权，再与债务人进行债务重组。在这些情况下，企业应首先考虑债权、债务是否发生终止确认，是否适用《企业会计准则第 22 号——金融工具确认和计量》和《企业会计准则第 23 号——金融资产转移》等准则；其次，应分析本次交易是否改变了交易对手，就其是否适用《企业会计准则第12号——债务重组》做出判断。

（2）关于债权和债务。债务重组涉及的债权和债务是指《企业会计准则第22号——金融工具确认和计量》规范的金融工具，包括应收账款（应收票据）、应付账款（应付票据）、租赁应收款和租赁应付款等，但不包括合同资产、合同负债、预计负债。债务重组中涉及的债权、重组债权、债务、重组债务和其他金融工具的确认、计量和列报，适用《企业会计准则第22号——金融工具确认和计量》和《企业会计准则37号——金融工具列报》等金融工具相关准则（详见第2章）。

案例6-1　莲花健康产业集团股份有限公司关于债权债务重组的公告（节选）

（证券代码：600186　证券简称：*ST莲花　公告编号：2019-054）

本公司董事会及全体董事保证本公告内容不存在任何虚假记载、误导性陈述或者重大遗漏，并对其内容的真实性、准确性和完整性承担个别及连带责任。

重要内容提示：

- 莲花健康产业集团股份有限公司将对河南莲花糖业有限公司享有的债权金额合计20 680 249.75元，以抵偿所欠国厚资产管理股份有限公司等额债务。
- 本次交易未构成关联交易。
- 本次交易未构成重大资产重组。
- 交易实施不存在重大法律障碍。

一、债权债务重组概述

莲花健康产业集团股份有限公司（以下简称“莲花健康”）于2019年9月16日与国厚资产管理股份有限公司、河南莲花糖业有限公司三方签署《债务清偿协议》，莲花健康将对河南莲花糖业有限公司享有的债权金额合计20 680 249.75元，以抵偿所欠国厚资产管理股份有限公司等额债务。

二、交易对方情况

1. 国厚资产管理股份有限公司

2. 河南莲花糖业有限公司

三、协议的主要内容

甲方：莲花健康产业集团股份有限公司

乙方：国厚资产管理股份有限公司

丙方：河南莲花糖业有限公司

第1条　债权债务基本情况

1.1　甲方对丙方债权基本情况

各方确认，截至2019年9月15日，因开展经营性往来和非经营性往来，甲方对丙方享有债权金额合计20 680 249.75元，其中：

（1）经营性往来债权合计595 326.41元。

(2) 因甲方代垫职工工资、社保等形成的非经营性往来债权合计 20 084 923.34 元。

1.2　乙方对甲方债权基本情况

各方确认，乙方对甲方债权系经合法受让取得，截至 2019 年 9 月 15 日，乙方对甲方享有债权金额合计 384 100 962.48 元（不含乙方为甲方代垫的职工工资），其中债权本金 215 367 076.00 元、应计利息 168 733 886.48 元。

第 2 条　清偿安排

各方同意，甲方以对丙方享有的前述第一条所确认之 20 680 249.75 元债权，抵偿欠付乙方等同金额的债务，具体如下：

2.1　本次清偿完成后，乙方成为丙方的合法债权人，对丙方享有 20 680 249.75 元的债权。丙方应依法向乙方履行清偿义务，且不再就该笔债务向甲方负有清偿责任，甲方与丙方之间因经营性往来和非经营性往来产生的债权债务关系消灭。

2.2　乙方就抵偿涉及的上述债权，相应免除甲方应计利息 168 733 886.48 元中 20 680 249.75 元的清偿责任，不再就该部分债权向甲方主张权利。

2.3　丙方签署本协议，即视为知悉并同意抵偿和债权人变更事宜，甲方和乙方不再另行向丙方发送书面通知。

第 3 条　乙、丙双方确认，乙方因前述 2.1 条所获得对丙方相关债权清偿事宜，由乙、丙双方另行协商约定。丙方承诺确保乙方债权优先于其他自有负债，且最终获得受偿金额不低于乙方通过甲方重整程序所能获得的债权清偿金额。

第 4 条　陈述与保证

各方承诺并保证：

4.1　具备合法主体资格及行为能力签署及履行本协议。

4.2　已知悉本协议所记载的全部债权的现状及相关风险。

4.3　就本协议各项约定所做出的全部意思表示均为合法、真实和不可撤销的。

4.4　在签署本协议之时，各方均已经依法履行内部决策程序，且签署本协议的代表均已取得签署本协议项下各项约定所需全部权利和授权。

4.5　在本协议签署后，依法配合各方办理与履行本协议有关的各项手续。

第 5 条　违约责任

本协议签署后，除不可抗力以外，任何一方不履行或不及时、不适当履行本协议项下其应履行的任何义务，或违反其在本协议项下做出的任何陈述、保证或承诺，均构成其违约，应按照法律规定承担违约责任，赔偿守约方因此产生的各项损失。

第 6 条　协议的生效、变更与解除

6.1　本协议自各方加盖公章并由授权代表签字之日起生效。

6.2　任何对本协议的修改、增加或删除需经各方友好协商一致，以书面方式进行，并由各方在相关书面文件上加盖公章确认。

6.3　如因客观原因导致合同目的或债务清偿最终无法实现的，各方可协商解除本协议。

6.4　除本协议另有约定外，各方一致同意解除本协议时，本协议方可解除。

第 7 条　其他约定

7.1　在本协议履行过程中发生的纠纷，各方应友好协商解决；协商不成的，任何一方均有权向甲方住所地中级人民法院提起诉讼。

7.2　本协议一式三份，协议各方各执一份，每份均具有同等的法律效力。

四、目的及影响

本次债权债务重组有利于公司清理前期遗留事项，解决联营企业欠付公司的债务问题，符合公司各项运作的合规要求，不影响公司财务状况和经营成果，不存在损害股东特别是中小股东利益的情形。

莲花健康产业集团股份有限公司董事会

二〇一九年九月十九日

【编者提示】

(1)“莲花健康”的本次债务重组，是否存在“不改变交易对手”的情况?

(2)“莲花健康”的上述公告称，本次债权债务重组“不影响公司财务状况和经营成果”，请分析其原因。

资料来源：摘编自莲花健康产业集团公开信息。

二、债务重组的方式

债务重组的方式包括：债务人以资产清偿债务、将债务转为权益工具、修改其他条款，以及前述一种以上方式的组合。这些债务重组的方式都是通过债权人和债务重新协定或者法院裁定达成的，与原来约定的偿债方式不同（详见表 6－1）。

表 6－1　债务重组方式及释义

方式	释义
以资产清偿债务	债务人转让其资产给债权人以清偿债务的债务重组方式。债务人通常用于偿债的资产主要有：现金、应收账款、长期股权投资、投资性房地产、固定资产、在建工程、生物资产、无形资产等
将债务转为权益工具	债权人将债务转为权益工具，这里的权益工具，是指根据《企业会计准则第 37 号——金融工具列报》分类为“权益工具”的金融资产，会计处理体现为股本或实收资本、资本公积等科目
修改其他条款	债务人不以资产清偿债务，也不将债务转为权益工具，而是改变债权和债务的其他条款的债务重组方式，如采用调整债务本金、改变债务利息、变更还款期限等方式修改债权和债务的其他条款，形成重组债权和重组债务
组合方式	是采用债务人以资产清偿债务、债务人将债务转为权益工具、修改其他条款三种方式中的一种以上方式的组合清偿债务的债务重组方式

延伸阅读

国家间的债务重组：债务重新安排

由于新冠疫情导致经济形势恶化，阿根廷已经出现技术性债务违约。2020年4月6日，阿根廷政府宣布，延迟至2021年开始偿还总价约100亿美元、基于阿根廷法律发行的外币债务；不再支付于4月22日需要偿付一笔约5亿美元、基于国外法律发行债券的利息。2020年4月22日阿根廷政府正式向债权人提交债务重组方案，寻求通过减免债务并延长期限等措施避免债务违约。阿根廷政府公布的662.38亿美元债务重组方案，主要内容包括减免36亿美元债务本金、减免379亿美元债务利息、给予偿还债务3年宽限期等。按照该方案，阿根廷政府2020年、2021年和2022年将不会偿还任何债务，2023年开始支付平均利率0.5%的息票，此后逐步调整利息水平。债务重组方案中还计划发行10种新的美元和欧元债券，到期日分别为2030年、2036年、2039年、2043年和2047年，美元和欧元的收益率从0.5%至4.875%不等，2023年起才会开始支付，发行债务的总额不超过635.35亿美元。

2020年7月20日，占有阿根廷债务1/3的三大债权人联合拒绝了阿根廷政府所提出的最新债务重组方案，并向阿根廷政府提出了修改后的提案。阿根廷总统费尔南德斯表示，政府此前的最终提案已经是最好的方案，阿根廷政府很难再做出更大牺牲。

资料来源：摘编自界面新闻（jiemian.com）。

三、债务重组准则适用范围

《企业会计准则第12号——债务重组》适用于所有债务重组，但下列各项适用其他相关会计准则。

1. 企业合并

通过债务重组形成企业合并的，适用《企业会计准则第20号——企业合并》。债务人以股权投资清偿债务或者将债务转为权益工具，可能对应导致债权人取得被投资单位或债务人控制权，在合并财务报表层面，债权人取得资产和负债的确认和计量适用《企业会计准则第20号——企业合并》的有关规定。

2. 权益性交易

债权人或债务人中的一方直接或间接对另一方持股且以股东身份进行债务重组的，或者债权人与债务人在债务重组前后均受同一方或相同多方最终控制，且该债务重组的交易实质是债权人或债务人进行了权益性分配或接受了权益性投入的，适用权益性交易的有关会计处理规定。

第2节　债务重组的会计处理

一、以资产清偿债务

债务人以资产清偿债务的，双方会计处理如表6-2所示。

表6-2　以资产清偿债务的会计处理

债务重组当事人	会计核算要点
债务人	以资产清偿债务方式进行债务重组的，债务人应当在相关资产和所清偿债务符合终止确认条件时予以终止确认，所清偿债务账面价值与转让资产账面价值之间的差额计入当期损益。 **1. 债务人以金融资产偿债** 债务人以单项或多项金融资产清偿债务的，债务的账面价值与偿债金融资产账面价值的差额，计入当期损益之“投资收益”科目。 偿债金融资产已经计提减值准备的，应结转已计提的减值准备。 对已分类为公允价值计量且其变动计入其他综合收益的债务工具投资清偿债务的，原计入其他综合收益的累计利得或损失应当从其他综合收益中转出，计入“投资收益”科目。对于指定为以公允价值计量且其变动计入其他综合收益的非交易性权益工具投资清偿债务的，原计入其他综合收益的累计利得或损失应当从其他综合收益中转出，计入“盈余公积”“利润分配——未分配利润”等科目。 **2. 债务人以非金融资产清偿债务** 债务人以单项或多项非金融资产清偿债务，或者以包括金融资产和非金融资产在内的多项资产清偿债务的，不需要区分资产处置损益和债务重组收益，也不需要区分不同资产的处置损益，而应将所清偿债务账面价值与转让资产账面价值之间的差额，计入“其他收益——债务重组收益”科目。 清偿资产已计提减值准备的，应结转已计提的减值准备。
债权人	债务重组采用以资产清偿债务方式进行的，债权人应当在受让的相关资产符合其定义和确认条件时予以确认。 **1. 债权人受让金融资产** 债权人受让包括现金在内的单项或多项金融资产的，应当按照《企业会计准则第22号——金融工具确认和计量》的规定确认和计量。金融资产初始确认时应当以其公允价值计量，金融资产确认金额与债权终止确认日账面价值之间的差额，计入“投资收益”科目。但是，收取金融资产的公允价值与交易价格（即放弃债权的公允价值）存在差异的，应当按照《企业会计准则第22号——金融工具确认和计量》第三十四条规定处理。 **2. 债权人受让非金融资产** 债权人受让金融资产以外的资产时，应当按照下列原则以成本计量： （1）存货的成本，包括放弃债权的公允价值和使该资产达到当前位置和状态所发生的可直接归属于该资产的税金、运输费、装卸费、保险费等其他成本。 （2）对联营企业或合营企业投资的成本，包括放弃债权的公允价值和可直接归属于该资产的税金等其他成本。 （3）投资性房地产的成本，包括放弃债权的公允价值和可直接归属于该资产的税金等其他成本。

续表

债务重组当事人	会计核算要点
债权人	（4）固定资产的成本，包括放弃债权的公允价值和使该资产达到预定可使用状态前所发生的可直接归属于该资产的税金、运输费、装卸费、安装费、专业人员服务费等其他成本。 （5）生物资产的成本，包括放弃债权的公允价值和可直接归属于该资产的税金、运输费、保险费等其他成本。 （6）无形资产的成本，包括放弃债权的公允价值和可直接归属于使该资产达到预定用途所发生的税金等其他成本。 放弃债权的公允价值与账面价值之间的差额，计入“投资收益”科目。 **3. 债权人受让多项资产** 债权人受让多项非金融资产，或者包括金融资产、非金融资产在内的多项资产的，应当按照《企业会计准则第22号——金融工具确认和计量》的规定确认和计量受让的金融资产，按照受让金融资产以外的各项资产在债务重组合同生效日的公允价值比例，对放弃债权在合同生效日的公允价值扣除受让金融资产当日公允价值后的净额进行分配，并以此为基础分别确定各项资产的成本。 放弃债权的公允价值与账面价值之间的差额，计入“投资收益”科目。 **4. 债权人受让处置组** 债务人以处置组清偿债务的，债权人应当分别按照《企业会计准则第22号——金融工具确认和计量》和其他相关准则的规定，对处置组中的金融资产和金融负债进行初始计量，然后按照金融资产以外的各项资产在债务重组合同生效日的公允价值比例，对放弃债权在合同生效日的公允价值以及承担的处置组中负债的确认金额之和，扣除受让金融资产当日公允价值后的净额进行分配，并以此为基础分别确定各项资产的成本。 放弃债权的公允价值与账面价值之间的差额，计入“投资收益”科目。 **5. 债权人将受让的资产或处置组划分为持有待售类别** 债务人以资产或处置组清偿债务，债权人将其划分为持有待售类别的，债权人应当在初始计量时，比较假定其不划分为持有待售类别情况下的初始计量金额和公允价值减去出售费用后的净额，以两者孰低计量。

【例6-1】 2020年6月16日，乙公司向甲公司销售一批货物，应收甲公司款项的入账金额为400 000元。2020年10月18日，双方签订债务重组合同，甲公司以其生产的商品偿还债务，商品实际成本为250 000元，债务重组日乙公司债权公允价值为339 000元，并对该项应收账款计提了50 000元的坏账准备。乙公司于2020年10月21日收到甲公司抵债的产品，并作为库存商品入库。甲、乙公司均为增值税一般纳税人，适用增值税税率为13%，经税务机关核定，该项交易中商品的计税价格为300 000元。不考虑其他相关税费。请做出甲、乙公司的账务处理。

【解析】

（1）债务人甲公司的账务处理。

借：应付账款——乙公司	400 000
贷：库存商品	250 000
应交税费——应交增值税（销项税额）	39 000
其他收益——债务重组收益	111 000

此处应注意企业以存货抵债与以存货进行非货币性资产交换（详见第4章例4-1）、以存货进行对外投资等情况在账务处理时存在的差异，即直接按账面价值贷记库存商

品，不确认主营业务收入，也不结转主营业务成本。

(2) 债权人乙公司的账务处理。

借：库存商品	300 000	
应交税费——应交增值税（进项税额）	39 000	
坏账准备	50 000	
投资收益——债务重组收益	11 000	
贷：应收账款——甲公司		400 000

此例中，债权人乙公司放弃的债权公允价值为 339 000 元，应作为接受的抵债资产（库存商品）的入账价值，但进项增值税是价外税，应单独反映，不计入库存商品的取得成本。

【例 6-2】 甲公司于 2020 年 3 月 10 日销售一批材料给乙公司，价款合计为 980 000 元（含增值税额）。按照合同规定，乙公司应于 2020 年 9 月 10 日结清货款，但乙公司发生财务困难，无力支付款项。双方协商后，甲公司同意乙公司用一项作为无形资产核算的专利权来抵偿该应收款项。该无形资产账面余额为 1 100 000 元，累计摊销为 200 000 元，已计提减值准备 20 000 元。10 月 16 日，双方办完该无形资产的转让手续，约定甲公司支付无形资产评估费 20 000 元。当日，甲公司应收账款公允价值为 890 000 元，已计提坏账准备 70 000 元。假定不考虑无形资产转让环节的税费。请做出甲、乙公司的账务处理。

【解析】

(1) 债务人乙公司的会计处理。

借：应付账款——甲公司	980 000	
累计摊销	200 000	
无形资产减值准备	20 000	
贷：无形资产		1 100 000
其他收益——债务重组收益		100 000

(2) 债权人甲公司的会计处理。

2020 年 10 月 16 日，债权人取得该无形资产成本为放弃债权公允价值 890 000 元与评估费 20 000 元的合计数 910 000 元。甲公司的账务处理如下。

借：无形资产	910 000	
坏账准备	70 000	
投资收益——债务重组收益	20 000	
贷：应收账款——乙公司		980 000
银行存款		20 000

二、将债务转为权益工具

（一）债务人的会计处理

将债务转为权益工具方式进行债务重组的，债务人应当在所清偿债务符合终止确认条件时予以终止确认。债务人初始确认权益工具时应当按照权益工具的公允价值计量，权益工具的公允价值不能可靠计量的，应当按照所清偿债务的公允价值计量。所清偿债务账面价值与权益工具确认金额之间的差额，应当计入“投资收益”科目。

债务人因发行权益工具而支出的相关税费（支付给证券公司的佣金）等，应当依次冲减资本溢价、盈余公积、未分配利润等；债务人因发行权益工具而支付的审计、评估、法律鉴证费用，应当计入管理费用。

（二）债权人的会计处理

将债务转为权益工具方式进行债务重组导致债权人将债权转为对联营企业或合营企业的权益性投资的，债权人应当按照以资产清偿债务方式的规定计量其初始投资成本。放弃债权的公允价值与账面价值之间的差额，应当计入“投资收益”科目。

【例6-3】 甲公司于2021年3月10日销售一批货物给乙股份有限公司，同时收到乙公司签发并承兑的一张面值200 000元、年利率为7%、6个月期、到期还本付息的票据。2021年9月10日，乙公司发生财务困难，经双方协商，采取将乙公司所欠甲公司债务转为乙公司股票的方式进行债务重组。假定乙公司普通股的面值为1元，乙公司以20 000股股票抵偿该项债务，股票每股市价为9元。甲公司未对上述债权计提坏账准备，假定甲公司放弃债权的公允价值与换入股份公允价值相等。债转股后甲公司持有乙公司的抵债股权占乙公司总股本的25%，对乙公司具有重大影响。不考虑其他相关税费。请做出甲、乙公司的账务处理。

【解析】

（1）债务人乙公司的会计处理。

债务重组日，乙公司所清偿债务的账面价值为207 000元(200 000+7 000)，权益工具的公允价值为180 000元，差额27 000元计入当期损益。

借：应付票据——甲公司	207000
贷：股本	20 000
资本公积——股本溢价	160 000
投资收益——债务重组收益	27 000

（2）债权人甲公司的会计处理。

按题意，甲公司长期股权投资金额=放弃债权公允价值+相关税费0=股权公允价值=20 000×9=180 000(元)。

借：长期股权投资	180 000
投资收益——债务重组收益	27 000
贷：应收票据——乙公司	207 000

三、修改其他条款

债务重组通过调整债务本金、改变债务利息、变更还款期限等修改合同条款方式进行的，合同修改前后的交易对手没有发生改变，合同涉及的本金、利息等现金流量很难在本息之间及债务重组前后做出明确分割，即很难单独识别合同的特定可辨认现金流量。通常情况下，应当整体考虑是否对全部债权的合同条款做出实质性修改。如果做出实质性修改，或者债务人与债权人之间签订协议，以获取实质上不同的新金融资产的方式替换债权，债权人应当终止确认债权，并按照修改后的条款或者新协议确认新金融资产；对于债务人，如果对于债务或部分债务的合同条款做出“实质性修改”形成重组债务或者债权人与债务人之间签订协议，以承担“实质上不同”的重组债务方式替换债务，债务人应当终止确认原债务，同时按照修改后的条款确认一项新的金融负债。

如果重组债务未来现金流量（包括支付和收取的某些费用）现值与原债务的剩余期间现金流量现值之间的差异超过 10%，则意味着新的合同条款进行了“实质性修改”或者重组债务是“实质性不同”的。此处，现值的计算应采用原债务的实际利率。关于债务人和债权人的具体会计处理见表 6-4。

表 6-4　修改其他条款的债务重组

债务重组当事人	会计核算要点
债务人	采用修改其他条款方式进行债务重组的，债务人应当按照《企业会计准则第 22 号——金融工具确认和计量》和《企业会计准则第 37 号——金融工具列报》的规定，确认和计量重组债务。 （1）如果修改其他条款导致债务终止确认，债务人应当按照公允价值计量重组债务，终止确认的债务账面价值与重组债务确认金额之间的差额，计入“投资收益”科目。 （2）如果修改其他条款未导致债务终止确认的，或者仅导致部分债务终止确认，对于未终止确认的部分债务，债务人应当根据其分类，继续以摊余成本、以公允价值计量且其变动计入当期损益或者其他适当方法进行后续计量。
债权人	采用修改其他条款方式进行债务重组的，债权人应当按照《企业会计准则第 22 号——金融工具确认和计量》的规定，确认和计量重组债权。 （1）如果修改其他条款导致债权终止确认，债权人应当按照修改后的条款以公允价值初始计量新的金融资产，新金融资产的确认金额与债权终止确认日账面价值之间的差额，计入“投资收益”科目。 （2）如果修改其他条款未导致债权终止确认的，债权人应当根据其分类，继续以摊余成本、以公允价值计量且其变动计入其他综合收益，或者以公允价值计量且其变动计入当期损益进行后续计量。

四、组合方式

（一）债务人的会计处理

债务重组采用以资产清偿债务、将债务转为权益工具、修改其他条款等方式的组合进行的，债务人应当按照将债务转为权益工具方式进行债务重组和采用修改其他条款方式进行债务重组的规定确认和计量权益工具和重组债务，所清偿债务的账面价值与转让资产的账面价值以及权益工具和重组债务的确认金额之和的差额，应当计入“其他收益——债务重组收益”或“投资收益”（仅涉及金融工具时）科目。

（二）债权人的会计处理

债务重组采用以资产清偿债务、将债务转为权益工具、修改其他条款等方式的组合进行的，债权人应当首先按照《企业会计准则第22号——金融工具确认和计量》的规定确认和计量受让的金融资产和重组债权，然后按照受让的金融资产以外的各项资产在合同生效日的公允价值比例，对放弃债权在合同生效日的公允价值扣除受让金融资产和重组债权确认金额后的净额进行分配，并以此为基础分别确定各项资产的成本。放弃债权的公允价值与账面价值之间的差额，应当计入“投资收益”科目。

【例6-4】 甲公司2020年5月24日从乙公司购入A原材料，应付乙公司的账款为6 000万元。2020年8月6日，甲公司与乙公司达成了债务重组协议：甲公司以一项无形资产、一批库存商品和一项交易性金融资产清偿上述债务。甲公司用于抵债的无形资产的账面价值为120万元（原价为300万元，已累计摊销150万元，已计提减值准备30万元，公允价值为150万元，适用的增值税税率为6%）；用于抵债的库存商品的成本为3 500万元（未计提存货跌价准备），公允价值为4 000万元，适用的增值税税率为13%；用于抵债的交易性金融资产的账面价值为450万元（其中成本为350万元，公允价值变动为100万元），公允价值为550万元。

乙公司该项债权在重组当日的公允价值为5 300万元，已计提坏账准备100万元。该项债务重组协议于2020年8月20日履行完毕，该项债权债务就此结清。乙公司将取得的金融资产作为交易性金融资产核算。假定不考虑其他相关税费等因素。请做出甲、乙公司的账务处理（单位：万元）。

【解析】

（1）甲公司的账务处理。

借：应付账款	6 000	
累计摊销	150	
无形资产减值准备	30	
贷：库存商品		3 500
应交税费——应交增值税（销项税额）(520+9)		529
无形资产		300
交易性金融资产——成本		350
——公允价值变动		100
其他收益——债务重组收益		1 401

此处，甲公司以多种资产（含金融资产、非金融资产）混合抵偿债务，形成的差额，计入其他收益。

(2) 乙公司的账务处理。

按照金融工具相关准则的规定，乙公司取得的交易性金融资产应按照此时市场中的公允价值550万元作为入账价值；如有交易费用，则应冲减投资收益。

乙公司取得的多种非金融资产的入账价值应通过对放弃债权的公允价值进行分配的方式计算确定（金融资产以其自身公允价值入账，不参与分配）；如有不可抵扣的相关税费，则应计入非金融资产的入账价值中。

乙公司取得的无形资产的成本（含税）＝分配基数(5 300－550)×分配比例[150÷(150＋4 000)]＝171.69(万元)

其中，取得无形资产的进项增值税＝150×6%＝9（万元）

乙公司取得的库存商品的成本（含税）＝(5 300－550)×[4 000÷(150＋4 000)]＝4 578.31（万元）

或者，(5 300－550)－171.69＝4 578.31（万元）

其中，进项增值税＝4 000×13%＝ 520(万元)

乙公司在债务重组中应确认的损失＝(6 000－100)－5 300＝600（万元）

据此，做出以下账务处理(单位:万元)

借：交易性金融资产	550.00	
无形资产	162.69	
库存商品	4 058.31	
应交税费——应交增值税（进项税额）	529.00	
坏账准备	100.00	
投资收益——债务重组收益	600.00	
贷：应收账款		6 000.00

【例6-5】 2017年1月1日，甲公司取得乙银行贷款10 000万元，约定贷款期限为4年，年利率为6%，按年付息。2020年12月31日，甲公司出现严重资金周转问题，虽已按时支付所有上述贷款的利息，但无力偿还贷款本金。2021年1月10日，乙银行与甲公司就该项贷款重新达成协议，新协议约定：甲公司用一项以固定资产核算的房产抵偿债务本金2 000万元；向乙银行定向增发股票1 000万股抵偿债务本金4 000万元，股票当日的收盘价为4元/股；乙银行在甲公司履行上述偿债义务后，免除甲公司1 000万元债务本金，并将尚未偿还的债务本金3 000万元展期至2021年12月31日，年利率定为8%。若甲公司未按约定履行上述偿债义务，则乙银行有权终止债务重组协议，尚未履行的债权调整承诺失效。

2021年3月2日，双方办理完成房产转让手续。甲公司用于抵债的房产账面原值2 400万元，累计折旧800万元，未计提减值准备；乙银行将该房产作为固定资产核算。

2021年5月9日（债务重组日），双方办理完成股权转让手续，甲公司股票当日收盘价为4.02元/股。甲公司向乙银行增发的股票占甲公司股份总额的1%，乙银行将该股权投资分类为以公允价值计量且其变动计入当期损益的金融资产。

乙银行以摊余成本计量该贷款（以“贷款”科目进行会计核算），截至2021年1月10日，该贷款的账面价值为10 000万元，已计提贷款损失准备600万元。该贷款于2021年1月10日的公允价值为9 200万元，予以展期的贷款的公允价值为3 000万元。不考虑相关税费。请做出甲公司、乙银行的账务处理。

【解析】

（1）债权人的会计处理。

甲公司与乙银行以组合方式进行债务重组，同时涉及以资产清偿债务、将债务转为权益工具、债务豁免、修改其他条款等方式，可以认为对全部债权的合同条款做出了实质性修改，债权人在收取债权现金流量的合同权利终止时应当终止确认全部债权，即在2021年5月9日该债务重组协议的执行过程和结果不确定性消除时，可以确认债务重组相关损益，并按照修改后的条款确认新的金融资产。

债权人乙银行的账务处理如下：

①3月2日：

固定资产成本＝放弃债权公允价值9 200万元(生效日)－受让股权公允价值4 000万元(生效日1 000万股×4元/股)－重组债权公允价值3 000万元(生效日)＝2 200(万元)。

借：固定资产　　22 000 000

　贷：贷款——本金　　22 000 000

②5月9日：

受让股权的公允价值＝4.02(债务重组日)×1 000＝4 020(万元)

借：交易性金融资产　　40 200 000

　　贷款——本金（确认一项新的金融资产）　　30 000 000

　　贷款损失准备　　6 000 000

　　投资收益——债务重组收益　　180 000

　贷：贷款——本金（10 000－2 200）　　78 000 000

（2）债务人的会计处理。

该债务重组协议的执行过程和结果不确定性于2021年5月9日消除时，债务人清偿该部分债务的现时义务已经解除，可以确认债务重组相关损益，并按照修改后的条款确认新金融负债。债务人甲公司的账务处理如下：

①3月2日：

借：固定资产清理　　16 000 000

　　累计折旧　　8 000 000

　贷：固定资产　　24 000 000

借：长期借款——本金（假设甲公司以摊余成本计量负债）　　16 000 000

　贷：固定资产清理　　16 000 000

②5 月 9 日：

重组债务(新债务)未来现金流量现值=3 000×(1+8%)÷(1+6%)
=3 056.60(万元)

原债务(旧债务)剩余期间现金流量现值=3 000(万元)

现金流变化=(3 056.60−3 000)÷3 000=1.89%<10%，不构成债务契约的实质性修改，不应该终止确认原债务。

借：长期借款——本金	84 000 000
贷：股本	10 000 000
资本公积——股本溢价	30 200 000
长期借款——本金（确认一项新的金融负债）	30 566 000
投资收益——债务重组收益	13 234 000

五、债务重组的信息披露

债权人、债务人应在财务报告附注中披露债务重组的相关信息（见表 6-5）。

表 6-5　债务重组的信息披露内容

债务重组当事人	附注中披露的内容
债务人	(1) 根据债务重组方式，分组披露债务账面价值和债务重组相关损益 (2) 债务重组导致的股本等所有者权益的增加额
债权人	(1) 根据债务重组方式，分组披露债权账面价值和债务重组相关损益 (2) 债务重组导致的对联营企业或合营企业的权益性投资增加额，以及该投资占联营企业或合营企业股份总额的比例

案例 6-2　ST 庞大 2019 年扭亏为盈 债务重组减轻公司负担

庞大汽贸集团股份有限公司（下称"ST 庞大"）成立于 2003 年 3 月 3 日，主营汽车经销及维修、养护业务，属于汽车经销行业。公司代理销售车型包括乘用车、微型车、商用车等。

ST 庞大在年报中表示，受市场持续低迷、融资环境恶化等因素影响，2018 年度出现巨额亏损，且因资金严重不足、财产不能变现等原因，无法清偿到期债务，资金的严重不足造成 2019 年持续经营低迷，出现大批经销网点停运，经营不能正常运转。

公开资料显示，2010 年 ST 庞大网点数量最多曾达到 1 439 家。截至 2019 年 12 月 31 日，ST 庞大在中国及蒙古国拥有 402 家经营网点，网点数量较上年同期下滑幅度较大。

随着大批经销网点停运，2019 年 5 月 13 日，ST 庞大因拖欠北京冀东丰汽车销售服务有限公司 1 700 万元款项未支付，被该公司以不能清偿到期债务且有明显丧失清偿能力为由，向河北省唐山市中级人民法院提出对公司进行重整的申请。

河北省唐山市中级人民法院经审查后认为，ST 庞大符合重整条件，裁定受理庞大集团重整一案，ST 庞大正式进入重整程序。

进入重整之后，ST 庞大采取出售旗下 4S 店，引入重整投资人等方式来化解其债务危机。2019 年 12 月，ST 庞大重整计划执行完毕。

2020 年 6 月 23 日，ST 庞大发布 2019 年年度报告，2019 年公司实现营业收入 220.84 亿元，同比减少 47.47%；实现归属于上市公司股东净利润 1.16 亿元，较 2018 年实现扭亏为盈；实现扣除非经常性损益后的净利润—40.53 亿元，较 2018 年的—68.41 亿元，亏损幅度收窄。

ST 庞大公告显示，因 2019 年度公司重整，产生债务重组收益达到 40.09 亿元，从而导致公司利润变化较大。

【编者提示】

1. 请进一步阅读 ST 庞大的年度报告，分析其采用的债务重组方式。

2. ST 庞大的年度报告称，债务重组收益达到 40.09 亿元。请分析该公司债务重组收益应记入的会计科目。

资料来源：摘编自庞大汽贸集团公司公告。

练习题

一、单项选择题

1. 下列有关债务重组的表述中，错误的是（　　）。

A. 债务重组是指在不改变交易对手方的情况下，经债权人和债务人协定或法院裁定，就清偿债务的时间、金额或方式等重新达成协议的交易。

B. 债务人以单项或多项非金融资产清偿债务，或者以包括金融资产和非金融资产在内的多项资产清偿债务的，区分不同资产的处置损益，将所清偿债务账面价值与转让资产账面价值之间的差额，分别记入“其他收益——债务重组收益”和“投资收益”。

C. 企业针对一笔应付账款修改结算条款，交易对手方没有改变，属于债务重组。

D. 债权人受让非金融资产的成本包括放弃债权的公允价值和使该资产达到当前位置和状态所发生的可直接归属于该资产相关税费等其他成本。

2. 下列关于债务重组的说法中，错误的是（　　）。

A. 债权人受让非现金资产，债权人应当按其公允价值入账，重组债权的账面价值与受让资产公允价值之间的差额，确认为投资收益

B. 债务人采用将债务转为权益工具方式进行债务重组的，债务人初始确认权益工具时，应当按照权益工具的公允价值计量，权益工具的公允价值不能可靠计量的，应当按照所清偿债务的公允价值计量

C. 以修改其他条款进行债务重组的，如果修改其他条款导致债务终止确认，债务人应当按照公允价值计量重组债务，终止确认的债务的账面价值与重组债务确认金额之间的差额，计入投资收益

D. 以组合方式进行债务重组的，所清偿债务的账面价值与转让资产的账面价值以及权益工具和重组债务的确认金额之和的差额，计入其他收益或投资收益。

3. 在以非现金资产清偿债务的方式下，债权人收到非现金资产入账的标准是（　　）。

A. 放弃债权公允价值加上应支付的相关税费

B. 非现金资产的原账面价值加上应支付的相关税费

C. 非现金资产的原账面价值

D. 应收债权的账面价值加上应支付的相关税费

4. 甲公司向乙公司销售商品应收乙公司货款220万元，经协商，乙公司以银行存款190万元结清了全部债务。甲公司对该项应收账款已计提坏账准备12万元。假定不考虑其他因素，债务重组日甲公司因该项债务重组应确认的当期损益金额为（　　）万元。

A. 0　　　　B. 12　　　　C. 18　　　　D. 30

5. A公司销售一批商品给B公司，含税价为15万元。由于B公司发生财务困难，无法偿付该应付账款。A公司与B公司经协商进行债务重组，A公司同意B公司以其普通股3万股抵偿该项债务，该股票每股面值为1元，每股市价为4元，A公司取得这部分股权后，对B公司具有重大影响。A公司评估该笔应收账款的公允价值为15万元，假定不考虑其他因素，下列说法正确的是（　　）。

A. A公司应确认债务重组损失10万元，B公司应确认当期损益12万元

B. A公司应确认债务重组损失1万元，B公司应确认债务重组利得12万元

C. A公司应确认长期股权投资15万元，B公司应确认投资收益3万元

D. A公司应确认债务重组损失3万元，B公司应确认债务重组利得3万元

二、多项选择题

1. 甲公司应付乙公司的款项100万元到期，由于资金周转困难，甲公司就该债务与乙公司达成的下列偿债协议中，一般属于债务重组的有（　　）。

A. 甲公司以账面价值为110万元的无形资产清偿

B. 甲公司以账面价值为120万元的长期股权投资清偿

C. 减免甲公司20万元债务，剩余部分甲公司延期三年偿还，并计算利息

D. 减免甲公司20万元债务，剩余部分甲公司以现金立即偿还

2. 甲公司与乙公司签订债务重组协议，双方约定，甲公司以其拥有的一项无形资产抵偿所欠乙公司163.8万元货款，该项无形资产的公允价值为90万元，取得成本为120万元，已累计摊销10万元，乙公司该批应收账款的账面价值为163.8万元，经评估确定该项应收账款的公允价值为153.8万元。相关手续已于当日办妥。

乙公司取得该项资产后仍然确认为无形资产，不考虑增值税等相关税费及其他因

素，下列关于甲、乙公司会计处理的表述中，正确的有（　　）。

A. 甲公司确认当期损益53.8万元

B. 乙公司确认当期损益10万元

C. 甲公司确认资产处置损失20万元

D. 乙公司确认无形资产入账金额153.8万元

3. 甲公司应收乙公司账款的账面余额为5 000万元，该笔款项已逾期多时，乙公司一直拖欠未还。经双方协商同意，乙公司以其向甲公司发行1 000万股普通股偿还债务，每股面值为1元，每股市价为4元。相关股权登记手续已于2×19年8月10日办理完毕，双方办妥相关手续后，该项债权债务就此结清。甲公司经评估认定该项债权在债务重组时的公允价值为4 000万元，甲公司此前未对其计提坏账准备。甲公司取得上述股权后，对乙公司具有重大影响。甲公司为取得上述股权发生的直接相关费用为20万元。不考虑其他因素，下列说法中正确的有（　　）。

A. 乙公司确认债务重组收益为1 000万元

B. 乙公司按照发行股份的公允价值计量权益工具

C. 甲公司在该项债务重组中应确认的损益为－1 000万元

D. 甲公司取得乙公司1 000万股股权的入账价值为4 000万元

4. 以多项资产清偿债务或者组合方式进行债务重组的，关于债权人和债务人的会计处理，下列说法正确的有（　　）。

A. 债权人应优先考虑确认抵债非现金资产的入账价值

B. 债权人放弃债权的公允价值与账面价值之间的差额，应当计入当期损益

C. 债务人确认的权益工具应按照公允价值计量，公允价值和账面价值之差计入资本公积（溢价）

D. 债务人所清偿债务的账面价值与转让资产的账面价值以及权益工具和重组债务的确认金额之和的差额，应当计入当期损益

5. 下列各项中，不属于债务重组的有（　　）。

A. A企业同意发生财务困难的B企业推迟偿还货款的期限，并减少B企业偿还货款的金额

B. 债务人经与债权人协商，未达成一致意见的，仍以现金偿还全部债务

C. 银行同意出现财务困难的企业分期偿付银行贷款

D. 经债务人同意，债权人将应收账款出售给资产管理公司

三、综合分析题

1. 2020年8月10日，甲公司销售一批商品给乙公司，形成应收债权800万元。2020年12月5日经双方协商进行债务重组，协议约定：甲公司同意乙公司将其拥有的一项设备用于抵偿债务，乙公司该设备的账面原值为800万元，已累计计提折旧120万元，减值准备200万元，公允价值为500万元，适用的增值税税率为13%。甲公司已为该项应收账款计提80万元坏账准备，其公允价值为650万元。2021年2月20日，相关

资产转让手续办理完成。不考虑其他因素。

要求：分别编制债务人、债权人的会计分录。

2. 2020 年 7 月 1 日，甲公司因销售商品应收乙公司购货款及税款合计 8 000 万元，经双方协商同意进行债务重组，乙公司以其 1 500 万股普通股偿还债务（不考虑相关税费）。该普通股的面值为 1 元/股，市价为 4 元/股。甲公司该项应收账款的公允价值为 7 000 万元，已计提坏账准备 150 万元。股票登记手续已于 2020 年 8 月 10 日办理完毕，甲公司将其作为交易性金融资产核算。当日乙公司股票市价为 4.2 元/股。甲公司和乙公司均发生与股票相关的手续费 10 万元，已经以银行存款支付。

要求：(1) 编制甲公司上述相关业务的会计分录。

(2) 编制乙公司上述相关业务的会计分录。

第 7 章

外币会计

学习目标

在改革开放战略持续实施、不断深化的大背景下，我国企业与国外机构、个人的联系日趋紧密，企业跨国贸易、跨国并购、境外投融资等业务大量发生，外币会计已成为企业财务会计的重要组成部分。本章以《企业会计准则第 19 号——外币折算》为基础，重点讲述外币、外汇、汇兑损益的基本概念，外币会计核算及外币报表折算等内容。

第 1 节　外币业务会计概述

一、外币、外汇的相关概念

（一）外币

外币通常是指外国货币，也指本国货币以外的其他国家或地区的货币。外币常用于企业因贸易、投资等经济活动引起的对外结算业务。

会计上的“外币”是“记账本位币”的相对概念，即公司持有记账本位币以外的其他货币。

（二）外汇

外汇是指一国持有的以外币表示的、用以进行国际结算的支付手段。外汇可以从动态和静态两方面理解。动态的外汇是“国际汇兑”的简称，是把一个国家的货币兑换成另一个国家的货币，据以清偿国际债权债务关系的一种专门性的经营活动或行为。静态的外汇是指一种以外币表示的支付手段，用于国际结算。

在《中华人民共和国外汇管理条例》中，外汇包括：

（1）外币现钞，包括纸币、铸币等；

（2）外币有价证券，包括政府公债、国库券、公司债券、股票、息票等；

（3）外汇支付凭证或者支付工具，包括票据、银行存款凭证、银行卡等；

（4）其他外汇资产；

（5）特别提款权。

（三）外币兑换

外币兑换指用本国货币换取外国货币，或将外国货币换为本国货币等，主要发生在一些需要用外币结算的交易或政府实施外汇管理的环境中。

延伸阅读

哪些企业与外币、外汇业务有关

（1）“三资企业”，俗称“外企”（外商独资经营企业、中外合资经营企业与中外合作经营企业）；

（2）外向型企业：具有进口业务、出口业务或进出口业务兼具的企业；

（3）银行：外资银行、内资银行；

（4）境外有子公司或境外有母公司的企业；

（5）与国外企业、机构有业务联系的其他企业。

以上可统称“涉外企业”。

（四）外币折算

外币折算指将不同的外币金额换算成同一本国货币（或特定的外币）等值的程序，它是会计上对原有外币金额的重新表述，与外币兑换既有联系又有区别（见表7-1）。

表7-1 外币兑换与外币折算的异同

项目	外币兑换	外币折算
不同点	是一种实际交换，实质上改变了货币的种类，例如，企业以持有的人民币购入美元等。通常由外汇市场中的商业银行等金融机构办理	只是改变货币表述，即从一种货币计量单位重新表述为另一种货币计量单位。不是将一种货币兑换成另一种货币的过程，不是实际交易。例如，企业持有的1万美元，按1美元折合6.7元人民币的汇率折算，其价值相当于人民币67 100元。
相同点	都是以汇率为基础进行的	

（五）外币会计中的其他相关概念

外币会计中的其他相关概念如表7-2所示。

表7-2 外币会计中的其他相关概念

项目	释义	备注
结汇和售汇	结汇是外汇收入所有者将其外汇收入出售给外汇指定银行，外汇指定银行按一定汇率付给等值的本币的行为。结汇有强制结汇、意愿结汇和限额结汇等多种形式。 售汇指外汇指定银行将外汇卖给外汇使用者，并根据交易行为发生之日的人民币汇率收取等值人民币的行为。这是我国的特有事项，是人民币与外币转换支付的一种控制方式，或者说是在人民币并没有完全放开时进行外币业务处理的一种特殊规定。	
现钞和现汇	外汇现钞指的是企业或个人手中直接持有的外币钞票；外汇现汇则是指境外寄来后直接存储于银行的汇款。 一般情况下，经营外汇业务的银行的现汇买入价高于现钞买入价，而现钞和现汇的卖出价则一般是相等的。但是若企业将现钞汇往境外，就需要将现钞的汇率调整至现汇的汇率。	
经常项目和资本项目	经常项目是指国际收支中经常发生的交易项目，包括贸易收支、劳务收支、单方面转移等。 资本项目是指国际收支中因资本输出和输入而产生的资产与负债的增减项目，包括直接投资、各类贷款、证券投资等。就目前来看，我国基本上实现了人民币经常项目可兑换，尚未实现资本项目可兑换。	
货币性项目	货币性资产，包括库存现金、银行存款、应收账款、应收票据、其他应收款、长期应收款、贷款、债权投资等。 货币性负债，包括短期借款、应付账款、应付票据、其他应付款、应付利息、长期借款、应付债券、长期应付款等。	只有货币性项目，有必要设置外币账户，并于资产负债表日按即期汇率进行账面调整，产生汇兑损益。
非货币性项目	非货币性资产，包括交易性金融资产、存货、长期股权投资、固定资产、在建工程、工程物资、无形资产等（参见第4章）。 非货币性负债，如交易性金融负债、预收账款等。	以历史成本计量的外币非货币性项目，由于已在交易发生日按当日即期汇率折算，资产负债表日不应改变其原记账本位币金额，不产生汇兑损益。 以公允价值计量的外币非货币性项目，如交易性金融资产（股票、基金等），采用公允价值确定日的即期汇率折算，折算后的记账本位币金额与原记账本位币金额之间的差额，作为公允价值变动（含汇率变动）处理，计入“公允价值变动损益”账户。

延伸阅读

企业外汇业务的监管环境

（1）登记管理。国家外汇管理部门实行“贸易外汇收支企业名录”登记管理，通过货物贸易外汇监测系统发布名录。不在名录的企业，银行和支付机构原则上不得为其办理外汇收支业务。

（2）分类管理。外汇管理部门对新列入名录的企业进行辅导期标识，辅导期为企业发生首笔货物贸易外汇收支业务之日起90天。外汇管理部门对货物贸易收支异常的辅导期企业进行重点监测和核查，并实施分类管理。

外汇管理部门根据企业遵守外汇管理规定等情况，将企业分为A、B、C三类。在分类管理有效期内，对A类企业的货物贸易外汇收支，适用便利化的管理措施。对B、C类企业的货物贸易外汇收支，在单证审核、业务类型及办理程序、结算方式等方面实施审慎监管。

（3）结汇、售汇与付汇、购汇管理。企业的货物贸易等经常项目外汇收入，可以按照国家有关规定保留或者卖给经营结汇、售汇业务的金融机构。经常项目外汇支出，应当凭有效单证以自有外汇支付或者向经营结汇、售汇业务的金融机构购汇支付。

（4）直接投资外汇管理。境外机构、个人在境内直接投资，经有关主管部门批准后，到外汇管理机关办理登记。境内机构、个人向境外直接投资或者从事境外有价证券、衍生产品的发行、交易行为，应按照国务院外汇管理部门的规定办理登记。

（5）外币现钞的限额管理。个人或机构携带、申报外币现钞出入境，实行限额管理。个人原则上不得携带超过等值1万美元外币现钞出境，确有需要携带超过等值1万美元外币现钞出境的，需向存款或购汇银行所在地外汇管理部门申领《携带外汇出境许可证》。

资料来源：摘编自国家外汇管理局《经常项目外汇业务指引（2020年版）》。

二、记账本位币的确定

（一）记账本位币

记账本位币是指企业经营所处的主要经济环境中的货币。主要经济环境通常是指企业主要收取或支出现金的环境，使用该环境中的货币最能反映企业主要交易的经济结果。

在我国，会计核算以人民币作为记账本位币。业务收支以人民币以外的货币为主要单位，可以选定其中一种货币作为记账本位币，但是编报的财务会计报告应当折算为人民币。企业记账本位币一经确定，不得随意变更，除非企业经营所处的主要经济环境发生重大变化。

企业选定记账本位币，应当考虑下列因素：

（1）收入环节。该货币主要影响商品和劳务的销售价格，通常以该货币进行商品和劳务的计价和结算。如国内甲公司为从事贸易的企业，90%以上的销售收入以人民币计价和结算，则人民币是主要影响甲公司商品和劳务销售价格的货币。

（2）费用环节。该货币主要影响商品和劳务所需人工、材料和其他费用，通常以该货币进行上述费用的计价和结算。如国内乙公司为工业企业，所需机器设备、厂房、人工以及原材料等均在国内采购，以人民币计价和结算。人民币是主要影响商品和劳务所需人工、材料和其他费用的货币。

实务中，企业选定记账本位币，通常应综合考虑上述两项因素，而不是仅考虑其中一项，因为企业的经营活动往往是收支并存的。如国内A公司为外贸自营出口企业，超过70%的营业收入来自向欧盟各国的出口，以欧元计价。同时，A公司生产所需原材料、机器设备及70%以上的人工成本以欧元在欧盟市场采购，则A公司可以选定欧元为记账本位币。

（3）融资活动。在有些情况下，企业根据收支情况难以确定记账本位币，需要在收支基础上结合融资活动获得的资金或从经营活动中收取款项时所使用的货币，综合分析后做出判断。

（二）境外经营记账本位币的确定

确定企业是否为境外经营，不仅看企业的地理位置是否在境外，主要看企业选定的记账本位币是否与其母公司等使用的记账本位币相同。比如，企业在境外的子公司、合营企业、联营企业、分支机构等，一般采用所在国（地区）的货币作为记账本位币，这样的单位即为境外经营单位。

企业在境内的子公司、合营企业、联营企业、分支机构等，若与其母公司、投资方采用的记账本位币不同，也应当视为境外经营，虽然它们同在境内。

企业选定境外经营的记账本位币，还应当考虑下列因素：

（1）境外经营对所从事的活动是否拥有很强的自主性。如果自主性较强，则应选用其他货币作为记账本位币。

（2）境外经营活动中与企业的交易是否在境外经营活动中占有较大比重。如果比重较大，则应采用与企业记账本位币相同的货币作为记账本位币；反之，应选择其他货币。

（3）境外经营活动产生的现金流量是否直接影响企业的现金流量，是否可以随时汇回。如果境外经营活动产生的现金流量直接影响企业的现金流量，并可随时汇回，则境外经营应当选择与企业记账本位币相同的货币作为记账本位币；反之，应选择其他货币。

（4）境外经营活动产生的现金流量是否足以偿还其现有债务和可预期的债务。如果难以偿还，则应该采用与企业记账本位币相同的货币作为记账本位币；反之，应选择其他货币。

例如，国内B公司以人民币作为记账本位币。该公司在欧盟国家设有一家子公司P公司，P公司在欧洲的经营活动拥有完全的自主权：自主决定经营政策、销售方式、进货来源等。B公司与P公司除投资与被投资关系外，基本不发生业务往来。P公司的产品主要在欧洲市场销售，其一切费用开支等均由P公司在当地自行解决。由于P公司主要收支现金的环境在欧洲，且P公司对自身经营活动拥有很强的自主性，P公司与B公司之间除了投资与被投资关系外，基本无其他业务往来，因此，P公司应当选择欧元作为记账本位币。

（三）记账本位币的变更

企业因经营所处的主要经济环境发生重大变化，确需变更记账本位币的，应当采用变更当日的即期汇率将所有项目折算为变更后的记账本位币，折算后的金额作为新的记账本位币的历史成本。由于采用同一即期汇率进行折算，因此，不会产生汇兑差额。当然，企业需要提供确凿的证据证明企业经营所处的主要经济环境确实发生了重大变化，并应当在附注中披露变更的理由。

（四）外币业务分类

企业的外币业务可分为外币交易与外币报表折算，如图 7－1 所示。

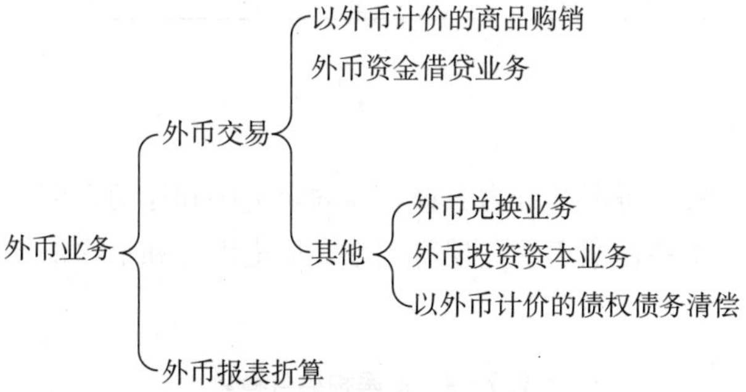

图 7－1　外币业务分类

图 7－1 显示，“涉外企业”常见的外币业务主要包括：

（1）以外币计价的商品购销，即企业的进出口活动。

（2）外币资金借贷业务，即企业取得的外币贷款、发行外币债券等，如外资银行给所在国企业发放外币贷款等。

（3）外币兑换业务，是在企业不能自由支配外币的情况下，与银行进行的将外币兑换为人民币或以人民币购入外币的业务。

（4）外币投入资本业务，是境外股东对企业投入外币的业务。股东投资外币时，被投资企业会计上实收资本（股本）的记录应为外币金额及按收到外币时的汇率折算的人民币金额。

（5）以外币计价的债权债务清偿，主要是指外币借款、债券的还本付息业务。

（6）中国公司在国外有子公司或母公司的情况下，编制合并财务会计报表时，应将母公司、子公司不同货币单位的报表折算为同一货币单位的报表，此过程称为外币报表折算。

三、汇率

（一）汇率及其标价方法

汇率是一国货币兑换或折算为另一国货币的比率，也就是用一国货币表示的另一国货币的价格，汇率又称为“汇价”“比价”“外汇牌价”。确定两种货币之间的汇率，按采用哪个国家的货币作为标准，可以分为直接标价法和间接标价法，其概念及区别如表7-3所示。

表7-3　汇率标价方法

标价方法	概述	采用的国家
直接标价法	以一定单位的外国货币为标准，折算为本国货币来表示其汇率。 采用直接标价法时，外汇汇率的升降与本国货币币值的升降成反比变化。	中国、德国等多数国家。如在我国，汇率的表述方式为1美元折合6.2元人民币等。
间接标价法	以一定单位的本国货币为标准，折算为一定数额的外国货币来表示其汇率。 用间接标价法时，外汇汇率的升降与本国货币币值的升降成正比变化。	美国、英国等少数国家。如在美国，汇率的表述方式为1美元折合6.2元人民币等。

（二）汇率种类

从不同的角度，可以将汇率分为五种，即固定汇率和浮动汇率，银行挂牌汇率和外汇市场汇率，即期汇率和远期汇率，现行汇率、历史汇率和平均汇率，记账汇率和账面汇率（见表7-4）。

表7-4　汇率种类与释义

汇率种类	释义
固定汇率和浮动汇率	固定汇率是一国货币兑换另一国货币的汇率基本稳定，汇率的波动仅限制在一定幅度内。 浮动汇率是一国货币当局对本国货币与另一国货币的比价不作规定，完全由外汇市场的供求状况决定。
银行挂牌汇率和外汇市场汇率	银行挂牌汇率是由银行挂牌进行外汇兑换的汇率，分为买入汇率、卖出汇率和中间价。 外汇市场汇率是在外汇市场上挂牌的外汇买卖汇率，一般有买入汇率、卖出汇率和中间价。
即期汇率和远期汇率	即期汇率也称现汇汇率，是买卖双方成交的当天或两个营业日以内进行交割的汇率。 远期汇率是外汇买卖双方事先签订合同，协议规定今后某一时日据以交割的汇率。
现行汇率、历史汇率和平均汇率	现行汇率是现在某一时点的汇率。 历史汇率是过去某一时点的汇率。 平均汇率是对现行汇率或历史汇率的简单或加权平均数。
记账汇率和账面汇率	记账汇率是对非记账本位币的现金、银行存款、银行借款和各种应收应付款项的增加金额折合为记账本位币入账时所采用的汇率，即记账时采用的汇率。 账面汇率是企业以往外币业务发生时，所采用的已经登记入账的汇率，即过去的记账汇率。会计账面上已入账的所有外币业务的汇率都是账面汇率。

例如，中国的A公司于3月1日从美国的B公司买入一批货物，3月1日汇率USD＄1=RMB￥6.13，在双方签订的合同中规定：A公司于4月1日交付货款，汇率为USD＄1=RMB￥6.42。此时，USD＄1=RMB￥6.13为即期汇率，USD＄1=RMB￥6.42为远期汇率。到了4月1日，USD＄1=RMB￥6.42为即期汇率（现行汇

率），USD＄1＝RMB￥6.13为历史汇率。

又如，假设M公司短期借款明细账如表7-5所示，经查询，4月10日归还美元贷款时的即期汇率、记账汇率为5.90，该项业务发生后，短期借款美元余额为10 000美元，对应的折算后的记账本位币即人民币的账面余额为63 800元（期初余额181 800元一本期发生额118 000元），此时，由账面结出的汇率6.38(63 800÷10 000）为账面汇率。

4月30日，即期汇率或称市场汇率为6.22，与账面汇率6.38存在差异，使短期借款外币余额10 000美元的市场价值与账面价值产生差额62 200－63 800＝－1 600（元）。M公司应据此对短期借款这一货币性项目进行调整，确认汇兑损益1 600元。其经济意义是，美元贬值时，按照6.22的汇率归还10 000美元借款，企业可以少付人民币1 600元，即产生汇兑损益（收益）1 600元。

表7-5 M公司短期借款明细账

日期	摘要	借方			贷方			余额		
		USD＄	汇率	RMB￥	USD＄	汇率	RMB￥	USD＄	汇率	RMB￥
4月1日	月初余额							30 000	6.06	181 800
4月10日	归还借款	20 000	5.90	118 000				10 000	6.38	63 800
4月30日	合计	20 000		118 000				10 000	6.38	63 800
4月30日	月末调整			1 600				10 000	6.22	62 200

四、汇兑损益

（一）汇兑损益的概念

汇兑损益是外币会计领域独有的概念。它是指将外币业务的外币资产或者负债折合为记账本位币时，由于汇率变动而形成的差异额。实际业务中，汇兑损益是由交易损益和报表折算损益两部分构成的（见图7-2）。

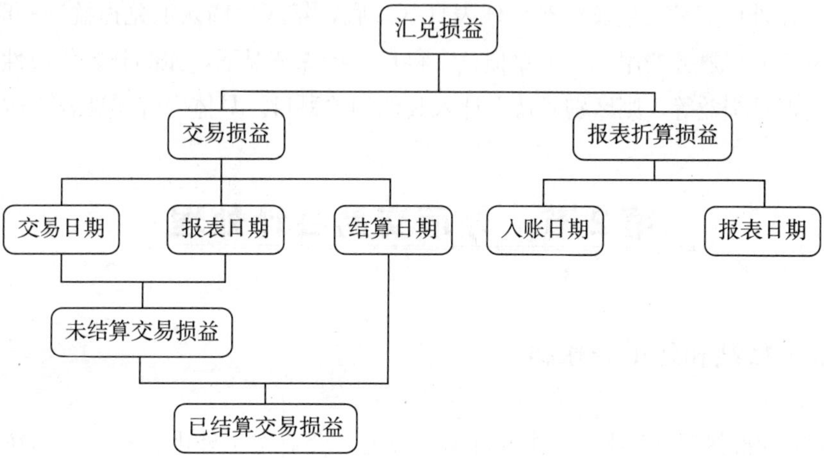

图7-2 汇兑损益构成

案例7-1　不同类型汇兑损益的形成过程

（1）交易损益——我国A公司向美国公司B进口货物，交易价格为10万美元，折合人民币60万元，款未付。30天后，A公司付款，此时美元升值，折合人民币63万元，由此产生交易损益（损失）人民币3万元。

（2）兑换损益——A公司取得资金10万美元，折合人民币60万元。10日后，卖给银行，此时汇率变动，美元贬值，折合人民币为59万元，前后产生的差额1万元为兑换损益（损失）。兑换损益是在交易中产生的，构成另一种交易损益。

（3）调整损益——5月11日，A公司账户中有10万美元，折合人民币60万元；5月31日（资产负债表日），由于美元升值，10万美元折合人民币62万元。在报表上应反映2万元人民币的差额，称为调整损益。

（4）折算损益——在外币报表核算过程中，由于不同项目采用不同的汇率而形成资产和权益的差额。

（5）已实现的汇兑损益——A公司账户中有10万美元，折合人民币60万元；10日后，由于汇率变动，折合人民币62万元。若A公司此时卖掉美元，换得人民币，则前后差额2万元为已实现的汇兑损益。上述交易损益、兑换损益均为已实现的汇兑损益。

（6）未实现的汇兑损益——5月11日A公司账户中有10万美元，折合人民币60万元。5月31日，折合人民币62万元。汇率变动，但美元并未动用，前后差额2万元仅为账面调整损益，也即未实现的汇兑损益。上述调整损益、折算损益均为未实现的汇兑损益。

资料来源：耿建新，等．高级会计学．第8版．北京：中国人民大学出版社，2019.

（二）汇兑损益的确认与账务处理

企业应在外币交易发生及资产负债表日（月底、年底）确认汇兑损益。一般情况下，计入期间费用的“财务费用——汇兑损益”科目。特殊情况下，如部分非货币性项目期末调整形成的汇兑损益等，则区别对待，计入其他相关科目。具体内容详见表7-14。

第2节　外币交易会计处理

一、外币统账制和外币分账制

《企业会计准则第19号——外币折算》规定，企业发生外币交易，应当在初始确认时按照交易发生日记账本位币（人民币）与外币之间的即期汇率将外币交易金额折算为记账本位币金额入账；也可以采用即期汇率的近似汇率进行折算。这种方法称为外币统账制。

当然，业务收支以人民币以外的货币为主的企业，可以选定其中一种外币作为记账本位币，在资产负债表日，分别按货币性项目和非货币性项目进行调整，产生的汇兑差额计入当期损益。这种方法称为外币分账制。两种方法的区别如表 7－6 所示。

表 7－6　外币统账制与外币分账制的区别

记账方法	特点	适用的企业类型
外币统账制	企业在发生外币交易时，折算为记账本位币入账。	业务收支以人民币为主、外币为辅的企业。从我国企业外币业务的现状看，绝大多数企业采用外币统账制。
外币分账制	企业在日常核算时直接以外币记账，在资产负债表日，分别按货币性项目和非货币性项目进行调整：货币性资产按资产负债表日即期汇率折算，非货币性项目按交易日即期汇率折算，产生的汇兑差额计入当期损益。	业务收支以外币为主、人民币为辅的企业。

在我国，业务收支以人民币以外的货币为主的企业尚属少数，外币分账制的使用范围相对狭小，因此，以下仅讲述外币统账制下的账户设置、会计核算程序及其示例。

在外币统账制下，对外币交易的核算不单独设置科目，对外币交易金额因汇率变动而产生的差额可在“财务费用”科目下设置二级科目“汇兑损益”反映，期末余额结转入“本年利润”科目。外币统账制下会计核算的基本程序如图 7－3 所示。

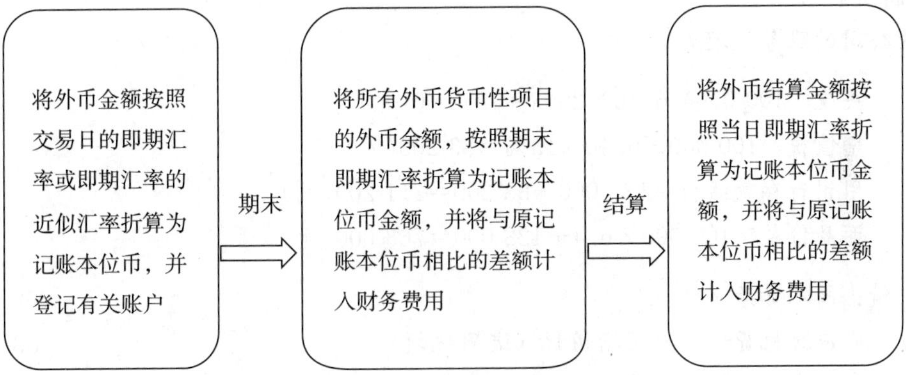

图 7－3　外币统账制的核算程序

二、外币交易的初始确认

外币交易应当在初始确认时，采用交易日的即期汇率或即期汇率的近似汇率将外币金额折算为记账本位币金额。这里的即期汇率可以是外汇牌价的买入价或卖出价，也可以是中间价。在与银行进行货币兑换的情况下，一般以中间价作为即期汇率。

（一）外币购销业务

【例7-1】 2020年1月10日，中国A公司从美国B公司进口一批商品，计价10 000美元，当日的即期汇率为1美元=6.40元人民币，进口关税税率为10%，进口增值税税率为13%，货款尚未支付，进口关税和增值税由银行存款支付。请做出A公司的账务处理。

【解析】

A公司的账务处理为：

关税=10 000×6.40×10%=6 400(元)

增值税=10 000×6.40×13%=8 320(元)

用银行存款缴税=6 400+8 320=14 720(元)

商品价款=10 000×6.4+6 400=70 400(元)

借：库存商品	70 400	
应交税费——应交增值税（进项税额）	8 320	
贷：应付账款——美元户(10 000×6.40)		64 000
银行存款——人民币户		14 720

【例7-2】 2020年1月10日，中国A公司从美国B公司购入一台不需要安装的设备，价款100 000美元，当日的即期汇率为1美元=6.40元人民币，款未付。进口关税税率为20%，进口增值税税率为13%。请做出A公司的账务处理。

【解析】

A公司的账务处理为：

关税=100 000×6.40×20%=128 000(元)

增值税=100 000×6.40×13%=83 200(元)

用银行存款缴税=128 000+83 200=211 200(元)

商品价款=100 000×6.4+128 000=768 000(元)

借：固定资产	768 000	
应交税费——应交增值税（进项税额）	83 200	
贷：应付账款——美元户（100 000×6.40）		640 000
银行存款——人民币户		211 200

（二）外币借款业务

【例7-3】 2020年1月10日，中国A企业向中国银行借款300 000美元，约定两个月后还本付息，年利率为6%，借款当日即期汇率为1美元=6.20元人民币，2020年3月10日汇率为1美元=6.30元人民币。A企业以人民币为记账本位币，以外币交易发生日的即期汇率为记账汇率。请做出A公司的账务处理。

【解析】

A企业的账务处理为：

(1) 2020年1月10日，借入时：

借：银行存款——美元户（300 000×6.20）　　1 860 000

　贷：短期借款——美元户　　1 860 000

应该注意的是，银行存款、短期借款均属于货币性项目，资产负债表日均需按照该日市场汇率（即期汇率）进行账面调整，确认汇兑损益（见例7-7、例7-8）。

(2) 2020年3月10日，到期还本付息时：

利息=300 000×6%×2/12×6.30=18 900(元)

借：短期借款——美元户（300 000×6.30）　　1 890 000

　　财务费用——利息支出　　18 900

　贷：银行存款——美元户　　1 908 900

(三) 外币兑换业务

1. 以人民币兑换外币（企业购汇、银行售汇）

【例7-4】　深圳A公司因高管人员境外出差需要，从银行分别购入1 000美元现钞和现汇。当日中国人民银行的外汇牌价为1美元=6.11元人民币，银行的现钞买入价为6.049 2，现钞卖出价为6.122 2；现汇买入价为6.097 8，现汇卖出价为6.122 2。请做出A公司的账务处理。

【解析】

A公司对不同情况的会计处理为：

(1) 购买现钞时：

借：库存现金——美元户（1 000×6.11）　　6 110.00

　　财务费用——汇兑损益　　12.20

　贷：银行存款——人民币户（1 000×6.122 2）　　6 122.20

(2) 购买现汇时：

借：银行存款——美元户（1 000×6.11）　　6 110.00

　　财务费用——汇兑损益　　12.20

　贷：银行存款——人民币户（1 000×6.122 2）　　6 122.20

需要注意的是，在外币兑换交易中，外币按照市场汇率记录，记账本位币按照银行的卖出汇率记录；由于银行在卖出外币时钞、汇同价，二者支付记账本位币数额相等，因此记录的汇兑损益数额也相等。

2. 以外币兑换人民币（企业结汇、银行购汇）

【例7-5】　沿用例7-4的资料，假设A公司向银行分别卖出1 000美元现钞和现汇，卖出当日中国人民银行的汇率为1美元=6.11元人民币，银行的现钞买入价为

6.049 2 元，现钞卖出价为 6.122 2 元；现汇买入价为 6.097 8 元，现汇卖出价为 6.122 2 元。请做出 A 公司的账务处理。

【解析】

该公司对不同情况的会计处理为：

（1）卖出现钞时：

借：银行存款——人民币户（1 000×6.049 2）	6 049.20
财务费用——汇兑损益	60.80
贷：库存现金——美元户（1 000×6.11）	6 110.00

（2）卖出现汇时：

借：银行存款——人民币户（1 000×6.097 8）	6 097.80
财务费用——汇兑损益	12.20
贷：银行存款——美元户（1 000×6.11）	6 110.00

由上述会计处理可看出，外币按照市场汇率记录，记账本位币按照银行买入汇率记录；由于银行在买入外币时对现钞、现汇采用不同的汇率，二者得到的记账本位币数额不相等，因此记录的汇兑损益数额也不同。

（四）接受外币投资业务

企业收到投资者以外币投入的资本，应当采用交易日即期汇率折算，不能采用合同约定的汇率折算，也不能采用即期汇率的近似汇率折算，且折算、记账后实收资本（股本）账户不因未来汇率变动而调整，以保证投资者（股东）的股份比例不因汇率变动而变动。这样，外币投入资本与相应的货币性项目的记账本位币金额相等，不产生外币资本折算差额。

【例 7-6】 深圳 A 公司拟接受国外某公司的股权投资。投资合同规定，外方的投资分两期投入。第一期为 30 万美元，在该合资企业实际收到外方汇来的美元时，美元兑人民币的汇率是 1∶6.10；第二期为 40 万美元，在该合资企业实际收到外方汇来的美元时，美元兑人民币的汇率是 1∶6.20。请做出 A 公司的账务处理。

【解析】

该合资企业在收到投入资本时进行的会计处理为：

（1）借：银行存款——美元户（300 000×6.10）　　1 830 000

　　贷：实收资本或股本（可视情况将高于注册资本的数额计入资本公积）

　　　　1 830 000

（2）借：银行存款——美元户（400 000×6.20）　　2 480 000

　　贷：实收资本或股本（可视情况将高于注册资本的数额计入资本公积）

　　　　2 480 000

本例中，A 公司实收资本账户余额为 4 310 000 元(1 830 000+2 480 000)，以后无论美元对人民币的汇率如何变化，都不需要对该账户余额进行调整，除非 A 公司收到股东的追加投资。

三、外币交易的期末调整或结算

会计期末，企业应当分别对外币货币性项目和外币非货币性项目进行处理。

(一) 货币性项目

外币货币性项目，如应收账款、应收票据、贷款、债权投资、短期借款、应付账款等，都有一个共同点，即未来都需要与交易对手进行结算，其价值受未来汇率变动的影响较大。如表7-2所述，只有货币性项目，才有必要设置外币账户，并按资产负债表日的即期汇率对外币货币性项目进行折算。因资产负债表日即期汇率与初始确认时或者前一资产负债表日即期汇率不同而产生的汇兑差额，计入当期损益。同时，调增或调减外币货币性项目的记账本位币金额；需要计提减值准备的，应当按资产负债表日的即期汇率折算后，再计提减值准备。

【例7-7】 假设A公司采用交易发生日的即期汇率作为记账汇率。2020年4月30日的有关资料如表7-7所示。

表7-7　货币性项目账户余额表

账户名称	外币金额（美元）	汇率	折合为记账本位币金额（人民币元）
银行存款——美元户	300 000	1美元=6.30元人民币	1 890 000
应收账款——甲公司（美元户）	100 000	1美元=6.30元人民币	630 000
应付账款——乙公司（美元户）	50 000	1美元=6.30元人民币	315 000
短期借款——ICBC（美元户）	200 000	1美元=6.30元人民币	1 260 000

2020年5月发生的业务如下：

(1) 5月2日赊销一批商品给甲公司，价款为220 000美元，当日即期汇率为1美元=6.20元人民币。

(2) 5月11日从乙公司进口一批原材料，价款为200 000美元，材料已验收入库，货款尚未支付。当日即期汇率为1美元=6.40元人民币。

(3) 5月18日，归还ICBC短期借款100 000美元，当日即期汇率为1美元=6.35元人民币。

(4) 5月22日将50 000美元卖给中国银行，中国银行当天卖出价为1美元=6.30元人民币，买入价为1美元=6.20元人民币，中间价为1美元=6.25元人民币。

(5) 5月30日当日即期汇率为1美元=6.40元人民币。

假设不考虑企业进出口环节的增值税、关税及其他税费。请做出A公司有关账务处理并计算汇兑损益。

【解析】

（1）A公司的会计分录如下：

借：应收账款——甲公司（美元户）（220 000×6.20）	1 364 000	
贷：主营业务收入		1 364 000
借：原材料	1 280 000	
贷：应付账款——乙公司（美元户）（200 000×6.40）		1 280 000
借：短期借款——ICBC银行（美元户）（100 000×6.35）	635 000	
贷：银行存款——美元户（100 000×6.35）		635 000
借：银行存款——人民币户（50 000×6.20）	310 000	
财务费用——汇兑损益	2 500	
贷：银行存款——美元户（50 000×6.25）		312 500

（2）根据以上分录，通过"T"型账户分析各货币性项目外币户余额及对应的记账本位币折算数的余额：

银行存款——美元户

借方	贷方
月初：300 000	
	（3）100 000
	（4）50 000
期末 150 000	

应收账款——甲公司（美元户）

借方	贷方
月初：100 000	
（1）220 000	
期末 320 000	

应付账款——乙公司（美元户）

借方	贷方
	月初：50 000
	（2）200 000
	期末 250 000

短期借款——ICBC银行（美元户）

借方	贷方
	月初：200 000
（3）100 000	
	期末 100 000

银行存款——外币对应的人民币折算数

借方	贷方
月初：1 890 000	
	（3）635 000
	（4）312 500
942 500 960 000 } 17 500	

应收账款——甲公司（外币）对应的人民币折算数

借方	贷方
月初：630 000	
（1）1364 000	
1 994 000 2 048 000 } 54 000	

应付账款——乙公司（外币）对应的人民币折算数

借方	贷方
	月初：315 000
	（2）1 280 000
	1 595 000 1 600 000 } 5 000

短期借款——外币对应的人民币折算数

借方	贷方
	月初：1 260 000
（3）635 000	
	625 000 640 000 } 15 000

说明：（1）A公司5月份发生业务的人民币金额折算汇率为当日即期汇率。

（2）“□”中金额为用期末即期汇率将期末外币金额折算为记账本位币的金额。

（3）下划线数字为用当日记账汇率和期末汇率折算期末余额之间的差额，即汇兑损益。

（3）根据上述业务登记银行存款日记账、应收账款明细账、应付账款明细账和短期借款明细账（见表7-8、表7-9、表7-10、表7-11）。

表7-8　银行存款——美元户

日期	摘要	借方			贷方			余额		
		美元	汇率	人民币元	美元	汇率	人民币元	美元	汇率	人民币元
5月1日	月初余额							300 000	6.30	1 890 000
5月18日	归还借款				100 000	6.35①	635 000	200 000		1 255 000
5月22日	出售美元				50 000	6.25	312 500	150 000		942 500
5月30日	合计				150 000		947 500	150 000	6.28②	942 500
5月31日	月末调整			17 500				150 000	6.40③	960 000

①为记账汇率。
②为账面汇率，此处为942 500÷150 000≈6.28。
③为期末即期汇率。

表7-9　应收账款——甲公司（美元户）

日期	摘要	借方			贷方			余额		
		美元	汇率	人民币元	美元	汇率	人民币元	美元	汇率	人民币元
5月1日	月初余额							100 000	6.30	630 000
5月2日	赊销商品	220 000	6.20	1 364 000				320 000		1 994 000
5月30日	合计	220 000		1 364 000				320 000		1 994 000
5月31日	月末调整			54 000				320 000	6.40	2 048 000

表7-10　应付账款——乙公司（美元户）

日期	摘要	借方			贷方			余额		
		美元	汇率	人民币元	美元	汇率	人民币元	美元	汇率	人民币元
5月1日	月初余额							50 000	6.30	315 000
5月11日	购买材料				200 000	6.40	1 280 000	250 000		1 595 000
5月30日	合计				200 000		1 280 000	250 000		1 595 000
5月31日	月末调整						5 000	250 000	6.40	1 600 000

表 7－11 短期借款——ICBC（美元户）

日期	摘要	借方			贷方			余额		
		美元	汇率	人民币元	美元	汇率	人民币元	美元	汇率	人民币元
5月1日	月初余额							200 000	6.30	1 260 000
5月18日	归还借款	100 000	6.35	635 000				100 000		625 000
5月30日	合计	100 000		635 000				100 000		625 000
5月31日	月末调整						15 000	100 000	6.40	640 000

（4）有关“汇兑损益”的计算与会计分录如下：

1）根据表 7－8，月末“银行存款——美元户”外币余额为 150 000 美元，账面人民币余额为 942 500 元，按月末汇率折合应为 960 000 元，应调整 17 500 元。其会计分录为：

借：银行存款——美元户　　17 500
　贷：财务费用——汇兑损益　　17 500

同理，根据表 7－9 至表 7－11，做如下会计分录：

借：应收账款——甲公司（美元户）　　54 000
　贷：财务费用——汇兑损益　　54 000
借：财务费用——汇兑损益　　5 000
　贷：应付账款——乙公司（美元户）　　5 000
借：财务费用——汇兑损益　　15 000
　贷：短期借款——美元户　　15 000

2）也可将上述四个分录合并为一个会计分录。

借：银行存款——美元户　　17 500
　　应收账款——甲公司（美元户）　　54 000
　贷：应付账款——乙公司（美元户）　　5 000
　　　短期借款——美元户　　15 000
　　　财务费用——汇兑损益　　51 500

（5）本例中汇兑损益为：期末调整损益 51 500 元－日常交易损益 2 500 元＝49 000（元）。

【例 7－8】 2020 年 6 月 1 日甲公司有关外币账户情况如表 7－12 所示。

表 7－12 货币性项目期初余额

项目	外币期初数额（美元）	期初汇率	折合人民币数额（元）
银行存款（美元）	3 000	1 美元＝7.20 元人民币	21 600
应收账款——A公司（美元）	5 000	1 美元＝7.20 元人民币	36 000
应付账款——B公司（美元）	2 000	1 美元＝7.20 元人民币	14 400

6月份发生如下业务：

(1) 6月1日从B公司进口原材料，价值7 000美元，货款尚未支付，当日美元兑人民币汇率为1∶7.30。

(2) 6月5日向A公司出口产品，价值3 000美元，货款尚未收到，当日美元兑人民币汇率为1∶7.25。

(3) 6月18日用人民币44 000元兑换6 000美元，并于当日全部用于归还对B公司的部分欠款，当日中国人民银行的外汇牌价为美元兑人民币为1∶7.30。

(4) 6月24日收到A公司归还的欠款4 000美元，当日美元兑人民币汇率为1∶7.25。

该企业采用即期汇率记账，月末汇率为1美元折合7元人民币。

假定不考虑相关税费。请做出各项业务的会计分录，并计算汇兑损益。

【解析】

本题的账务处理过程可分四个步骤。

第一步，做出日常外币交易会计分录。

(1) 借：原材料	51 100	
贷：应付账款——B公司（美元户）(7 000×7.30)		51 100
(2) 借：应收账款——A公司（美元户）(3 000×7.25)	21 750	
贷：主营业务收入		21 750
(3) 借：银行存款——美元户（6 000×7.30）	43 800	
财务费用——汇兑损益	200	
贷：银行存款——人民币户		44 000
借：应付账款——B公司（美元户）(6 000×7.30)	43 800	
贷：银行存款——美元户（6 000×7.30）		43 800
(4) 借：银行存款——美元户（4 000×7.25）	29 000	
贷：应收账款——A公司（美元户）(4 000×7.25)		29 000

第二步，计算期末各货币性项目账户的调整数。这里，我们可以表7-13的形式替代上例中的T型账户分析思路。

“银行存款——美元户”的余额为7 000美元，调整数为：

(3 000+4 000)×7−(21 600+43 800−43 800+29 000)=−1 600(元)

“应收账款——A公司”的余额为4 000美元，调整数为：

(5 000+3 000−4 000)×7−(36 000+21 750−29 000)=−750(元)

“应付账款——B公司”的余额为3 000美元，调整数为：

(2 000+7 000−6 000)×7−(14 400+51 100−43 800)=−700(元)

第三步，期末调整各货币性项目账户余额。

借：应付账款——B公司　　700

　　财务费用——汇兑损益　　1 650

　贷：银行存款——美元户　　1 600

　　　应收账款——A公司　　750

第四步，计算本期全部汇兑损益：

汇兑损失＝1 650＋200＝1 850（元），其中，6月18日产生的交易环节汇兑损益为200元。

表7-13　货币性项目外币账户的调整

项目	期末外币账户数额（美元）	期末的即期汇率（市场汇率）	按期末汇率计算的折合额（市场价值）（人民币元）	账面折合为人民币数额（账面价值）（人民币元）	汇率变动形成的差异调整（汇兑损益）（人民币元）
银行存款	7 000	1美元＝7元人民币	49 000	21 600＋43 800－43 800＋29 000＝50 600	－1 600
应收账款	4 000	1美元＝7元人民币	28 000	36 000＋21 750－29 000＝28 750	－750
应付账款	3 000	1美元＝7元人民币	21 000	14 400＋51 100－43 800＝21 700	－700

（二）非货币性项目

非货币性项目是指货币性项目以外的项目，如预付账款、预收账款、存货、长期股权投资、交易性金融资产、交易性金融负债、固定资产、无形资产等。这些项目以外币计量时，在会计核算方面与外币货币性项目存在较大差异。

（1）以历史成本计量的外币非货币性项目，如固定资产、无形资产、实收资本等，属于企业自用目的，不需要与交易对手进行结算，对未来汇率的变化不敏感，因此，固定资产等外币项目在交易发生日按当日即期汇率折算入账后，资产负债表日不应再改变其原记账本位币金额，不产生汇兑差额。

（2）对于以成本与可变现净值孰低计量的存货，如果其可变现净值以外币确定，则在确定存货的期末价值时，应先将可变现净值折算为记账本位币金额，再与以记账本位币反映的存货成本进行比较。

【例7-9】 M上市公司是大型商贸企业，以人民币为记账本位币。2020年11月2日，从英国N公司采购国内市场尚无的A商品10 000件并已经入库，每件价格为1 000英镑，当日即期汇率为1英镑＝10元人民币。2020年12月31日，尚有1 000件A商品未销售出去，国内市场仍无A商品供应，A商品在国际市场的价格降至900英镑。12月31日的即期汇率是1英镑＝9.7元人民币。假定不考虑相关税费。请做出M上市公司关于A商品的账务处理。

【解析】

本例中，由于存货在资产负债表日采用成本与可变现净值孰低计量，因此，在以外币购入存货并且该存货在资产负债表日确定的可变现净值以外币反映时，计提存货跌价准备应当考虑汇率变动的影响。因此，该公司应做会计分录如下：

11月2日，购入A商品：

借：库存商品——A（10 000×1 000×10）　　100 000 000

　贷：银行存款——英镑户（10 000×1 000×10）　　100 000 000

12月31日，计提存货跌价准备：

$$1\ 000\times 1\ 000\times 10-1\ 000\times 900\times 9.7=1\ 270\ 000(\text{元人民币})$$

借：资产减值损失　　1 270 000

　贷：存货跌价准备　　1 270 000

（3）以公允价值计量的外币非货币性项目，如交易性金融资产（持有的股票、基金等），如果期末的公允价值以外币反映，则应当先将该外币按照公允价值确定当日的即期汇率折算为记账本位币金额，再与原记账本位币金额进行比较，其差额作为公允价值变动损益，计入当期损益。

【例7-10】 国内甲公司的记账本位币为人民币，2020年12月10日以每股1.5美元的价格购入乙公司B股10 000股作为交易性金融资产，当日汇率为1美元=6.3元人民币，款项已付。2020年12月31日，由于市价变动，购入的乙公司B股的市价变为每股1美元，当日汇率为1美元=6.2元人民币。假定不考虑相关税费的影响。请做出甲公司关于股票投资的账务处理。

【解析】

2020年12月10日，该公司对上述交易应做以下处理：

借：交易性金融资产——成本（1.5×10 000×6.3）　　94 500

　贷：银行存款——美元户　　94 500

《企业会计准则第22号——金融工具确认和计量》规定，交易性金融资产以公允价值计量。由于该项交易性金融资产是以外币计价，在资产负债表日，不仅应考虑股票市价的变动，还应一并考虑美元汇率变动的影响，上述交易性金融资产在资产负债表日的人民币金额为62 000元（1×10 000×6.2），与原账面价值94 500元的差额为−32 500元人民币，计入公允价值变动损益。

相应的会计分录为：

借：公允价值变动损益　　32 500

　贷：交易性金融资产——公允价值变动　　32 500

分录中的32 500元人民币既包含甲公司所购入乙公司B股股票公允价值变动的影响，又包含人民币与美元之间汇率变动的影响。

假设2021年1月10日，甲公司将上述股票按当日市价每股1.2美元全部售出，所得价款为12 000美元，按当日汇率1美元＝6.25元人民币折算为人民币金额为75 000元，与其原账面价值人民币金额62 000元的差额为13 000元人民币，对于汇率的变动和股票市价的变动不进行区分，均作为投资收益进行处理。因此，售出当日，甲公司应做会计分录如下：

借：银行存款——美元户（1.2×10 000×6.25）　　75 000
　贷：交易性金融资产（94 500－32 500）　　62 000
　　投资收益　　13 000

（4）以公允价值计量且其变动计入其他综合收益的外币非货币性金融资产（债务工具）形成的汇兑差额，应当计入当期损益，且采用实际利率法计算的该金融资产的外币利息产生的汇兑差额，也应当计入当期损益。外币非货币性金融资产（权益工具）形成的汇兑差额，与其公允价值变动一并计入其他综合收益，但该金融资产的外币现金股利产生的汇兑差额，应当计入当期损益。

【例7－11】 甲公司的记账本位币为人民币。2020年2月10日以每股15港元的价格购入乙公司H股10 000股，指定为以公允价值计量且其变动计入其他综合收益的金融资产，当日即期汇率为1港元＝0.9元人民币，款项已付。2020年12月31日，购入的乙公司H股的市价变为每股18港元，当日汇率为1港元＝0.85元人民币。假定不考虑相关税费的影响。请做出甲公司关于股票投资的账务处理。

【解析】

2020年2月10日，该公司对上述交易应做以下处理：

借：其他权益工具投资——成本（15×10 000×0.9）　　135 000
　贷：银行存款——港元户　　135 000

根据《企业会计准则第22号——金融工具确认和计量》，以公允价值计量且其变动计入其他综合收益的非交易性权益工具投资，除了获得的股利收入（作为投资成本部分收回的股利收入除外）计入当期损益，其他相关的利得和损失（包括汇兑损益）均计入其他综合收益，且后续不得转入损益。由于该项金融资产是以外币计价，在资产负债表日，不仅应考虑股票市价的变动，还应一并考虑美元与人民币之间汇率变动的影响，上述金融资产在资产负债表日的报告价值为人民币金额为153 000元（18×10 000×0.85），与原账面价值135 000元的差额为18 000元人民币，计入其他综合收益。相应的会计分录为：

借：其他权益工具投资——公允价值变动　　18 000
　贷：其他综合收益　　18 000

分录中的18 000元人民币既包含甲公司所购乙公司的H股股票公允价值变动的影响，又包含人民币与美元之间汇率变动的影响。

【例7－12】 国内甲公司2020年1月2日以外币存款1 000万美元购入按年付息的美元债券，当日汇率为1美元＝7.03元人民币，面值为1 000万美元，票面利率为5%，2020年年末该债券的公允价值为1 010万美元，2020年12月31日汇率为1美元＝7.04

元人民币。

假定甲公司将上述债券投资分类为债权投资或其他债权投资，请做出甲公司的相关会计处理（单位：万元）。

【解析】

（1）当分类为债权投资时：

①购入和期末计息时。

借：债权投资——成本（美元）(1 000×7.03)　　7 030

　贷：银行存款——美元户　　7 030

借：应收利息——美元户（1 000×5%×7.04)　　352

　贷：投资收益　　352

②年末计算汇兑差额。

年末计算汇兑差额=1 000×(7.04−7.03)+50×(7.04−7.04)=10(万元)

借：债权投资——成本（美元）　　10

　贷：财务费用——汇兑损益　　10

（2）当分类为其他债权投资时：

①购入和期末计息时。

借：其他债权投资——成本（美元)(1 000×7.03)　　7 030

　贷：银行存款——美元户　　7 030

借：应收利息——美元户　　352

　贷：投资收益　　352

②年末计算汇兑差额。

借：其他债权投资——公允价值变动（美元）　　70.4

　贷：其他综合收益（(1 010−1 000)×7.04)　　70.4

借：其他债权投资——成本（美元）　　10

　贷：财务费用——汇兑损益（1 000×(7.04−7.03))　　10

综合以上情况，并考虑企业可能产生汇兑损益的其他情形，可将汇兑损益的会计处理归纳如下（见表7-14）。

表7-14　汇兑损益的会计处理

产生汇兑损益的业务类型	会计处理
通常情况： 外币计价的购销业务 外币资金借贷 货币兑换 货币性项目期末调整	计入“财务费用——汇兑损益”
非货币性项目期末调整：	
（1）以成本与可变现净值孰低计量的外币存货计提的减值准备	计入“资产减值损失”

续表

产生汇兑损益的业务类型	会计处理
(2) 以公允价值计量的交易性金融资产	计入“公允价值变动损益”
(3) 以公允价值计量的其他债权投资	计入“财务费用——汇兑损益”
(4) 以公允价值计量的其他权益工具投资	计入“其他综合收益”
(5) 以历史成本计量的外币非货币性项目	固定资产、无形资产等，已在交易发生日（取得日）按当日即期汇率折算，资产负债表日不应改变其原记账本位币金额，不产生汇兑差额，即不考虑汇率变动对其账面价值的影响。
其他情况：	
(1) 固定资产构建期间发生汇兑损益	计入在建工程成本
(2) 企业清算时发生的汇兑损益	计入“清算损益”
(3) 企业筹建期间发生的汇兑损益	计入“长期待摊费用”
(4) 外币报表折算时的汇兑损益（详见本章第3节）	计入“其他综合收益”

延伸阅读

人民币国际化大事记

人民币国际化是指人民币能够跨越国界，在境外流通，成为国际上普遍认可的计价、结算及储备货币的过程。尽管人民币境外的流通并不等于人民币已经国际化了，但人民币境外流通的扩大最终必然导致人民币国际化，使其成为世界货币。人民币国际化的最终目标应该是在国际货币体系中拥有与美元及欧元并驾齐驱的地位。

2009年7月，中国人民银行、财政部、商务部、海关总署、国家税务总局、中国银行业监督管理委员会共同发布《跨境贸易人民币结算试点管理办法》，我国跨境贸易人民币结算试点正式启动。

2010年6月，中国人民银行、财政部、商务部、海关总署、国家税务总局、中国银行业监督管理委员会共同发布《关于扩大跨境贸易人民币结算试点有关问题的通知》，跨境贸易人民币结算试点地区范围增加北京、天津、内蒙古、辽宁、吉林等18个省（自治区、直辖市），境外结算地扩至所有国家和地区。

2012年11月，人民币国际化进程正式在南非起步，我国和南非之间的贸易可以直接将法兰特兑换成人民币来结算。

2013年12月，中央经济工作会议对2013年人民币汇率走势提出了明确要求，即“推进利率市场化和人民币汇率形成机制改革”。这有利于人民币国际化的稳步推进、世界金融的稳定和世界经济的发展。

2014年11月，为拓宽境内外人民币资金双向流动渠道，便利人民币合格境内机构投资者（RQFII）境外证券投资活动，中国人民银行印发《中国人民银行关于人民币合格境内机构投资者境外证券投资有关事项的通知》（银发〔2014〕331号）。

2015年8月，为增强人民币兑美元汇率中间价的市场化程度和基准性，中国人民银行发布《中国人民银行关于完善人民币兑美元汇率中间价报价的声明》。自2015年8月11日起，做市商在每日银行间外汇市场开盘前，参考上日银行间外汇市场的收盘汇率，综合考虑外汇供求情况以及国际主要货币汇率变化向中国外汇交易中心提供中间价报价。

2015年11月，国际货币基金组织执董会决定将人民币纳入特别提款权（SDR）货币篮子，SDR货币篮子相应扩大至美元、欧元、人民币、日元、英镑5种货币，人民币在SDR货币篮子中的权重为10.92%，新的SDR货币篮子于2016年10月1日生效。2015年11月30日，中国人民银行授权中国建设银行苏黎世分行担任瑞士人民币业务清算行。

2016年4月，中国人民银行印发《中国人民银行关于在全国范围内实施全口径跨境融资宏观审慎管理的通知》（银发〔2016〕132号）。

2016年7月，中国银行（香港）有限公司以直接参与者身份接入人民币跨境支付系统（CIPS），这是CIPS的首家境外直接参与者；同日，中信银行、上海银行、广东发展银行、江苏银行、三菱东京日联银行（中国）有限公司、瑞穗银行（中国）有限公司、恒生银行（中国）有限公司等以直接参与者身份接入CIPS，CIPS直接参与者数量增加至27家。

2017年1月，中国人民银行发布《中国人民银行关于全口径跨境融资宏观审慎管理有关事宜的通知》（银发〔2017〕9号）。

2018年1月，中国人民银行印发《中国人民银行关于进一步完善人民币跨境业务政策 促进贸易投资便利化的通知》（银发〔2018〕3号），明确凡依法可使用外汇结算的跨境交易，企业都可以使用人民币结算。

2018年6月，中国A股股票正式纳入明晟公司（MSCI）新兴市场指数和全球基准指数，有利于吸引境外投资者配置人民币股票资产。

2019年3月，明晟公司（MSCI）宣布，大幅提升A股在其全球基准指数中的权重，分三阶段将纳入因子由5%增加至20%。

2019年12月，中国人民银行发布2019年第29号公告，进一步便利澳门个人人民币跨境汇款业务（中国人民银行公告〔2019〕29号）。

2020年1月，中国人民银行与老挝中央银行签署双边本币合作协议，允许在两国已经放开的所有经常和资本项下交易中直接使用双方本币结算。

2020年8月6日，中国人民银行与阿根廷中央银行续签规模为700亿元人民币/7 300亿阿根廷比索的双边本币互换协议，同时签署规模为72 600亿元人民币的双边本币互换补充协议。8月22日，中国人民银行与新西兰储备银行续签规模为250亿元人民币（新西兰元互换规模按即期汇率计算）的双边本币互换协议。

2021年7月6日，中国人民银行与澳大利亚储备银行续签规模为2 000亿元人民币/410亿澳大利亚元的双边本币互换协议。10月25日，中国人民银行与日本银行续签规模为2 000亿元人民币/34 000亿日元的双边本币互换协议。

2022年5月11日，国际货币基金组织执董会完成了五年一次的特别提款权（SDR）

定值审查，将人民币权重由10.92%上调至12.28%，人民币权重仍保持第三位。执董会决定，新的SDR货币篮子在当年8月1日正式生效。

2023年2月7日，中国人民银行与巴西中央银行签署了在巴西建立人民币清算安排的合作备忘录；21日，中国人民银行授权中国工商银行（巴西）股份有限公司担任巴西人民币业务清算行。

2023年9月28日，中国人民银行与国家金融监督管理总局、中国证券监督管理委员会、国家外汇管理局、香港金融管理局、香港证券及期货事务监察委员会、澳门金融管理局决定进一步优化粤港澳大湾区“跨境理财通”业务试点，稳妥有序推进粤港澳大湾区金融市场互联互通，支持大湾区建设。

人民币国际化仍在持续推进中，我们将继续关注。

资料来源：摘编自中国人民银行网站等。

第3节　外币报表折算

一、外币报表折算的概念

外币报表折算是指为了特定目的，将以外币表示的财务报表折算为以记账本位币或规定的货币表示的财务报表的过程。实际上，这是财务报表的外币金额的重新表述，并不涉及不同货币之间的实际兑换。对外币会计报表进行折算的原因主要有：编制合并会计报表的需要；进行国际融资的需要，为信息使用者提供特种报表等。

二、外币报表折算的方法

在国际会计领域，并存着现行汇率法、流动与非流动项目法、货币与非货币项目法和时态法四种外币报表折算方法。其主要区别如表7-15所示。

表7-15　外币报表折算方法的比较与分析

折算方法	折算汇率选择	折算方法	优缺点
现行汇率法	以编报日的现行汇率折算所有的资产、负债、收入和费用项目。	公司的实收资本或股本项目，按收到资本或发行股份时的历史汇率折算。 因报表折算产生的折算损益，应在资产负债表的股东权益中以单独项目予以列示，而不计入当期损益。	优点：简便易行，容易被报表使用者理解。折算后的资产负债表各项目仍能保持原外币报表中各项目之间的比例关系。 缺点：此法假设所有的资产、负债项目都暴露在汇率风险之下，且遭受汇率风险的程度相同，这显然与事实不符。

续表

折算方法	折算汇率选择	折算方法	优缺点
流动与非流动项目法	将资产负债表的项目按其流动性，划分为流动性项目与非流动性项目两类，并分别采用不同的汇率进行折算。	企业在对外币会计报表折算前，将流动项目按资产负债表日的即期汇率折算，非流动项目按历史汇率折算，利润表项目按平均汇率折算。	优点：反映汇率变动对不同资产、负债项目的影响。 缺点：无法充分说明汇率变动与资产、负债项目之间的直接联系。
货币与非货币项目法	将资产负债表中的项目分为货币性项目和非货币性项目两类，分别采用不同汇率折算。	分别按现行汇率、历史汇率和平均汇率换算外币会计报表的货币性项目、非货币性项目和损益类项目。	优点：较为恰当地分析了汇率变动对资产和负债项目的影响，它有可能取代流动与非流动项目法而成为流行的方法。 缺点：它仍然没有超越对资产和负债项目进行某种分类组合的框架。
时态法	选择汇率时，只能改变计量单位，而不能改变原有的计量属性。	外币会计报表的现金、应收项目和应付项目采用现行汇率折算；对于按历史成本反映的非货币性资产，采用历史汇率折算；对于按现行成本反映的非货币性资产，采用现行汇率折算；所有者权益中除未分配利润以外的其他项目均采用历史汇率折算；对收入、费用项目，采用交易发生时的实际汇率或当期加权平均汇率（业务频繁时）折算。	优点：与母公司理论下编制合并会计报表的目的相吻合。时态法在折算上更具灵活性，保留了原报表的计量属性。 缺点：折算时的工作量大，而且将外币折算差额直接计入当期损益，容易使跨国公司的合并利润多变，从而影响跨国公司上市股票的价格。

三、我国外币报表折算方法

我国企业会计准则关于外币会计报表折算的规定类似于现行汇率法。外币会计报表折算即对境外经营企业报表的折算，既包括境外子公司以外币表示的会计报表的折算，也包括境内子公司采用与母公司记账本位币不同的货币编报的会计报表的折算。企业对境外经营的财务报表进行折算时，应当按照下列规定进行相关会计处理：

（1）资产负债表中的资产和负债项目，采用资产负债表日的即期汇率折算，所有者权益项目除“未分配利润”项目外，其他项目采用发生时的即期汇率折算。

（2）利润表中的收入和费用项目，采用交易发生日的即期汇率折算，也可以采用按照系统、合理的方法确定的、与交易发生日即期汇率近似的汇率折算。

（3）产生的外币财务报表折算差额，在编制合并财务报表时，应在合并资产负债表中“其他综合收益”项目列示。

【例7-13】 国内甲公司的记账本位币为人民币，该公司在境外有一子公司乙公司，乙公司确定的记账本位币为美元。根据合同规定，甲公司拥有乙公司70%的股权，并能够控制乙公司。甲公司采用当期平均汇率折算乙公司利润表项目。乙公司的有关资料如下：

2020年12月31日的汇率为1美元=6.2元人民币，2020年的平均汇率为1美元=6.4元人民币，股本、资本公积发生日的即期汇率为1美元=7元人民币，2020年12月31日的股本为500万美元，折算为人民币3 500万元；累计盈余公积为50万美元，折算为人民币345万元，累计未分配利润为120万美元，折算为人民币835万元，甲、乙公司均在年末提取盈余公积，乙公司当年提取的盈余公积为70万美元。请依据以上信息完成乙公司的报表折算过程。

【解析】

乙公司的报表数据及折算过程如表7-16、表7-17和表7-18所示。这里，应注意以下细节：

（1）利润表项目系期间数据，折算汇率按会计准则规定，采用按照系统、合理的方法确定的、与交易发生日即期汇率近似的汇率即平均汇率（1美元=6.4元人民币）折算，而没有选择交易发生日的即期汇率，其目的是避免日常收支业务繁多且即期汇率每期各异导致的折算工作过于繁重。其中，营业利润、利润总额、净利润均为收支相减运算的结果，无须折算。

（2）资产负债表中的资产和负债项目是时点数据，采用资产负债表日的即期汇率（1美元=6.2元人民币）折算。所有者权益项目中，未分配利润为利润分配的结果，无须折算；股本或实收资本，采用业务发生时的即期汇率折算，以维持各出资人既有的股份比例。

（3）所有者权益变动表项目折算时，当期计提的盈余公积采用当期平均汇率折算，期初盈余公积为以前年度计提的盈余公积按相应年度平均汇率折算后金额的累计，期初未分配利润记账本位币金额为以前年度未分配利润记账本位币金额的累计。

表7-16 利润表

2020年度

项目	期末数（万美元）	折算汇率	折算为人民币金额（万元）
一、营业收入	2 000	6.4	12 800
减：营业成本	1 500	6.4	9 600
税金及附加	40	6.4	256
管理费用	100	6.4	640
财务费用	10	6.4	64
加：投资收益	30	6.4	192
二、营业利润	380	—	2 432
加：营业外收入	40	6.4	256
减：营业外支出	20	6.4	128

续表

项目	期末数（万美元）	折算汇率	折算为人民币金额（万元）
三、利润总额	400	—	2 560
减：所得税费用	120	6.4	768
四、净利润	280	—	1 792
五、每股收益			
六、其他综合收益			
七、综合收益总额			

表 7－17　所有者权益变动表

2020 年度

项目	股本			盈余公积			未分配利润		其他综合收益（万元）	股东权益合计
	美元（万美元）	折算汇率	人民币（万元）	美元（万美元）	折算汇率	人民币（万元）	美元（万美元）	人民币（万元）		人民币（万元）
一、本年年初余额	500	7.0	3 500	50		345	120	835		4 680
二、本年增减变动金额										
（一）净利润							280	1 792		1 792
（二）其他综合收益										－582
其中：外币报表折算差额									－582	－582
（三）利润分配										
提取盈余公积				70	6.4	448	－70	－448		0
三、本年年末余额	500	7.0	3 500	120		793	330	2 179	－582	5 890

表 7－18　资产负债表

2020 年 12 月 31 日

资产	期末数（万美元）	折算汇率	折算为人民币金额（万元）	负债和股东权益	期末数（万美元）	折算汇率	折算为人民币金额（万元）
流动资产：				流动负债：			
货币资金	190	6.2	1 178	短期借款	45	6.2	279
应收账款	190	6.2	1 178	应付账款	285	6.2	1 767
存货	240	6.2	1 488	其他流动负债	110	6.2	682
其他流动资产	200	6.2	1 240	流动负债合计	440	—	2 728
流动资产合计	820	—	5 084	非流动负债：			
非流动资产：				长期借款	140	6.2	868
长期应收款	120	6.2	744	应付债券	80	6.2	496

续表

资产	期末数（万美元）	折算汇率	折算为人民币金额（万元）	负债和股东权益	期末数（万美元）	折算汇率	折算为人民币金额（万元）
固定资产	550	6.2	3 410	其他非流动负债	90	6.2	558
在建工程	80	6.2	496	非流动负债合计	310	—	1 922
无形资产	100	6.2	620	负债合计	750		4 650
其他非流动资产	30	6.2	186	股东权益：			
非流动资产合计	880	—	5 456	股本	500	7.0	3 500
				盈余公积	120		793
				未分配利润	330		2 179
				其他综合收益			−582①
				股东权益合计	950		5 890
资产总计	1 700		10 540	负债和股东权益总计	1 700		10 540

①其他综合收益的“−582”为以记账本位币反映的净资产减去以记账本位币反映的股本、资本公积、累计盈余公积及累计未分配利润后的余额。

四、恶性通货膨胀经济情况下外币财务报表的折算

企业在编制合并财务报表或以权益法核算长期股权投资时，若将处于恶性通货膨胀经济中境外经营的财务报表纳入本企业财务报表，则需先对其财务报表进行重述：对资产负债表项目运用一般物价指数予以重述，对利润表项目运用一般物价指数变动予以重述，然后按照重述后的财务报表进行折算。在境外经营不再处于恶性通货膨胀经济中时，应当停止重述，按照停止日的价格水平重述的财务报表进行折算。

延伸阅读

恶性通货膨胀经济的判断

按照《企业会计准则第19号——外币折算》应用指南的解释，通常按照以下特征判断恶性通货膨胀经济：

（1）最近三年累计通货膨胀率接近或超过100%。

（2）利率、工资和物价与物价指数挂钩。物价指数是物价变动趋势和幅度的相对数。

（3）公众不是以当地货币而是以相对稳定的外币为单位作为衡量货币金额的基础。

（4）公众倾向于以非货币性资产或相对稳定的外币来保存自己的财富，持有的当地货币立即用于投资以保持购买力。

（5）即使信用期限很短，赊销、赊购交易仍按补偿信用期预计购买力损失的价格成交。

练习题

一、单项选择题

1. 下列各项关于企业记账本位币的表述中，不正确的是（　　）。

A. 企业的记账本位币一经确定，不得变更

B. 企业因经营所处的主要经济环境发生重大变化，确需变更记账本位币的，应当采用变更当日的即期汇率将所有项目折算为变更后的记账本位币，折算后的金额作为新的记账本位币的历史成本

C. 企业变更记账本位币时需要在附注中进行披露

D. 企业记账本位币发生变更的，其比较财务报表应当以可比当日的即期汇率折算所有资产负债表和利润表项目

2. 甲公司记账本位币为人民币，外币业务采用交易发生日的即期汇率折算，每季度末计提利息并计算汇兑损益。2×19 年 1 月 1 日，为购建某项固定资产，甲公司从金融机构借入专门借款 1 000 万美元，期限为 1 年，年利率为 8%，到期一次还本付息，借入时即期汇率为 1 美元＝6.25 元人民币，3 月 31 日即期汇率为 1 美元＝6.30 元人民币，6 月 30 日即期汇率为 1 美元＝6.32 元人民币。不考虑其他因素的影响，则 2×19 年 6 月 30 日甲公司应确认的该项专门借款的汇兑损益为（　　）万元人民币。

A. 20.4　　B. －20.4　　C. －20　　D. －20.8

3. 甲公司记账本位币为人民币，其外币交易采用交易日的即期汇率折算。2×18 年 1 月 2 日，甲公司将货款 2 000 万欧元兑换为人民币，当日的即期汇率为 1 欧元＝9.25 元人民币，银行当日的欧元买入价为 1 欧元＝9.20 元人民币，欧元卖出价为 1 欧元＝9.31 元人民币。不考虑其他因素，甲公司该项兑换业务影响当期损益的金额为（　　）万元人民币。

A. －100　　B. －120　　C. 0　　D. －110

4. 下列各项关于企业变更记账本位币会计处理的表述中，正确的是（　　）。

A. 记账本位币变更日所有者权益项目按照历史汇率折算为变更后的记账本位币

B. 记账本位币变更日所有者权益项目按照变更当日的即期汇率折算为变更后的记账本位币

C. 记账本位币变更当年年初至变更日的利润表项目按照交易发生日的即期汇率折算为变更后的记账本位币

D. 记账本位币变更当年年初至变更日的资产负债表项目按照与交易发生日即期汇率近似的汇率折算为变更后的记账本位币

5. 甲公司以人民币为记账本位币，其外币交易采用交易日的即期汇率折算，按月计算汇兑损益。2×19 年 5 月 31 日的即期汇率为 1 欧元＝9.43 元人民币。6 月 1 日，甲公司

收回5月20日产生的应收账款600万欧元，当日的即期汇率为1欧元＝9.55元人民币。不考虑其他因素，则甲公司因该项交易计入财务费用的金额为（　　）万元人民币。

A. 0　　B. 5 730　　C. 72　　D. －72

二、多项选择题

1. 下列各项中，甲公司在选择其记账本位币时，应该考虑的因素有（　　）。

A. 主要影响商品和劳务销售价格的货币

B. 主要影响商品和劳务所需人工成本的货币

C. 融资活动获得的货币

D. 缴纳增值税时使用的货币

2. 下列项目中，属于境外经营或视同境外经营的有（　　）。

A. 企业在境外的分支机构

B. 采用相同于企业记账本位币的，在境内的子公司

C. 采用不同于企业记账本位币的，在境内的合营企业

D. 采用不同于企业记账本位币的，在境内的分支机构

3. 下列各项外币资产因汇率变动产生的影响中，计入当期损益的有（　　）。

A. 应收账款

B. 以公允价值计量且其变动计入当期损益的金融资产

C. 以公允价值计量且其变动计入其他综合收益的非交易性权益工具投资

D. 以摊余成本计量的金融资产

4. 下列各项关于外币财务报表折算的表述中，正确的有（　　）。

A. 资产负债表中的资产和负债项目，采用资产负债表日的即期汇率折算

B. 资产负债表中的所有者权益项目，采用交易发生时的即期汇率折算

C. 利润表中的收入和费用项目，采用交易发生日的即期汇率或即期汇率的近似汇率折算

D. 产生的外币财务报表折算差额，在编制合并财务报表时，应在合并资产负债表中所有者权益项目下列示

5. 下列各项属于外币货币性项目的有（　　）。

A. 预收账款

B. 应交税费

C. 以公允价值计量且其变动计入其他综合收益的金融资产（债权投资）

D. 应付职工薪酬

三、综合分析题

甲外商投资有限责任公司（以下简称“甲公司”）系增值税一般纳税人，销售和进口货物适用的增值税税率为13%，开设有外汇账户，会计核算以人民币作为记账本位币，外币交易采用交易发生日的即期汇率折算，按月确认汇兑损益。该公司2019年12月份发生的外币业务及相关资料如表7-19所示。

(1) 5日，从国外乙公司进口原料一批，货款200 000欧元，当日即期汇率为1欧元=8.50元人民币，货款尚未支付。甲公司以人民币支付该原材料的进口关税170 000元，支付进口增值税243 100元，并取得海关完税凭证。

(2) 14日，向国外丙公司出口销售商品一批（不考虑增值税），货款40 000美元，当日即期汇率为1美元=6.34元人民币，商品已经发出，货款尚未收到，但满足收入确认条件。

(3) 16日，以人民币从银行购入200 000欧元并存入银行，当日欧元的卖出价为1欧元=8.30元人民币，中间价为1欧元=8.26元人民币。

(4) 20日，因增资扩股收到境外投资者投入的1 000 000欧元，当日即期汇率为1欧元=8.24元人民币，其中，8 000 000元人民币作为注册资本入账。

(5) 25日，向国外乙公司支付本月5日因购买原材料所欠的部分货款180 000欧元，当日即期汇率为1欧元=8.51元人民币。

(6) 28日，收到丙公司汇来的货款40 000美元，当日即期汇率为1美元=6.31元人民币。

(7) 31日，根据当日即期汇率对有关外币货币性项目进行调整并确认汇兑差额，当日有关外币的即期汇率为1欧元=8.16元人民币，1美元=6.30元人民币。有关项目的余额如表7-19所示。

表7-19 货币性项目期末余额

项目	外币金额	调整前的人民币金额
银行存款（美元）	40 000美元（借方）	252 400元（借方）
银行存款（欧元）	1 020 000欧元（借方）	8 360 200元（借方）
应付账款（欧元）	20 000欧元（贷方）	170 000元（贷方）

要求：

(1) 根据资料(1)至(6)，编制甲公司与外币业务相关的会计分录。

(2) 根据资料(7)，计算甲公司2019年12月31日确认的汇兑差额，并编制相应的会计分录。

第 8 章

生物资产会计

学习目标

生物资产（biological assets）是农、林、牧、渔等行业的重要生产工具或生产对象，或为人类生产、生活提供必要环境条件的资产。近年来，生态文明建设已上升为国家战略，生物资产在国民经济与社会发展中的地位和作用日益凸显。同时，一些上市公司在生物资产确认、计量、报告方面暴露出来的问题，引发了持续的关注与争议。在这一背景下，对生物资产会计问题进行思考、研究，具有重要的现实意义。本章以生物资产特征分析为起点，以《企业会计准则第 5 号——生物资产》为依据，重点讲述生物资产的确认、计量、报告与信息披露。

第 1 节　生物资产的概念及分类

一、生物资产的概念

生物资产，是指有生命的动物和植物。“有生命”是生物资产的重要特征之一，一旦动植物停止了生命运动，就不再是生物资产。

有生命的动物或植物具有生物转化的能力，这种能力导致生物资产的数量或质量发生变化，通常表现为生长、蜕化、生产或繁殖等。生物资产的形态、价值以及产生经济利益的方式，随其出生、成长、死亡等自然规律和生产经营活动不断变化。

农产品与生物资产密不可分，当其附在生物资产上时，构成生物资产的一部分。但收获的农产品一旦从生物资产的母体分离，不再具有生命和生物转化能力，应该作为存货处理。例如，肉猪宰杀后的猪肉、收获后的蔬菜、水果等。

基于上述生物资产的“生命”属性，我们可以如表 8-1 所示的几个角度，观察生物资产不同于其他资产的一些特征。

表8-1　生物资产的主要特征

特征	释义
人类培育与自然增值的交互性	生物资产的价值是人类培育与其自身生长共同作用的结果，且多数情况下人类培育与其自身生长对生物资产价值的影响程度难以界定。
生长周期性	生物资产通常会经历繁育、成长、成熟、蜕化、消亡几个阶段。不同的生物资产的生命周期存在差异。例如，林木资产，生命周期可逾百年，小麦、水稻等仅有数月。
地域差异性	生物资产的生长与自然环境息息相关。地域不同，温度、湿度、阳光、土壤等环境条件就不同，生物资产的生存、生长状况及其价值也不同。例如，同一个林业企业的同一座山体上的林木，阳坡、阴坡的树种、数量、长势、材质、价值等存在显著的差异。又如，一些消费者有选购某些产地的大米、山药等农产品的偏好，应是源于对生物资产的地域差异性的认知。
对其他资产的依附性	相当多的生物资产对其他资产具有依附性。例如，林木、花卉、农作物等依附于土地农田，鱼、虾、贝等水产品离不开江河湖海。
双重资产特性	生物资产具有流动资产和非流动资产的双重资产特性。例如，农业企业饲养的牛，用来出售或宰杀后出售牛肉时，其价值一次性转移，是流动资产；用来繁育小牛或生产牛奶时，其价值逐步转移，是非流动资产；待其生育能力丧失后，再行出售，转化为流动资产。
价值的不确定性	生物资产在存续期间存在诸多不确定性，其价值受自身因素（如种子品质、疾病等）与环境条件（如气候、自然灾害等）的双重影响。在现有的技术条件下，这些影响在短期内无法消除。一般认为，经营生物资产的企业具有较高的风险。

二、生物资产的分类

生物资产分为消耗性生物资产、生产性生物资产和公益性生物资产。

（一）消耗性生物资产

消耗性生物资产（consumptive biological assets），是指为出售而持有的或在将来收获为农产品的生物资产，包括生长中的大田作物、蔬菜、用材林以及存栏待售的牲畜等。消耗性生物资产与企业的存货有类似的资产特征，都是企业的生产、经营对象，不同的是消耗性生物资产是“有生命的资产”。

（二）生产性生物资产

生产性生物资产（productive biological assets），是指产出农林产品、提供劳务或出租等目的而持有的生物资产，包括经济林、薪炭林、产畜和役畜等。生产性生物资产与消耗性生物资产相比，主要的区别是两者的持有目的不同。生产性生物资产的持有目的是为了在生产经营中长期、反复地使用，利用其进行繁殖或产出更多的农畜产品。因此，生产性生物资产与企业的固定资产有类似的资产特征，都是企业的生产、经营工具，但生产性生物资产“有生命”。

（三）公益性生物资产

公益性生物资产（non-profit living assets 或 biological assets for commonweal）是指以防护、环境保护为主要目的的生物资产，包括防风固沙林、水土保持林和水源涵养林等。公益性生物资产虽然不能直接给企业带来经济利益，但具有不可忽视的生态价值和社会价值。

我国自1978年开始建设的“三北”防护林工程，是国家层面的公益性生物资产培育行动。该项工程规划期为73年（1978年到2050年），通过在华北、西北、东北的13个省（区、市）的725个县（市、区、旗）和新疆生产建设兵团大面积种植适宜树种，构筑一道抵御风沙，保持水土、护农促牧的祖国北疆绿色生态屏障。“三北”防护林的建设规模之大、速度之快、生态效益之高，超过了美国的“罗斯福大草原林业工程”、苏联的“斯大林改造大自然计划”和北非五国的“绿色坝工程”，在国际上被誉为“中国的绿色长城”“世界生态工程之最”。

第2节　生物资产的确认与初始计量

一、生物资产的确认

动物、植物被视为生物资产的前提条件是应当符合资产的定义。当某项会计要素同时满足下列条件时，企业应将其确认为“生物资产”：（1）企业因过去的交易或者事项而拥有或者控制该生物资产；（2）与该生物资产有关的经济利益或服务潜能可能流入企业；（3）该生物资产的成本能够可靠计量。

二、生物资产的初始计量

《企业会计准则第5号——生物资产》规定，生物资产应按照取得时的成本进行初始计量。企业取得生物资产的方式包括外购、自行栽培（营造、繁殖或养殖）、投资者投入、债务重组、非货币性资产交换、企业合并取得等。不同的取得方式下，生物资产的初始成本略有差异。

（一）外购的生物资产

外购生物资产的成本包括购买价款、相关税费、运输费、保险费以及可直接归属于购买该资产的其他支出。

（二）自行栽培、营造、繁殖或养殖的生物资产

1. 消耗性生物资产

在农业、林业、畜牧业、渔业中，既有农作物、林木等植物，也有育肥畜、水产品等动物，不同类别的消耗性生物资产成本不同。根据消耗性生物资产的类别，其资产成本如下：

(1) 自行栽培的大田作物和蔬菜的成本，包括在收获前耗用的种子、肥料、农药等材料费、人工费和应分摊的间接费用等必要支出。

(2) 自行营造的林木类消耗性生物资产的成本，包括郁闭前发生的造林费、抚育费、营林设施费、良种试验费、调查设计费和应分摊的间接费用等必要支出。

(3) 自行繁殖的育肥畜的成本，包括出售前发生的饲料费、人工费和应分摊的间接费用等必要支出。

(4) 水产养殖的动物和植物的成本，包括在出售或入库前耗用的苗种、饲料、肥料等材料费、人工费和应分摊的间接费用等必要支出。

2. 生产性生物资产

生产性生物资产的成本，包括资产达到预定生产经营目的前发生的一切合理支出。达到预定生产经营目的，是指生产性生物资产进入正常生产期，可以多年连续稳定产出农产品、提供劳务或出租。

(1) 自行营造的林木类生产性生物资产的成本，包括达到预定生产经营目的前发生的造林费、抚育费、营林设施费、良种试验费、调查设计费和应分摊的间接费用等必要支出。

(2) 自行繁殖的产畜和役畜的成本，包括达到预定生产经营目的（成龄）前发生的饲料费、人工费和应分摊的间接费用等必要支出。

3. 公益性生物资产

公益性生物资产的成本，应按照郁闭前发生的造林费、抚育费、森林保护费、营林设施费、良种试验费、调查设计费和应分摊的间接费用等必要支出确定。

公益性生物资产的成本构成及主要账务处理，如表 8－2 所示。

表 8－2 公益性生物资产成本构成及会计核算要点

取得方式	计量依据	账务处理
外购	按应计入公益性生物资产成本的金额	借记“公益性生物资产”科目，贷记“银行存款”“其他应付款”“应付票据”等科目
自行营造	按郁闭前发生的必要支出	借记“公益性生物资产”科目，贷记“银行存款”等科目。使用国家专项拨款营造的，在郁闭时还应同时借记“专项应付款”等科目，贷记“资本公积——其他资本公积”科目
天然起源	名义金额	借记“公益性生物资产”科目，贷记“营业外收入”科目
消耗性生物资产、生产性生物资产转为公益性生物资产	账面价值	借记“公益性生物资产”“生产性生物资产累计折旧”科目，贷记“消耗性生物资产”“生产性生物资产”科目。已计提跌价准备或减值准备的，还应同时结转跌价准备或减值准备
择伐、间伐、补植等	后续支出的实际成本	借记“公益性生物资产”，贷记“现金”“银行存款”“其他应付款”等科目

（三）投资者投入的生物资产

投资者投入的生物资产成本按照投资合同或协议约定的价值确定，但合同或协议约定价值不公允的除外。

（四）其他取得方式的生物资产

债务重组、非货币性资产交换、企业合并等方式取得的生物资产，应分别按照《企业会计准则12号——债务重组》《企业会计准则7号——非货币性资产交换》和《企业会计准则20号——企业合并》确定其取得成本。

【例8-1】 M农林有限责任公司发生了如下经济业务：（1）购入50头种猪，不含税价款50 000元，同时支付运费1 000元，装卸费500元，全部费用以银行存款支付。这批种猪作为企业的生产性生物资产。（2）自行营造的杉木林，属于用材林，被划分为消耗性生物资产，郁闭前发生种苗费、农药费、调查设计费等造林阶段和抚育阶段的直接支出130 000元，应分摊的土地租赁费用等必要支出20 000元。以上支出均以银行存款支付。（3）接受投资者投入的奶牛20头，作为公司的生产性生物资产，双方协商按照当时的市场价值30 000元来确定投资额，这批奶牛原来账面价值40 000元，已计提折旧8 000元。假设不考虑相关税费，请就M公司上述经济业务做出相关会计处理。

【解析】 M公司的账务处理为：

（1）借：生产性生物资产——产畜	51 500	
贷：银行存款		51 500
（2）借：消耗性生物资产——杉木林	150 000	
贷：银行存款		150 000
（3）借：生产性生物资产——产畜	30 000	
贷：实收资本		30 000

【例8-2】 某奶牛场2019年1月一次性购入100头奶牛，共支付买价500 000元，为此还发生运费3 800元，保险费2 000元，运输途中饲料费和装卸费合计2 200元。在进入产奶期前，奶牛耗费饲料120 000元，饲养人员工资30 000元，防疫费8 000元。进入产奶期后，每月发生饲料费15 000元，饲养人员工资5 000元，奶牛预计产奶期5年，预计产奶期后转为育肥畜的价值为66 000元。以上款项均以银行存款支付。该养殖场采用年限平均法计提奶牛的折旧。假设不考虑相关税费，请就该奶牛场的上述经济业务做出相关会计处理。

【解析】 该奶牛场购进的奶牛属于生产性生物资产。生产性生物资产达到预定生产经营目的以前发生的成本应计入生物资产的成本（即资本化），因此，奶牛进入产奶期以前发生的费用，应计入奶牛的成本。生产性生物资产达到预定生产经营目的后，应按期计提折旧，奶牛进入产奶期后发生的饲料费用、折旧费用，应计入当期损益（即费用化）。

（1）将购进时的相关费用计入奶牛的成本。

购进时的相关费用＝500 000＋3 800＋2 000＋2 200＝508 000(元)

借：生产性生物资产——未成熟奶牛　　508 000
　贷：银行存款　　508 000

（2）将奶牛进入产奶期前的饲养期间发生的费用计入奶牛的成本。

饲养期间发生的费用＝120 000＋30 000＋8 000＝158 000(元)

借：生产性生物资产——未成熟奶牛　　158 000
　贷：银行存款　　158 000

（3）奶牛进入产奶期后转为成熟奶牛。

借：生产性生物资产——已成熟奶牛　　666 000
　贷：生产性生物资产——未成熟奶牛　　666 000

（4）奶牛进入产奶期后，按月计提折旧，并核算相关饲养费用。

奶牛的月折旧额＝(666 000－66 000)÷(5×12)＝10 000(元)

奶牛进入产奶期当月的生产成本＝10 000＋15 000＋5 000＝30 000(元)

借：生产成本——奶产品成本　　30 000
　贷：原材料　　15 000
　　　应付职工薪酬　　5 000
　　　累计折旧　　10 000

延伸阅读

生物资产的特殊性与确认计量的不确定性

生物资产的价值判断存在很大的难度。猪牛羊兔还可以大致清点一下，水里的鲤鱼、甲鱼、鲍鱼、海参，不但难以盘点数量及大小，是否存在也不好确定，只能根据相关票据及经验判断。

农业企业经营的特殊性，增加了企业生物资产计量的难度，也为企业会计舞弊提供了一定的机会。农业企业经营活动所涉及的基础建设、原料采购和销售，主要涉及的是农民个人和农民合作组织。这类企业交易对象极其分散，而且交易手段存在大量现金支付，难以取得交易凭证。此外，农业类企业享受多种税收优惠，使虚增收入、利润的税务成本较为低廉。

自然灾害更是为生物资产类企业会计舞弊创造了机会。如口蹄疫流行时期，公司会为库存猪牛羊计提减值准备，使当期利润减少，等到下一财年则表示没影响到公司的猪牛羊，计提的减值准备转回后，利润又魔术般地增加了，这样的调节利润，配上财技手段，对公司股价、投资者收益的影响将会是巨大的。

市场人士曾将在生物资产计量上进行造假的“开山鼻祖”——“蓝田股份”（蓝田

股份有限公司，证券代码600709，已退市）的手法描述为：

第一财年，公司有5 000万只甲鱼库存，不信？你下水捞起来看看！

第二财年，公司有1亿只甲鱼库存，去年的甲鱼生仔了，不信？你下水捞捞看！

第三财年，发洪水啦！甲鱼全跑了，公司业绩才会巨亏的。

第四财年，公司有2亿只甲鱼库存，去年跑掉的甲鱼全回来了，还带回来一批野生的小甲鱼！

资料来源：东方财富证券。

第3节　生物资产的后续计量

与其他资产不同，生物资产同时具有自然生长性和生物转化性，是“有生命”的资产，这为生物资产价值的后续计量带来了更大的挑战。比如，林业企业拥有的林木资产，除了企业在造林阶段和抚育阶段对其投入的直接和间接必要支出外，林木还会通过光合作用自然生长，那么林木资产的价值该如何确定呢？

《国际会计准则第41号——农业》规定，除公允价值不能可靠计量的情况外，生物资产在初始确认和各个资产负债表日一律采用公允价值减去预计至销售将发生的费用来计量。但是，我国《企业会计准则第5号——生物资产》规定，生物资产通常应当按照历史成本计量，当有确凿证据表明公允价值能够持续可靠取得时，可以采用公允价值来计量。会计准则之间的差异，既体现了经济全球化下不同会计准则之间的趋同，也体现了不同经济体制下市场发展程度的差异。

一、按历史成本进行后续计量

目前，我国对生物资产的计量主要以历史成本为基础模式，只有极少数情况下可以采用以公允价值为基础的计量模式。

企业应当根据生产性生物资产的性质、使用情况和有关经济利益的预期实现方式，合理确定其使用寿命、预计净残值和折旧方法，一旦确定不得随意变更。可选用的折旧方法包括年限平均法、工作量法、产量法等。企业至少应当于每年年度终了对生物资产的使用寿命、预计净残值和折旧方法进行复核。

企业至少应当于每年年度终了对消耗性生物资产和生产性生物资产进行检查，有确凿证据表明由于遭受自然灾害、病虫害、动物疫病侵袭或市场需求变化等原因，使消耗性生物资产的可变现净值或生产性生物资产的可收回金额低于其账面价值的，应当按照可变现净值或可收回金额低于账面价值的差额，计提生物资产跌价准备或减值准备，并计入当期损益，如表8-3所示。

表 8-3 不同类别生物资产的后续计量方式

类别	后续计量
消耗性生物资产	年末检查，若账面价值高于可变现净值，则按照账面价值与可变现净值的差额计提生物资产跌价准备 借：资产减值损失 贷：消耗性生物资产跌价准备
生产性生物资产	计提折旧，若账面价值高于可收回金额，则按照账面价值与可收回金额的差额计提生物资产减值准备 借：资产减值损失 贷：生物资产减值准备
公益性生物资产	不计提折旧，不计提减值准备

例如，N企业是农业企业，主要种植水稻，由于遭受病虫害而发生了减值，估计的减值损失为310 000元。此时，N企业可做以下账务处理：

借：资产减值损失　　310 000

　贷：消耗性生物资产跌价准备　　310 000

二、按公允价值进行后续计量

生物资产若采用公允价值计量，应当同时满足下列条件：(1) 生物资产有活跃的交易市场；该生物资产能够在交易市场中直接交易。(2) 能够从交易市场上取得同类或类似生物资产的市场价格及其他相关信息，从而对生物资产的公允价值做出合理估计。

在资产负债表日，如果生物资产的公允价值高于账面价值，则借记“消耗性生物资产”（或“生产性生物资产”“公益性生物资产”）科目，贷记“公允价值变动损益”科目；反之，则进行相反的会计处理。

【例8-3】 N企业一直采用公允价值对其拥有的生物资产进行计量。2020年12月31日，消耗性生物资产账面余额为960 000元，公允价值为1 010 000元；生产性生物资产账面余额为1 000 000元，公允价值为800 000元。请就N企业的上述经济业务做出相应会计核算。

【解析】 N企业月末账务处理如下：

借：消耗性生物资产　　50 000

　贷：公允价值变动损益　　50 000

借：公允价值变动损益　　200 000

　贷：生产性生物资产　　200 000

延伸阅读

CAS 5与IAS 41的区别

经济全球化已成为时代发展的趋势，为了适应经济发展，各国会计准则不断趋同。

我国《企业会计准则第5号——生物资产》（简称“CAS 5”）与《国际会计准则第41号——农业》（简称“IAS 41”）在生物资产的确认、分类、计量等各方面仍存在着差别，见表8-4。

表8-4　CAS 5与IAS 41的比较分析

生物资产的相关规定	CAS 5	IAS 41
准则适用范围	该准则适用于“有生命”的动物和植物。收获后的动植物、取得的政府补助均不是生物资产	该准则适用于“活的”动物和植物、政府补助以及处于收获时间的生物资产
生物资产的分类	消耗性、生产性、公益性	消耗类、成熟生产类、未成熟生产类
生物资产的确认	满足一般资产的确认条件	满足一般资产的确认条件
生物资产的计量模式	混合计量模式。以历史成本计量为主，有确凿证据表明生物资产的公允价值能够持续可靠取得的，应采用公允价值计量	公允价值计量模式。当公允价值应用假定不成立、估价方法不可靠或公允价值无法确定时可用历史成本计量
减值的计提与转回	以历史成本计量的生产性生物资产，计提的资产减值准备金额不得转回；公益性生物资产不计提减值准备	以历史成本计量的生物资产，若以后年度引起减值的因素消失，计提的资产减值可以在以后年度转回

资料来源：毕研敏．生物资产会计计量问题研究．财政部财政科学研究所，2015；《企业会计准则第5号——生物资产》；《国际会计准则第41号——农业》。

第4节　生物资产的收获与处置

一、消耗性生物资产

对于消耗性生物资产，应当在收获或出售时，按照其账面价值结转成本。结转成本的方法包括加权平均法、个别计价法、蓄积量比例法、轮伐期年限法等。借记“农产品”科目，贷记“消耗性生物资产”，已计提跌价准备的，还应同时结转跌价准备，借记“存货跌价准备——消耗性生物资产”。收获之后的生物资产若成为农产品的，应当按照《企业会计准则第1号——存货》处理。

【例8-4】 N粮食集团种有水稻，2019年11月收割水稻100吨，已入库，成本为110 000元。请做出N公司的账务处理。

【解析】

账务处理如下：

借：农产品——水稻	110 000	
贷：消耗性生物资产——水稻		110 000

二、生产性生物资产

对于生产性生物资产收获的农产品成本，按照产出或采收过程中发生的材料费、人工费和应分摊的间接费用等必要支出计算，并采用加权平均法、个别计价法、蓄积量比例法、轮伐期年限法等，将其账面价值结转为农产品成本。借记“生产成本”科目，贷记“生产性生物资产”等科目，已计提减值准备的，还应同时结转减值准备，借记“生物资产减值准备”。

【例8-5】 某奶牛场2019年8月发生的奶牛（已进入产奶期）饲养费如下：领用饲料3 000元，应支付饲养人员工资5 000元，以现金支付防疫费500元。请做出该奶牛场的账务处理。

【解析】

该奶牛场当月的会计处理如下：

借：生产成本——农业生产成本（牛奶）	8 500	
贷：原材料		3 000
应付职工薪酬		5 000
库存现金		500

生物资产出售、盘亏或死亡、毁损时，应当将处置收入扣除其账面价值和相关税费后的余额计入当期损益。

【例8-6】 M养殖企业将育成的龙虾出售给N食品加工厂，价款总额为500 000元，货款尚未收到。出售时龙虾的账面余额为350 000元，未计提跌价准备。请做出M养殖企业的账务处理。

【解析】

该企业账务处理如下：

借：应收账款——N食品加工厂	500 000	
贷：主营业务收入		500 000
借：主营业务成本	350 000	
贷：消耗性生物资产——龙虾		350 000

案例8-1　“獐子岛”：扇贝存货知多少？

獐子岛集团股份有限公司（以下简称“獐子岛”），始创于1958年，是农业产业化国家重点龙头企业、国家高新技术企业、中国首家MSC虾夷扇贝渔场认证企业，以海珍品种业、海水增养殖、海洋食品为主业，集冷链物流、海洋休闲、渔业装备等相关多元产业为一体的综合型海洋企业。集团公司注册资本7.1亿元，资产总额49亿元，旗下设立分公司、全资子公司和控股、参股中外合资公司数十家。2006年在深圳证券交易所中小板挂牌上市，股票代码为002069。

獐子岛自上市以来，共发生了3次扇贝逃走或死亡事件，分别发生在2014年、2017年、2019年。

2014年10月30日，獐子岛发布公告（公告编码：2014-91），由于北黄海冷水团低温及变温和辽南沿岸流锋面影响、营养盐变化等综合因素，公司决定对2011年和2012年底播的105.64万亩海域、成本为73 461.93万元的底播虾夷扇贝存货放弃本轮采捕，进行核销处理，对43.02万亩海域、成本为30 060.15万元的底播虾夷扇贝存货计提跌价准备28 305万元，扣除递延所得税影响25 441.73万元，合计影响净利润76 325.2万元，全部计入2014年第三季度。受此影响，獐子岛前三季度业绩"大变脸"，由预报盈利变为亏损约8亿元，且全年预计大幅亏损。面对铺天盖地的质疑，深交所责令獐子岛进行自查。

2014年12月7日，中国证监会发布公告称，经核查未发现獐子岛2011年底播虾夷扇贝苗种在采购和底播过程中存在虚假行为；未发现大股东长海县獐子岛投资发展中心存在占用上市公司资金行为；未发现獐子岛存在决策程序、信息披露以及财务核算不规范等问题。在大量质疑面前，獐子岛虽涉险过关，但或为"平息民愤"，公司还是出台包括董事长自掏1亿元补偿上市公司、总裁办成员集体降薪并增持股票、实施员工持股计划等一系列措施。

2018年1月31日，獐子岛再次发出公告（公告编码2018-10）：由于降水减少导致扇贝的饵料生物数量下降，养殖规模的大幅扩张更加剧了饵料短缺，再加上海水温度的异常，造成高温期后的扇贝品质越来越差，长时间处于饥饿状态的扇贝没有得到恢复，最后诱发死亡。因此，獐子岛拟对107.16万亩海域成本为57 758.13万元的底播虾夷扇贝存货进行核销处理，对24.3万亩海域成本为12 591.35万元的底播虾夷扇贝存货计提跌价准备5 110.04万元，上述两项合计影响净利润62 868.17万元，全部计入2017年度损益。预计公司2017年度净利润亏损。大华会计师事务所对2017年獐子岛的财务报表出具了"保留意见"的审计报告。

2018年2月，中国证监会向獐子岛发出《调查通知书》（连调查字〔2018〕001号），因公司涉嫌信息披露违法违规，根据《中华人民共和国证券法》的有关规定，中国证监会决定对獐子岛立案调查。

2020年2月29日，獐子岛又发布公告（公告编号2020-15）：由于亩产过低，公司决定放弃采捕，拟对2017年、2018年投苗的435 736亩底播虾夷扇贝存货成本230 525 013.90元进行核销处理。同时，对2017年、2018年投苗的124 800亩海域成本为70 323 888.00元的底播虾夷扇贝存货计提跌价准备60 554 409.60元。

2020年6月15日，中国证监会下达的行政处罚决定书（〔2020〕29号）显示，通过北斗卫星导航系统、《中科宇图报告》等高科技手段，比对底播虾夷扇贝捕捞船只的北斗导航定位信息，并经第三方专业机构测算，查明獐子岛2016年度账面结转捕捞面积较实际捕捞面积少13.93万亩，2016年度虚减营业成本6 002.99万元，2016年度虚减了营业外支出7 111.78万元，虚增利润13 114.77万元；2017年度虚增营业成本

6 159.03 万元，虚增营业外支出 20 595.54 万元，虚减利润 27 865.09 万元，占当期披露利润总额的 38.57%。

根据以上事实，依据《证券法》(2005 年版) 进行以下处罚：

一、对獐子岛集团股份有限公司给予警告，并处以 60 万元罚款；

二、对吴厚刚、梁峻给予警告，并分别处以 30 万元罚款；

三、对孙福君、勾荣给予警告，并分别处以 20 万元罚款；

四、对邹建、王涛、罗伟新、赵志年、陈树文、吴晓巍、陈本洲、丛锦秀给予警告，并分别处以 4 万元罚款；

五、对于成家、赵颖、石敬江给予警告，并分别处以 3 万元罚款。

2020 年 9 月 11 日，根据《行政执法机关移送涉嫌犯罪案件的规定》(国务院令第 310 号)，中国证监会决定将獐子岛及相关人员涉嫌证券犯罪案件依法移送公安机关追究刑事责任。

至此，獐子岛扇贝“生死难料”“来去自由”的游戏告一段落。

【编者提示】

我们相信，通过企业会计工作者、企业治理参与者、审计人员、会计研究人员、会计准则制定者、市场监管者的共同努力，类似“獐子岛”“蓝田股份”“银广夏”“嘉汉林业”等企业导演的以生物资产为主要角色的故事将不再延续。

资料来源：摘编自深圳证券交易所獐子岛 (002069) 公告、獐子岛年报以及中国证监会公告。

第5节 生物资产的披露

一、生物资产的表内披露

对于生物资产的表内披露，企业应将“消耗性生物资产”科目的借方余额减去“存货跌价准备——消耗性生物资产跌价准备”科目贷方余额后，列入资产负债表的“存货”项目中，并且在资产负债表中单独列示存货中的消耗性生物资产金额。“生产性生物资产”科目的借方余额减去“生产性生物资产累计折旧”科目与“生产性生物资产减值准备”科目的贷方余额后，以净值列入资产负债表中的“生产性生物资产”项目中。

二、生物资产的报表附注

企业还应当在报表附注中披露与生物资产有关的下列信息：

(1) 生物资产的类别以及各类生物资产的实物数量和账面价值。

(2) 各类消耗性生物资产的跌价准备累计金额，以及各类生产性生物资产的使用寿命、预计净残值、折旧方法、累计折旧和减值准备累计金额。

（3）天然起源生物资产的类别、取得方式和实物数量。

（4）用于担保的生物资产的账面价值。

（5）与生物资产相关的风险情况与管理措施。

（6）企业应当在附注中披露与生物资产增减变动有关的下列信息：

1）因购买而增加的生物资产；

2）因自行培育而增加的生物资产；

3）因出售而减少的生物资产；

4）因盘亏或死亡、毁损而减少的生物资产；

5）计提的折旧及计提的跌价准备或减值准备。

案例8-2　蒙牛乳业2019年年报中的生物资产信息披露

中国蒙牛乳业有限公司（以下简称“蒙牛乳业”）是一家主要从事生产及销售优质乳制品业务的投资控股公司，2004年6月10日在香港证券交易所主板挂牌上市(02319.HK)，产品主要包括液态奶产品（如乳饮料及酸奶）、冰淇淋、奶粉及其他产品（如奶酪）。蒙牛乳业的全资子公司“石家庄君乐宝乳业有限公司”（以下简称“君乐宝”）主要从事饲养乳牛业务及生产原奶。

蒙牛乳业2019年年报附注中的生物资产信息如下：

本集团的乳牛包括用作生产原奶的奶牛（milkable cows）、未到生产原奶年龄的小母牛（heifers）及小牛（calves）。

2019年7月1日，本集团以人民币40亿元之价格出售“君乐宝”全部注册资本的51%。至此，“君乐宝”不再构成本集团的子公司。受其影响，本集团报告期内乳牛数量及价值的变动情况如下（见表8-5）：

2018年12月31日奶牛31 716头，小母牛及小牛30 182头。（单位：千元）

表8-5

账面价值	1 136 600
2019年内：	
因购买增加	126 342
因养殖（饲养成本及其他）增加	466 528
因出售减少	(174 568)
乳牛公允价值变动产生的亏损	(171 902)
出售子公司减少	(1 383 000)
2019年12月31日生物资产（乳牛）报告价值	0

出售子公司后，集团不再持有生物资产，此时有奶牛0头，小母牛及小牛0头。

本集团的乳牛由具备资格的专业机构进行估值。小母牛及小牛的公允价值系根据年龄、品种、遗传特性相近类别的市场价值确定；奶牛的公允价值根据其未来的现金流折现后的价值确定。使用折现法的假设条件是：

(1) 报告期末的现有奶牛数量随自然或非自然因素按一定的淘汰率扣减。

(2) 上述淘汰率可以依据本集团现有的养殖资料、未来营运计划确定。

(3) 宏观经济增长与乳品需求无重大波动。

(4) 依照《国际会计准则第 41 号——农业》的要求，未考虑与该资产相关的税收方面的现金流量。

(5) 小牛出生会增加奶牛数量。

(6) 成本是以历史成本为基础的平均成本。

(7) 折现率为 13.60%。

【编者提示】

本案例涉及的事项有待进一步观察与思考：

(1) 蒙牛乳业于 2010 年 11 月收购了君乐宝，为什么时隔 9 年后又要出售该子公司（数据显示，君乐宝对蒙牛乳业营业收入的贡献率达 20%）？

(2) 蒙牛乳业约 13.8 亿元的生物资产（奶牛、小母牛、小牛）由子公司君乐宝持有，君乐宝被出售后，蒙牛乳业的奶源渠道、数量、品质、成本等方面将发生什么变化？

(3) 如何区别小母牛与小牛？

(4) 奶牛的产奶量、产仔量难以计量，小母牛成熟后的产仔量、产奶量也难以计量，如何准确地测算这类生物资产产生的未来现金流量及其价值，仍是需要深入思考、继续探讨的课题。

资料来源：摘编自蒙牛乳业公司公开信息。

练习题

一、单项选择题

1. 以下属于生物资产的是（　　）。

A. 已收割的稻谷　　B. 已捕捞的鱼虾

C. 已砍伐的林木　　D. 圈养的种牛

2. 以下不属于公益性生物资产的是（　　）。

A. 水源涵养林　　B. 水土保持林

C. 防风固沙林　　D. 用材林

3. 生物资产出售时，应将处置收入扣除其账面价值和相关税费后的余额计入（　　）。

A. 投资收益　　B. 资本公积

C. 当期损益　　D. 固定资产清理

4. 下列资产中，可以计提折旧的生物资产是（　　）。

A. 用材林　　B. 水土保持林

C. 经济林　　D. 存栏待售的牲畜

5. 消耗性生物资产应以净值在资产负债表的列示方式为（　　）。

A. 存货　　B. 固定资产

C. 生物资产　　D. 无形资产

二、多项选择题

1. 我国《企业会计准则第5号——生物资产》将生物资产分为（　　）。

A. 消耗性生物资产　　B. 生产性生物资产

C. 公益性生物资产　　D. 天然性生物资产

E. 成熟性生物资产

2. 当同时具备以下（　　）条件，即可确认为生物资产。

A. 企业因过去的交易或者事项而拥有或控制该资产

B. 企业拥有该资产的所有权

C. 与该资产相关的经济利益或服务潜能很可能流入企业

D. 该资产的成本能够可靠计量

E. 该资产是动物或植物

3. 下列资产中需计提跌价准备或减值准备的资产有（　　）。

A. 消耗性生物资产　　B. 生产性生物资产

C. 公益性生物资产　　D. 以成本模式计量的生物资产

E. 以公允价值计量的生物资产

4. 消耗性生物资产，应当在收获或出售时，按照其账面价值结转成本。结转成本的方法包括（　　）。

A. 加权平均法　　B. 个别计价法

C. 蓄积量比例法　　D. 轮伐期年限法

E. 先进先出法

5. 下列资产中，能够作为企业存货列示的资产有（　　）。

A. 企业承诺采购的原材料　　B. 消耗性生物资产

C. 生产性生物资产　　D. 委托代销商品

E. 受托代销商品

三、综合分析题

1. 某养猪场2×23年5月从市场上购入50头肉猪，支付买价30 000元，另支付运费3 000元，保险费2 000元，装卸费1 000元，防疫费和运输途中饲料费2 500元。以上款项均以银行存款支付。饲养期间，发生饲料费8 000元，人工费用10 000元。假设不考虑相关税费，请就该养猪场的上述相关业务做出相应的会计核算。

2. 某林业上市公司已郁闭成林的用材林实际成本为300万元。2×22年因遭受病虫害侵袭，预计可变现净值为180万元，假设该用材林以前年度未计提减值准备。2×23年病虫害得到控制，该用材林预计可变现净值上升为260万元。假设不考虑相关税费，请对上述业务做出相关会计处理。

3. 某农业上市公司于2×23年8月将养育成的100头肉猪销售给食品加工厂，价款总额为800 000元，货款尚未收到。出售时肉猪的账面价值为580 000元，未计提跌价准备。假设不考虑相关税费，请对上述业务做出相关会计处理。

第 9 章

所得税会计

学习目标

所得税又称所得课税、收益税，是国家对法人、自然人和其他经济组织在一定时期内的各种所得征收的一类税收，可分为企业所得税与个人所得税。在中华人民共和国境内，企业和其他取得收入的组织（以下统称企业）为企业所得税的纳税人。本章以《企业会计准则第 18 号——所得税》为基础，以企业所得税的纳税申报为主线，重点讲解企业会计利润与税务利润（应纳税所得额）之间的差异及所得税会计的基本特点及程序。

第 1 节　所得税会计概述

一、会计利润与应纳税所得额

《企业会计准则第 18 号——所得税》（以下称“会计准则”或“准则”）规定，企业利润表所列示的“所得税费用”由“当期所得税费用”和“递延所得税费用”两部分组成。“当期所得税费用”是企业根据所得税法规的相关规定，计算当期应缴纳的所得税税额。“递延所得税费用”是企业在计算出应纳税额之后，根据会计准则的规定，针对会计准则与税法之间的差异对未来企业所得税的预期影响计算的金额。

企业会计准则和《中华人民共和国企业所得税法》（2017 年修订）（下称“所得税法”或“税法”）是基于不同的目的、遵循不同的原则制定的，这导致两者在资产与负债的计量标准、收入与费用的确认原则等方面存在差异。

会计利润，是企业在一定会计期间内按照会计准则的要求计算的所得税前利润，其目的是向会计信息使用者提供关于企业经营成果的会计信息，以利于其做出经济决策与业绩评价。应纳税所得额，也可简称税务利润，是按照所得税法的规定，以一定期间应税收入扣减税法准予扣除的项目后计算的应税所得，是为企业进行纳税申报和国家税收机关对企业的经营所得征税提供依据。两者的目的不同，依据不同，计算结果也势必存在一定的差异。所得税会计正是研究如何处理会计利润与税务利润之间差异的会计理论与方法。

会计利润和应纳税所得额之间的差异一般可分为两个类型。

（一）永久性差异

永久性差异（permanent difference），是指在某一个会计期间，由于会计准则和税法在计算收益、费用或损失时的口径不同，所产生的税前会计利润与应纳税所得额之间的差异。这种差异在本期发生，不会在以后各期转回，即仅对当年应纳税所得额造成影响。例如，企业购买国债取得的利息收入，在会计核算上可作为投资收益，计入税前会计利润，但税法规定，企业购买国债是政府鼓励的行为，国债利息收入不征收企业所得税，不计入应纳税所得额。又如，企业因生产经营活动违反《中华人民共和国环境保护法》而缴纳的罚款，在会计核算上作为营业外支出，减少了会计利润，但税法规定，违法经营产生罚款不允许在所得税前扣除。此类业务一经发生，就必然产生差异，只要税法的相关规定不发生变化，这种差异就一直存在，因此被称为永久性差异。这种情况下，企业以会计利润为起点，剔除那些税法规定免征或不征企业所得税的收入项目，加上那些税法规定不应减少应纳税所得额的费用或损失项目，据此计算结果填报当期纳税申报表中的“应纳税所得额”即可，不需对已经进行账务处理且形成了上述永久性差异的业务进行账务调整。实务中常见的永久性差异如表9-1所示。

表9-1　常见的永久性差异

项目
不符合条件的捐赠和赞助支出不得税前扣除
无票据的费用、与收入无关的费用均不得税前扣除
税收滞纳金、政府罚款等不得税前扣除
长期股权投资以权益法核算时确认的投资收益不作为应税收入
国债利息收入不作为应税收入

（二）暂时性差异

暂时性差异（temporary difference），是由于税法与企业会计准则在资产、负债的账面价值与计税基础上的不同而产生的差异，该差异的存在将影响未来期间的应纳税所得额。暂时性差异的特点是发生于某一会计期间，在以后的某一期或若干期内能够转回。

例如，按照《企业会计准则第22号——金融工具确认与计量》，交易性金融资产公允价值变动时应将其价值变动计入“公允价值变动损益”。这会影响税前会计利润。但是税法规定，这部分损益仅仅是金融资产价值变动引起的，金融资产并未实际出售，是未实现的损益，不应计入应纳税所得额，而应该在金融资产处置时，按处置收入与取得成本之差计入应纳税所得额。从资产负债表的角度看，按照企业会计准则规定对交易性金融资产进行的会计处理，在交易性金融资产公允价值变动时会改变交易性金融资产的账面价值，使其与计税基础（取得成本）产生差异。与上述永久性差异不同的是，这种差异是暂时性的，它产生于会计处理的某个时点（如资产负债表日），未来它将随着该资产的处置（出售）而消失。换言之，本期未计入应纳税所得额的损益，将在未来期间体现出来。

此种情况下，企业以会计利润为起点，剔除那些税法规定不应计入应纳税所得额的损益项目，加上那些税法规定不应减少应纳税所得额的损益项目，填报纳税申报表即可，但需对上述暂时性差异进行会计处理，这也构成了所得税会计的主要内容。会计利润与应纳税所得额之间的差异如图9-1所示。

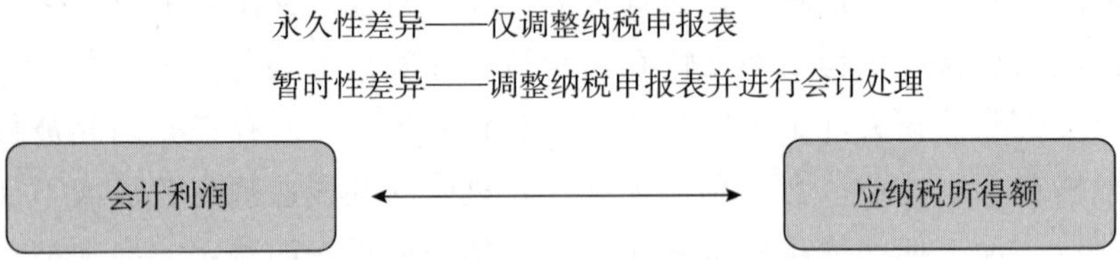

图9-1　会计利润和应纳税所得额之间的差异

延伸阅读

我国的企业所得税税率

《中华人民共和国企业所得税法》规定，企业所得税的税率为25%。但对特定性质、规模、行业、地区的企业制定了优惠税率。总体而言，目前我国企业所得税税率大致分为25%、15%、12.5%和10%四档。具体如表9-2所示。

表9-2　我国企业所得税的税率

（截至2023年11月31日）

企业类型	释义	税率
普通企业	企业所得税基本税率	25%
小型微利企业	小型微利企业是从事国家非限制和禁止行业，且同时符合以下三个条件的企业：年度应纳税所得额不超过300万元、从业人数不超过300人、资产总额不超过5 000万元	20%
	2021年1月1日至2022年12月31日，对小型微利企业年应缴纳税所得额不超过100万元的部分，减按25%计入应纳税所得额，按20%的税率缴纳企业所得税；2022年1月1日至2024年12月31日，对年应纳税所得额超过100万元但不超过300万元的部分，减按25%计入应纳税所得额，按20%的税率缴纳企业所得税。此项政策延续执行至2027年12月31日	20%

续表

企业类型	释义	税率
国家重点扶持的产业与企业	（1）国家需要重点扶持的高新技术企业，减按 15%的税率征收企业所得税（自 2008 年 1 月 1 日起） （2）经认定的技术先进型服务企业（自 2017 年 1 月 1 日起） （3）从事污染防治的第三方企业（自 2019 年 1 月 1 日至 2023 年 12 月 31 日） （4）国家鼓励的集成电路线宽小于 28 纳米（含），且经营期在 15 年以上的集成电路生产企业或项目，第 1 年至第 10 年免征企业所得税；线宽小于 65 纳米（含），且经营期在 15 年以上的集成电路生产企业或项目，第 1 年至第 5 年免征企业所得税，第 6 年至第 10 年按照 25%的法定税率减半征收企业所得税；线宽小于 130 纳米（含），且经营期在 10 年以上的集成电路生产企业或项目，第 1 年至第 2 年免征企业所得税，第 3 年至第 5 年按照 25%的法定税率减半征收企业所得税 （5）国家鼓励的重点集成电路设计企业和软件企业，自 2020 年 1 月 1 日起，自获利年度起，第 1 年至第 5 年免征企业所得税，接续年度减按 10%的税率征收企业所得税	15% 15% 15% 12.5% 10%
在特殊区域设立的企业	（1）设在西部地区的鼓励类产业企业（自 2021 年 1 月 1 日起至 2030 年 12 月 31 日止） （2）设在平潭综合实验区的符合条件的企业（自 2021 年 1 月 1 日起至 2025 年 12 月 31 日止） （3）注册在海南自由贸易港并实质性运营的鼓励类产业企业（自 2020 年 1 月 1 日起至 2024 年 12 月 31 日止） （4）自 2020 年 1 月 1 日起，对中国（上海）自贸试验区临港新片区内从事集成电路、人工智能、生物医药、民用航空等关键领域核心环节相关产品（技术）服务，并开展实质性生产或研发活动的符合条件的法人企业（自设立之日起 5 年内）	15%
其他	非居民企业取得《中华人民共和国企业所得税法》第二十七条第（五）项规定的所得，减按 10%的税率征收企业所得税 非居民企业取得《中华人民共和国企业所得税法》第三条第三款规定的所得，减按 20%的税率征收企业所得税	10% 20%

资料来源：摘编自国家税务局官方网站。

应该注意的是，除了降低税率给予企业税收优惠外，税务机关还制定了其他一些减税政策，例如对符合条件的企业延长亏损结转年限，允许企业的一些支出在计算应纳税所得额时加计扣除，允许企业将一些资产购置支出一次性计入当期成本费用在计算应纳税所得额时扣除，允许企业缩短折旧、摊销年限或采取加速折旧、摊销的方法等。在政府税收优惠政策红利密集释放的背景下，企业办税人员应及时跟踪、了解政策的适用性与时效性，依法申报纳税，合法获得优惠。

二、所得税会计处理方法

（一）资产负债表债务法

《企业会计准则第 18 号——所得税》规定，企业应采用资产负债表债务法（balance-sheet liability method）核算企业的“所得税费用”。在资产负债表债务法下，企业应于资产负债表日分析、比较资产、负债的账面价值和计税基础，如果两者之间存在差异，应确认相应的递延所得税资产或递延所得税负债，同时借记或贷记“所得税费用——递延所得税费用”科目。

资产负债表债务法以“资产负债观”理论为基础，从资产负债出发，通过分析暂时性差异产生的原因及性质，将其对未来所得税的影响分别确认为递延所得税负债和递延所得税资产，并在此基础上倒推出各期所得税费用。该方法的主要目的是合理确认资产负债表中的递延所得税资产和递延所得税负债。

（二）资产负债表债务法的核算程序

在资产负债表债务法下，企业一般应于每一资产负债表日进行所得税的相关会计处理。如果发生企业合并等特殊交易事项，则应在确认该交易事项取得的资产、负债的同时，确认相关的所得税影响。资产负债表债务法的基本核算程序如下：

1. 确定资产和负债的账面价值

资产和负债的账面价值，是指按照企业会计准则的相关规定对资产、负债进行会计处理后确定的在资产负债表中列示的金额。例如，某企业2019年12月31日应收账款的账面余额为100万元，坏账准备的贷方余额为20万元，则该企业2019年12月31日应收账款的账面价值为80万元。

2. 确定资产和负债的计税基础

资产和负债的计税基础应按照企业会计准则规定的方法，以适用的税收法规为基础确定。具体方法将在本章第2节中详细分析。

3. 确定递延所得税

比较资产、负债的账面价值和计税基础，对于两者之间存在差异的，分析其性质，除准则中规定的特殊情况外，应分别按照应纳税暂时性差异或可抵扣暂时性差异与适用税率分别确定递延所得税负债或递延所得税资产的期末余额。然后根据递延所得税负债和递延所得税资产的期初余额，计算当期应予以进一步确认或转回的递延所得税负债和递延所得税资产金额，并将二者差额作为利润表中所得税费用的一个组成部分——递延所得税。

（1）计算递延所得税资产或负债的期末余额。

应纳税暂时性差异×税率＝递延所得税负债期末余额

可抵扣暂时性差异×税率＝递延所得税资产期末余额

（2）确认当期递延所得税资产和负债。

递延所得税资产	
期初余额 当期应确认	当期应转回
期末余额	

递延所得税负债	
当期应转回	期初余额 当期应确认
	期末余额

（3）确认当期递延所得税。

当期确认的所得税负债－当期确认的所得税资产＝递延所得税(费用/收益)
当期确认的所得税负债＞当期确认的所得税资产→递延所得税(费用)
当期确认的所得税负债＜当期确认的所得税资产→递延所得税(收益)

4. 确定当期所得税

利润表中所得税费用的另一个组成部分是“当期所得税”。企业当期应交所得税，等于按照税法计算确定的当期应纳税所得额乘以适用的所得税税率。

当期应交所得税＝当期应纳税所得额×所得税税率

5. 确定利润表中的所得税费用

利润表中的所得税费用由当期应交所得税和递延所得税两部分组成：

所得税费用＝当期应交所得税±递延所得税

延伸阅读

所得税的处理方法概览

当会计利润和应纳税所得额之间仅存在永久性差异时，根据确定的应纳税所得额和适用税率计算当期应交所得税，并确认为当期所得税费用即可。如果还存在暂时性差异，则所得税的会计处理方法有应付税款法和纳税影响法之分。纳税影响法下，按照税率变动时是否需要对已入账的递延所得税项目进行调整，又可以分为递延法和债务法两种。其中，债务法下还分为利润表债务法和资产负债表债务法（见图9－2）。

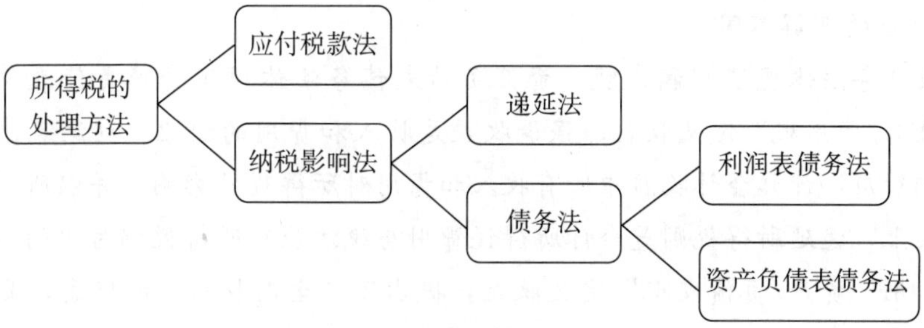

图9－2　所得税的处理方法

（一）应付税款法与纳税影响法

应付税款法，是指本期税前会计利润与应纳税所得额之间的差异造成的影响纳税的金额直接计入当期损益，而不递延到以后各期的会计处理方法。

纳税影响法，是将本期税前会计利润与应税利润之间的暂时性差异所产生的所得税影响数，递延到以后各期的一种方法。

（二）纳税影响法：递延法与债务法

递延法，是把本期由于时间性差异而产生的纳税金额，保留递延到这一差异发生相反变化的以后期间予以转销。在税率变化或开征新税时也不需调整由于税率的变化或开征新税对递延税款的影响。发生在本期的时间性差异影响纳税的金额，用现行税率计算，以前各期发生的而在本期转销的各项时间性差异影响纳税的金额，按原发生的税率计算转销。

债务法，是指将本期由于时间性差异产生的影响所得税的金额，递延和分配到以后各期，并同时转回已确认的时间性差异的所得税影响金额，在税率变更或开征新税时，需要调整递延税款的账面余额。

（三）债务法：利润表债务法与资产负债表债务法

利润表债务法，是将时间性差异对所得税的影响看作对本期所得税的调整，其特点是当税率发生变动时，必须对递延税款按现行税率进行调整。这种方法的计算程序为：首先计算所得税费用，然后计算当期应交所得税额，倒挤出本期发生的递延所得税资产（或负债）。本期所得税费用等于本期应交所得税加本期发生的递延所得税负债或减递延所得税资产，加（或减）由于税率变动或税基变动对以前各期确认的递延所得税负债（或资产）账面余额的调整数。

资产负债表债务法体现“资产/负债观”，是以估计转销年度的所得税率为依据，计算递延所得税款的一种所得税会计处理方法。

（四）利润表债务法与资产负债表债务法的异同

同是作为“债务法”，利润表债务法和资产负债表债务法有一些相似之处，即都确认递延项目，且税率发生变动时，对已确认的递延所得税资产和负债进行调整，但其差异也很明显。

1. 对收益的理解不同

利润表债务法体现了利润表观；资产负债表债务法体现了资产负债表观。利润表观，用“收入/费用观”定义收益，强调收益是收入和费用的配比。利润表债务法与这一收益观相对应，计算会计收益中所有收入和费用对所得税的影响，并以所得税费用列示在利润表上，递延所得税则是会计所得税费用与税法应交所得税相对比的结果；资产负债表观，用“资产/负债表观”定义收益，提出了“全面收益”的概念，要求收益的确认与计量都要服从资产负债表中资产、负债会计概念的要求。资产负债表债务法适应这一收益观，资产或负债账面金额与其计税基础之间的差异乘以税率直接形成递延所得税资产或负债的期末余额，而所得税费用依据当期应交所得税和递延所得税资产或负债的期末、期初相比加以确定。

2. 核算对象不同

资产负债表债务法和利润表债务法作为债务法下两种不同的分析方法，还有一个主要的区别，即前者的核算对象是“暂时性差异”，而后者的核算对象则是“时间性差异”。“时间性差异”是指在一个期间产生而在以后的一个期间或多个期间转回的应税利润与会计利润之间的差额，侧重从收入和费用角度分析会计利润和应税所得额之间的差异，强调差异的形成以及差异的转回；“暂时性差异”是指一项资产或负债的计税基础与其在资产负债表中的账面价值之间的差额，它侧重从资产和负债角度分析会计利润和应税所得额之间的差异，更强调差异的内容和原因。从内涵来看，暂时性差异比时间性差异的范围更广，它不仅包括所有的时间性差异，还包括所有的不是时间性差异的暂时性差异。

3. 确认财务报表项目、计算所得税费用的程序不同

确认财务报表项目时，在利润表债务法下，利润表项目直接确认，资产负债表项目间接确认，即首先关注利润表项目所得税费用计算的准确性。其计算公式为：当期所得税费用＝会计利润×适用税率＋税率变动的调整数；然后根据所得税费用与当期应纳税款之间的差额，倒挤出本期发生的递延所得税。在资产负债表债务法下，资产负债表项目直接确认，损益表项目间接确认，即首先计算出期末递延所得税资产和负债，然后倒挤出本期所得税费用。它更加关注资产和负债类项目计算的准确性。其计算公式为：当期所得税费用＝当期应纳税所得额×适用税率＋当期递延所得税负债增加（或－当期递延所得税负债减少）－当期递延所得税资产的增加（或＋当期递延所得税资产的减少）。

（五）资产负债表债务法的优点

与利润表债务法相比，资产负债表债务法有以下优点：(1) 核算方法更为简单、更容易理解和运用；(2) 可以提供更为全面、有用的所得税会计信息；(3) 更符合会计可比性原则的需要；(4) 与国际惯例接轨（美国通用会计准则和国际会计准则均采用资产负债表债务法）。

资料来源：耿建新，等. 高级会计学. 9 版. 北京：中国人民大学出版社，2021；傅荣. 高级财务会计. 6 版. 北京：中国人民大学出版社，2021.

第 2 节　资产和负债的计税基础

一、资产的计税基础

企业会计准则规定，资产的计税基础是指企业收回资产账面价值过程中，计算应纳税所得额时按照税法规定可以自应税经济利益中抵扣的金额。也就是说，资产的计税基础是指按照税法规定重新计算的价值。

资产的计税基础＝未来可税前扣除的金额

＝资产的入账价值－以前期间已税前扣除的金额

通常情况下，资产取得时的入账价值为税法所认可，因此在资产初始确认时其计税基础与账面价值相同。但是在资产的持有期间，即后续计量时，资产的账面价值与计税基础可能会由于企业会计准则与税法之间的差异产生不同。例如，上文提及的交易性金

融资产的情形。又如，企业超出税法许可的范围对固定资产或无形资产计提加速折旧（摊销）、缩短折旧（摊销）年限、计提资产减值准备等会计处理，均不被税法认可。

1. 固定资产的计税基础

固定资产在取得时的计税基础一般等于账面价值，但是固定资产在持续使用期间内，由于企业会计准则与税法之间的后续计量差异，导致其账面价值与其计税基础之间产生差异，具体包括：(1) 因折旧方法及折旧年限不同导致的差异；(2) 因固定资产减值准备导致的差异。

企业会计准则：

固定资产的账面价值＝入账成本－累计折旧－固定资产减值准备

税法：

固定资产的计税基础＝入账成本－按照税法规定已在以前期间税前扣除的累计折旧额

固定资产的账面价值与计税基础可能存在差异的情况，如表9-3所示。

表9-3　固定资产的账面价值与计税基础

	企业会计准则（账面价值）	税法（计税基础）
折旧方法	企业应当根据与固定资产有关的经济利益预期实现方式合理选择折旧方法，可供选择的折旧方法包括：年限平均法、工作量法、双倍余额递减法、年数总和法	固定资产一般采用年限平均法计提折旧，由于技术进步等原因确需加速折旧的，也可以采用双倍余额递减法或年数总和法计提折旧
折旧年限	企业根据固定资产的性质和使用情况自行合理确定	对每一类固定资产的最低折旧年限做出了明确规定
固定资产减值准备	企业持有固定资产期间，如果固定资产发生了减值，应当对固定资产计提减值准备	企业计提的资产减值准备在发生实质性损失前不允许税前扣除

【例9-1】 甲股份有限公司2019年12月购入污水处理设备一台，原价900万元，预计使用寿命10年，净残值为零。会计处理上按照双倍余额递减法计提折旧，但税法规定该设备只能按直线法计提折旧。2020年年末，甲公司对该设备计提了70万元的减值准备。请分析该公司在所得税申报及编制2020年度财务报告时应做出的会计处理。

【解析】

2020年12月31日，甲公司确定的该设备的账面价值与计税基础如下：

账面价值＝900－第一年按会计方法提取的折旧(900×10%×2)
－按会计方法提取的减值准备70＝650(万元)

计税基础＝900－第一年按税法规定应提取的折旧(900÷10)＝810(万元)

由此，该污水处理设备的账面价值与计税基础之间产生了160万元的差异。这一差异是企业采用的固定资产核算方法与税法的规定不符造成的。无论采用何种折旧政策，在资产折旧期内折旧总额总是相同的（原值与净残值之差），只是每期提取的折旧金额不同，账面价值与计税基础的差异金额大小不同而已。这种差异会随着该资产的处置（如报废等）而消失，因此，上述160万元的差异是暂时性的。

甲公司因按照双倍余额递减法（加速折旧法）计提折旧，并依据资产测试情况提取了减值准备，使会计利润比税务利润少160万元。甲公司报税时，以已有的会计利润为起点，加上暂时性差异160万元，填列在当期纳税申报表中的"应纳税所得额"即可。

本例中，固定资产的账面价值为650万元，假设甲公司始终使用该资产，这意味着未来10年甲公司各期利润表上通过各种费用类科目所记载的金额之和为650万元（假设不考虑资金的时间价值，下同）。该资产计税基础为810万元，意味着在未来期间纳税申报表中减项（"税前扣除数"）的合计额为810万元。暂时性差异160万元意味着未来计入利润表的费用（会计利润的减项）小于税前扣除数（纳税申报表的减项），也就是说未来的会计利润数字会比未来的应纳税所得额多160万元，在纳税申报时，税务机关将会在企业提交的会计利润数据的基础上做调减处理，企业会计准则把这种调减处理称为"可抵扣暂时性差异"。

由于甲公司已对当期所有业务进行了会计处理，其间存在的所有差异只能在资产负债表日进行调整。

假设甲公司适用的企业所得税税率为25%，上述差异对未来期间应纳税所得额的影响将会使得实际应纳税额比按照会计利润计算的金额少40万元(160×25%)，这是一种"预期好处"，符合企业资产的定义，应作为"递延所得税资产"入账。会计分录如下：

借：递延所得税资产　　400 000

　贷：所得税费用——递延所得税费用　　400 000

2. 无形资产的计税基础

无形资产的账面价值与计税基础之间的差异（暂时性差异）主要产生于企业内部研发所形成的无形资产、使用寿命不确定的无形资产和计提无形资产减值准备（见表9-4）。

表9-4 无形资产的账面价值与计税基础

分析角度	企业会计准则（账面价值）	税法（计税基础）
企业内部研发形成的无形资产的初始成本	符合资本化条件的研发支出计入无形资产成本	未形成无形资产而计入当期损益的，在按照规定据实扣除的基础上，按照研发费用的75%加计扣除；形成无形资产的，按照无形资产成本的175%摊销
使用寿命不确定的无形资产	使用寿命不确定的无形资产，不需摊销，但在持有期每年进行减值测试	所有无形资产的成本均按照一定年限进行摊销
无形资产减值准备	企业持有期间如果无形资产发生了减值，应对无形资产计提减值准备	企业计提的资产减值准备在发生实质性损失前不允许税前扣除

（1）企业内部研发所形成的无形资产导致的差异。企业内部研发形成的无形资产，一般初始确认时的账面价值与计税基础相同。企业会计准则规定，企业内部研发活动中，研究阶段的支出和开发阶段符合资本化条件前发生的支出应当费用化，计入当期损益；符合资本化条件后至达到预定用途前发生的支出应当资本化，计入无形资产成本。税法规定，自行研发的无形资产，开发过程中符合资本化条件后至达到预定用途前发生的支出为该资产的计税基础。与此同时，税法也规定：为鼓励企业进行研发、创新活动，企业为开发新技术、新产品、新工艺发生的研发费用，未形成无形资产而计入当期损益的，在按照规定据实扣除的基础上，按照研发费用的75%（此比例可能随政策调整而变化）加计扣除；形成无形资产的，按照无形资产成本的175%摊销，由此产生了内部研发形成的无形资产在初始确认时账面价值与计税基础的差异。

（2）使用寿命不确定的无形资产导致的差异。企业会计准则将无形资产分为使用寿命有限的无形资产和使用寿命不确定的无形资产两类。使用寿命有限的无形资产，企业可以采用直线法、工作量法，或者能够反映与该项无形资产有关的经济利益的预期消耗方式确定摊销方法（即从成本消耗角度，而不是经济利益实现角度）对该资产的账面价值进行摊销；使用寿命不确定的无形资产，不需摊销，但在持有期内每年进行减值测试。税法并未按照使用寿命是否可以确定对无形资产进行分类，仅要求所有无形资产的成本均按照一定期限进行摊销。

（3）计提无形资产减值准备导致的差异。企业在持有无形资产期间，如果无形资产发生了减值，应对无形资产计提减值准备。但是，税法规定企业计提的资产减值准备在发生实质性损失前不允许税前扣除。

使用寿命有限的无形资产的账面价值＝入账成本－累计摊销
－无形资产减值准备

使用寿命不确定的无形资产的账面价值＝入账成本－无形资产减值准备

无形资产的计税基础＝入账成本－按照税法规定已在以前期间税前扣除的摊销额

【例9-2】 2019年1月1日，甲公司开发的一项专利技术达到了预定用途，作为无形资产确认入账，预计使用年限10年，净残值为零，按照直线法摊销。甲公司开发阶段至该资产达到预定用途之间符合资本化条件的支出为900万元。请分析甲公司无形资产账面价值、计税基础及其差异情况。

【解析】

2019年1月1日该专利技术初始确认时的账面价值与依据现行政策确定的计税基础如下：

账面价值＝入账成本＝900(万元)

计税基础＝900×175%＝1 575(万元)

因此，产生了675万元的暂时性差异。

【例9-3】 2020年1月3日，甲公司以1 300万元购入一项非专利专有技术，由于无法合理预计其使用寿命，将其划分为使用寿命不确定的无形资产。2020年12月31日，甲公司对其进行了减值测试，发现其可收回金额为900万元。税法规定，该无形资产应采用直线法按10年进行摊销，摊销金额允许税前扣除。请分析甲公司无形资产账面价值、计税基础及其差异情况。

【解析】

2020年12月31日，该非专利技术的账面价值与计税基础如下：

账面价值＝900(万元)

计税基础＝1 300－1 300÷10＝1 170(万元)

因此，产生了270万元的暂时性差异。

3. 以公允价值进行后续计量的资产

企业会计准则规定，以公允价值进行后续计量的资产（以公允价值计量且其变动计入当期损益的金融资产、以公允价值计量且其变动计入其他综合收益的金融资产、采用公允价值模式进行后续计量的投资性房地产等），在会计期期末的账面价值为该时点的公允价值。税法规定，以公允价值进行后续计量的资产，持有期间公允价值的变动不计入应纳税所得额，在实际处置时，初始取得的价款扣除其历史成本或以历史成本为基础确定的处置成本后的差额计入处置期间的应纳税所得额。

【例9-4】 2019年3月1日，甲公司以100万元的价格购入S公司股票（不考虑交易税费），并分类为以公允价值计量且其变动计入当期损益的金融资产。2019年12月31日，该股票的市场价格为110万元。请分析甲公司该项金融资产账面价值、计税基础及其差异情况。

【解析】

2019年12月31日，甲公司确定的该金融资产的账面价值与计税基础如下：

账面价值＝期末公允价值＝110(万元)

计税基础＝初始入账成本＝100(万元)

由此，产生10万元的暂时性差异。

4. 采用权益法核算的长期股权投资

企业会计准则规定，长期股权投资在持有期间，应根据对被投资单位财务和经营政策的影响程度等（控制、共同控制、重大影响），分别采用成本法和权益法进行核算。当长期股权投资采用权益法进行核算时，投资方的长期股权投资的账面价值会随着初始投资成本的调整、投资损益的确认、利润分配、应享有被投资方其他综合收益及其他权益变动的确认而发生相应的变动。但是，税法中并没有权益法的概念，只要求长期股权投资在处置时按照取得投资时确定的实际投资成本予以扣除，即长期股权投资的计税基础为其投资成本。

5. 计提资产减值准备的其他资产

应收账款、存货、在建工程等资产，也可能会因计提资产减值准备而导致其账面价值与计税基础产生差异。

二、负债的计税基础

负债的计税基础，是指负债的账面价值减去未来期间计算应纳税所得额时按照税法规定可予抵扣的金额后的余额。用公式表示如下：

负债的计税基础＝账面价值－未来期间按照税法规定可予税前扣除的金额

资产负债表债务法的目的是计算暂时性差异对未来所得税的影响。通常情况下，对于大部分负债而言就是欠债还钱，负债的确认与偿还不会影响企业的损益，也不会影响企业的应纳税所得额，未来期间计算应纳税所得额时按照税法规定可予税前扣除的金额为零，因此负债的计税基础与账面价值相等，不存在暂时性差异。

但在某些情况下，负债的确认可能会影响到企业的损益，进而影响到不同期间的应纳税所得额，导致其计税基础与账面价值之间产生差额。

1. 因提供产品售后服务或担保等原因而产生的预计负债

企业会计准则规定，企业因提供产品售后服务而预计发生的支出，在满足预计负债确认条件时，应于销售商品当期按照最佳估计数确认预计负债，同时确认相关费用，即此时估计未来期间将要支付的金额。税法规定，与产品售后服务相关的支出只有未来期间实际发生时才准予全额税前扣除。由此产生了预计负债的计税基础与账面价值之间的暂时性差异。

【例9-5】 天河公司2019年因销售电视机事宜，承诺提供3年的保修服务，并根据相关历史数据，以最佳估计值100万元确认了相关预计负债和销售费用。假设天河公司的所得税税率为25%。请分析天河公司该项预计负债的账面价值、计税基础及其差异情况。

【解析】

2019年12月31日，天河公司预计负债的账面价值与计税基础如下：

账面价值＝100(万元)

计税基础＝100－100＝0

由此，产生了100万元的暂时性差异。

由此可见，负债的计税基础实质上是其在未来期间得以清偿时不予税前抵扣的金额。这与资产的计税基础的定义恰恰相反。如此定义之后，负债的账面价值与计税基础之间的差额，其实就是负债在清偿时可予以税前扣除的金额。

2. 预收款项

通常情况下，预收账款形成的负债，其计税基础等于账面价值。但是，在某些特殊情况下，不符合收入确认条件而未确认收入的预收款项，按照税法规定应计入收款当期的应纳税所得额（例如，房地产开发企业的预收账款应按照预计毛利率计算应纳税所得额），则该预收款项在未来期间确认为收入时，就不再需要计算缴纳所得税，该预收账款就会形成可抵扣暂时差异。因此，在该预收款项产生期间，其计税基础为零。

【例9-6】 2019年12月30日，南沙房地产开发有限公司预收了一笔合同款，金额为1 000万元，因不符合收入确认条件而作为合同负债入账。按照税法规定，该款项应计入收款期的应纳税所得额计算应纳所得税。请分析该公司预收款项的账面价值、计税基础及其差异情况。

【解析】

2019年12月31日，南沙公司确定的该项合同负债的账面价值和计税基础如下：

账面价值＝1 000(万元)

计税基础＝账面价值－未来期间按照税法规定可予以税前扣除的金额

＝1 000－1 000＝0

由此，产生了1 000万元的暂时性差异。

3. 应付职工薪酬

企业会计准则规定，企业为获得职工提供的服务给予的各种形式的报酬以及其他相关支出均应作为职工薪酬，根据职工服务的受益对象，计入有关成本费用，同时确认为负债（应付职工薪酬）。税法对企业职工薪酬的规定分为三类：(1) 全部税前扣除。企业发生的合理的职工薪酬，予以税前扣除。(2) 按标准税前扣除。对有些职工薪酬，税法规定了税前扣除的标准。(3) 不得税前扣除。还有一些职工薪酬，税法规定不得税前扣除。参见表9-5。

对于发生当期准予税前扣除的职工薪酬，以后期间不存在税前扣除问题，因此，所确认的负债的账面价值等于计税基础；对于超税前扣除标准支付的职工薪酬以及不得税前扣除的职工薪酬，在以后期间一般也不允许税前扣除，因此负债的账面价值也等于计税基础。

表9-5　税法中职工薪酬的扣除标准

税前扣除比例	支出项目
全部税前扣除	支付给职工的工资薪金、按国家规定范围和标准为职工缴纳的基本社会保险费、住房公积金、补充养老保险、补充医疗保险
按标准税前扣除	企业发生的职工福利费支出，如供暖费补贴、职工防暑降温费、职工困难补贴等，不超过工资薪金总额14%的部分准予税前扣除，超过部分未来也不能扣除
不得税前扣除	企业为职工支付的商业保险费（企业为特殊工种支付的人身安全保险费等按规定准予税前扣除的商业保险费除外）

【例9-7】 2019年12月，甲公司计入成本费用的职工薪酬总额为2 000万元，其中工资薪金1 200万元，应缴纳的社会保险费和住房公积金为500万元，应支付的职工福利费200万元。按照税法规定，上述职工薪酬中，工资薪金、社会保险费和住房公积

金均准予在税前扣除，但职工福利费准予税前扣除的金额为 168 万元(1 200×14%)。请分析甲公司应付职工薪酬的账面价值、计税基础及其差异情况。

【解析】

工资薪金、社会保险费和住房公积金均允许当期税前扣除，不存在以后期间税前扣除问题；职工福利费大于允许税前扣除部分的差额 32 万元（200－168）不允许在当期税前扣除，在以后期间也不得扣除，即应付职工薪酬未来期间允许扣除的金额为 0。因此，2019 年 12 月 31 日，甲公司应付职工薪酬的账面价值和计税基础如下：

账面价值＝1 700(万元)

计税基础＝账面价值－未来期间按照税法规定可予以税前扣除的金额

＝1 700－0＝1 700(万元)

即账面价值与计税基础之间不存在暂时性差异。

综上所述，我们可以看出，负债的暂时性差异的计算可概括为两类：第一类，对于一般负债而言，未来期间负债的偿还既不影响利润的计算，也不存在税前扣除的问题，其暂时性差异为零，即计税基础（负债在未来期间清偿时不予税前抵扣的金额）等于账面价值。第二类，对于清偿时可予以税前扣除的负债而言（例如预计负债、已经计入应纳税所得额的预收账款等），可直接将账面价值列为可抵扣暂时性差异，按照准则原文阐述“其账面价值本身就是可抵扣暂时性差异”，其计税基础（负债在未来期间清偿时不予税前抵扣的金额）等于零（如表 9－6 所示）。

表 9－6　负债的计税基础与暂时性差异

	一般负债	清偿时可予以税前扣除的负债
计税基础	未来可予以税前扣除的金额＝0	未来可予以税前扣除的金额＝账面价值
	计税基础＝账面价值	计税基础＝0
暂时性差异	暂时性差异＝0	暂时性差异＝账面价值

第 3 节　暂时性差异与递延所得税

上文述及，暂时性差异是指资产或负债的账面价值与计税基础之间的差额。根据暂时性差异对未来期间应纳税所得额影响的不同，可将其分为应纳税暂时性差异和可抵扣暂时性差异。

一、应纳税暂时性差异

应纳税暂时性差异，是指在企业继续拥有该资产或继续承担该负债的未来期间计算应纳税所得额时，预期将导致对会计利润进行调增处理的暂时性差异，换言之，对会计利润按照应纳税暂时性差异调整后才得到应纳税所得额。应纳税暂时性差异预期会增加未来期间的应纳税所得额，从而增加未来期间的应交所得税。

应纳税暂时性差异产生于以下两种情况：

（1）资产的账面价值大于其计税基础。资产的账面价值代表的是企业在持续使用和最终处置资产时将取得的经济利益的总额。资产的计税基础代表的是资产在未来期间可予以税前扣除的金额。如果资产的账面价值大于计税基础，这意味着未来期间该资产产生的经济利益大于可予以税前抵扣的金额，即资产的账面价值不能全部税前抵扣，两者之间的差额需缴纳所得税，从而产生了应纳税暂时性差异。

（2）负债的账面价值小于其计税基础。负债的账面价值是企业预计在未来期间清偿该负债时的经济利益流出。负债的计税基础实质上是税法规定其在未来期间得以清偿时不予税前抵扣的金额。负债的账面价值与其计税基础不同产生的暂时性差异，本质上是与该负债相关的费用支出在未来期间计税时可予以税前抵扣的金额。

二、可抵扣暂时性差异

可抵扣暂时性差异，是指在企业继续拥有该资产或继续承担该债务的未来期间计算应纳税所得额时，将导致产生可抵扣金额的暂时性差异，即该项暂时性差异在未来期间转回时，将对会计利润按照可抵扣暂时性差异进行调减后才得出应纳税所得额，即将会减少转回期间的应纳税所得额和相应的应交所得税。

可抵扣暂时性差异通常产生于下列两种情况：

（1）资产的账面价值小于其计税基础。资产的账面价值小于其计税基础，意味着资产在未来期间产生的经济利益小于按照税法规定允许税前扣除的金额，两者之间的差额可以减少企业在未来期间的应纳税所得额，减少未来的应交所得税，因此产生了可抵扣暂时性差异。

（2）负债的账面价值大于其计税基础。负债的账面价值大于其计税基础，意味着该项负债在未来期间可以税前抵扣的金额为正数，即按照税法规定与该负债相关的费用支出未来期间计税时可以全部或部分从应税经济利益中扣除，从而减少未来期间的应纳税所得额和应交所得税，因此产生了可抵扣暂时性差异。

三、递延所得税负债及递延所得税资产

资产负债表日，企业应通过比较资产、负债的账面价值与计税基础，确定应纳税暂时性差异和可抵扣暂时性差异后，按照企业会计准则的要求确认相关的递延所得税负债和递延所得税资产（如图9－3所示）。

资产的账面价值>计税基础
负债的账面价值<计税基础
} 应纳税暂时性差异 ——→ 递延所得税负债

资产的账面价值<计税基础
负债的账面价值>计税基础
} 可抵扣暂时性差异 ——→ 递延所得税资产

图 9-3 暂时性差异的产生与影响

（一）递延所得税负债

递延所得税负债（deferred tax liabilities）产生于应纳税暂时性差异。应纳税暂时性差异在未来期间转回时，会增加转回期间的应纳税所得额和应交所得税，导致经济利益流出企业，构成一项未来的纳税义务，应确认为一项负债。

1. 确认递延所得税负债的情况

除所得税准则中明确规定可不确认递延所得税负债的情况以外，企业对于所有的应纳税暂时性差异均应确认相关的递延所得税负债。除直接计入所有者权益的交易或事项以及企业合并中取得资产、负债相关的以外，在确认递延所得税负债的同时，应增加利润表中的所得税费用。递延所得税负债由相关应纳税暂时性差异转回期间适用的所得税税率计量。并且，无论相关的应纳税暂时性差异转回时间长短，递延所得税负债的确认均不折现。

递延所得税负债＝应纳税暂时性差异×适用所得税税率

在确认递延所得税负债的同时，由于导致应纳税暂时性差异产生的交易事项在发生时大多会影响会计利润或应纳税所得额，因此，相关的所得税影响应增加利润表中的所得税费用，即借记“所得税费用——递延所得税费用”科目，贷记“递延所得税负债”。

【例 9-8】 2015 年 12 月 1 日，甲公司购入生产用机器设备一台，原值 1 000 万元，预计残值为零，使用年限 5 年，采用直线法计提折旧。假设税法规定，依据当前经济形势，该设备可采用加速折旧法计提折旧（双倍余额递减法）。假定除该设备折旧方法与税法之间存在差异外，不存在其他方面的差异。公司适用的所得税税率为 25%。请分析甲公司的暂时性差异并做出账务处理（单位：万元）。

【解析】

根据上述资料，分析甲公司 2016—2020 年各年末有关暂时性差异及递延所得税的确认情况，如表 9-7 所示。

表 9-7 甲公司递延所得税确认表 单位：万元

项目	2016 年	2017 年	2018 年	2019 年	2020 年
原值	1 000	1 000	1 000	1 000	1 000
累计会计折旧	200	400	600	800	1 000

续表

项目	2016年	2017年	2018年	2019年	2020年
期末账面价值	800	600	400	200	0
累计计税折旧	400	640	784	892	1 000
期末计税基础	600	360	216	108	0
应纳税暂时性差异	200	240	184	92	0
递延所得税负债期末余额	50	60	46	23	0

根据表9-7的资料，甲公司各年资产负债表日确认递延所得税负债的会计处理如下：

(1) 2016年12月31日。

借：所得税费用　　50

　贷：递延所得税负债　　50

(2) 2017年12月31日。

借：所得税费用　　10

　贷：递延所得税负债　　10

(3) 2018年12月31日。

借：递延所得税负债　　14

　贷：所得税费用　　14

(4) 2019年12月31日。

借：递延所得税负债　　23

　贷：所得税费用　　23

(4) 2020年12月31日。

借：递延所得税负债　　23

　贷：所得税费用　　23

【例9-9】 2019年12月1日，甲公司以50万元购入S公司股票并确认为交易性金融资产（即以公允价值计量且其变动计入当期损益的金融资产）。2019年12月31日，该股票公允价值上升为61万元；2020年3月17日，甲公司将持有的S公司股票全部出售，收到价款69万元。假定除该项金融资产外，甲公司并无其他事项产生会计与税法之间的差异。甲公司适用的所得税税率为25%。请做出甲公司2019年和2020年资产负债表日递延所得税负债的相关会计处理（单位：万元）。

【解析】

甲公司2019年和2020年资产负债表日递延所得税负债的相关会计处理如下：

(1) 2019年12月31日。

持有的股票公允价值上升为61万元时。

借：交易性金融资产——公允价值变动　　11

　贷：公允价值变动损益　　11

此时，甲公司持有的股票的账面价值为61万元，而计税基础是购入成本50万元，账面价值大于计税基础，产生应纳税暂时性差异11万元。因此，甲公司应确认递延所得税负债2.75万元(11×25%)。

借：所得税费用　　2.75

　贷：递延所得税负债　　2.75

（2）2020年3月17日出售股票时。

借：银行存款　　69

　贷：交易性金融资产——成本　　50

　　　　　　　　　——公允价值变动　　11

　　投资收益　　8

（3）2020年12月31日。

按照企业会计准则相关规定，甲公司于2020年3月17日出售S公司股票确认收益8万元（69—61）。按照税法规定，甲公司出售S公司股票时应确认的应纳税所得额为19万元（69—50）。两者之差11万元为2019年度产生的应纳税暂时性差异在2020年度伴随着股票出售而全部转回，增加了2020年的应纳税所得额，并相应地增加了2020年应交所得税2.75万元（11×25%）。这也就意味着，2019年产生的应纳税暂时性差异在2020年度全部转回，相应的递延所得税负债也已全部偿付。因此，2020年12月31日，甲公司的会计处理如下：

借：递延所得税负债　　2.75

　贷：所得税费用　　2.75

2. 不确认递延所得税负债的情形

企业会计准则规定，在以下特殊情形下不得确认递延所得税负债：

（1）商誉所导致的应纳税暂时性差异。因为税法规定的免税合并情形下，税法不认可商誉的价值，即商誉的计税基础为零。如果确认这部分的暂时性差异产生的递延所得税负债，则将进一步增加商誉的价值（详见第10章）。

（2）除企业合并以外的其他交易或事项，如果既不影响会计利润，也不影响应纳税所得额，则可不确认由此产生的应纳税暂时性差异所形成的递延所得税负债。

（3）对于采用权益法核算的长期股权投资所形成的应纳税暂时性差异，一般应确认相应的递延所得税负债。但投资企业能够控制暂时性差异转回的时间且该暂时性差异在可预见的未来很可能不会转回的情形除外。

（二）递延所得税资产

递延所得税资产（deferred tax assets）产生于可抵扣暂时性差异。可抵扣暂时性差异在转回期间将减少企业的应纳税所得额和相应的应交所得税，导致经济利益流入企业，因此，相关的所得税影响金额构成一项未来的经济利益，应确认为一项资产。递延所得税资产由相关可抵扣暂时性差异转回期间适用的所得税税率计量。并且，无论相关的可抵扣税暂时性差异转回时间长短，递延所得税资产的确认均不折现。

递延所得税资产＝可抵扣暂时性差异×适用所得税税率

1. 确认递延所得税资产的情形

企业应以可抵扣暂时性差异转回的未来期间可能取得的应纳税所得额为限，确认可抵扣暂时性差异所产生的递延所得税资产。换言之，因为递延所得税资产能够减少可抵扣暂时性差异转回期间的应交所得税，给企业带来经济利益，所以该经济利益能否实现，取决于未来可抵扣暂时性差异转回期间，企业能否产生足够的应纳税所得额来抵扣暂时性差异。在判断上述这个问题时，企业应同时考虑两方面问题：第一，未来期间通过正常的生产经营活动能产生的应纳税所得额；第二，以前期间产生的应纳税暂时性差异在未来期间转回时将增加的应纳税所得额。

（1）如果企业有明确证据表明可抵扣暂时性差异转回期间能产生足够的应纳税所得额，使得与可抵扣暂时性差异相关的经济利益全部得到实现，则应当确认可抵扣暂时性差异产生的递延所得税资产。

（2）如果企业在可抵扣暂时性差异转回期间无法产生足够的应纳税所得额，使得与可抵扣暂时性差异相关的经济利益无法全部得到实现，则应以可取得的应纳税所得额为限，确认相应的可抵扣暂时性差异产生的递延所得税资产。

（3）如果企业在可抵扣暂时性差异转回期间无法产生应纳税所得额，使得与可抵扣暂时性差异相关的经济利益无法得到实现，则不应确认递延所得税资产。

资产负债表日，企业应当对递延所得税资产的账面价值进行复核，如果未来期间很可能无法取得足够的应纳税所得额用以实现递延所得税资产的经济利益，应当减记递延所得税资产的账面价值。递延所得税资产的账面价值减记以后，后续期间根据新的环境和情况判断，如果能够产生足够的应纳税所得额使得递延所得税资产包含的经济利益能够实现的，则应恢复相应递延所得税资产的账面价值。

【例 9－10】 2014 年 12 月 1 日，甲公司购入生产用机器设备一台，原值 600 万元，预计残值为零，使用年限 4 年，采用直线法计提折旧。假设税法规定该设备的最短折旧年限为 6 年。除此项差异外，不存在其他会计与税法的差异。假定递延所得税资产和递延所得税负债在 2015 年年初的余额均为 0。甲公司适用的所得税税率为 25%。请做出甲公司每年年末的会计处理（单位：万元）。

【解析】

根据上述资料，分析甲公司 2015—2020 年各年末有关递延所得税的确认情况，如表 9－8 所示。

表 9－8　甲公司递延所得税确认表　　单位：万元

项目	2015 年	2016 年	2017 年	2018 年	2019 年	2020 年
原值	600	600	600	600	600	600

续表

项目	2015年	2016年	2017年	2018年	2019年	2020年
累计会计折旧	150	300	450	600	0	0
期末账面价值	450	300	150	0	0	0
累计计税折旧	100	200	300	400	500	600
期末计税基础	500	400	300	200	100	0
可抵扣暂时性差异	50	100	150	200	100	0
递延所得税资产期末余额	12.5	25	37.5	50	25	0

根据表9-8的资料，甲公司2015—2020年各资产负债表日确认递延所得税资产的会计处理如下：

（1）2015年12月31日。

借：递延所得税资产　　12.5

　贷：所得税费用　　12.5

（2）2016年12月31日。

借：递延所得税资产　　12.5

　贷：所得税费用　　12.5

（3）2017年12月31日。

借：递延所得税资产　　12.5

　贷：所得税费用　　12.5

（4）2018年12月31日。

借：递延所得税资产　　12.5

　贷：所得税费用　　12.5

（5）2019年12月31日。

借：所得税费用　　25

　贷：递延所得税资产　　25

（6）2020年12月31日。

2020年12月30日，递延所得税资产期末余额为零，本期应将递延所得税资产账面余额全部转回。

借：所得税费用　　25

　贷：递延所得税资产　　25

2. 不确认递延所得税资产的情形

企业会计准则规定，某些情况下，对于除企业合并外的交易或事项，如果该交易或事项在发生时既不影响会计利润也不影响应纳税所得额，且该项交易中产生的资产、负债的初始确认金额与计税基础不同，则这种情况所产生的可抵扣暂时性差异，不确认相应的递延所得税资产。例如，自行研发的无形资产确认时产生的可抵扣暂时性差异，权益法下长期股权投资的账面价值大于计税基础或者小于计税基础产生的暂时性差异等。

【例 9-11】 甲公司 2020 年发生以下交易或事项：

(1) 1月1日，甲公司支付 3 800 万元取得乙公司 20%股权，并自取得当日起向乙公司董事会派出1名董事，能够对乙公司财务和经营决策施加重大影响。取得股权时，乙公司可辨认净资产的公允价值与账面价值相同，均为 16 000 万元。

乙公司 2020 年实现净利润 500 万元，当年取得的其他权益工具投资 2020 年年末市价相对于取得成本上升 150 万元。甲公司与乙公司本年未发生交易。

甲公司拟长期持有对乙公司的投资。税法规定，我国境内设立的居民企业间股息、红利免税。

(2) 甲公司 2020 年发生研发支出 1 000 万元，其中按照企业会计准则规定费用化的部分为 400 万元，资本化形成无形资产的部分为 600 万元。该研发形成的无形资产于 2020 年 7 月 1 日达到预定用途，预计可使用 5 年，采用直线法摊销，预计净残值为零。税法规定，企业为开发新技术、新产品、新工艺发生的研发费用，未形成资产计入当期损益的，在据实扣除的基础上，按照研发费用的 75%加计扣除；形成资产的，未来期间按照无形资产摊销金额的 175%予以税前扣除。该无形资产摊销方法、摊销年限及净残值的税法规定与会计相同。

(3) 甲公司 2020 年利润总额为 5 200 万元。

其他有关资料：

甲、乙公司均为我国境内居民企业，适用的所得税税率均为 25%；预计甲公司未来期间能够产生足够的应纳税所得额用于抵扣可抵扣暂时性差异。

甲公司 2020 年年初递延所得税资产与负债的余额均为零，且不存在未确认递延所得税负债或资产的暂时性差异。

要求：

(1) 请根据以上资料，分别确定各交易或事项截至 2020 年 12 月 31 日所形成资产的账面价值与计税基础，并说明是否应确认相关的递延所得税资产或负债及其理由。

(2) 计算甲公司 2020 年应交所得税，编制甲公司 2020 年与所得税费用相关的会计分录（单位：万元）。

【解析】

(1) 权益法下，甲公司对乙公司长期股权投资 2020 年 12 月 31 日的账面价值为 3 930 万元(3 800+500×20%+150×20%)，其计税基础为取得成本 3 800 万元。

该长期股权投资的账面价值大于计税基础，形成了暂时性差异，但不应确认相关递延所得税负债。其原因是，在甲公司拟长期持有该投资的情况下，其账面价值与计税基础形成的暂时性差异预计未来期间不会转回，在两者适用所得税税率相同的情况下，有关利润在分回甲公司时是免税的，不会对未来期间的所得税产生影响。

(2) 甲公司该项无形资产2020年12月31日的账面价值为540万元(600－600÷5÷2)，计税基础为945万元(540×175%)。

该无形资产的账面价值与计税基础之间形成的可抵扣暂时性差异为405万元。该差异产生于自行研发形成无形资产的初始入账价值与其计税基础之间，在产生时（交易发生时）既不影响会计利润，也不影响应纳税所得额，亦非产生于企业合并，因此企业不应确认相关的递延所得税资产。相应地，因初始确认差异所带来的后续影响亦不应予以确认。

(3) 甲公司应纳税所得额＝会计利润5 200－不应计入应纳税所得额的会计利润100－税务允许加计扣除的费用300－税务允许加计扣除的无形资产摊销45＝4 755(万元)。

甲公司当年应交所得税＝4 755×25%＝1 188.75

据此，做出以下账务处理：

借：所得税费用　　1 188.75

　贷：应交税费——应交所得税　　1 188.75

第4节　所得税费用的确认与计量

在资产负债表债务法下，企业利润表中的所得税费用由当期所得税和递延所得税两部分组成。

一、当期所得税

当期所得税，即当期应交所得税，是按照税法规定由税务机关在所得税纳税申报的汇算清缴过程中确定的。如果企业会计准则与税法规定不同，则应在会计利润基础上按照税法进行调整，得到当期应纳税所得额（如例9-11中，甲公司计算应纳税所得额的过程），再用当期应纳税所得额乘以适用的所得税税率，得到当期所得税数据（见表9-9）。

当期所得税＝应纳税所得额×适用的所得税税率

表9-9　会计利润调整思路

	会计利润
＋	计入利润表但不允许税前抵扣的费用
±	计入利润表的费用与可予以税前抵扣的费用之间的差额
－	计入利润表但不计入应纳税所得额的收入

续表

	会计利润
±	计入利润表的收入与计入应纳税所得额的收入之间的差额
±	其他调整因素
—	应纳税所得额
	应纳税所得额×适用的所得税税率＝当期所得税

二、递延所得税

递延所得税是在确认递延所得税资产及递延所得税负债时，所产生的递延所得税费用（或收益），其金额为当期应予以确认的递延所得税负债减去当期应予以确认的递延所得税资产的差额。

递延所得税＝（期末递延所得税负债－期初递延所得税负债）
　　　　　　－（期末递延所得税资产－期初递延所得税资产）

期末递延所得税负债＝期末应纳税暂时性差异×适用所得税税率

期末递延所得税资产＝期末可抵扣暂时性差异×适用所得税税率

需要注意的是，由于递延所得税是指应当计入当期利润表的递延所得税费用（或收益），因此在计算递延所得税时，不应包括直接计入所有者权益的交易或事项产生的递延所得税负债和递延所得税资产以及企业合并中产生的递延所得税负债和递延所得税资产。

三、所得税费用

当企业根据上述要求计算确定了当期所得税和递延所得税后，将两者之和相加即得到利润表中的所得税费用。

所得税费用＝当期所得税＋递延所得税

【例 9－12】 2022 年 12 月 31 日，甲公司递延所得税负债期初余额为 40 万元，递延所得税资产的期初余额为 50 万元，其中，因其他债权投资公允价值变动而确认的递延所得税负债金额为 20 万元。2022 年，甲公司利润表中的利润总额为 1 200 万，适用所得税税率为 25%。假定甲公司发生下列会计和税法存在差异的交易和事项，同时不存在可抵扣亏损与税款抵减的情形，并预计在未来期间可产生足够的应纳税所得额用以抵扣可抵扣暂时性差异：

(1) 因污染周边环境被处以行政罚款 20 万元，按照税法规定，不允许税前扣除。

(2) 国债利息收入 8 万元，按照税法规定，无须缴纳所得税。

(3) 期末交易性金融资产公允价值变动收益为 15 万元。

（4）期末确认其他债权投资公允价值变动收益为30万元。

（5）本年计提固定资产折旧费用210万元，按照税法规定允许税前扣除的折旧额为300万元。

（6）期末计提存货跌价准备66万元。

（7）本年支付产品保修费用40万元，前期已对产品保修费用计提了预计负债。

2022年12月31日，甲公司资产和负债的账面价值与其计税基础存在差异的项目如表9-10所示：

表9-10　甲公司资产、负债账面价值与计税基础对比表　　单位：万元

项目	账面价值	计税基础	暂时性差异	
			应纳税暂时性差异	可抵扣暂时性差异
交易性金融资产	150	100	50	
其他债权投资	80	62	18	
存货	520	610		90
固定资产	780	650	130	
预计负债	170	0		170
合计			198	260

请根据以上信息，做出甲公司的相关账务处理。

【解析】

2022年12月31日，甲公司有关所得税的会计处理如下：

（1）计算当期所得税。

应纳税所得额＝1 200－8＋20－(300－210)－15＋66－40＝1 133(万元)

当期所得税＝应交所得税＝1 133×25%＝283.25(万元)

（2）计算递延所得税。

当期确认的递延所得税负债＝198×25%－40＝9.5(万元)

其中，应计入其他综合收益的递延所得税负债＝18×25%＝4.5(万元)。

当期确认的递延所得税资产＝260×25%－50＝15(万元)

递延所得税＝(9.5－4.5)－15＝－10万元(递延所得税收益)

（3）计算所得税费用。

所得税费用＝当期所得税＋递延所得税＝283.25－10＝273.25(万元)

（4）编制会计分录（单位：万元）。

借：所得税费用——当期所得税　　283.25

　　贷：应交税费——应交所得税　　283.25

借：递延所得税资产	15
贷：递延所得税负债	5
所得税费用——递延所得税	10
借：其他综合收益	4.5
贷：递延所得税负债	4.5

四、递延所得税的列报与披露

企业会计准则对企业递延所得税资产和递延所得税负债的列报与披露进行了明确的规定，其要点如下：

1. 递延所得税资产与递延所得税负债

递延所得税资产和递延所得税负债应当分别作为非流动资产和非流动负债在资产负债表中列示。

2. 所得税费用

所得税费用应当在利润表中单独列示。

3. 报表附注提供的信息

企业应当在附注中披露与所得税有关的下列信息：

（1）所得税费用（收益）的主要组成部分。

（2）所得税费用（收益）与会计利润关系的说明。

（3）未确认递延所得税资产的可抵扣暂时性差异、可抵扣亏损的金额（如果存在到期日，还应披露到期日）。

（4）对每一类暂时性差异和可抵扣亏损，在列报期间确认的递延所得税资产或递延所得税负债的金额，确认递延所得税资产的依据。

（5）未确认递延所得税负债的，与对子公司、联营企业及合营企业投资相关的暂时性差异金额。

案例 9-1　广东汕头超声电子股份有限公司 2020 年年报中的递延所得税信息（节选）

1. 合并资产负债表中的列示

单位：元

项目	2020 年 12 月 31 日	2019 年 12 月 31 日
资产：		
货币资金	1 627 568 135.67	959 893 398.77
其他项目省略		
递延所得税资产	27 092 861.53	31 891 999.72

续表

项目	2020年12月31日	2019年12月31日
负债：		
其他项目省略		
递延所得税负债	6 426 456.71	9 010 567.24
股东权益合计	4 311 981 173.78	3 960 699 647.70

2. 合并利润表中的列示

单位：元

项目	2020年度	2019年度
一、营业总收入	5 168 552 776.03	4 841 691 224.99
其中：营业收入	5 168 552 776.03	4 841 691 224.99
其他项目省略		
二、营业总成本	4 804 903 039.32	4 450 561 828.66
其中：营业成本	4 098 363 587.32	3 772 303 214.80
税金及附加	28 802 838.70	34 965 334.65
销售费用	127 886 335.28	165 528 928.05
管理费用	278 478 833.52	270 476 892.94
研发费用	223 532 754.76	214 241 625.94
财务费用	47 838 689.74	−6 954 167.72
其中：利息费用	19 394 565.60	20 253 860.79
利息收入	17 090 185.34	15 877 451.41
加：其他收益	52 271 969.87	43 911 945.34
投资收益（损失以“—”号填列）	14 948 831.93	−6 893 070.07
公允价值变动收益（损失以“—”号填列）	−397 560.00	−458 546.00
信用减值损失（损失以“—”号填列）	−8 945 276.09	−1 721 145.58
资产减值损失（损失以“—”号填列）	−1 898 315.38	−11 087 598.47
资产处置收益（损失以“—”号填列）	−623 719.95	−27 385.54
三、营业利润（亏损以“—”号填列）	419 005 667.09	414 853 596.01
加：营业外收入	378 719.96	16 102.44
减：营业外支出	4 784 222.92	2 825 804.66
四、利润总额（亏损总额以“—”号填列）	414 600 164.13	412 043 893.79
减：**所得税费用**	48 487 360.13	50 425 399.63
五、净利润（净亏损以“—”号填列）	366 112 804.00	361 618 494.16

3. 附注中的信息

（1）本集团（包括3家分公司，2家全资子公司，6家控股子公司）递延所得税资产和递延所得税负债的会计政策。本集团递延所得税资产和递延所得税负债根据资产和负债的计税基础与其账面价值的差额（暂时性差异）计算确认。对于按照税法规定能够于以后年度抵减应纳税所得额的可抵扣亏损，确认相应的递延所得税资产。对于商誉的初始确认产生的暂时性差异，不确认相应的递延所得税负债。对于既不影响会计利润也不影响应纳税所得额（或可抵扣亏损）的非企业合并的交易中产生的资产或负债的初始确认形成的暂时性差异，不确认相应的递延所得税资产和递延所得税负债。于资产负债表日，递延所得税资产和递延所得税负债，按照预期收回该资产或清偿该负债期间的适用税率计量。

本集团以很可能取得用来抵扣可抵扣暂时性差异、可抵扣亏损和税款抵减的未来应纳税所得额为限，确认递延所得税资产。

（2）企业所得税税率。本公司（母公司）取得编号为GR202044000611号高新技术企业证书，享受2020年度至2022年度高新技术企业所得税优惠政策，本年度企业所得税实际税率为15%。

子公司汕头超声印制板公司取得编号为GR202044007585号高新技术企业证书，享受2020年度至2022年度高新技术企业所得税优惠政策，本年度企业所得税实际税率为15%。

子公司汕头超声印制板（二厂）有限公司取得编号为GR202044002254号高新技术企业证书，享受2020年度至2022年度高新技术企业所得税优惠政策，本年度企业所得税实际税率为15%。

子公司四川超声印制板有限公司取得编号为GR201951000686号高新技术企业证书，享受2019年度至2021年度高新技术企业所得税优惠政策，本年度企业所得税实际税率为15%。

（3）所得税费用构成。

项目	本期发生额（元）	上期发生额（元）
当年所得税费用	45 073 876.43	51 921 392.18
递延所得税费用	3 413 483.70	−1 495 992.55
合计	48 487 360.13	50 425 399.63

（4）会计利润与所得税费用调整过程。

项目	本期发生额（元）
本年合并利润总额	414 600 164.13
按法定/适用税率计算的所得税费用	62 190 024.63
子公司适用不同税率的影响	2 143 892.40
调整以前期间所得税的影响	−256 152.74
非应税收入的影响	−879 993.29

续表

项目	本期发生额（元）
不可抵扣的成本、费用和损失的影响	8 800 900.74
使用前期未确认递延所得税资产的可抵扣亏损的影响	－626 925.97
本期未确认递延所得税资产的可抵扣暂时性差异或可抵扣亏损的影响	－742 213.22
研发费用加计扣除的影响	－24 222 137.51
税率调整导致期初递延所得税资产/负债余额的变化	2 079 965.09
所得税费用	48 487 360.13

【编者提示】

1. 根据公司披露的上述信息，我们可以计算出其2020年度的应纳税所得额吗？

2. 根据公司披露的上述信息，我们可以计算出其2020年度的递延所得税吗？

3. 比照企业会计准则关于企业递延所得税资产和负债的列报与披露规定，分析、判断该公司在列报、披露方面的完整性、准确性。

资料来源：摘编自公司公开信息。

练习题

一、单项选择题

1. 按照企业会计准则规定，所得税会计采用的方法是（　　）。

A. 利润表债务法　　B. 资产负债表债务法

C. 应付税款法　　D. 递延法

2. 在资产负债表债务法下，暂时性差异是指（　　）。

A. 会计利润与应纳税所得额之间的差额

B. 资产账面价值与计税基础之间的差额

C. 资产、负债的账面价值与其公允价值之间的差额

D. 资产、负债的账面价值与计税基础之间的差额

3. 按照企业会计准则规定，下列各事项会产生可抵扣暂时性差异的是（　　）。

A. 期末交易性金融资产的公允价值上升

B. 当期新增一台机器设备，会计上按照直线法计提折旧，税法规定按年数总和法计提折旧，折旧年限均为10年

C. 企业因销售商品提供售后服务确认的预计负债，税法规定，该损失于实际发生时于税前扣除

D. 因债务担保于当期确认了100万元预计负债，税法规定，因债务担保发生的损

失不得税前列支

4. 某公司2×19年12月购入设备一台并投入使用，原值360万元，净残值60万元。税法允许采用年数总和法，折旧年限为5年；会计规定采用年限平均法，折旧年限为4年。税前会计利润各年均为1 000万元，2×19年所得税率为33%，2×22年所得税率为25%，2×22年12月31日该项资产的账面价值和计税基础分别是（　　）万元。

A. 90，72　　B. 135，120　　C. 180，144　　D. 225，240

5. 2×19年1月1日，B公司为其100名中层以上管理人员每人授予100份现金股票增值权，这些人员从2×19年1月1日起必须在该公司连续服务3年，即可自2×21年12月31日起根据股价的增长幅度获得现金，该增值权应在2×22年12月31日之前行使完毕。B公司2×19年12月31日计算确定的应付职工薪酬的余额为100万元，假设根据税法规定，在实际支付时可以税前扣除。2×19年12月31日，该应付职工薪酬的计税基础为（　　）万元。

A. 100　　B. 0　　C. 50　　D. −100

6. 在进行所得税会计处理时，下列各项交易或事项不会产生暂时性差异的是（　　）。

A. 享受税收优惠的自行研发的无形资产

B. 期末计提固定资产减值准备

C. 超过税法扣除标准的广告费

D. 国债利息收入

7. 某公司2×22年12月因违反当地有关环境保护法的规定，接到环保部门的处罚通知，要求其支付罚款100万元。税法规定，企业因违反国家有关法律法规支付的罚款和滞纳金，计算应纳税所得额时不允许税前扣除。至2×22年12月31日，该项罚款尚未支付。则2×22年年末该公司产生的应纳税暂时性差异为（　　）万元。

A. 0　　B. 100　　C. −100　　D. 不确定

8. 甲公司于2×22年1月1日成立并开始营业，2×22年共产生应纳税暂时性差异500万元，可抵扣暂时性差异1 000万元，预期这些暂时性差异将于2×23年全部转回，企业预期2×23年的应纳税所得额为400万元，甲公司适用的所得税税率为25%，不考虑其他因素，则甲公司2×22年年末应确认的递延所得税资产为（　　）万元。

A. 250　　B. 100　　C. 225　　D. 125

9. 甲公司于2×21年1月1日开业，2×21年和2×22年免征企业所得税，从2×23年开始适用的所得税税率为25%。甲公司2×21年开始计提折旧的一台设备，2×21年12月31日其账面价值为8 000万元，计税基础为6 000万元；2×22年12月31日账面价值为6 000万元，计税基础为3 600万元。2×22年应确认的递延所得税负债发生额为（　　）万元。

A. 0　　B. 100（贷方）　　C. 500（贷方）　　D. 600（贷方）

10. A公司于2×22年10月20日自甲客户处收到一笔合同预付款，金额为1 000万元，作为预收账款核算，但按照税法规定，该款项属于当期的应纳税所得额，应计入取得当期应纳税所得额；12 月 20 日，A 公司自乙客户处收到一笔合同预付款，金额为 2 000 万元，作为预收账款核算，按照税法规定，具有预收性质，不计入当期应税所得，A 公司当期及以后各期适用的所得税税率均为 25%，就上述预收款项，下列处理正确的是（　　）。

A. 确认递延所得税资产 250 万元　　B. 确认递延所得税资产 500 万元
C. 确认递延所得税负债 250 万元　　D. 确认递延所得税资产 750 万元

二、多项选择题

1. 根据《企业会计准则第 18 号——所得税》的规定，下列表述正确的有（　　）。
A. 资产的计税基础是指企业收回资产账面价值过程中，计算应纳税所得额时按照税法规定可以自应税经济利益中抵扣的金额
B. 负债的计税基础是指负债的账面价值减去未来期间计算应纳税所得额时按照税法规定可予抵扣的金额
C. 通常情况下，资产在取得时其入账价值与计税基础是相同的，后续计量过程中因企业会计准则规定与税法规定不同，可能造成账面价值与计税基础的差异
D. 通常情况下，短期借款、应付票据、应付账款等负债的确认和偿还，不会对当期损益和应纳税所得额产生影响，其计税基础即为账面价值

2. 下列有关负债计税基础的判断中，正确的是（　　）。
A. 企业因销售商品提供售后三包等原因于当期确认了 100 万元的预计负债，则该预计负债的账面价值为 100 万元，计税基础为 0
B. 企业因债务担保确认了预计负债 1 000 万元，则该项预计负债的账面价值为 1 000 万元，计税基础也是 1 000 万元
C. 企业收到客户的一笔款项 80 万元，因不符合收入确认条件，会计上作为预收账款反映，但符合税法规定的收入确认条件，该笔款项已计入当期应纳税所得额，则预收账款的账面价值为 80 万元，计税基础为 0
D. 企业收到客户的一笔款项 80 万元，因不符合收入确认条件，会计上作为预收账款反映，如果税法规定的收入确认时点与企业会计准则保持一致，则预收账款的账面价值为 80 万元，计税基础也是 80 万元
E. 某企业当期确认应支付的职工工资及其他薪金性质支出计 200 万元，尚未支付。按照税法规定的计税工资标准可以于当期扣除的部分为 170 万元，则“应付职工薪酬”的账面价值为 200 万元，计税基础也是 200 万元

3. 下列有关暂时性差异的表述正确的有（　　）。
A. 暂时性差异，是指资产或负债的账面价值与其计税基础之间不同的差额
B. 未作为资产和负债确认的项目，该计税基础与其账面价值之间的差额为零
C. 可抵扣暂时性差异在未来期间转回时会减少转回期间的应纳税所得额
D. 应纳税暂时性差异，是指在确定未来收回资产或清偿负债期间的应纳税所得额时，将导致产生应税金额的暂时性差异

E. 可抵扣亏损及税款抵减产生的暂时性差异，不能确认为递延所得税资产

4. 在发生的下列交易或事项中，可能产生应纳税暂时性差异的有（ ）。

A. 企业当年购入并已开始计提折旧的固定资产，预计使用年限相同，会计采用直线法计提折旧，税法规定采用年数总和法计提折旧

B. 企业当期以免税吸收合并方式购入乙公司，乙公司可辨认净资产公允价值与计税基础的差额

C. 企业当期购入的无形资产，作为使用寿命不确定的无形资产进行核算，且当期未经测试和减值

D. 企业当期收到客户预付的款项，尚未确认收入，但按照税法规定，应计入当期应纳税所得额

E. 为关联方提供债务担保而确认的预计负债，按照税法规定，在计提时和实际发生损失时均不允许在税前扣除

5. 根据《企业会计准则——所得税》的规定，下列说法正确的有（ ）。

A. 所有者权益的账面价值与其计税基础之间也会形成暂时性差异

B. 购入交易性金融资产后，公允价值持续增加，将形成可抵扣暂时性差异

C. 在企业合并日，对于企业合并形成的暂时性差异，在确认递延所得税资产或负债的同时，应调整商誉

D. 企业不应当对递延所得税资产和递延所得税负债进行折现

E. 可抵扣暂时性差异，是指在确定未来收回资产或清偿负债期间的应纳税所得额时，将导致产生可抵扣金额的暂时性差异

6. 某公司2×22年发生亏损200万元，2×22年所得税税率为33%，2×23年所得税税率为25%，公司认为在以后年度可以产生足够应纳税所得额抵扣亏损，则2×22年该公司应（ ）。

A. 增加递延所得税资产50万元

B. 增加递延所得税负债66万元

C. 增加所得税费用66万元

D. 减少递延所得税资产50万元

E. 减少所得税费用50万元

7. 下列说法中，正确的有（ ）。

A. 当同时满足“暂时性差异在可预见的未来很可能转回”和“未来很可能获得用来抵扣可抵扣暂时性差异的应纳税所得额”两个条件时，应当确认相应的递延所得税资产

B. 当同时满足“暂时性差异在可预见的未来很可能转回”和“未来很可能获得用来抵扣可抵扣暂时性差异的应纳税所得额”两个条件时，应当确认相应的递延所得税负债

C. 当同时满足“暂时性差异在可预见的未来很可能转回”和“未来很可能获得用

来抵扣可抵扣暂时性差异的应纳税所得额”两个条件时，企业不应当确认相应的递延所得税资产

D. 企业对于能够结转以后年度的可抵扣亏损和税款抵减，应当以很可能获得用来抵扣可抵扣亏损和税款抵减的未来应纳税所得额为限，确认相应的递延所得税资产

E. 企业对于能够结转以后年度的可抵扣亏损和税款抵减，应当以很可能获得用来抵扣可抵扣亏损和税款抵减的未来应纳税所得额为限，确认相应的递延所得税负债

8. 按现行企业会计准则规定，“递延所得税负债”科目贷方登记的内容有（　　）。

A. 资产的账面价值大于计税基础产生的暂时性差异影响所得税费用的金额

B. 资产的账面价值小于计税基础产生的暂时性差异影响所得税费用的金额

C. 负债的账面价值大于计税基础产生的暂时性差异影响所得税费用的金额

D. 负债的账面价值小于计税基础产生的暂时性差异影响所得税费用的金额

E. 会计上确认的费用大于税法上当期允许税前扣除的费用的差额

9. 在不考虑其他影响因素的情况下，企业发生的下列交易或事项中，期末会引起“递延所得税资产”增加的有（　　）。

A. 本期计提固定资产减值准备

B. 本期转回坏账准备

C. 本期发生净亏损，税法允许在未来5年内税前补亏

D. 实际发生超标的业务宣传费

E. 根据预计的未来将发生的产品售后保修费用，确认预计负债

10. 下列各项交易或事项中，使企业利润表“所得税费用”项目本期金额增加的有（　　）。

A. 确认当期实现的免税收入

B. 期末转回存货跌价准备

C. 自用房地产转换为以公允价值模式计量的投资性房地产时公允价值大于账面价值的差额

D. 免税期间交易性金融资产公允价值上升

E. 实际发生产品售后保修费用，冲减已计提的预计负债

三、综合分析题

1. 甲公司2×22年及以前年度适用的所得税税率为33%，从2×23年1月1日起改为25%。2×22年年初库存商品的账面价值为40万元，计税基础为60万元；固定资产账面价值为800万元，计税基础为760万元。2×22年实现利润总额为200万元；年末库存商品的账面余额为85万元，已提存货跌价准备的余额为50万元；固定资产账面价值为700万元，计税基础为680万元。假定无其他纳税调整事项，请计算甲公司2×22年度“所得税费用”，并写出相关会计分录。

2. 甲上市公司于2×22年1月设立，采用资产负债表债务法核算所得税费用，适用的所得税税率为25%，该公司2×22年利润总额为6 000万元，当年发生的交易或事项中，会计规定与税法规定存在差异的项目如下：

(1) 2×22年12月31日，甲公司应收账款余额为5 000万元，对该应收账款计提了500万元坏账准备。税法规定，企业计提的坏账损失不允许税前扣除，应收款项发生实质性损失时才允许税前扣除。

(2) 按照销售合同规定，甲公司承诺对销售的X产品提供3年免费售后服务。甲公司2×22年销售的X产品预计在售后服务期间将发生的费用为400万元，已计入当期损益。税法规定，与产品售后服务相关的支出在实际发生时允许税前扣除。甲公司2×22年没有发生售后服务支出。

(3) 甲公司2×22年以4 000万元取得一项到期还本付息的国债投资，作为持有至到期投资核算，该投资实际利率与票面利率相差较小，甲公司采用票面利率计算确定利息收入，当年确认国债利息收入200万元，计入持有至到期投资账面价值，该国债投资在持有期间未发生减值。税法规定，国债利息收入免征所得税。

(4) 2×22年12月31日，甲公司Y产品的账面余额为2 600万元，根据市场情况对Y产品计提跌价准备400万元，计入当期损益。税法规定，该类资产在发生实质性损失时允许税前扣除。

(5) 2×22年4月，甲公司自公开市场购入基金，作为交易性金融资产核算，取得成本为2 000万元，2×22年12月31日该基金的公允价值为4 100万元，公允价值相对账面价值的变动已计入当期损益，持有期间基金未进行分配。税法规定，该类资产在持有期间公允价值变动不计入应纳税所得额，待处置时一并计算应计入应纳税所得额的金额。

其他相关资料如下：

(1) 假定预期未来期间甲公司适用的所得税税率不发生变化。

(2) 甲公司预计未来期间能够产生足够的应纳税所得额用以抵扣可抵扣暂时性差异。

要求：

(1) 确定甲公司上述交易或事项中资产、负债在2×22年12月31日的计税基础，同时比较其账面价值与计税基础，计算所产生的应纳税暂时性差异或可抵扣暂时性差异的金额。

(2) 计算甲公司2×22年应纳税所得额、应交所得税、递延所得税和所得税费用。

(3) 编制甲公司2×22年确认所得税费用的会计分录。

3. 甲公司系2×22年年初新成立的企业，所得税核算采用资产负债表债务法，所得税税率为25%，公司预计会持续盈利，各年能够获得足够的应纳税所得额。2×22年全年实现的利润总额为600万元。2×22年其他有关资料如下：

(1) 3月10日，购入A股票10万股，支付价款120万元，划分为交易性金融资产；4月20日收到A公司宣告并发放的现金股利8万元，甲公司已收到并存入银行；年末甲公司持有的A股票的市价为150万元。

（2）5月10日，购入B股票20万股，支付价款240万元，另支付交易手续费15万元，划分为可供出售金融资产；12月31日，B股票每股市价为15元。

（3）12月31日应收账款余额为800万元，计提坏账准备84万元。税法规定，只有在坏账损失实际发生时才允许税前扣除。

（4）12月31日存货账面实际成本为600万元，预计可变现净值为540万元，存货期末按成本与可变现净值孰低法计价。

（5）2×22年度支付非广告性质的赞助费16万元，支付税收滞纳金5万元，支付非公益救济性捐赠4万元，支付广告费20万元，另发生按照实际利率法确认的国债利息收入15万元。假定广告费符合税法上的扣除标准。

要求：

（1）根据资料（1）～（4）编制上述有关交易或事项的会计分录。

（2）计算甲公司2×22年度应交所得税。

（3）计算因上述事项所产生的应纳税暂时性差异和可抵扣暂时性差异及应确认的递延所得税资产和递延所得税负债的金额，并编制所得税的相关分录。

第 10 章

企业合并会计

学习目标

自 19 世纪末以来，西方国家经历了 5 次较大规模的企业合并（亦称并购，mergers and acquisitions，M&A；或 takeover and mergers，T&M）浪潮。以 1993 年 9 月深圳宝安集团收购延中实业为标志，正式拉开了我国上市公司并购的序幕。全联并购公会、社会科学文献出版社共同发布的为《并购蓝皮书：中国并购报告（2021）》显示，2020 年中国并购市场整体成交金额为 24 577.5 亿元，并购数量为 9 494 笔，平均单笔成交金额为 2.59 亿元，较 2019 年增长 5.4%。[①] 并购已成为众多企业实现战略扩张的重要手段。涉及企业合并的会计业务已成为企业财务会计工作的重点和难点。本章依据《企业会计准则第 20 号——企业合并》及《企业会计准则第 2 号——长期股权投资》，重点讲述企业合并的概念范畴及其核算方法。

第 1 节　企业合并概述

一、企业合并的概念

（一）企业合并定义

在实务中，企业合并通常是指一家企业购买另一家企业的股份，以获得对该企业的控制权的行为；或者，是一家企业取得另一家或多家企业的净资产后，组成一家新企业的过程。与企业分拆、分立等收缩性战略相反，企业合并是企业谋求发展壮大的扩张性战略。相关的理论研究认为，企业通过合并可以获取成本优势、扩大市场份额，分散经营风险，实现管理、经营、财务等方面的协同效应。

《企业会计准则第 20 号——企业合并》将企业合并定义为“将两个或两个以上单独的企业（主体）合并形成一个报告主体的交易或事项”。

---

① 《并购蓝皮书：中国并购报告（2021）》：2020 年金融业并购数量大幅下降.（2021-08-04）. 人民资讯网.

上述企业合并定义，包含以下重要信息：

（1）企业合并涉及两个或两个以上单独的企业（主体）。

（2）企业合并的结果是一个报告主体。这个“报告主体”既可以是一个企业（如下文所称的吸收合并、新设合并情形），也可以是多个企业组成的企业集团（如下文所称的控股合并情形）。无论是何种合并（吸收合并、新设合并或控股合并），其最终结果从数量上看，形成的报告主体是唯一的。

（3）企业合并可能是一种交易（如下文所称的非同一控制下的合并，以公允价值计量），也可能是一种事项（如下文所称的同一控制下的合并，以账面价值计量），其会计处理方法存在显著的差异（详见本章第2节、第3节）。

（4）如果被合并的主体不是企业，而仅是企业内部某些生产经营活动或资产的组合，这些组合虽然具有投入、加工处理过程和产出能力，能够独立计算其成本费用或所产生的收入，但不构成独立法人资格，比如，企业的分公司、不具有独立法人资格的分部等，则将此合并称为“涉及业务的合并”，可比照《企业会计准则第20号——企业合并》的规定进行会计处理。

延伸阅读

回顾与思考：企业合并浪潮

1. 以横向合并为特征的第一次合并浪潮

19世纪末20世纪初，科学技术取得巨大进步，促进了社会生产力的发展，为以铁路、冶金、石化、机械等为代表的行业大规模合并创造了条件，各个行业中的许多企业通过资本集中组成了规模巨大的垄断公司。在1899年美国企业合并高峰时期，公司合并达到1 208起，是1896年的46倍，合并的资产额达到22.6亿美元。1895—1904年的合并高潮中，美国有75%的公司因合并而消失。后起的资本主义国家德国的工业革命完成比较晚，但企业合并重组的发展进程很快。1857年，德国出现了第一个卡特尔（cartel），1911年增至550～600个，控制了德国国民经济的主要产业部门。在这次合并浪潮中，大企业在各行各业的市场份额迅速提高，形成了大规模的垄断。

2. 以纵向合并为特征的第二次合并浪潮

20世纪20年代发生了第二次合并浪潮。那些在第一次合并浪潮中形成的大型企业继续进行合并，以进一步增强经济实力，扩大对市场的垄断地位。这一时期合并的典型特征是纵向合并，即把一个部门的各个生产环节统一在一个企业联合体内，形成纵向托拉斯组织，行业结构转向寡头垄断。通过这些合并，主要工业国家普遍形成了主要经济部门被一家或几家企业垄断的局面。

3. 以混合合并为特征的第三次合并浪潮

20世纪50年代中期，各主要工业国出现了第三次合并浪潮。第二次世界大战后，各国经济经过 40 年代后期和 50 年代的逐步恢复，在 60 年代迎来了经济发展的黄金时期。随着第三次科技革命的兴起，一系列新的科技成就得到了广泛应用，社会生产力实现迅猛发展。在这一时期，以混合合并（多元化合并）为特征的第三次合并浪潮来临，其规模、速度均超过了前两次合并浪潮。

4. 以金融合并为特征的第四次合并浪潮

20 世纪 80 年代兴起的第四次合并浪潮的显著特点是以融资合并为主，且规模巨大，数量繁多。多元化的相关产品间的“战略驱动”合并取代了混合合并，不再像第三次合并浪潮那样进行单纯的无相关产品的合并。此次合并的特征是：企业合并以融资合并为主，交易规模空前；合并企业范围扩展到国外企业；出现了小企业合并大企业的现象；金融市场的发展为企业合并提供了便利条件。

5. 第五次全球跨国合并浪潮

20 世纪 90 年代以来，经济全球化、一体化发展日益深入。在此背景下，跨国合并作为对外直接投资（foreign direct investment，FDI）的方式之一逐渐成为跨国直接投资的主导方式。从统计数据看，1987 年全球跨国合并仅有 745 亿美元，1990 年就达到 1 510 亿美元，2000 年全球跨国合并额达到 11 438 亿美元。从 2001 年开始，受欧美经济增长速度放缓以及“9・11”事件的影响，全球跨国合并浪潮出现了减缓的迹象，但从中长期的发展趋势来看，跨国合并还将继续发展。

【编者提示】

以上文献简略回顾了世界范围内企业合并的发展轨迹。应该注意的是，21 世纪以来，随着中国经济的发展与崛起，中国企业走出国门合并外国著名企业的事件屡有发生，全球企业合并格局发生了重大变化。这是否会形成第六次全球合并浪潮？它以哪些行业或企业为主导？发生了哪些标志性的企业合并事件？显然，这值得我们进一步关注与思考。

资料来源：邵万钦．美国企业并购浪潮．北京：中国商务出版社，2005；崔凯．风云并购．北京：机械工业出版社，2010.

（二）企业合并的对价

一家企业对另一家或多家企业进行合并，通常会付出代价，即支付对价。该对价将支付给被合并企业的股东（出资者），作为其放弃被合并企业控制权或净资产的补偿。其具体形式包括：

（1）支付资产（现金或非现金资产）、发生或承担债务；

（2）发行权益性证券；

（3）以上形式的组合。在一些合并交易中，可能同时以支付资产、发生或承担债务、发行权益性证券等为对价形式。

案例 10－1　企业合并中的对价形式

2019年6月，苏宁易购集团股份有限公司（下称“苏宁易购”）发布公告称，以48亿元人民币等值欧元向家乐福中国有限公司（下称“家乐福中国”）的股东收购80%股份，以现金方式支付，在交割日完成100%的交易价格支付，无分期付款。本次交易完成后，苏宁易购将成为家乐福中国的控股股东。8月，本次交易通过国家市场监督管理总局的反垄断审查。9月26日，苏宁易购支付完毕全部转让对价。本次合并交易的对价方式是支付资产（现金）。

另据纽约证券交易所上市公司——香港新风天域集团有限公司（下称“新风天域”）2019年7月30日发布的公告，新风天域以“现金＋股票”方式收购和睦家医疗集团全部股份，旨在打造中国最大的综合医疗服务企业。

资料来源：摘编自苏宁易购和新风天域公司公告。

应当注意的是，企业合并协议或合同中有时会要求被合并方及其股东对未来的经营业绩做出承诺，根据未来经营业绩实现情况调低或调高对价，或给予一定金额的对价补偿（业界称之为“对赌协议”），此时，合并的对价形式、金额就具有不确定性，称为“或有对价”。其会计处理要点详见本章第2节、第3节。

案例 10－2　三诺生物合并三诺健康的对赌形式

三诺生物传感股份有限公司（下称“三诺生物”）拟发行股份购买长沙三诺健康管理有限公司（下称“三诺健康”，其持有最终标的公司 Polymer Technology Systems, Inc.（下称“PTS”）100%股权）64.98%的股权并募集配套资金。李少波作为三诺生物的控股股东，做出以下承诺：就三诺健康于2016年收购PTS 100%股权事宜，根据各方签署的协议，PTS股权收购的收购对价为11 000万美元的现金支付加上未来不超过9 000万美元的盈利能力付款计划，最终实际交易价款包括调整后的预付购买价款与最终按照协议实际支付的盈利能力支付款。

李少波承诺，在本次重组完成后，如协议约定的盈利能力付款计划涉及的条件满足，并需要三诺生物向PTS原股东支付相关盈利能力付款（不超过9 000万美元，以实际需要支付的盈利能力支付款金额为准），相关付款义务将全部由李少波本人承担。

本例中，合并的对价具有不确定性，呈现出“或有对价”的基本特征。

资料来源：摘自三诺生物公司公告。

二、企业合并的分类

（一）按照企业合并的法律形式划分

按照企业合并的法律形式，企业合并分为吸收合并（mergers）、新设合并（consolidation）和控股合并（acquisitions）。实务中，吸收合并与新设合并合称为兼并，控股合并也称收购。兼并与收购合称并购。

1. 吸收合并

合并方在企业合并中取得被合并方的全部净资产，并将有关资产和负债并入合并方自身的账簿和报表进行核算与披露，企业合并后，注销被合并方的法人资格，该类合并为吸收合并。这种合并可以表示为：

甲公司＋乙公司＝甲公司

合并后，形成一个报告主体，即甲公司。

吸收合并中，被合并方（或被购买方）在合并发生以后被注销，合并方（或购买方）应当对在合并日（或购买日）取得的被合并方有关资产和负债的入账价值进行确认与计量，并对支付的合并对价与所取得的被合并方资产和负债的入账价值之间的差额进行处理。

案例 10－3　美的集团换股吸收合并小天鹅

2018 年 10 月 24 日，美的集团股份有限公司（下称“美的集团”）和无锡小天鹅股份有限公司（下称“小天鹅”）联合发布公告称，美的集团拟以换股形式吸收合并小天鹅，依据市场惯例并综合考虑双方股东利益，确认换股比例为：小天鹅 A 股的换股比例为 1∶1.211 0，即每股“小天鹅”A 股股票可以换得 1.211 0 股美的集团股票；小天鹅 B 股换股比例为 1∶1.000 7，即每股小天鹅 B 股股票可以换得 1.000 7 股美的集团股票。本次换股吸收合并完成后，小天鹅将终止上市并注销法人资格，美的集团或其全资子公司将承继小天鹅的全部资产、负债、业务、人员、合同及其他一切权利与义务。本次换股吸收合并后，小天鹅的原有股东成为美的集团的新股东，但拥有较小的股份比例，美的集团的控制权不发生变更。2019 年 4 月 25 日晚间，美的集团发布公告称，经中国证监会核准，正式启动发行 A 股股份换股吸收小天鹅。2019 年 6 月 18 日，深圳证券交易所官网发布了小天鹅关于公司 A 股股票 2019 年 6 月 21 日起终止上市并摘牌的公告。

资料来源：摘编自美的公司公告。

2. 新设合并

参与合并的各方在企业合并后法人资格均被注销，重新注册成立一家新的企业，由新注册成立的企业持有参与合并企业的资产和负债，该类合并为新设合并。这种合并可以表示为：

甲公司＋乙公司＝丙公司

合并后，形成一个新的报告主体（丙公司）。

案例10-4　商业银行的新设合并

陕西银保监局于2020年7月批复文件，同意陕西榆林榆阳农村商业银行股份有限公司（下称“榆阳农商行”）和陕西横山农村商业银行股份有限公司（下称“横山农商行”）以新设合并的方式发起设立陕西榆林农村商业银行股份有限公司，并承继“榆阳农商行”和“横山农商行”的债权、债务。公告要求筹建工作小组应严格按照相关法律法规办理新设合并事项，并督促“榆阳农商行”和“横山农商行”完成解散相关事宜。新设合并事项完成后，筹建工作小组应按照有关规定和程序向榆林银保监分局提出法人机构变更和分支机构开业等相关申请事项。

资料来源：摘编自陕西银保监督保险委员会网站信息。

3. 控股合并

合并方（或购买方）通过企业合并取得对被合并方（或被购买方）的控制权，企业合并后能够通过所取得的股权，主导被合并方的生产经营决策并从被合并方的生产经营活动中获益，被合并方在企业合并后仍维持其独立法人资格继续经营，该类合并为控股合并。

控股合并中，合并方取得了对被合并方的控制权，被合并方成为其子公司。在企业合并发生后，被合并方应当纳入合并方合并财务报表的编制范围，除非合并方不再拥有对被合并方的控制权。这种合并可以表示为：

甲公司＋乙公司＝甲公司＋乙公司

合并后，形成一个新的报告主体，这个新报告主体从数量上看，也是唯一的，即由甲公司（母公司）、乙公司（子公司）组成的企业集团。

案例10-5　阿里巴巴收购饿了么

2018年4月2日，阿里巴巴网络技术有限公司（下称“阿里巴巴”）、蚂蚁科技集团股份有限公司与拉扎斯网络科技（上海）有限公司开发运营的饿了么餐饮平台（下称“饿了么”）联合宣布，阿里巴巴已经签订收购协议，以95亿美元的价格对饿了么进行全资收购。饿了么借此融入阿里巴巴庞大的商业版图，同时将继续保持独立品牌、独立运营。

资料来源：摘编自阿里巴巴公司公告。

案例10-6　腾讯控股合并虎牙直播

2020年4月3日，虎牙直播（NYSE：HUYA）在其官网宣布，腾讯（00700.HK）全资子公司Linen Investment Limited向虎牙直播和欢聚时代集团（NASDAQ：YY）发出通知函，称已购买16 523 819股虎牙B类普通股，收购价约为2.63亿美元现金。交易完成后，腾讯成为虎牙直播最大的股东，投票权提高到50.1%，占虎牙总流通股投票权的50.9%，并且将合并其财务报表。

本案例既是常见的企业控股合并方式，又涉及境外某些上市公司 A、B 类股票“同股不同权”的双重股权结构安排（dual-class share structure）。

资料来源：摘编自腾讯公司公告。

（二）按照企业合并所涉及的行业划分

按照企业合并所涉及的行业划分，企业合并分为横向合并、纵向合并和混合合并。

1. 横向合并

横向合并，或称水平式合并（horizontal merger），指生产同类产品的企业之间的合并，其目的主要是实现规模经济，降低成本，扩大市场占有率及影响力。横向合并会削弱企业间的竞争，甚至会形成行业垄断，在一些国家会受到反垄断法的限制。

案例 10－7　中国宝武间接控股马钢股份

2019 年 5 月 31 日，安徽省国资委与中国宝武钢铁集团有限公司（下称“中国宝武”）签署协议，根据协议，安徽省国资委将向“中国宝武”划转其持有的马钢（集团）控股有限公司（下称“马钢集团”）51%的股权。本次划转完成后，中国宝武将持有马钢集团 51%的股权，成为马钢集团的控股股东，同时，因马钢集团直接持有马钢股份总股本的比例约为 45.54%，系马钢股份直接控股股东，中国宝武将成为马钢股份间接控股股东。安徽省国资委持有马钢集团股权的比例将由 100%降至 49%。本次划转不影响马钢集团的法人主体地位，划转完成后，马钢集团在交割之前的债权、债务仍然由马钢集团继续享有和承担。中国宝武和马钢股份的产品在地域、品种上存在一定的互补和重合，两家企业在产品定位、开发、市场分工、原料采购上都可以实现有效协同。9 月 19 日，中国宝武与马钢集团在合肥签约重组实施协议。中国宝武与马钢集团重组后，成为我国产能最大、世界第二大的钢铁企业集团，将有助于提升钢铁产业集中度，打造具有国际竞争力的世界一流钢铁企业。

资料来源：摘编自中国宝武和马钢股份公司公开信息。

2. 纵向合并

纵向合并，或称垂直式合并（vertical merger），指生产不同类产品，但相互之间有内在关联的企业之间的合并。参与合并的各家企业，其产品相互配套，或具有一定的内在联系，形成供产销一条龙；或其提供的劳务具有前后的联系。处于一个产业链的上下游企业之间的合并，是典型的纵向合并。如一家生产汽车的企业与一家生产汽车轮胎的企业间的合并。企业通过垂直式合并往往能够形成一个集供、产、销于一体，产业链完整的企业集团，以深耕某个领域，增强企业实力。

案例 10－8　紫光国微纵向收购 Linxens 集团

根据2019年6月2日紫光国芯微电子股份有限公司（简称“紫光国微”）披露的交易预案，公司拟通过发行股份的方式向紫光神彩、紫锦海阔、红枫资本等股东购买其合计持有的紫光联盛100%股权，标的定价180亿元。本次交易完成后，公司将紫光联盛的子公司 Linxens 集团纳入上市公司合并报表范围。

公开信息显示，Linxens 集团是一家总部位于法国、主营业务为微连接器产品的研发、设计、生产和销售的大型跨国企业，其产品主要应用于智能安全芯片领域，并在近年逐渐扩展至 RFID 嵌体、天线及模组封装、测试等其他产业链的核心环节。该集团下属的法国 Linxens、新加坡 Linxens 为微连接器业务的主要经营实体，而泰国 Linxens、德国 Linxens 为 RFID 嵌体及天线业务的主要经营实体。

紫光国微的主营业务为集成电路芯片设计、销售及石英晶体元器件业务，主营业务产品中的智能安全芯片业务与 Linxens 集团的智能安全芯片微连接器业务属于产业链上下游，具有很强的协同效应。本次纵向合并交易的达成，有助于紫光国微实现上下游整合，构建更为完整的智能安全芯片产业链，为政府机构、国有企业和关键领域提供自主可控的产业链保障。

资料来源：摘编自紫光国微公司公告。

3. 混合合并

混合合并，又称多元化合并（conglomerate merger），指生产产品和行业没有内在联系的企业之间的合并。企业通过混合合并，可以拓宽经营范围，实施多元化经营，达到分散经营风险的目的。

案例 10－9　联想控股收购卢森堡国际银行

2018年7月2日，联想控股（3396.HK）发布公告称，支付1 534 441 348欧元（约相当于人民币11 740 777 974元）收购卢森堡国际银行（Banque Internationalà Luxembourg，BIL）89.936%股权的交割事项已完成。交割后，卢森堡国际银行成为联想控股的间接附属公司。这是截至目前规模最大的中资非金融机构并购欧洲金融机构的交易案例。

本案例中，合并双方分别处于不同的产业、不同的市场，且无密切的替代关系，难以清晰地界定为横向合并或纵向合并，故可大致划分为混合兼并。

资料来源：摘编自联想公司公告。

（三）按照企业合并前后最终控制方是否发生变化划分

按照企业合并前后最终控制方是否发生变化，企业合并分为同一控制下的企业合并和非同一控制下的企业合并。这种分类属于会计专业范畴，其目的在于区分两种企业合并的会计账务处理方法与合并报表编制程序。

所谓控制，是指投资方拥有对被投资方的权力，通过参与被投资方的相关活动而享有可变回报，并且有能力运用对被投资方的权力影响其回报金额。

“被投资方的相关活动”是指对投资方的回报产生重大影响的活动。被投资方的相关活动应当根据具体情况进行判断，通常包括商品或劳务的销售和购买、金融资产的管理、资产的购买和处置、研究与开发活动以及融资活动等。

“可变回报”是指不固定的并可能随被投资方业绩而变动的回报，其可能是正数，也可能是负数，或者有正有负。

投资方应当按照“实质重于形式”这一会计原则在综合考虑所有相关事实和情况的基础上对是否控制被投资方进行判断。一旦相关事实和情况的变化导致对控制定义所涉及的相关要素发生变化，投资方应当重新评估。相关事实和情况主要包括：被投资方的设立目的；被投资方的相关活动以及如何对相关活动做出决策；投资方享有的权利是否使其目前有能力主导被投资方的相关活动；投资方是否通过参与被投资方的相关活动而享有可变回报；投资方是否有能力运用对被投资方的权力影响其回报金额；投资方与其他方的关系等。

实务中，一般认为，投资方拥有被投资方 50%以上股权（表决权股份），即视为控制，市场人士称其为“绝对控股”；有时，虽然投资方拥有被投资方 50%以下股权，但综合考虑投资方拥有的表决权相对于其他各方拥有的表决权较大、其他各方拥有的表决权较为分散、投资方可以任免被投资方的关键管理人员等因素后，投资方仍有可能具有控制权，市场人士称其为“相对控股”。相反，有时虽然投资方拥有被投资方 50%以上股权，但有可能已事实上丧失了在被投资企业的实质性权利，例如，被投资企业由于各种原因出现被政府接管等情况，投资方就无法控制被投资企业。关于“控制”概念及其判断标准的进一步讨论，详见第 11 章。

1. 同一控制下的企业合并

同一控制下的企业合并，是指参与合并的企业在合并前后均受同一方或相同的多方最终控制且该控制并非暂时性的。

“同一方”是指对参与合并企业在合并前后均实施最终控制的投资者。“相同的多方”通常是指根据投资者之间的协议约定，在对被投资单位的生产经营决策行使表决权时发表一致意见的两个或两个以上的投资者。“该控制并非暂时性的”是指参与合并的各方在合并前后较长时间内受同一方或相同的多方最终控制，控制时间通常在 1 年以上（含 1 年）。

在图 10-1 中，B_1，B_2，B_{21}，B_{22} 公司都是受 A 公司最终控制。这四个公司中的任意两个或多个公司合并，合并后仍受 A 公司的控制，这种控制并非暂时性的，此合并是同一控制下的企业合并。

在图 10-2 中，B_1 和 B_2 公司均受 A_1 和 A_2 公司共同控制。B_1 与 B_2 公司合并，合

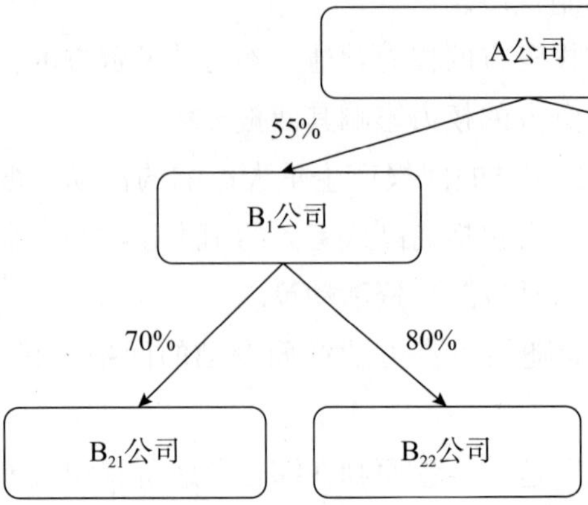

图 10-1　受同一方最终控制

并后仍受 A_1 和 A_2 公司共同控制，这种控制并非暂时性的，此合并也是同一控制下的企业合并。

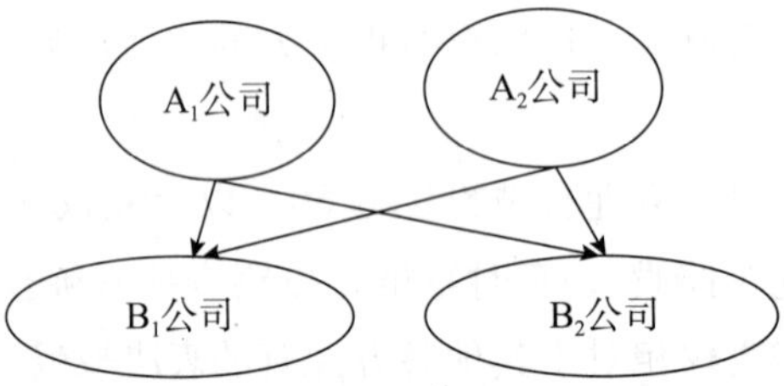

图 10-2　受相同的多方最终控制

案例 10-10　三钢闽光收购罗源闽光

为了避免同业竞争，减少关联交易，福建三钢闽光股份有限公司（下称“三钢闽光”）拟采用现金方式向公司控股股东福建省三钢（集团）有限责任公司（下称“三钢集团”）收购其所持有的福建罗源闽光钢铁有限责任公司（下称“罗源闽光”）的100%股权。

2020年6月2日，三钢闽光与三钢集团、罗源闽光签订了《福建罗源闽光钢铁有限责任公司股权转让协议》。三钢闽光以自有资金215 182.84万元收购三钢集团持有的罗源闽光100%股权。本次交易的交易对方三钢集团是公司的控股股东，目前直接持有三钢闽光1 328 289 408股股份，通过其全资子公司福建三钢（集团）三明化工有限责任公司间接持有三钢闽光26 260 144股股份，合计直接及间接持有三钢闽光1 354 549 552股股份，占三钢闽光现有股本总额2 451 576 238股的55.252 2%。根据《深圳证券交易所股票上市规则》等的有关规定，本次交易构成关联交易，属于同一控制下的企业合并。

资料来源：摘编自三钢闽光公司公告。

2. 非同一控制下的企业合并

非同一控制下的企业合并，是指参与合并各方在合并前后不受同一方或相同的多方最终控制的合并交易。如图 10-3 中，B公司与D公司的合并即为非同一控制下的企业合并。

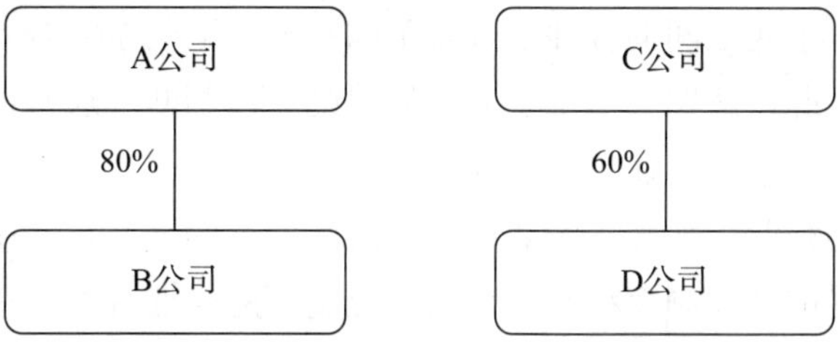

图 10-3　非同一控制下企业合并示意图

案例 10-11　物美集团收购麦德龙中国

全面数字化时代，零售企业的重整组合具有重大意义。2019 年 9 月 30 日，物美科技集团有限公司（下称“物美集团”）召开董事会会议，审议通过了物美集团及其子公司 WM Holding（HK）Limited 以约 19 亿欧元的企业总价值收购麦德龙商业集团有限公司（以下称“麦德龙中国”）80%控股权的议案。物美集团与麦德龙中国于 2019 年 10 月 11 日签订股权转让协议。物美集团将于取得相关政府部门审批后，以现金的方式向麦德龙中国支付有关款项。2020 年 4 月 23 日，麦德龙中国发布公告称，尽管新冠疫情带来诸多挑战，但与物美集团双方的股权交易仍按期在第二季度内圆满完成。

在本案中，物美集团和麦德龙中国在合并前后不受同一方或相同的多方最终控制，其合并行为属于非同一控制下的企业合并。

资料来源：摘编自物美公司公告。

同一控制下的企业合并与非同一控制下的企业合并，在合并实质、参与方的称谓、合并日（购买日）的确定、会计计量、会计核算方法等方面有所不同（见表 10-1）。

表 10-1　同一控制下企业合并与非同一控制下企业合并的区别

主要区别	同一控制下的企业合并	非同一控制下的企业合并
概念	企业集团内部的合并，且控制是非暂时性的	同一控制下的企业合并之外的合并即为非同一控制下的企业合并
合并实质	企业合并不一定是企业自愿行为，不属于交易行为，是一种事项，是参与合并各方资产和负债的重新组合	企业合并是企业自愿行为，属于交易
合并参与方的称谓	合并方，被合并方	购买方，被购买方
合并日（购买日）的确定	企业合并的合并方实际取得对被合并方净资产或生产经营决策的控制权的日期	企业合并的购买方实际取得对被购买方净资产或生产经营决策的控制权的日期。购买日与交易日可能不一致

续表

主要区别	同一控制下的企业合并	非同一控制下的企业合并
会计计量	采用账面价值计量	采用公允价值计量
会计核算方法	权益结合法	购买法

应当注意的是，企业之间的合并是否属于同一控制下的企业合并，应依据构成企业合并交易的各方面情况，按照实质重于形式的原则进行判断。通常情况下，同一控制下的企业合并是指发生在同一企业集团内部企业之间的合并。

同受国家控制的企业（如国有企业之间）之间发生的合并，不应仅仅因为参与合并各方在合并前后均受国家控制而将其作为同一控制下的企业合并，还应观察、分析合并过程是否遵循市场经济法则，合并对价的确定是否体现公允价值计量特征。

（四）按照合并的动机划分

按照合并的动机，企业合并可分为善意合并（agreed merger）与恶意合并（defend merger）。

1. 善意合并

善意合并，也称友好合并，是指被合并企业同意合并方提出的合并条件并承诺给予协助，故双方高层通过协商来决定合并的具体安排，如合并方式（以现金、股票、债券或其混合等）、合并对价、人事安排、资产处置等。由于合并当事双方均有合并意愿，而且对彼此之间情况较为熟悉，故此类合并成功率较高。这种合并是以协议为基础的，故又称为“协议合并”。

2. 恶意合并

恶意合并又称敌意合并或强迫接管合并，是指合并企业在被合并企业管理层对其合并意图尚不知晓或持反对态度的情况下，对被合并企业强行进行合并的行为。针对这一情况，一些企业未雨绸缪，谋划实施了诸如“毒丸计划”“金色降落伞”“出售皇冠上的珍珠”等反并购策略。

（五）企业合并的其他类型

对于金融市场中的一些企业合并形式，还可以从其他角度对其特点进行观察与分析。

1. 杠杆收购

在杠杆收购（leveraged buy-out，LBO）过程中，收购方以目标公司（被收购方）的资产或拟收购的股权为抵押，向银行等金融机构举债筹资后，对目标公司进行收购。杠杆收购又称融资并购、举债经营收购。

一般情况下，收购中的负债主要由收购方的资本或其他资产偿还，而杠杆收购中引起的负债主要依靠被收购方的经营业绩、资产处置收益进行偿还。收购方的自有资本只占合并对价的较小部分，通常约为 10%～30%。

2. 管理层收购

管理层收购（managers buy-out，MBO），是企业激励制度的一种表现形式，是指由企业的经营管理层收购本企业的股份，尤指达到一定数量、具有控制力的股份比例。其目的在于确立经营管理层的“股东”身份，强化其“股东”意识，降低其“代理成本”，激励其为全体股东创造更多的价值。

3. 反向收购

通常情况下，上市公司（收购方）通过向目标公司的股东发行股份，换取对目标公司的控制权。当目标公司的资产规模较大时，收购方势必发行较多的股份，才能实现对目标公司的控制。此时，目标公司的股东持有收购方的股份就有可能超过收购方原有股东持有的股份，从而成为收购方的控股股东。换言之，原本是收购方希望收购目标公司，而收购的结果却是目标公司的股东收购了上市公司（收购方）。这个过程被称为反向收购（reverse merger 或 reverse takeover）。其涉及的会计处理程序，将在第 12 章举例详述。

在上述反向收购过程中，目标公司的股东以拥有较大体量资产为筹码，获取上市公司的控制权，实现借壳上市。上市公司（收购方）的股东以拥有的、稀缺的上市公司“壳”资源，换取较大体量的资产及新的发展机会。近年来，“顺丰控股”“中石化油服”等企业的借壳上市过程，都具有反向收购的典型特征。

4. 增资扩股

增资扩股（ownership enlargement）是企业以持有的资产作为出资，投入另一企业，直至成为对方的控股股东，以取得对该企业的控制权。这种方式与上文述及的控股合并的区别是，控股合并的对价交付给了被合并企业的股东，换取了对被合并企业的控制权；通过增资扩股实现合并时，投资方将作为对价的资产注入被合并企业，被合并企业实收资本（股本）增加，实现了融资目标；投资方取得一定比例的股份后，被合并企业的其他股东持有的股份比例随之降低，直至注入资产的一方拥有的股份取得控制地位。

三、企业合并会计的主要内容

企业合并带来的主要会计问题是，参与合并的企业的可辨认资产与负债如何在合并后企业的报表上反映。解决这一问题的方法主要有：

(1) 权益结合法。参与合并的企业的所有资产、负债都按原来的账面价值计价。

(2) 购买法。合并企业所有资产、负债均按原来的账面价值计价，不改变其计价基础；被合并企业的所有资产、负债按合并日的公允价值计价，改变其原来计价基础。

（3）新实体法。参与合并的所有企业都改变计价基础，均按其合并日的公允价值计算（详见延伸阅读专栏“企业合并会计的新实体法、权益结合法与购买法”）。

应该注意的是，在《企业会计准则第20号——企业合并》中，并无“权益结合法”“购买法”等称谓。同一控制下企业合并会计处理的相关规定，类似于国际会计领域的权益结合法，而非同一控制下的企业合并的会计处理的规定，基本上符合购买法的特点。

延伸阅读

企业合并会计的新实体法、权益结合法与购买法

1. 新实体法

新实体法假设企业合并产生了一个全新的报告主体，合并日也就是这个全新的报告主体的产生日，所有参与合并企业的资产和负债都要以合并日的公允价值为基础进行计量。

2. 权益结合法

权益结合法的实质在于将两个企业的合并视为所有者权益的联合，不认为合并企业之间是一种购买关系。其主要特点为：

（1）企业合并的实质是参与合并的各方现有的所有者权益在合并主体中的联合和继续，不是一项交易。

（2）合并中合并方取得净资产或股权的入账价值按被合并方净资产账面价值的份额入账。

（3）不涉及商誉的确认。

（4）参与合并各方当年净收益包括参与合并各方整个年度净收益之和。

（5）合并时发生的相关费用，计入当期损益。

（6）企业合并不产生损益，按支付的对价与取得的净资产或长期股权投资之间的差额调整所有者权益。

在我国企业会计准则中，同一控制下企业合并的会计处理方法类似于权益结合法。

3. 购买法

美国早在1950年发布的第40号《会计研究公报》中提出的控股合并的会计处理方法就有购买法和权益结合法两种；1970年美国会计原则委员会（APB）发布了它的第16号意见书《企业合并》，规定只有企业合并全部满足12个条件才允许采用权益结合法；美国财务会计准则委员会（FASB）2001年颁布的《财务会计准则公告第141号——企业合并》（SFAS 141）和《财务会计准则公告第142号——商誉和其他无形资产》（SFAS 142），要求所有的企业合并都采用购买法，取消了权益结合法。

国际会计准则委员会（IASC）在《国际会计准则第22号——企业合并》（IASC

22）中对购买法和权益结合法做了界定，规定只有在“偶尔的，或无法辨明哪个企业是购买企业”的情况下，才采用权益结合法。国际财务报告准则委员会（IASB）在 2004 年发布的《国际财务报告准则第 3 号——企业合并》（IFRS 3）中，则要求所有企业合并均采用购买法进行会计处理。

在国际会计准则中，购买是指通过转让资产、承担负债或发行股票等方式，由一个企业（收购企业）获得对另一个企业（被收购企业）净资产和经营控制权的企业合并。

在我国企业会计准则中，非同一控制下企业合并的会计处理方法以公允价值为计量核心，体现的是购买法的运用。其特点是：

（1）合并的实质是购买交易；

（2）合并成本主要取决于合并对价的公允价值及直接合并费用；

（3）需要确认合并商誉；

（4）合并当年净收益的计算与权益结合法不同（合并前是两个公司）。

资料来源：摘编自王华．财务会计研究前沿．北京：机械工业出版社，2008；傅荣．高级财务会计．6 版，北京：中国人民大学出版社，2021.

第 2 节　同一控制下企业合并的会计处理

一、同一控制下企业合并的会计处理原则

同一控制下的企业合并仅是集团内部资源的相互流动，不会造成企业集团整体经济利益的流入和流出。比如，A 公司和 B 公司是同属于某集团的全资子公司，A 公司合并 B 公司（或者是 B 公司合并 A 公司）只会导致资产、负债由一方转向另一方，最终控制方在合并前后实际控制的经济资源并没有发生变化，因此，有关合并事项不应视为出售或购买，即不属于交易。

在同一控制下的企业合并中，合并方主要有以下业务：（1）合并方取得净资产或股权；（2）合并方支付合并对价；（3）合并方支付合并费用等。这些业务的会计处理原则如表 10－2 所示。

表 10－2　同一控制下企业合并的会计处理原则

合并会计业务	会计处理原则
合并方取得的净资产或股权	（1）在吸收合并和新设合并中，合并方取得被合并方的资产和负债，即取得了被合并方的净资产。取得的资产和负债按照合并日被合并方有关资产、负债的账面价值计量。 （2）在控股合并中，合并方取得被合并方的股权形成长期股权投资，按照合并日被合并方所有者权益账面价值的份额作为其初始投资成本（详见表 10－5）。

续表

合并会计业务	会计处理原则
合并方支付的合并对价	（1）合并方作为合并对价所付出的资产、发生或承担的负债，按账面价值计量。 （2）合并方为企业合并发行的股份，按面值计量。
合并方支付的合并对价与取得的净资产或股权的差额	两者之间如果存在差额，应当调整所有者权益相关项目，不计入企业合并当期损益。调整方法为： （1）若合并方支付的合并对价小于取得的净资产或股权，两者差额计入资本公积（资本溢价或股本溢价）贷方，即调增资本公积。 （2）若合并方支付的合并对价大于取得的净资产或股权，两者差额计入资本公积（资本溢价或股本溢价）借方，即冲减资本公积；若资本公积不足冲减，则调整减少留存收益。
合并费用	（1）合并方为进行企业合并发生的各项直接相关费用，包括为进行企业合并而支付的审计费用、评估费用、法律服务费用等，应当于发生时计入当期损益（管理费用）。 （2）为企业合并发行的债券或承担其他债务支付的手续费、佣金等，应当计入所发行债券及其他债务的初始计量金额。 （3）企业合并中发行权益性证券发生的手续费、佣金等费用，应当抵减权益性证券溢价收入（资本公积），溢价收入不足冲减的，冲减留存收益。

应该指出的是，在新设合并情况下，原合并方、被合并方撤销，合并事项涉及的会计业务由新设企业承担。

二、同一控制下吸收合并的会计处理

（一）同一控制下吸收合并的会计处理

同一控制下的吸收合并，合并方主要涉及合并日取得被合并方资产、负债入账价值的确定，以及合并中取得有关净资产的入账价值与支付的合并对价账面价值之间的差额的处理（见表10-3）。

表10-3　同一控制下吸收合并的会计处理

合并会计业务	账务处理
支付资产实现的吸收合并	借：有关资产账户（取得的被合并方资产账面价值） 　贷：有关负债账户（承担的被合并方负债账面价值） 　　有关资产账户（合并方付出的资产的账面价值） 　　资本公积——资本溢价（或股本溢价）（取得的被合并方净资产账面价值大于支付的合并对价账面价值的差额） 注：若取得的被合并方净资产账面价值小于支付的合并对价账面价值，则以合并方“资本公积——资本溢价（或股本溢价）”贷方余额为限借记“资本公积”；不足部分冲减合并方“盈余公积”“利润分配——未分配利润”账面余额。下同。

续表

合并会计业务	账务处理
发行债券或承担其他债务实现的吸收合并	借：有关资产账户（取得的被合并方资产账面价值） 　贷：有关负债账户（承担的被合并方负债账面价值） 　　　应付债券——面值 　　　应付债券——利息调整（折价发行时，借方） 　　　资本公积（取得的被合并方净资产账面价值大于支付的合并对价账面价值的差额）
发行权益性证券实现的吸收合并	借：有关资产账户（取得的被合并方资产的账面价值） 　贷：有关负债账户（承担的被合并方负债的账面价值） 　　　股本（发行证券的面值） 　　　资本公积（取得的被合并方净资产账面价值大于支付的合并对价账面价值的差额）
合并费用	借：管理费用（实际发生的直接合并费用） 　贷：银行存款等

（二）同一控制下吸收合并的会计处理示例

【例 10－1】 A 公司与 B 公司为同一集团 C 的两家全资子公司。2×22 年 11 月 30 日，A 公司向 B 公司的股东 C 定向增发 1 000 万股普通股（每股面值为 1 元，市价为 12 元）对 B 公司进行吸收合并，并于当日取得 B 公司净资产。当日，A 公司、B 公司资产、负债情况如表 10－4 所示。

表 10－4　资产负债表（简表）

2×22 年 11 月 30 日　　单位：万元

项目	A 公司	B 公司	
	账面价值	账面价值	公允价值
资产：			
货币资金	4 312.50	450	450
应收账款	3 000	2 000	2 000
存货	6 200	255	450
长期股权投资	5 000	2 150	3 800
固定资产：			
固定资产原价	10 000	4 000	5 500
减：累计折旧	3 000	1 000	0
固定资产净值	7 000	3 000	
无形资产	4 500	500	1 500
商誉	0	0	0

续表

项目	A公司	B公司	
	账面价值	账面价值	公允价值
资产总计	30 012.50	8 355	13 700
负债和所有者权益：			
短期借款	4 600	2 250	2 250
应付账款	3 650	300	300
其他负债	375	300	300
负债合计	8 625	2 850	2 850
实收资本（股本）	7 500	2 500	
资本公积	4 000	1 500	
盈余公积	4 000	500	
未分配利润	5 887.50	1 005	
所有者权益合计	21 387.50	5 505	10 850
负债和所有者权益总计	30 012.50	8 355	13 700

合并过程中A公司以现金支付发行股票的证券公司手续费、佣金1 000 000元，合并过程中发生审计费用1 000 000元、法律服务费500 000元。

因合并后B公司失去其法人资格，A公司应确认合并中取得的B公司的各项资产和负债，假定A公司与B公司采用相同的会计政策。

请做出A公司对该项合并的会计处理。

【解析】

(1) A公司合并费用及佣金的账务处理。

审计费用1 000 000元、法律服务费500 000元计入管理费用。支付给证券公司的佣金、手续费应冲减溢价收入（资本公积）。

借：管理费用——企业合并中的直接费用　　1 500 000
　　资本公积——股本溢价（企业合并中的券商佣金）　　1 000 000
　贷：银行存款　　2 500 000

(2) 对价与取得净资产账面价值差额的处理。

A公司对价为1 000万股普通股，每股面值为1元，面值总额为10 000 000元，小于取得的净资产账面价值55 050 000元，差额为45 050 000元，应调增资本公积。据此，做出账务处理如下（简化表述）：

借：货币资金　　4 500 000
　　应收账款　　20 000 000
　　库存商品（存货）　　2 550 000
　　长期股权投资　　21 500 000

固定资产　　　　　　　　　　　　　　　　　30 000 000
无形资产　　　　　　　　　　　　　　　　　5 000 000
贷：短期借款　　　　　　　　　　　　　　　　22 500 000
应付账款　　　　　　　　　　　　　　　　3 000 000
其他应付款（其他负债）　　　　　　　　　3 000 000
股本　　　　　　　　　　　　　　　　　　10 000 000
资本公积——股本溢价（合并对价小于取得净资产的账面价值的差额）
45 050 000

上述分录中，A公司吸收合并B公司的各项资产和负债，均以账面价值入账。

三、同一控制下控股合并的会计处理

1. 同一控制下控股合并的会计处理要点

同一控制下的控股合并中，合并方在合并日涉及两个方面的会计处理：(1) 对该项企业合并形成的长期股权投资的确认和计量；(2) 合并日合并财务报表的编制（详见第11章）。

企业合并形成的长期股权投资的确认和计量，要点如下：

(1) 合并方以支付现金、转让非现金资产或承担债务方式作为合并对价的，应按照取得被合并方所有者权益在最终控制方合并财务报表中的账面价值的份额作为长期股权投资的初始投资成本。长期股权投资的初始投资成本与支付的现金、转让的非现金资产及所承担债务账面价值之间的差额，应当调整资本公积（资本溢价或股本溢价）；需要冲减资本公积（资本溢价或股本溢价）且其余额不足冲减时，调减留存收益。

(2) 合并方以发行权益性证券作为合并对价的，应按照取得被合并方所有者权益在最终控制方合并财务报表中的账面价值的份额确认为长期股权投资，按发行权益性证券的面值总额作为股本，长期股权投资的初始投资成本与所发行权益性证券面值总额之间的差额，应当调整资本公积（资本溢价或股本溢价）；需要冲减资本公积（资本溢价或股本溢价）且其余额不足冲减时，调减留存收益。

据此，同一控制下的控股合并的账务处理要点如表10-5所示。

表10-5　同一控制下控股合并的会计处理

合并会计业务	账务处理
支付资产实现的控股合并	借：长期股权投资（合并日，享有的被合并方的、相对于控制方而言的所有者权益账面价值+最终控制方在收购被合并方时形成的商誉） 　　应收股利（按应享有被投资单位已宣告但尚未发放的现金股利或者利润） 　贷：有关资产账户（支付资产的账面价值） 　　　资本公积——资本溢价或股本溢价（取得的被合并方净资产账面价值大于支付的合并对价账面价值的差额）

续表

合并会计业务	账务处理
发行债券或承担其他债务实现的控股合并	借：长期股权投资（合并日，享有的被合并方的、相对于控制方而言的所有者权益账面价值＋最终控制方在收购被合并方时形成的商誉） 　　应收股利（按应享有被投资单位已宣告但尚未发放的现金股利或者利润） 　贷：有关负债账户（承担的被合并方负债账面价值） 　　　应付债券——面值 　　　应付债券——利息调整（折价发行时，借方） 　　　资本公积（取得的被合并方净资产账面价值大于支付的合并对价账面价值的差额）
发行权益性证券形成的控股合并	借：长期股权投资（合并日，享有的被合并方的、相对于控制方而言的所有者权益账面价值＋最终控制方在收购被合并方时形成的商誉） 　　应收股利（按应享有被投资单位已宣告但尚未发放的现金股利或者利润） 　贷：股本（发行证券的面值） 　　　资本公积（取得的被合并方净资产账面价值大于支付的合并对价账面价值的差额）
合并费用	同表10-2

【例10-2】 假设例10-1的合并业务中，A公司取得了B公司100%的股权，合并后B公司仍维持其独立法人资格继续经营。已知B公司是C公司投资设立的公司，B公司在C公司合并财务报表中可辨认净资产账面价值等于该公司可辨认净资产的账面价值。请做出A公司有关企业合并的会计处理。

【解析】

（1）A公司合并费用及佣金账务处理同例10-1。

（2）取得B公司100%的股权时的账务处理。

A公司应确认对B公司股权投资的初始投资成本

＝按享有的被合并方的所有者权益账面价值份额＝55 050 000×100%

＝55 050 000（元）

借：长期股权投资（取得的被合并方净资产账面价值份额）　55 050 000

　贷：股本　10 000 000

　　资本公积——股本溢价（取得的股权与对价之差）　45 050 000

若A公司仅取得B公司80%的股权，则会计处理为：

借：长期股权投资　44 040 000

　贷：股本　10 000 000

　　资本公积——股本溢价（取得的股权投资与对价之差）　34 040 000

本例表明，在同一控制下的控股合并中，长期股权投资的初始计量金额取决于享有的被合并方的所有者权益的账面价值份额，而与投资方的实际对价金额无关。

【例10-3】 甲公司、乙公司是丁公司的子公司。甲公司于2×22年7月1日由丁公司取得乙公司60%股权，当日，乙公司个别财务报表中净资产账面价值为3 200万元。该股权是丁公司于 2×21 年 6 月自公开市场购入的，且确认了 800 万元商誉（即比拥有乙公司当时的净资产公允价值份额多支付了 800 万元）。2×22 年 7 月 1 日，按照丁公司取得该股权时乙公司可辨认净资产公允价值为基础持续计算的乙公司可辨认净资产账面价值为 4 800 万元。该项合并过程中，甲公司支付给丁公司股权款项 3 000 万元，支付法律、审计、评估等中介机构费用 120 万元，支付给证券公司佣金 150 万元。不考虑其他因素。请对甲公司的合并业务进行账务处理。

【解析】

甲公司应确认对乙公司股权投资的初始投资成本＝享有的被合并方的、相对于控制方而言的所有者权益账面价值＋最终控制方在收购被合并方时形成的商誉

＝4 800×60%＋800

＝3 680（万元）

甲公司账务处理为：

借：长期股权投资	36 800 000
管理费用——支付合并时的直接费用	1 200 000
资本公积——股本溢价（支付合并时的券商佣金）	1 500 000
贷：银行存款	32 700 000
资本公积——股本溢价（取得的股权与对价之差）	6 800 000

2. 同一控制下控股合并的或有对价

上文提到，控股合并下，企业合并协议或合同有时会要求子公司及其原控股股东对未来的经营业绩做出承诺，根据未来经营业绩实现情况调低或调高对价，或给予一定金额的对价补偿，从而形成了“或有对价”。

在同一控制下控股合并中，在确认长期股权投资初始成本时，企业应按照《企业会计准则第 13 号——或有事项》的规定，判断是否应就或有对价确认预计负债或者确认资产。确认预计负债或资产的，该预计负债或资产金额与后续或有对价结算金额的差额不计入当期损益，而应当调整资本公积（资本溢价），资本公积（或资本溢价）不足冲减的，调整留存收益。

【例 10－4】 P 公司、S 公司是 A 公司的子公司。2×22 年 12 月 31 日，P 公司向 A 公司定向增发 2 000 万股普通股（面值为 1 元/股，公允价值为 5 元/股），取得 S 公司 100%的股权，对 S 公司实施控制。合并协议载明，若 S 公司 2×23 年获利超过 1 000 万元，P 公司 2×23 年 12 月 31 日需另向 A 公司支付 500 万元。S 公司是 A 公司于 2×20 年以非同一控制下企业合并的方式收购的全资子公司。合并日，S 公司财务报表中净资产的账面价值为 4 400 万元，A 公司合并财务报表中 S 公司的净资产账面价值为 8 000 万元（含商誉 1 000 万元）。假定 S 公司 2×23 年度利润很可能超过 1 000 万元。不考虑相关税费等其他因素影响。要求：做出 P 公司的会计处理（单位：万元）。

【解析】

本例是同一控制下的企业合并，合并协议具有或有对价条款，在有证据表明S公司2×23年很可能实现盈利目标的前提下，P公司的会计处理如下：

借：长期股权投资	8 000
贷：股本	2 000
预计负债——或有对价	500
资本公积——资本溢价（取得的股权与对价之差）	5 500

如果S公司2×23年度利润果然超过1 000万元，则P公司向A公司支付额外对价时：

借：预计负债——或有对价	500
贷：银行存款	500

若S公司2×23年的实际获利未超过1 000万元，则P公司无须向A公司支付额外对价时：

借：预计负债	500
贷：资本公积——资本溢价（取得的股权与对价之差）	500

第3节　非同一控制下企业合并的会计处理

一、非同一控制下企业合并的会计处理原则

非同一控制下的企业合并实质是一项交易。非同一控制下的企业合并的会计处理采用购买法。其步骤包括购买方与被购买方的认定、购买方购买日企业合并成本的计量和企业合并成本的分配等。

1. 确定购买方

非同一控制下的企业合并，在购买日取得对其他参与合并企业控制权的一方为购买方，参与合并的其他企业为被购买方。

2. 确定购买日

购买日，是指购买方实际取得对被购买方控制权的日期。确定购买日的基本原则是控制权转移的时点。企业在实务操作中，应当结合合并合同或协议的约定及其他有关的影响因素，按照“实质重于形式”的原则进行判断。

3. 确定企业合并成本

企业合并成本包括购买方为进行企业合并支付的现金或非现金资产、发行债券或承担的债务、发行债券的权益性证券等在购买日的公允价值。

4. 企业合并成本在取得的可辨认资产和负债之间的分配

（1）合并中取得的被购买方除无形资产以外的其他各项资产（不仅限于被购买方原

已确认的资产），其所带来的未来经济利益预期很可能流入企业且公允价值能够可靠计量的，应当单独予以确认并按照公允价值计量。

（2）企业合并中取得的无形资产的确认。非同一控制下的企业合并中，购买方在对企业合并中取得的被购买方资产进行初始确认时，应对被购买方拥有的但在其财务报表中未确认的无形资产进行充分辨认和合理判断，满足以下条件之一的，应确认为无形资产：

1）源于合同性权利或其他法定权利；

2）能够从被购买方中分离或者划分出来，并能单独或与相关合同、资产和负债一起，用于出售、转移、授予许可、租赁或交换。

（3）合并中取得的被购买方除或有负债以外的其他各项负债，履行有关的义务很可能导致经济利益流出企业且公允价值能够可靠地计量的，应当单独予以确认为负债并按照公允价值计量。

（4）合并中取得的被购买方的或有负债，在购买日其公允价值能够可靠计量的，应当单独确认为负债并按照公允价值计量。

5. 企业合并成本与合并中取得的被购买方可辨认净资产公允价值份额差额的处理

（1）购买方对合并成本大于合并中取得的被购买方可辨认净资产公允价值份额的差额，应当确认为商誉。

（2）购买方对合并成本小于合并中取得的被购买方可辨认净资产公允价值份额的差额，应当按照下列规定处理：

1）对取得的被购买方各项可辨认资产、负债及或有负债的公允价值以及合并成本的计量进行复核；

2）经复核后合并成本仍小于合并中取得的被购买方可辨认净资产公允价值份额的，其差额应当计入当期损益（营业外收入），并在会计报表附注中予以说明。

6. 企业合并成本或合并中取得的有关可辨认资产、负债公允价值暂时确定的情况

企业合并发生当期的期末，因合并中取得的各项可辨认资产、负债及或有负债的公允价值或企业合并成本只能暂时确定的，购买方应当以所确定的暂时价值为基础对企业合并进行确认和计量。

购买日后 12 个月内对原确认的暂时价值进行调整的，视同在购买日进行的确认和计量，即进行追溯调整。

7. 购买日合并财务报表的编制

企业合并形成母子公司关系的，母公司应当编制购买日的合并资产负债表，企业合并取得的被购买方可辨认资产、负债应当以其在购买日的公允价值计量。母公司的合并成本与取得的子公司可辨认净资产公允价值份额的借方差额，在合并资产负债表中确认为商誉；贷方差额应计入合并当期的损益。因购买日不需要编制合并利润表，该差额体现在合并资产负债表上，应调整合并资产负债表留存收益。

二、非同一控制下吸收合并的会计处理

基于以上分析，非同一控制下吸收合并的会计处理可概括为三个方面，如表10-6所示。

表10-6　非同一控制下吸收合并的会计处理

合并会计业务	会计处理
支付资产实现的吸收合并	借：有关资产账户（购买日，取得被购买方资产的公允价值） 　商誉（借方差额） 　贷：有关负债账户（购买日，承担被购买方负债的公允价值） 　　有关资产账户（购买方支付合并对价的公允价值） 　　资产处置损益、主营业务收入等
发行债券或承担其他债务实现的吸收合并	借：有关资产账户（购买日，取得被购买方资产的公允价值） 　商誉（借方差额） 　贷：有关负债账户（购买日，承担被购买方负债的公允价值） 　　应付债券——面值 　　应付债券——利息调整（折价发行时，借方）
发行权益性证券实现的吸收合并	借：有关资产账户（购买日，取得被购买方资产的公允价值） 　商誉 　贷：有关负债账户（购买日，承担被购买方负债的公允价值） 　　股本（发行证券的面值） 　　资本公积——资本溢价或股本溢价（发行证券的溢价）
合并费用	会计处理与同一控制下企业合并相同，见表10-2

【例10-5】　沿用例10-1的资料，并假定A公司和B公司不属于同一控制下的企业。请做出A公司吸收合并B公司的会计处理。

【解析】

（1）支付合并费用及股票发行佣金。

借：管理费用　　1 500 000
　　资本公积——股本溢价　　1 000 000
　贷：银行存款　　2 500 000

（2）计算合并成本与商誉，计量取得被合并方的净资产。

商誉＝合并成本－取得被合并方的净资产的公允价值
　　＝120 000 000（1 000万股票市值）－（137 000 000（资产）－28 500 000（负债））
　　＝11 500 000（元）

借：货币资金　　4 500 000
　　应收账款　　20 000 000
　　库存商品（存货）　　4 500 000
　　长期股权投资　　38 000 000
　　固定资产　　55 000 000

　　无形资产　　　　　　　　　　　　　　　　15 000 000
　　商誉　　　　　　　　　　　　　　　　　　11 500 000
　贷：短期借款　　　　　　　　　　　　　　　　22 500 000
　　　应付账款　　　　　　　　　　　　　　　　3 000 000
　　　其他应付款（其他负债）　　　　　　　　　3 000 000
　　　股本　　　　　　　　　　　　　　　　　10 000 000
　　　资本公积——股本溢价　　　　　　　　　110 000 000

上述分录中，A 公司吸收合并的 B 公司的各项资产和负债，均以公允价值入账。

（3）购买日，A 公司合并后的资产负债表（简表），如表 10－7 所示。

表 10－7　合并后 A 公司资产负债表（简表）

2×22 年 11 月 30 日　　　　单位：万元

项目	金额
资产：	
货币资金	4 512.50①
应收账款	5 000
存货	6 650
长期股权投资	8 800
固定资产	12 500
无形资产	6 000
商誉	1 150
资产总计	44 612.50
负债和所有者权益：	
短期借款	6 850
应付账款	3 950
其他负债	675
负债合计	11 475
实收资本（股本）	8 500②
资本公积	14 900③
盈余公积	4 000
未分配利润	5 737.50④
所有者权益合计	33 137.50
负债和所有者权益总计	44 612.50

①货币资金＝合并前 A 公司货币资金 4 312.50＋吸收 B 公司货币资金 450－支付合并费用及佣金 250＝4 512.50（万元）。

②实收资本（股本）＝合并前 A 公司实收资本（股本）7 500＋新发行股份 1 000＝8 500（万元）。

③资本公积＝合并前 A 公司资本公积 4 000＋新发行股份产生的溢价 11 000－支付证券公司佣金冲减的资本公积 100＝14 900（万元）。

④未分配利润＝合并前 A 公司未分配利润 5 887.50－合并时形成的管理费用 150＝5 737.50（万元）。

三、非同一控制下控股合并的会计处理

1. 长期股权投资的确认和初始计量

非同一控制下企业控股合并成本的确定及相关会计处理应根据《企业会计准则第2号——长期股权投资》的相关要求进行。表10-8总括了非同一控制下控股合并的会计处理过程。

表10-8　非同一控制下控股合并的会计处理

项目	会计处理
长期股权投资初始成本	合并成本，即付出对价的公允价值
对价的处理	按照公允价值计量。以非货币性资产作为对价的，视同销售，公允价值与账面价值的差额计入当期损益
合并价差的处理	个别报表不处理；合并成本与被购买方可辨认净资产公允价值份额的差额，确认为商誉，仅在合并财务报表中列示
评估费、法律费、审计费等直接相关费用	管理费用
作为对价，发行权益性证券的发行费用	冲减“资本公积——股本溢价”
作为对价，发行债务性证券的发行费用	计入“应付债券——利息调整”
支付的对价中包含的已宣告尚未发放的现金股利	计入“应收股利”

【例10-6】 甲公司2020年年初，投资非同一控制下的乙公司，取得80%股权。当日乙公司可辨认净资产公允价值为2 000万元。甲公司支付银行存款600万元，为企业合并付出生产设备一台，公允价值为500万元，该固定资产账面原值为600万元，计提折旧200万元；付出持有的对丙公司的长期股权投资公允价值为200万元，账面价值为150万元；付出产成品公允价值为300万元，实际成本为200万元，增值税税率为13%，消费税税率为10%，企业所得税税率为25%，支付审计费用5万元。请做出甲公司合并业务的会计处理。

【解析】

本例中，有关企业控股合并的会计处理如下：

(1) 计算商誉。

取得被购买方可辨认净资产公允价值的份额＝2 000×80%＝1 600(万元)

甲公司长期股权投资合并成本＝600(银行存款)＋500(固定资产公允价值)
×(1＋13%)＋200(长期股权投资公允价值)
＋300(产成品公允价值)×(1＋13%)
＝1 704(万元)

合并成本大于取得被购买方可辨认净资产公允价值的份额，差额为104万元，作为

商誉包含在“长期股权投资”的初始成本中，不得在甲公司账簿上单独确认商誉，仅在合并财务报表上予以列示。

（2）确认长期股权投资与合并直接费用。

借：长期股权投资——乙公司　　17 040 000
　　管理费用——合并直接费用　　50 000
　贷：银行存款　　6 050 000
　　　固定资产清理　　4 000 000
　　　长期股权投资——丙公司　　1 500 000
　　　主营业务收入　　3 000 000
　　　应交税费——应交增值税（销项税额）　　1 040 000
　　　资产处置损益——固定资产处置收益　　1 000 000
　　　投资收益——长期股权投资处置收入　　500 000

上述分录中，隐含了商誉 104 万元，将在合并财务报表上予以列示。此处显然区别于吸收合并的账务处理（见例 10－5）。

（3）计提消费税。

借：税金及附加　　300 000
　贷：应交税费——应交消费税　　300 000

（4）结转固定资产清理。

借：固定资产清理　　4 000 000
　　累计折旧　　2 000 000
　贷：固定资产　　6 000 000

（5）结转产成品成本。

借：主营业务成本　　2 000 000
　贷：库存商品　　2 000 000

延伸阅读

企业合并过程中的主要财务会计行为

企业合并是企业一项重要的、系统的工作，需要财务会计人员全程参与与配合：

（1）参与合并的可行性论证；

（2）了解和评估目标企业，确定合并成本和资金需要量，预测合并效应；

（3）确定合并融资方案，合并对价及支付方式；

（4）合并后的财务整合：人员、资金、财务管理系统、薪酬体系等；

（5）相关业务的账务处理、合并报表、信息披露等。

2. 非同一控制下控股合并的或有对价

在某些情况下，非同一控制下控股合并的各方可能在合并协议中约定，根据未来一项或多项或有事项的发生，购买方通过发行额外证券、支付额外现金或转让其他资产等方式追加合并对价，或者要求返还之前已经支付的对价。购买方应当将企业合并协议约定的或有对价作为企业合并转移对价的一部分，按照其在购买日的公允价值计入企业合并成本。

在购买方可能需要追加合并对价的情况下，如果或有对价符合权益工具或金融负债定义的，则购买方应将拟支付的或有对价确认为一项权益或负债；在购买方可收回部分合并对价的情况下，如果或有对价符合资产定义并满足资产确认条件的，则购买方应将其确认为一项资产。

购买日后12个月内出现对购买日已存在情况的新的或者进一步证据而需要调整或有对价的，应当予以确认并对原计入合并商誉的金额进行调整；其他情况下发生的或有对价变化或调整（例如，根据被购买方盈利情况进行的调整或者其他在购买日后发生的事件导致的调整），应当区分以下情况进行会计处理：或有对价为权益性质的，不进行会计处理；或有对价为资产或负债性质的，如果属于《企业会计准则第22号——金融工具确认和计量》中的金融工具，应当采用公允价值计量，且其公允价值变动产生的利得和损失应当计入当期损益（公允价值变动损益），而不能计入其他综合收益；如果不属于金融工具确认和计量准则中的金融工具，应当按照《企业会计准则第13号——或有事项》或其他相应的会计准则进行会计处理。

【例10-7】 A上市公司与B公司不存在关联关系。A公司于2019年1月2日以现金30 000万元自B公司购买其持有的C公司100%股权。股权转让协议约定，B公司就C公司在收购完成后的经营业绩向A公司做出承诺：C公司2019年、2020年、2021年度经审计扣除非经常性损益后归属于母公司股东的净利润分别不低于2 000万元、3 000万元和4 000万元。如果C公司未达到承诺业绩，B公司将在C公司每一相应年度的审计报告出具后30日内，按C公司实际实现的净利润与承诺利润的差额，以现金方式对A公司进行补偿。

购买日，A公司根据C公司所处市场状况及行业竞争力等情况判断，预计C公司能够完成承诺期利润。

2019年，C公司实现净利润2 200万元。2020年，由于新冠疫情及整体宏观经济形势变化，C公司实现净利润2 400万元，且预期2021年该趋势将持续，预计能够实现净利润约2 600万元。请对A上市公司控股合并C公司业务做出账务处理（单位：万元）。

【解析】

（1）A上市公司与B公司在交易前不存在关联关系，该项企业合并为非同一控制下企业合并。

（2）2019年1月2日，A上市公司支付了有关价款3亿元，且判断C公司能够实现承诺利润，无或有对价。A上市公司确认对C公司长期股权投资成本为3亿元。

借：长期股权投资　　30 000

　贷：银行存款　　30 000

2019年12月31日，C公司实现了预期利润目标，A上市公司无须就或有对价进行会计处理。

(3) 2020 年度，C 公司未实现预期利润，且预计 2021 年也无法实现，则 A 上市公司需要估计该或有对价的公允价值并予以确认。因该预期利润未实现的情况是在购买日后新发生的，在购买日后超过 12 个月且不属于对购买日已存在状况的进一步证据，应于发生时计入当期损益。其会计处理为：

借：交易性金融资产（2020 年可收回部分 600＋2021 年可收回部分 1 400）　　2 000

　贷：公允价值变动损益　　2 000

(4) 2021 年中，B 公司将在 C 公司 2020 年度的审计报告出具后 30 日内支付给 A 公司补偿款项。A 公司收到补偿款项时：

借：银行存款　　600

　贷：交易性金融资产　　600

(5) 2021 年 12 月 31 日，A 公司根据 C 公司预期利润目标的实际达成情况，对上述会计处理进行调整。

本例中，有关或有对价的公允价值调整在个别财务报表中不作为对长期股权投资成本的调整，相应地，在合并财务报表中，亦不能调整购买日原已确认商誉金额。但由于 C 公司未实现预期利润，可能表明购买日原已确认商誉已发生减值，A 上市公司应当对商誉进行减值测试。

应该注意的是，上文中的例 10－2、例 10－3、例 10－4、例 10－6、例 10－7 是合并方（或购买方）一次性投资就实现了对被合并方（或被购买方）的控制，都在业务发生时，直接计入了“长期股权投资”科目，但在企业合并实务中，合并方（或购买方）有时是通过多次投资、逐步实现对被合并方（或被购买方）的控制。此时，合并方（或购买方）应根据投资意图、管理模式对自首次投资到最终实现控制的全部过程进行相应的账务处理（详见第 12 章第 2 节）。

第 4 节　企业合并涉及的递延所得税事项

一、与企业合并相关的税务规定

（一）税法中的合并范畴

《财政部 国家税务总局关于企业重组业务企业所得税处理若干问题的通知》（财税〔2009〕59 号）将企业合并、收购归类为企业重组行为（企业重组还包括债务重组、资产收购、分立等）。该通知明确，企业合并是一家或多家企业将其全部资产和负债转让给另一家现存或新设企业，被合并企业股东换取合并企业的股权或非股权支付，实现两个或两个以上企业的依法合并；股权收购，是一家企业购买另一家企业的股权，以实现对被收购企业控制的交易。收购企业支付对价的形式包括股权支付、非股权支付或两者的组合。

可以看出，税务领域的合并特指的是吸收合并和新设合并，强调的是法人合并，税法中的股权收购，对应会计上的控股合并。换言之，会计上的企业合并概念内涵较为宽泛，涵盖了税务上的企业合并与股权收购。

（二）企业合并的一般性税务处理规定

《财政部 国家税务总局关于企业重组业务企业所得税处理若干问题的通知》（财税〔2009〕59号）、《财政部 国家税务总局关于促进企业重组有关企业所得税处理问题的通知》（财税〔2014〕109号）等规范性文件规定，企业合并、股权收购的当事各方应按以下原则进行税务处理（即所谓的“非免税合并”）：

1. 企业合并

（1）合并企业应按公允价值确定接受被合并企业各项资产和负债的计税基础。

（2）被合并企业及其股东都应按清算进行所得税处理。

（3）被合并企业的亏损不得在合并企业结转弥补。

2. 股权收购

（1）被收购方应确认股权、资产转让所得或损失。

（2）收购方取得股权或资产的计税基础应以公允价值为基础确定。

（3）被收购企业的相关所得税事项原则上保持不变。

（三）企业合并的特殊性税务处理规定

企业合并、股权收购等企业重组行为同时符合下列条件的，适用特殊性税务处理规定（即所谓的“免税合并”）：

（1）具有合理的商业目的，且不以减少、免除或者推迟缴纳税款为主要目的；

（2）被收购、合并部分的资产或股权比例不低于被收购企业全部股权的50%；

（3）企业重组后的连续12个月内不改变重组资产原来的实质性经营活动；

（4）重组交易对价中涉及股权支付金额不低于其交易支付总额的85%；

（5）企业重组中取得股权支付的原主要股东，在重组后连续12个月内，不得转让所取得的股权。

企业重组符合以上条件的，交易各方对其交易中的股权支付部分，可以选按“免税合并”处理。

1. 企业合并

（1）合并企业接受被合并企业资产和负债的计税基础，以被合并企业的原有计税基础确定。

（2）被合并企业合并前的相关所得税事项由合并企业承继。

(3) 可由合并企业弥补的被合并企业亏损的限额＝被合并企业净资产公允价值×截至合并业务发生当年年末国家发行的最长期限的国债利率。

(4) 被合并企业股东取得合并企业股权的计税基础，以其原持有的被合并企业股权的计税基础确定。

应当注意的是，除符合以上条件的企业合并外，同一控制下且不需要支付对价的企业合并，也可按“免税合并”方法进行税务处理。

2. 股权收购

(1) 被收购企业的股东取得收购企业股权的计税基础，以被收购股权的原有计税基础确定。

(2) 收购企业取得被收购企业股权的计税基础，以被收购股权的原有计税基础确定。

(3) 收购企业、被收购企业的原有各项资产和负债的计税基础和其他相关所得税事项保持不变。

应该注意的是，只有当股权购买方或合并方以股权作为对价支付方式时，才可选择免税重组的税务处理方法；如果以现金、非货币性资产、承担债务等作为对价支付方式，或者股权支付的比例没有达到规定的比例，或者不符合其他条件，则只能适用企业重组的一般性税务处理方法。

二、企业合并涉及的递延所得税事项及其会计处理

根据上述企业合并税务处理规定及《企业会计准则第 20 号——企业合并》关于企业合并的会计处理原则，我们将企业合并涉及的递延所得税事项梳理如下。

1. 吸收合并涉及的递延所得税事项

在吸收合并方式下，被合并方的法人资格被注销，而其计税基础是以法人资格为基础确定的，因此合并时被合并方资产的计税基础需要重新予以确认。

(1) 如果是免税合并，以被合并企业的原有计税基础确定。

(2) 如果是非免税合并，按公允价值确定接受被合并企业各项资产和负债的计税基础。

【例 10－8】 2×22 年 12 月 1 日，甲公司以发行 200 万股（面值为 1 元/股，发行价格为 8 元/股）自身股票的方式购入 A 公司 100%的净资产进行吸收合并。合并当日，A 公司净资产账面价值为 1 000 万元（其中，存货 50 万元，固定资产 150 万元，且与其计税基础相同），公允价值为 1 200 万元（其中，存货 100 万元，固定资产 300 万元，除此之外的其他资产的公允价值与账面价值相同）。假设在交易前，甲公司与 A 公司不存在关联方关系。适用所得税税率为 25%。请分析甲公司企业合并过程中的递延所得税事项（单位：万元）。

【解析】 本例是税法所指的“企业合并”情形。

（1）假设本例的合并业务符合免税合并条件，且双方选择了免税合并处理方式，则在非同一控制企业合并情况下，按企业会计准则的规定，甲公司取得的资产入账价值为1 200万元；按税法规定，其计税基础=被合并企业的原有计税基础1 000万元。

账面价值大于计税基础的差额200万元，应确认为应纳税暂时性差异，并确认递延所得税负债：200×25%=50（万元）。甲公司相关的账务处理为：

借：存货、固定资产之外的其他可辨认资产（简化格式）	800	
存货	100	
固定资产	300	
商誉	450	
贷：股本		200
资本公积——股本溢价		1 400
递延所得税负债		50

对比例10-4，本例中的商誉金额的计量，考虑了暂时性差异产生的影响。

（2）如果选择非免税合并处理方式，则：甲公司取得的资产入账价值（A公司资产的公允价值）=1 200万元，计税基础=按公允价值确定接受被合并企业各项资产和负债的计税基础=1 200万元。账面价值与计税基础之间不存在差异。甲公司相关的账务处理为：

借：存货、固定资产之外的其他可辨认资产	800	
存货	100	
固定资产	300	
商誉	400	
贷：股本		200
资本公积——资本溢价		1 400

上述账务处理过程表明，非同一控制下吸收合并形成的商誉，在非免税合并情况下，按照所得税法规定商誉在初始确认时计税基础等于账面价值，不产生暂时性差异。应该注意的是，如果在后续计量过程中对商誉计提减值准备，使得商誉的账面价值小于计税基础，则会产生可抵扣暂时性差异，应确认相关的所得税影响。

【例10-9】 沿用例10-8的相关资料。假设在交易前，甲公司与A公司是某一集团的两个子公司。请分析甲公司企业合并过程中的递延所得税事项。

【解析】

本例是同一控制下吸收合并业务的账务处理过程：

（1）假设本例的合并业务符合免税合并条件，且双方选择了免税合并处理方式，则：甲公司取得的资产入账价值（A公司资产的账面价值）=1 000万元，计税基础=被合并企业的原有计税基础1 000万元，账面价值与计税基础之间不存在差异。

甲公司相关的账务处理为：

借：存货、固定资产之外的其他资产 800
　　存货 50
　　固定资产 150
　贷：股本 200
　　　资本公积——股本溢价 800

（2）如果选择非免税合并处理方式，则：甲公司取得的资产入账价值（A 公司资产的账面价值）＝1 000 万元，计税基础＝按公允价值确定接受被合并企业各项资产和负债的计税基础＝1 200 万元。账面价值与计税基础之间的差异 200 万元应确认为可抵扣暂时性差异，并确认递延所得税资产。甲公司相关的账务处理为：

借：存货、固定资产之外的其他资产 800
　　存货 50
　　固定资产 150
　　递延所得税资产（200×25%） 50
　贷：股本 200
　　　资本公积——股本溢价 850

2. 控股合并涉及的递延所得税事项

控股合并过程中，收购方与被收购方法人主体资格存续，在税法上适用“股权收购”的相关规定。

（1）非同一控制下的控股合并。非同一控制下控股合并中，只要购买方取得的被购买方可辨认资产、负债的购买日公允价值不同于其以原始取得成本为基础确定的计税基础的，则无论该项股权收购是不是免税合并处理方式，都会由此在购买方合并报表层面产生账面价值与计税基础之间的暂时性差异，需要确认递延所得税资产或负债，并相应调整商誉或者负商誉。

【例 10－10】 2×22 年 12 月 2 日，甲公司以发行 200 万股（面值为 1 元/股，发行价格为 8 元/股）自身股票的方式购入 A 公司 100%的股权，实施控股合并。合并当日，A 公司净资产账面价值为 1 000 万元（其中，存货 50 万元，固定资产 150 万元，且与其计税基础相同），公允价值为 1 200 万元（其中，存货 100 万元，固定资产 300 万元）。假设在交易前，甲公司与 A 公司不存在关联方关系。适用所得税税率 25%。请分析甲公司企业合并过程中的递延所得税事项（单位：万元）。

【解析】 本例是税法所指的“股权收购”情形。

股权收购成本＝200 万股×8 元/股＝1 600（万元），即长期股权投资的入账价值；计税基础以被收购股权的原有计税基础确定。

借：长期股权投资 1 600
　贷：股本 200
　　　资本公积——资本溢价 1 400

甲公司购入 A 公司 100%的股权，拥有 A 公司的净资产公允价值的份额为 1 200×

100%＝1 200（万元），未考虑递延所得税因素时，此分录隐含的商誉为 1 600－1 200＝400（万元）。

购买日，编制合并报表时，在工作底稿中对 A 公司的资产升值部分进行调整：

借：存货	50	
固定资产	150	
贷：递延所得税负债（200×25%）		50
资本公积		150

在合并报表层面，考虑递延所得税因素并经调整后，A 公司的净资产的公允价值为：账面价值 1 000＋公允价值升值部分进行的所得税调整（资本公积）150＝1 150（万元）。

此时，合并财务报表中的商誉应为：合并成本 1 600－公允价值份额 1 150＝450（万元）。

假设合并当日，A 公司所有者权益项目的账面价值的构成为股本 100 万元，资本公积 300 万元，盈余公积 100 万元，未分配利润 360 万元，其他综合收益 140 万元，则编制合并报表时的抵销分录为：

借：股本	100	
资本公积（300＋150）	450	
盈余公积	100	
未分配利润	360	
其他综合收益	140	
商誉	450	
贷：长期股权投资		1 600

（2）同一控制下的控股合并。同一控制下控股合并中，合并企业、被合并企业的原有各项资产和负债的计税基础和其他相关所得税事项保持不变。无论是否选择免税合并处理方式，账面价值与计税基础之间都不会产生暂时性差异，无须确认递延所得税资产或负债。

练习题

一、单项选择题

1. 关于同一控制下的企业合并，下列说法中正确的是（　　）。

A. 参与合并的企业在合并前后均受同一方或相同的多方最终控制但该控制可能是暂时性的

B. 参与合并的各方在合并前后不受同一方或相同的多方最终控制

C. 参与合并的企业在合并前后均受同一方或相同的多方最终控制且该控制并非暂时性的

D. 参与合并的各方在合并前后不受同一方或相同的多方共同控制

2. 被购买方在合并后仍保持其独立的法人资格继续经营，购买方通过企业合并形成对被购买方投资的合并形式是（　　）。

A. 吸收合并　　B. 新设合并

C. 控股合并　　D. 三种形式均是

3. 同一控制下的企业合并，合并方对于合并过程中发生的各项直接相关费用，应借记的会计科目是（　　）。

A. 长期股权投资　　B. 管理费用

C. 营业外支出　　D. 资本公积

4. 以下交易或事项，不属于企业合并的是（　　）。

A. A 企业支付对价取得 B 企业的净资产，该交易事项发生后，撤销 B 企业的法人资格

B. A 企业通过增发自身的普通股自 B 企业原股东处取得 B 企业的全部股权，该交易事项发生后，B 企业仍持续经营

C. A 企业以其资产作为出资投入 B 企业，取得对 B 企业的控制权，该交易事项发生后，B 企业仍维持其独立法人资格继续经营

D. A 企业收购 B 企业 30%的股权

5. 甲公司 2021 年 6 月 2 日与乙公司的控股股东 A 公司（非关联方）签订股权转让协议，协议规定甲公司以乙公司 6 月 1 日经评估确认的净资产 8 600 万元为基础定向增发本公司普通股股票给 A 公司以取得其所持有乙公司 90%的股权。6 月 10 日甲公司股东大会通过该方案。甲公司定向增发的普通股股数以协议公告前一段合理时间内公司普通股股票的加权平均股价每股 16.4 元为基础计算确定。经相关部门批准，甲公司于 8 月 31 日向 A 公司定向增发 500 万股普通股股票（每股面值 1 元），并于当日办理了股权登记手续，能够控制乙公司的财务和经营决策。当日甲公司普通股收盘价为每股 17 元。甲公司以下会计处理中正确的是（　　）。

A. 6 月 2 日为购买日，合并成本为 8 600 万元

B. 6 月 10 日为购买日，合并成本为 7 740 万元

C. 8 月 31 日为购买日，合并成本为 8 200 万元

D. 8 月 31 日为购买日，合并成本为 8 500 万元

6. B 公司和 C 公司均为 A 集团的子公司，2020 年 7 月 1 日，B 公司以银行存款 810 万元取得 C 公司所有者权益的 80%，同日 C 公司所有者权益的账面价值为 1 000 万元，可辨认净资产的公允价值为 1 100 万元。2020 年 7 月 1 日，B 公司应确认的资本公积为（　　）万元。

A. 10（借方）　　B. 10（贷方）

C. 70（借方）　　D. 70（贷方）

7. 下列有关企业合并的表述中，不正确的是（　　）。

A. 同一控制下企业合并应视同合并后形成的报告主体在合并日及以前期间一直存在

B. 同一控制下企业合并对于投出资产公允价值与应享有被投资单位所有者权益账面价值的份额之差调整资本公积

C. 新设合并是指合并各方在合并后法人资格注销，并重新注册一家新的企业

D. 非同一控制下企业合并在购买日合并报表中对于被购买方资产和负债应当按照公允价值计量

8. 关于企业合并商誉，下列说法中正确的是（　　）。

A. 商誉是被合并方无形资产形成的

B. 同一控制下的合并与非同一控制下的合并均可能产生商誉

C. 商誉是合并方多付出的对价

D. 商誉只存在于合并报表中

9. 关于免税合并，下列说法中错误的是（　　）。

A. 合并企业接受被合并企业资产和负债的计税基础，以被合并企业的原有账面价值确定。

B. 被合并企业合并前的相关所得税事项由合并企业承继。

C. 可由合并企业弥补的被合并企业亏损的限额＝被合并企业净资产公允价值×截至合并业务发生当年年末国家发行的最长期限的国债利率。

D. 被合并企业股东取得合并企业股权的计税基础，以其原持有的被合并企业股权的计税基础确定。

10. 关于反向收购，下列说法中错误的是（　　）。

A. 它通常以发行权益性证券为实现方式

B. 它通常以借壳上市为目的

C. 发行权益性证券的一方通常被接受证券的另一方控制

D. 发行权益性证券的一方实现借壳上市的目的

二、多项选择题

1. 按照企业合并后主体的法律形式不同，企业合并的方式包括（　　）。

A. 吸收合并　　　　B. 新设合并

C. 控股合并　　　　D. 同一控制下的合并

2. 下列关于企业合并中被购买方的相关处理，表述不正确的有（　　）。

A. 被购买方不需要进行任何处理

B. 非同一控制的吸收合并，被购买方应按合并中确定的有关资产、负债的公允价值调账

C. 同一控制的控股合并，被购买方不需要调整资产、负债的价值

D. 非同一控制的控股合并，被购买方需要按照合并中确认的公允价值调整相关资产、负债的价值

3. 非同一控制下企业合并成本小于合并中取得的被购买方可辨认净资产公允价值

份额的部分，正确的会计处理有（　　）。

A. 在吸收合并的情况下，应计入购买方的合并当期的个别利润表

B. 在控股合并的情况下，应体现在合并当期期末的合并利润表中

C. 在吸收合并的情况下，应体现在合并当期的合并利润表中

D. 在控股合并的情况下，应计入购买方的合并当期的个别利润表

4. 下列有关企业合并的表述中，不正确的有（　　）。

A. 合并方在同一控制下的企业合并发生的中介费用计入相关资产成本

B. 对于同一控制下的企业合并，不产生新的商誉

C. 非同一控制下企业合并中，被购买方可以按照合并中确定的有关资产、负债的公允价值调账

D. 企业合并是将两个或两个以上单独的企业合并形成一个企业的交易

5. 甲公司是丙公司的子公司。甲公司于 2020 年 7 月 1 日由丙公司取得乙公司 70% 的股权。当日，乙公司个别财务报表中净资产账面价值为 3 200 万元。该股权是丙公司于 2019 年 6 月自公开市场购入的，且确认了 900 万元商誉。2020 年 7 月 1 日，按照丙公司取得该股权时乙公司可辨认净资产公允价值为基础持续计算的乙公司可辨认净资产账面价值为 4 800 万元。该项合并过程中，甲公司支付给丙公司股权款项 3 000 万元，支付法律、审计、评估等中介机构费用 120 万元，支付给证券公司佣金 150 万元。不考虑其他因素。以下说法正确的有（　　）。

A. 2020 年 7 月 1 日，甲公司管理费用增加 120 万元

B. 2020 年 7 月 1 日，甲公司长期股权投资入账价值为 4 260 万元

C. 2020 年 7 月 1 日，甲公司资本公积增加 1 110 万元

D. 2020 年 7 月 1 日，甲公司资本公积增加 1 260 万元

三、综合分析题

1. 甲公司与 A 公司属于不同的企业集团，两者之间不存在关联关系。2020 年 9 月 30 日，甲公司支付 12 000 万元给 A 公司的股东，进行吸收合并。购买日，A 公司有关资产、负债的情况如表 10－9 所示：

表 10－9　购买日 A 公司有关资产、负债情况

单位：万元

	账面价值	公允价值
库存商品	5 000	4 600
固定资产	7 000	8 000
短期借款	2 000	2 000
净资产	10 000	10 600

不考虑合并过程中的相关税费。

（1）编制甲公司的会计分录；

（2）假设上述合并为控股合并，请做出甲公司的会计分录。

2. 查阅我国中海油公司以151亿美元收购加拿大尼克森公司（Nexen）交易的有关资料，观察、分析合并的原因、合并的类型、合并过程中存在的障碍或困难、市场反应。

3. 本教材将控股合并直观地表示为“甲公司＋乙公司＝甲公司＋乙公司”，请分析、列举控股合并后甲公司、乙公司在财务会计方面发生的变化。

第 11 章

合并财务报表：理论与方法

学习目标

合并财务报表是企业集团编制的报表，反映企业集团整体的财务状况、经营成果和现金流量。《企业会计准则第 33 号——合并财务报表》（2014 年修订版）对合并财务报表的格式、内容、编制范围、编制方法做出了具体规定。本章以此为依据，重点讲述合并财务报表范围的确定基础、合并财务报表的编制程序与方法等内容。

第 1 节　合并财务报表概述

一、合并财务报表的概念

合并财务报表是指由母公司编制的，将母子公司形成的企业集团作为一个会计主体，综合反映企业集团整体财务状况、经营成果和现金流量的报表。此概念包含以下要点：

（1）合并财务报表反映的对象是由母公司及其全部子公司组成的会计主体。

（2）合并财务报表的编制者是母公司，但对应的会计主体是由母公司及其控制的所有子公司构成的合并财务报表主体。

（3）合并财务报表是站在合并财务报表主体的立场上，以纳入合并范围的企业个别财务报表为基础，根据其他有关资料，抵销母公司与子公司、子公司相互之间发生的内部交易，考虑了特殊交易事项对合并财务报表的影响后编制的，旨在反映合并财务报表主体作为一个整体的财务状况、经营成果和现金流量。

（一）合并财务报表的会计主体

合并财务报表的会计主体为企业集团。企业集团是指以资本为纽带，通过持股、控股等方式紧密联结、协调行动的企业群体，是由母公司及其子公司组成的。一般而言，企业集团本身不具备法人资格，符合条件的情况下也可以办理工商登记。母公司应当是依法登记，取得企业法人资格的控股企业。合并财务报表的编制者或编制主体是企业集团中的母公司。

在企业集团中，母公司是控制一个或一个以上主体（含企业、被投资单位中可分割的部分，以及企业所控制的结构化主体等，下同）的主体；子公司是被母公司控制的主体。

母公司可以是公司，如股份有限公司、有限责任公司，也可以是其他企业，如合伙企业等，还可以是非企业形式但形成会计主体的其他组织，比如基金等。子公司可以是公司，也可以是其他企业或非企业形式的但可形成会计主体的其他组织，比如基金、信托项目等特殊目的主体，还可以是企业中可分割的部分，如2004年12月8日，中国联想集团与美国IBM公司签署一项重要协议，根据协议，联想集团将收购IBM的个人电脑（PC）业务。

延伸阅读

公司各种称谓的辨析

1. 母公司、子公司

母公司、子公司的称谓仅仅存在于控制关系中。母公司、子公司构成企业集团。

一般而言，母公司持有子公司50%以上股权。但也有特殊情况，应遵循实质重于形式的原则，判断是否存在控制关系。

2. 合营公司

一般而言，它是由两个或多个企业或个人共同投资建立的企业，该被投资企业的财务和经营决策必须由投资双方或若干方共同决定，称为共同控制。关于合营公司的详细内容与会计处理，可查阅《企业会计准则第40号——合营安排》。

3. 联营公司

投资者对被投资企业具有重大影响时，被投资企业可视为投资者的联营企业。

4. 总公司与分公司

为拓展业务，一个公司通常会按照业务板块或市场区域设立若干分公司，例如中国银行设立了河南分行、广东分行等分支机构。应该注意的是，总公司与分公司不是以股权维系的，例如，我们不可以称“中国银行总行是中国银行河南分行的大股东或控股股东”，也不可以说“中国银行河南分行是中国银行总行的子公司”。

（二）编制合并财务报表的原因

在控股合并（收购）的情况下，主并企业（母公司）、被并企业（子公司）仍以独立的法人实体继续存在，各自作为独立的核算单位对外提供会计报表。在拥有众多子公司（孙公司）的企业集团中，只有编制合并财务报表，才能使报表使用者以较低成本、较高效率了解企业集团整体的资源总量，整体的财务状况、经营成果、现金流量。

（三）合并财务报表与合并方式的关系

（1）吸收合并、新设合并的结果只有一个企业（会计主体），不存在编制合并财务报表的问题。

（2）控股合并的结果是主并企业（母公司）、被并企业（子公司）仍以独立的法人实体继续存在，既应编制股权取得日的合并财务报表，也应编制股权取得日后各期的合并财务报表。

（3）非同一控制下的控股合并，购买日仅编制合并资产负债表；同一控制下的控股合并，合并日应当编制合并资产负债表、合并利润表和合并现金流量表。

二、合并财务报表理论

一个企业集团中，母公司拥有子公司的股权大于 50%小于 100%时，该企业集团内就会出现多数股权（取得控制权的母公司股权）和少数股权（其他股东持有的少数股权）。在编制合并财务报表时对少数股权的处理方法不同，以及对合并范围等相关问题的理解不同，形成了不同的合并理论，如母公司理论、实体理论、所有权理论。

（一）母公司理论

母公司理论认为，合并财务报表主要是为现有的和潜在的母公司或控股公司编制的，强调母公司或控股公司的股东利益。按照母公司理论，企业集团内的股东只包括母公司的股东，将子公司少数股东权益排除在外，看作企业集团主体的外部债权人。合并资产负债表中的股东权益和合并利润表中的净收益仅是母公司或控股公司拥有和所得部分，而少数股东权益则看作母公司的负债，少数股权所享有的净收益则视作母公司的费用。合并财务报表不过是母公司财务报表的延伸和扩展，其主要特点为：

（1）子公司的少数股东权益作为资产负债表中的负债项目列示。

（2）少数股权在子公司当年净收益中相应的收益份额在合并利润表中作为费用列示。

（3）对子公司的同一资产项目采用双重计价，属于母公司权益部分按公允价值计价，而属于少数股东权益部分仍按历史成本计价，合并商誉与子公司少数股权无关。

（4）母子公司间交易形成的未实现利润，在顺流销售（母公司向子公司销售）时要全额抵销，在逆流销售（子公司向母公司销售）时应按母公司所享有的权益比例抵销。

（二）实体理论

实体理论将企业集团内的所有股东同等看待，不论是多数股权还是少数股权均作为该集团内的股东，并不过分强调控股公司股东的权益。该理论认为子公司虽然为母公司所购买，但其本身依旧是一个不可分割的整体。因此，合并净收益应属于企业集团全部股东的收益，要在多数股权和少数股权之间加以分配。同理，少数股权是整体企业集团股东权益的一部分，应与多数股权同样列示。其主要特点为：

（1）子公司中的少数股东权益是企业集团股东权益的一部分，在资产负债表中应与母公司权益并列。

（2）合并净收益属于企业集团全体股东的收益，要在母公司和子公司少数股东之间进行分配。

（3）子公司的所有资产负债均按公允价值计量，在合并过程中产生的商誉由全体股东分享。

（4）在编制合并财务报表时，所有内部交易产生的未实现利润，无论顺流销售还是逆流销售均应全额抵销。

我国现行企业会计准则在合并财务报表编制方面的规定与实体理论的观点近似。

（三）所有权理论

所有权理论认为，企业集团是以投资公司为基础，连同在经济活动和财务决策中对另一公司具有重大影响的所有权部分。这种理论的典型表现主要有两种情况：一是合营中权益的会计处理，采用的是比例合并法，即将合营者在共同控制实体中的每项资产、负债、收入、费用按所占比例与合营者自身报表中的类似项目逐项合并，或是在合营者报表中分别作为单独的项目列报。二是联营企业投资的会计处理（通常是指股权比例大于20%而小于50%的情况），采用的是权益法。按所有权理论界定合并范围可以解决隶属于两个或两个以上企业集团的公司合并财务报表的编制问题。所有权理论因只反映企业集团所拥有的财产，所以合并财务报表上的集团范围最小。这种理论主要运用于几个公司通过某种协议共同控制被投资公司的特殊情况。

第2节　合并财务报表的合并范围

合并财务报表的合并范围是指纳入合并财务报表编报的子公司的范围，应当以控制为基础予以确定。母公司应当将其全部子公司（包括母公司所控制的单独主体）纳入合并财务报表的合并范围，不仅包括根据表决权（或类似权利）本身或者结合其他安排确定的子公司，也包括基于一项或多项合同安排决定的结构化主体。

母公司已不能控制的子公司，均不应当纳入母公司的合并财务报表的合并范围。

此外，在判断合并财务报表的合并范围时，还应注意投资性主体可能涉及的豁免情形（详见下文“三、合并财务报表范围的特殊情形”的相关内容）。

一、“控制”的含义及其判断依据

（一）“控制”的含义

上一章提到，“控制”是投资方拥有对被投资方的权力，通过参与被投资方的相关活动而享有可变回报，并且有能力运用对被投资方的权力影响其回报金额。这一定义包含“控制”的三个条件或基本要素：一是投资方拥有对被投资方的权力；二是因参与被投资方的相关活动而享有可变回报；三是有能力运用对被投资方的权力影响其回报金额。

当且仅当投资方具备上述三个条件时，才能表明投资方能够控制被投资方。准确理解“控制”的含义，应注意以下细节：

（1）控制的根源是“权力”（power 或 authority）。控制是投资方拥有对被投资方的权力，是主导被投资方相关活动的实力或能力。权力来自“权利”（right），如股东的表决权、其他合同安排赋予的权利等。没有权利就没有权力，但权力与权利也存在显著差异。权利只是企业或个人可以做某些事情的资格或条件。例如，对企业进行投资、持有股份的投资者通常都有参加股东大会的权利，但能够对被投资企业拥有权力，甚至决定企业命运的通常仅是那些持有较多表决权股份的投资者。又如，企业的所有财务会计人员都有权利担任财务总监，但能够获得财务总监职位、执掌财务总监权力的仅是那些实力或能力超群的人士。

（2）控制的动因是“可变回报”。投资方控制被投资方，是为了享有可变回报（variable returns）。可变回报，是不固定且可能随着被投资方业绩而变化的回报，如分得的股利、掌控的资源等。如果投资方进行投资后获得的仅是固定回报，例如商业银行向企业发放贷款、收取固定利息这类情形，则投资方（商业银行）既无必要也无权力控制被投资方（借款企业）。应该注意的是，企业的中小股东分得的股利虽然也是可变回报，但没有实力、权力影响其回报金额，因此，不能控制被投资企业。

（3）控制的基础是“能力”。投资方有能力运用权力影响其回报金额，才可控制被投资方。某些情况下，投资方虽然拥有权力，但没有能力运用这些权力，此时，投资方就无法控制被投资方。例如，甲公司拥有乙公司 80%的表决权股份，拥有乙公司董事会多数席位，因此，拥有对乙公司的权力且可控制乙公司。假设近期乙公司因涉嫌非法集资被政府有关部门依法处理、采取强制措施，这种情况下，甲公司对乙公司已“无能为力”，即虽拥有权力，但已无能力运用权力影响其回报金额，无法继续控制乙公司。企业存在委托一代理经营关系，如有限合伙人（limited partner，LP，投资方）将企业委托普通合伙人（general partner，GP）经营时，也常出现“权力”与“能力”脱节的情形。

（4）控制的路径是“参与被投资方的相关活动”。相关活动是对被投资方的回报产生重大影响的活动，例如，商品或劳务的销售和购买、金融资产的管理、资产的购买和处置、研究与开发及融资活动等。投资方对被投资方是否拥有权力，取决于参与被投资方相关活动的方式与程度，即对相关活动进行决策的方式，例如，对被投资方的经营、融资等活动做出决策（包括编制预算）的方式，任命被投资方的关键管理人员、给付薪酬及终止劳动合同关系的决策方式等。投资方参与并主导被投资方的相关活动时，投资方控制被投资方。

（二）判断控制的依据

在企业实务中，投资方判断能否控制被投资方，是否将被投资方纳入合并财务报表范围，常常面临诸多复杂的情况。由此，《企业会计准则第33号——合并财务报表》第八条强调，投资方应当在综合考虑所有相关事实和情况的基础上对是否控制被投资方进行判断。这一规定表明投资方对被投资方的控制是在对“所有相关事实和情况”综合考虑后做出的判断，具有明显的“会计职业判断”特点，也体现了“实质重于形式”的会计信息质量要求。

表11-1列示了投资方判断是否控制被投资方时应考虑的相关事实和情况。

表11-1　判断控制应考虑的事实和情况

相关的事实和情况	分析重点
（1）被投资方的设立目的和设计	投资方进行投资的动因、被投资方设立的目的、被投资方组织形式（公司制、非公司制、结构化主体等）、治理结构等。
（2）被投资方的相关活动以及如何对相关活动做出决策	识别对被投资方回报产生重大影响的活动；对这些活动的决策，是依据表决权还是合同安排？
（3）投资方享有的权力是否使其目前有能力主导被投资方的相关活动	投资方享有的权力是不是实质性权利？哪些因素会导致投资方没有能力主导被投资方的相关活动？
（4）投资方是否通过参与被投资方的相关活动而享有可变回报	投资方是否、如何参与被投资方的相关活动？取得的是可变回报还是固定回报？
（5）投资方是否有能力运用对被投资方的权力影响其回报金额	决策行为是以主要责任人（即实际决策人）的身份进行还是以代理人的身份进行？
（6）投资方与其他方的关系	重点考察投资方与其他方在表决权股份、其他合同安排等方面对被投资方的权力情况。

应该注意的是，以上事实和情况的变化导致控制定义所涉及的相关要素发生变化时，投资方应当对是否控制被投资方进行重新评估与判断。

二、判断控制的基本思路

如上所述，控制的根源是“权力”，没有权力，就无从控制。投资方是否拥有对被投资方的权力，是判断控制的第一要素。

（一）投资方拥有对被投资方权力的常见情形

在企业治理层面，权力通常来自具有表决权的股份（普通股）或其他合同安排。在我国目前的市场环境中，除少数企业发行了优先股外，大多数企业发行的股份均为普通股，即具有表决权的股份，且“同股同权”，相同的股份数量具有相同的表决权，也就是说，一般情况下，投资方的持股比例与表决权比例是一致的。

近年来，一些企业，如在香港交易所上市的小米集团，借鉴成熟市场的经验，引入了“同股不同权”的双重股权结构（dual-class share structure），即某些投资者虽持有股份但没有或较少拥有表决权，使其表决权比例与持股比例相背离。可以预料，企业股权结构、治理结构的多样性、复杂性将会进一步增加判断投资方是否拥有对被投资方权力的难度。

这里，我们可以重点把握投资方拥有对被投资方权力的常见情形（如表 11－2 所示）。

表 11－2　投资方拥有对被投资方权力的常见情形

分析角度	投资方拥有权力的情形
（1）表决权股份（单独持有）	投资方直接或间接持有被投资方半数以上的表决权股份
（2）表决权股份（一致行动人）	虽然投资方持有被投资方半数以下的表决权股份，但通过与其他表决权持有人之间的协议能够控制半数以上的表决权股份
（3）其他情形（视同拥有）	虽然投资方持有被投资方半数以下的表决权股份，但综合考虑下列事实和情况后，判断投资方持有的表决权足以使其有能力主导被投资方相关活动的，视为投资方对被投资方拥有权力： （1）投资方持有的表决权相对于其他投资方持有的表决权份额的大小，以及其他投资方持有表决权的分散程度。 （2）投资方和其他投资方持有的被投资方的潜在表决权，如可转换公司债券、可执行认股权证等。 （3）其他合同安排产生的权利。 （4）被投资方以往的表决权行使情况等其他相关事实和情况

表 11－2 表明，判断投资方是否拥有对被投资方的权力，既要观察“表决权是否大于半数（50%）”这个形式，又要抓住其他“事实和情况”的实质。

1. 投资方持有被投资方半数以上的表决权股份

通常情况下，只要投资方持有被投资方半数以上的表决权股份，就可视为投资方享有权力，除非有确凿证据证明投资方不能主导被投资方的相关活动。这些证据包括被投资方被政府等机构接管、投资方表决权虽然达到半数以上但不足以通过或否决被投资方重大事项等事实和情况。

例如，2020 年 8 月 28 日，内蒙古西水创业股份有限公司（简称“西水股份”）发布公告称子公司“天安财险”持有的信托产品到期后未收到本金和投资收益，子公司被中国银保监会接管。从接管之日起，天安财险股东大会、董事会、监事会停止履行职责，相关职能全部由接管组承担。因此，西水股份不再拥有对天安财险控制权，根据企业会计准则改按金融工具的有关规定进行会计处理，不再将其纳入合并财务报表的合并范围。

2. 投资方持有被投资方半数以下的表决权股份

投资方持有被投资方半数以下的表决权股份，也可能对被投资方拥有权力，其主要途径有：

（1）通过与其他表决权持有人之间的协议能够控制半数以上的表决权股份。例如，甲公司持有乙公司80%的表决权股份，持有丙公司35%的表决权股份。乙公司在甲公司的主导下，也持有丙公司25%的表决权股份。这种情况下，虽然甲公司自身持有丙公司半数以下的表决权股份（35%），但通过与乙公司之间的协议（股权安排），合计持有丙公司表决权股份达到半数以上（60%），从而拥有对丙公司的权力。

（2）投资方持有的表决权与其他投资方持有的表决权份额比较，相对较大，且其他投资方持有表决权较为分散。例如，某公司的前两名股东各自持有14.66%的表决权股份，其他数以万计的单个股东持有的表决权股份最多的也只有3.74%。这种情况下，虽然前两名股东单个或合计持有的表决权都为半数以下，但从相对于其他投资方而言持有的表决权份额较大，以及其他投资方持有表决权较为分散这一事实判断，前两名股东可以拥有公司董事会的多数席位，可以委派几乎所有的关键管理人员，即拥有对公司的权力。

（3）投资方和其他投资方持有被投资方的潜在表决权，如可转换公司债券、可执行认股权证等。

【例11-1】 A公司与其他两个投资方各自持有被投资方甲公司1/3的表决权。除了权益工具外，A公司还持有甲公司发行的可转换债券，这些可转换债券可以在当前及未来两年内任何时间以固定价格转换为甲公司的普通股。甲公司的经营活动与A公司密切相关（例如，降低A公司的运营成本、确保稀缺原材料的供应等）。如可转换债券全部转换为普通股，A公司持有甲公司的表决权股份将达到60%。请分析A公司拥有对甲公司的权力情况。

【解析】

本例中，可转换债券到期可转换为普通股且全部转换为普通股后，A公司将持有甲公司60%表决权股份，而其他两个投资方将各持有甲公司20%的表决权，据此可以判断A公司能够主导被投资方的相关活动并从中获益。因此，A公司持有的潜在表决权为实质性权利。A公司持有的表决权与实质性潜在表决权相结合，使得A公司拥有对被投资方的权力。

应当注意的是，投资方享有现时权利使其有能力主导被投资方的相关活动，而不论其是否实际行使该权利，视为投资方拥有对被投资方的权力。例11-1中，A公司未来两年内有可能放弃可转换债券的转换权，但不影响其拥有对甲公司的权力这一实质。

【例11-2】 投资方甲公司持有一份将于25天后结算的远期股权购买合同，该合同赋予甲公司行权后能够持有被投资方乙公司的多数表决权股份。另外，能够对乙公司相关活动进行决策的最早时间是30天后方可召开的特别股东大会。其他投资方不能对被投资方相关活动现行的政策做出任何改变。请分析甲公司是否拥有对被投资方的权力。

【解析】

本例中，虽然投资方持有的远期股权购买合同 25 天后才能结算，不是当前可执行的权利，但是由于股东大会最早召开的时间在 30 天后，晚于远期合同的可行权日（25 天后），在投资方执行远期合同之前，没有其他任何一方可以改变与被投资方的相关活动有关的决策。因此，虽然该权利当前不可执行，但甲公司仍然拥有对被投资方的权力。

（4）其他合同安排产生的权利。投资方可能通过持有的表决权和其他决策权相结合的方式使其当前能够主导被投资方的相关活动。例如，合同安排赋予投资方能够聘任被投资方董事会或类似权力机构多数成员，这些成员能够主导董事会或类似权力机构对相关活动的决策。但是，在不存在其他权利时，仅仅是被投资方对投资方的经济依赖（如供应商和其主要客户的关系）不会导致投资方对被投资方拥有权力。

【例 11-3】 假设 A 公司持有 B 公司 40%表决权股份，其他 12 个投资方各持有 B 公司 5%表决权股份，且投资方之间或其中一部分股东之间不存在进行集体决策的协议。根据全体股东签订的协议，A 公司有权聘任或解聘 B 公司董事会多数成员。请分析 A 公司是否拥有对 B 公司的权力。

【解析】

A 公司持有的 B 公司表决权股份（40%）不足 50%，且其他 12 个投资方各持有 B 公司 5%有表决权股份，仅根据 A 公司自身持有股份的绝对比例和其他股东的相对比例，尚难得出 A 公司对 B 公司拥有权力。但是，综合考虑全体股东协议授予 A 公司有权聘任或解聘 B 公司董事会多数成员，以及其他股东之间不存在集体决策的协议这些情况后，可以判断 A 公司对 B 公司拥有权力。

（5）被投资方以往的表决权行使情况等其他相关事实和情况。根据被投资方以往的表决权行使情况判断投资方是否拥有权力，在实务中也较为常见。例如，在乙公司以往的股东大会上，参会股东表决权比例一直未超过 60%，其股东之一甲公司虽然仅持有乙公司 40%的表决权股份，不足 50%，但只要出席股东会议，就可达到或超过公司法规定的表决权比例“过半数或 2/3 以上”的要求，就可通过或否决相关决议事项，即拥有对乙公司的权力。

（二）投资方难以判断是否拥有对被投资方权力的情形

某些情况下，投资方依据上述情形可能难以判断其享有的权利是否足以使其拥有对被投资方的权力。对此，投资方应当考虑其具有实际能力以单方面主导被投资方相关活动的证据，从而判断其是否拥有对被投资方的权力。投资方应考虑的因素包括但不限于下列事项，如表 11-3 所示。

表 11-3 基于其他事实或情况的权力判断

相关事实或情况	释义
（1）投资方能否任命或批准被投资方的关键管理人员，这些关键管理人员能够主导被投资方的相关活动	从关键管理人员的任命角度判断
（2）投资方能否出于自身利益决定或者否决被投资方的重大交易	从重大交易的决策角度判断
（3）投资方能否控制被投资方董事会等类似权力机构成员的任命程序，或者从其他表决权持有人手中获得代理投票权	从治理结构角度判断
（4）投资方与被投资方的关键管理人员或董事会等类似权力机构中的多数成员是否存在关联关系（例如，被投资方首席执行官与投资方首席执行官为同一人）	从关联关系角度判断
（5）投资方与被投资方之间是否存在特殊关系	特殊关系通常包括： （1）被投资方的关键管理人员是投资方的现任或前任职工 （2）被投资方的经营活动依赖于投资方（例如，被投资方依赖于投资方提供经营活动所需的大部分资金，投资方为被投资方的大部分债务提供了担保，被投资方在关键服务、技术、供应或原材料方面依赖于投资方，投资方掌握了诸如专利、商标等对被投资方经营而言至关重要的资产，被投资方依赖于投资方为其提供具备与被投资方经营活动相关专业知识等的关键管理人员等） （3）被投资方活动的重大部分有投资方参与其中或者以投资方的名义进行 （4）投资方自被投资方承担可变回报的风险（或享有可变回报的收益）的程度远超过其持有的表决权或其他类似权利的比例（例如，投资方承担或有权获得被投资方回报的比例为70%，但仅持有不到半数的表决权）等

案例 11-1 银邦股份被江苏监管局出具警示函

银邦金属复合材料股份有限公司（以下简称“银邦股份”，证券代码：300337）与自然人顾丹红于 2015 年 2 月共同出资设立无锡卓利股权投资基金企业（有限合伙）（以下简称“无锡卓利”）。银邦股份为有限合伙人，认缴出资 1 485 万元；顾丹红为普通合伙人，认缴出资 15 万元。依据双方合伙协议，顾丹红担任无锡卓利的执行事务合伙人，行使对无锡卓利的经营管理权。2015—2017 年，银邦股份以不能控制并参与无锡卓利日常经营决策为由，未将无锡卓利纳入合并财务报表范围。

2019 年 9 月 24 日，银邦股份收到中国证券监督管理委员会江苏监管局《关于对银邦金属复合材料股份有限公司采取出具警示函措施的决定》。该决定书显示，经中国证券监督管理委员会江苏监管局现场检查，银邦股份存在以下违规行为：

自然人顾丹红为银邦股份实际控制人沈健生侄女，顾丹红本人并未参与无锡卓利的实际运营，银邦股份实际上对无锡卓利行使控制权，应将其纳入 2015—2017 年年度财务报表合并范围。银邦股份未将无锡卓利纳入合并财务报表导致公司 2015—2017 年年报净利润分别虚增 34.82 万元、33.15 万元和 24.20 万元。

以上行为违反了《上市公司信息披露管理办法》第二条的规定。中国证券监督管理委员会江苏监管局决定对银邦股份采取出具警示函的行政监管措施。银邦股份应充分吸取教训，加强内部管理，依法履行信息披露义务。

【编者提示】

本例中，证券监督管理机构正是基于表 11－3 所列“投资方与被投资方的关键管理人员或董事会等类似权力机构中的多数成员是否存在关联关系”及“投资方与被投资方之间是否存在特殊关系”的事实或情况对控制做出判断与认定。

资料来源：摘编自银邦股份公开信息。

（三）判断控制应考虑的其他因素

投资方在判断是否控制被投资方时，除了分析是否拥有对被投资方的权力外，还应考虑取得回报的形式（是可变回报还是固定回报）、权利的性质（是实质性权利还是保护性权利）、权力的行使（是主要责任人还是代理人）、权力的来源（是来自表决权还是其他合同安排）等因素。

1. 可变回报

判断投资方是否控制被投资方的第二项基本要素是，因参与被投资方的相关活动而享有可变回报。可变回报是指不固定的、可能随被投资方业绩变动而变动的回报，其可能是正数，也可能是负数。企业的一些回报如债券利息等，表面上看是固定的，但由于债务人存在的违约风险，利息收入也可能是可变回报。上文述及，投资方只有取得可变回报，才具有获取被投资方权力的诉求与行动。

投资方在判断其享有被投资方的回报是否变动以及如何变动时，应当根据合同安排的实质，而不是法律形式。常见的可变回报如表 11－4 所示。

表 11－4　投资方常见的可变回报

可变回报项目	释义
（1）股利、被投资方经济利益的其他分配	例如，投资方分得的股利、被投资方经济利益的其他分配、投资方对被投资方投资的价值变动等
（2）服务类收入	因向被投资方的资产或负债提供服务而得到的报酬、因提供信用支持或流动性支持收取的费用或承担的损失、被投资方清算时在其剩余净资产中享有的权益和税务利益，以及因涉入被投资方而获得的未来流动性

续表

可变回报项目	释义
(3) 其他利益持有方无法得到的回报	例如，投资方将自身资产与被投资方的资产一并使用，以实现规模经济，达到节约成本、为稀缺产品提供资源、获得专有技术或限制某些运营或资产的目的，从而提高投资方其他资产的价值
(4) 债券利息	投资方持有固定利率的交易性债券投资时，虽然利率是固定的，但该利率取决于债券违约风险，因此，固定利率也可能属于可变回报
(5) 资产管理收益	管理被投资方资产获得的固定管理费也属于可变回报，因为管理者能否获得此回报依赖于被投资方能否产生足够的收益用于支付该固定管理费

投资方的可变回报通常体现为从被投资方获取股利。受法律法规的限制，投资方有时无法通过分配被投资方利润或盈余的形式获得回报，例如，当被投资方的法律形式为信托机构时，其盈利可能不是以股利形式分配给投资者。此时，需要根据具体情况，以投资方的投资目的为出发点，综合分析投资方是否获得除股利以外的其他可变回报，被投资方不能进行利润分配并不必然代表投资方不能获取可变回报。另外，即使只有一个投资方控制被投资方，也不能说明只有该投资方才能获取可变回报。例如，少数股东也可以分享被投资方的利润。

【例 11-4】 A公司为一家小额贷款公司，发起设立主体C，A公司向主体C转让一个资产池，其中包含多笔A公司向不同的第三方发放的期限在12个月内的小额贷款。主体C经批准以该资产池为基础资产公开发行一项资产管理计划，计划存续期为3年，自存续期内分期发行，每期期限为1年。第三方投资者共认购该计划75%的份额（每个单一投资者认购的比例都小于0.5%），A公司认购剩余25%的份额。根据主体C设立时订立的章程和协议安排，主体C唯一的经营活动是按照既定的还款计划向贷款人收取本金和利息，并在收到款项后，在既定时间内扣除按与市场水平相当的费率计算的固定比例收取的手续费，再将款项按份额比例支付给资产管理计划的投资方。主体C日常活动的事务，如人事、财务、行政等管理事务均由与A公司和主体C不存在关联关系的第三方资产管理公司B负责管理并按市价收取管理费。资产管理计划存续期间的所有相关资金流均由独立于各方的第三方银行D托管并按市价收取资金托管费。如果主体C在既定还款时间收取既定的款项，主体C则按照投资者的投资比例将收取的款项分配给投资者。如果主体C未能在既定的还款时间内收取既定的款项，主体C则先将已收取的款项按约定比例分配后支付给除A公司以外的投资者，剩余部分再支付给A公司。当应收款项出现违约时，A公司有权根据违约时间、抵押品情况、违约方信用等级调整主体C下一步的收款计划。当已收取的款项已经无法向除A公司以外的投资方进行足额支付时，主体C按照某一事先约定的价格将应收款项全部出售给A公司，由A公司开展进一步的收款或者债务重组安排。请判断A公司能否控制主体C。

【解析】

由于A公司认购了主体C资产管理计划25%的份额，由此承担了主体C应收款项无法收回时本金和利息损失的重大风险。此外，A公司认购的份额还属于劣后偿付级别，且A公司将以固定价格收回全部应收款项（当已收取的款项已经无法向除A公司以外的投资方进行足额支付时），这些情况表明，与其他投资方相比，A公司承担了更大的回报可变性。A公司承担的可变回报与其对主体C所拥有的权力密切相关。

A公司通过行使其对主体C所拥有的权力主导主体C的相关活动（即对违约应收款项的管理），这一权力的实际行使情况将直接影响A公司从主体C获得的可变回报金额。据此可以判断，A公司享有对主体C的权力，应将主体C纳入报表合并范围。

2. 实质性权利

投资方在判断是否拥有对被投资方的权力时，应当仅考虑与被投资方相关的实质性权利，包括自身所享有的实质性权利以及其他方所享有的实质性权利。仅享有保护性权利的投资方不拥有对被投资方的权力。

（1）实质性权利。实质性权利是指持有人在对相关活动进行决策时有实际能力行使的可执行权利。判断一项权利是否为实质性权利，应当综合考虑所有相关因素，包括权利持有人行使该项权利是否存在财务、价格、条款、机制、信息、运营、法律法规等方面的障碍；当权利由多方持有或者行权需要多方同意时，是否存在实际可行的机制使得这些权利持有人在其愿意的情况下能够一致行权；权利持有人能否从行权中获利等。

某些情况下，其他方享有的实质性权利有可能会阻止投资方对被投资方的控制。这种实质性权利既包括提出议案以供决策的主动性权利，也包括对已提出议案做出决策的被动性权利。

（2）保护性权利。保护性权利是指仅为了保护权利持有人利益却没有赋予持有人对相关活动决策权的一项权利。保护性权利通常只能在被投资方发生根本性改变或某些例外情况发生时才能够行使，它既没有赋予其持有人对被投资方拥有权力，也不能阻止其他方对被投资方拥有权力。例如，少数股东批准超过正常经营范围的资本性支出或发行权益工具、债务工具的权利。再如，贷款方通过债务契约限制借款方从事损害贷款方权利的活动的权利，这些活动将对借款方信用风险产生不利影响从而损害贷款方权利，以及贷款方在借款方发生违约行为时扣押其资产的权利等。

【例 11－5】 A公司与B公司分别持有被投资方甲公司70%及30%的表决权股份。A公司与B公司签订的期权合同规定，B公司可以在当前及未来两年内以固定价格购买A公司持有的甲公司50%的表决权股份，该期权在当前及预计未来两年内都是深度价外期权（deep out-of-the-money option），依据期权合约的条款设计，使得买方B公司行权的可能性极小。历史上，A公司一直通过表决权主导被投资方的相关活动。请分析A公司、B公司拥有对甲公司的权力情况。

【解析】

本例中，B公司当前拥有购买A公司持有的甲公司表决权股份的可行使期权，如果行使该期权，将使B公司持有的甲公司表决权股份达到80%。但由于这些期权在当前及预计未来两年内都是深度价外期权，B公司无法从该期权的行使中获利，因此，这些期权并不构成实质性权利，在评估B公司是否拥有对被投资方的权力时应不予考虑。据此可以判断，A公司拥有对被投资方的权力。

3. 主要责任人

投资方在判断是否控制被投资方时，应当确定其自身是否有能力主导被投资方的相关活动并影响可变回报金额，因此，需确定自身是以主要责任人还是代理人的身份行使决策权；在其他方拥有决策权的情况下，还需要确定其他方是否以其代理人的身份代为行使决策权。

代理人仅代表主要责任人行使决策权，不控制被投资方。投资方将被投资方相关活动的决策权委托给代理人的，应当将该决策权视为自身直接持有。

代理人是相对于主要责任人而言的，其代表主要责任人行动并服务于该主要责任人的利益。主要责任人可能将其对被投资方的某些或全部决策权授予代理人，在代理人代表主要责任人行使决策权时，代理人并不对被投资方拥有控制。主要责任人的权力有时可以通过代理人根据主要责任人的利益持有并行使，但权力行使人不会仅仅因为其他方能从其行权中获益而成为代理人。

决策者在确定其是否为代理人时，应综合考虑该决策者与被投资方以及其他方之间的关系，尤其需要考虑下列4项因素，如表11-5所示。

表11-5 识别代理人的因素

分析角度	释义
(1) 决策者对被投资方的决策权范围	分析相关协议或法规允许决策者决策的活动，以及决策者对这些活动进行决策时的自主程度
(2) 其他方享有的实质性权利	存在单独一方拥有实质性罢免权并能够无理由罢免决策者的事实，足以表明决策者是代理人。在罢免决策者时需要联合起来行使罢免权的各方的数量越多，决策者的其他经济利益（即薪酬和其他利益）的比重和可变动性越强，则其他方所持有的权利在判断决策者是不是代理人时的权重就越小；决策者决策所需取得认可的其他方的数量越少，该决策者越有可能是代理人
(3) 决策者的薪酬水平	相对于被投资方活动的预期回报，决策者薪酬的比重（量级）和可变动性越大，决策者越有可能不是代理人
(4) 决策者因持有被投资方的其他利益而承担可变回报的风险	持有被投资方其他利益表明该决策者可能是主要责任人

【例11-6】 甲投资管理公司作为资产管理人发起设立一项投资计划，为多个投资者提供投资机会。甲公司在投资授权设定的范围内，以全体投资者的利益最大化为前提做出决策，并拥有较大主导投资计划相关活动的决策权，包括具体资产的配置、买入卖出时点以及投资资产出现风险时（如信用违约等）的后续管理等。甲公司按照该计划资产净值的1%加上达到特定盈利水平后投资计划利润的20%收取管理费，该管理费符合

市场和行业惯例，与甲公司提供的服务相称。

假定：

(1) 参与该计划的投资者人数较多，单个投资者的投资比例均小于 0.5%且投资者之间不存在关联关系。

(2) 该投资计划设有年度投资者大会，经出席该会议的投资者所持份额的 2/3 以上一致通过，可以罢免甲公司的资产管理人资格，不存在可以无理由罢免甲公司的资产管理人资格的单独一方的投资者。

(3) 甲公司自身持有该投资计划 2%的份额，没有为该计划的其他投资者提供保证其收回初始投资及最低收益率的承诺，而且对超过其 2%投资以外的损失不承担任何义务。

请判断甲公司是主要责任人还是代理人。

【解析】

本例中，由于没有任何一方可以无条件罢免甲公司的资产管理人资格，因此，甲公司在确定其是投资计划的主要责任人还是代理人时需要结合其他因素进一步分析。

甲公司对于投资计划享有较大的决策权，可以主导投资计划的相关活动。虽然投资计划设立了年度投资者大会，但由于投资者人数较多，且单个投资者之间不存在关联关系，不太可能出现较多非关联的投资者集合在一起进行表决并否决甲公司的情况。因此，结合甲公司的决策权范围和其他方持有的权利，可以得出甲公司拥有对该投资计划的权力。

另外，甲公司收取的管理费与其服务相称这一事实表明，甲公司可能作为代理人行使权力。

为进一步判断甲公司是否为代理人，还需要考虑甲公司持有的份额。甲公司持有该投资计划 2%的份额，该投资加大了甲公司面临的可变回报风险，但该风险尚未重大到足以表明主体甲公司是主要责任人的程度。

综上，可以判断，甲公司为该投资计划的代理人。

【例 11-7】 沿用例 11-6 资料。假定在甲公司违反合同的情况下，其他投资者有权罢免甲公司的资产管理人资格；甲公司自身持有该投资计划 20%的份额，没有为该计划的其他投资者提供保证收回初始投资及最低收益率的承诺，也没有对超过该 20%的投资承担任何额外损失的义务。请判断甲公司是主要责任人还是代理人。

【解析】

本例中，其他投资者有权在甲公司违约时罢免甲公司的资产管理人资格。由于该权利只有在甲公司违约时才能行使，因此属于保护性权利。但是，甲公司通过与其服务相称的管理费以及 20%的直接投资承担并有权获取投资计划的可变回报，且该回报的比重和可变动性均较为重大的情况表明，甲公司通过对投资计划行使权力而影响其回报的金额和程度较大，因此享有较大的实质性权利，则甲公司为该投资计划的主要责任人。

4. 被投资方可分割部分

通常情况下，投资方都是在控制被投资方整体时，将被投资方整体纳入合并财务报表范围。少数情况下，投资方仅控制被投资方的一部分，并将该部分纳入合并财务报表范围，该部分被称为“可分割部分”（divisible parts）。

如果有确凿证据表明同时满足下列条件并且符合相关法律法规规定的，投资方应当将被投资方的一部分视为被投资方可分割部分，进而判断是否控制该部分。

（1）该部分的资产是偿付该部分负债或该部分其他权益的唯一来源，不能用于偿还该部分以外的被投资方的其他负债；

（2）除与该部分相关的各方外，其他方不享有与该部分资产相关的权利，也不享有与该部分资产剩余现金流量相关的权利。

上述定义表明，被投资方可分割部分的所有资产、负债及相关权益均与其他部分相隔离，即该部分的资产产生的回报不能由该部分以外的被投资方其他部分使用，该部分的负债也不能用该部分以外的被投资方资产偿还。

【例11-8】 A公司为有限责任公司，专门从事房地产开发，其主要经营活动为在B地块上开发住宅和商业地产项目。这两个项目设置独立账套进行单独核算管理，其开发支出及涉及的营业税、土地增值税和所得税等相关税收也均由各项目申报和清算。各项目的相关经营决策互相独立，其经营损益分别归属于不同的权利人。请判断住宅和商业地产项目是否可认定为可分割部分。

【解析】

本例中，住宅和商业地产项目的有关资产、负债和权益均相对隔离。投资方具有各部分的相关活动及其决策机制，有能力主导可分割部门的相关活动，并据此从中取得可变回报，因此可被认定为可分割部分。

【例11-9】 甲公司为一汽车生产企业，共有两个生产部门A和B，其中A部门生产的汽车属于高端产品，单位售价在人民币200万元以上。B部门只生产中低档汽车，单位售价定位在人民币30万元左右。两部门生产的汽车除了成本及售价不同以外，所采用的商标也不一致，且各部门的财务单独核算，负债各自单独承担。

假设M公司为甲公司的投资者之一，所占的表决权比例为20%，投资协议中约定，M公司所投的资本额主要用于B部门的生产经营，并且有权决定B部门的生产经营及财务决策。请判断M公司能否将B部门纳入合并范围。

【解析】

本例中，虽然M公司只占有甲公司表决权的20%，但由于甲公司A部门和B部门资产、负债并不共享，且M公司可以控制B部门，因此，M公司应将B部门纳入合并范围。甲公司的其他控制方在编制合并财务报表时，不再包括B部门的业务内容。

三、合并财务报表范围的特殊情形

（一）投资性主体

《企业会计准则第 33 号——合并财务报表》第二十一条特别提及投资性主体（investment entities）合并财务报表范围及其豁免事项：如果母公司是投资性主体，则只应将那些为投资性主体的投资活动提供相关服务的子公司纳入合并范围，其他子公司不应予以合并，应按照公允价值计量且其变动计入当期损益。

一个投资性主体的母公司如果其本身不是投资性主体，则应当将其控制的全部主体，包括投资性主体以及通过投资性主体间接控制的主体，纳入合并财务报表范围。

1. 投资性主体的定义

一个母公司同时满足以下三个条件时，属于投资性主体：该公司以向投资方提供投资管理服务为目的，从一个或多个投资者获取资金；该公司的唯一经营目的是通过资本增值、投资收益或两者兼有而让投资者获得回报；该公司按照公允价值对几乎所有投资的业绩进行计量和评价。例如，某些基金公司、投资管理公司、风险投资机构等。

上述定义表明，投资性主体与其他企业存在明显的区别，如表 11 - 6 所示。

表 11 - 6　投资性主体与其他企业的区别

分析角度	投资性主体	其他企业
设立目的	向投资者募集资金，为投资方提供投资管理服务	向投资者募集资金，为投资方提供产品研发、销售、劳务等
盈利模式	主要通过投融资活动实现资本增值、投资收益或两者兼有，即靠“投资理财”盈利	主要通过产品研发、销售、服务等产生利润，即靠“生产经营”盈利
绩效评价	按照公允价值（如股价变动等）对投资业绩进行计量和评价	主要通过市场占有率、资产报酬率、毛利率、利润率等指标评价企业业绩

2. 投资性主体的特征

基于以上关于投资性主体的定义及其设立目的、盈利模式等方面的分析，我们可以看出，投资性主体具有以下特征，如表 11 - 7 所示。

表 11 - 7　投资性主体的特征

主要特征	释义
（1）拥有一个以上投资	一个投资性主体，如风险投资机构等，通常会同时对多个新创企业投资，以分散风险
（2）拥有一个以上投资者	投资性主体的投资活动具有较大的风险，多个投资者为投资性主体提供资金，可以提升主体防范风险的能力；多个投资者并存，也可以降低投资性主体获取除资本增值、投资收益外的收益的可能性

续表

主要特征	释义
(3) 投资者不是该主体的关联方	投资性主体通常拥有若干投资者，这些投资者既不是其关联方，也不是所在集团中的其他成员，这一情况使得投资性主体不受投资者自身业务的影响，从而专注于投资业务，以获取资本增值或投资收益
(4) 该主体的所有者权益以股权或类似权益存在	投资性主体的主营业务是投资，其所有者权益（净资产）的表现形式通常不是土地、机器设备、厂房、存货这些实物资产，而是各种投资性资产，如股权投资等

【例11-10】 A有限合伙企业2019年设立，合伙期限为10年。根据合伙协议，A企业的设立目的是对有潜力、高速增长的科技创新型企业进行股权投资，待这些企业在创业板或科创板上市后伺机退出并获得资本增值收益。H投资管理公司作为普通合伙人拥有A企业1%的资本，并承担寻找投资机会、管理A企业的责任，甲、乙、丙、丁四家企业作为有限合伙人向A企业提供了99%的资本，这些有限合伙人与H公司不存在关联关系。

合伙企业成立当年，A企业没有找到合适的投资项目。2020年，A企业获得对B公司的控制权；2021年，A企业获得对其他5家新创科技公司的权益投资。除上述情况外，A企业不从事其他活动。A企业以公允价值计量和评价其投资，并向普通合伙人H公司和其他外部投资者提供这些信息。A企业计划在合伙年限内以直接出售、推动被投资公司公开上市后出售股份等方式处置这些投资。请判断A有限合伙企业是不是投资性主体。

【解析】

本例中，A有限合伙企业的资金主要由有限合伙人提供，并向有限合伙人提供投资管理服务；A企业的唯一活动是向科技公司进行权益投资以实现资本增值，A企业有明确的退出策略；A企业以公允价值计量和评价其投资，并向其投资者提供这些信息。

由此可以判断，A有限合伙企业在2019—2021年经营期内是投资性主体。

【例11-11】 沿用例11-10资料。假设向A有限合伙企业提供资本的甲公司为生物医药企业，且在全部有限合伙人（甲、乙、丙、丁四家企业）向A企业提供的99%资本中占60%；2020年，A企业取得的子公司B主要为A企业提供投资咨询服务；2021年，A企业对其他5家新创科技公司的权益投资情况为：持有C公司63%表决权股份，持有D公司23%表决权股份，持有E公司13%表决权股份，持有F公司、G公司各10%表决权股份。请分析甲公司、A有限合伙企业的合并财务报表范围。

【解析】

本例中，A有限合伙企业拥有两家子公司B和C，子公司B为A企业提供投资服务，子公司C为被投资的科技公司，不为A企业提供投资服务；A企业在D、E、F、G四家公司的表决权股份低于50%。

在没有其他证据或不考虑其他因素的情况下，可以判断，A有限合伙企业应仅将子公司B纳入合并财务报表范围；应将对其他公司的投资按照公允价值计量且其变动计入当期损益。

甲公司作为 A 有限合伙企业这一投资性主体的母公司，本身是生物医药企业，不是投资性主体，在甲公司编制合并财务报表时，应将通过 A 有限合伙企业这一投资性主体控制的所有子公司（B 和 C）纳入合并财务报表范围。

3. 投资性主体的转换

当有事实和情况表明一个主体构成投资性主体的三个条件发生变化时，应当重新评估其是否符合投资性主体。换言之，投资性主体不是一成不变的，它可能随着业务模式的变化而不再满足投资性主体的条件，转化为非投资性主体。因此，例 11－10 特别强调了 A 有限合伙企业在“2019—2021 年经营期内”这一阶段是投资性主体。

当母公司由投资性主体转变为非投资性主体时，应将原未纳入合并财务报表范围的子公司于转变日纳入合并财务报表范围，将转变日视为购买日，原未纳入合并财务报表范围的子公司于转变日的公允价值视为购买的交易对价，按照非同一控制下企业合并的会计处理方法进行会计处理。

当母公司由非投资性主体转变为投资性主体时，除仅将为其投资活动提供相关服务的子公司纳入合并财务报表范围编制合并财务报表外，企业自转变日起对其他子公司不予合并，其会计处理参照部分处置子公司股权但不丧失控制权的处理原则。

（二）结构化主体

如上所述，投资方对被投资方的权力通常来自表决权，但有时投资方对一些主体的权力不是来自表决权，而是由一项或多项合同安排决定的。例如，证券化产品、资产支持融资工具、部分投资基金等结构化主体或特殊目的载体（structure entity 或 special purpose vehicle）。

结构化主体具有不同于其他主体的显著特点，如表 11－8 所示。

表 11－8　结构化主体的特点

分析角度	释义
(1) 业务范围	结构化主体只能在合同约定的范围内开展业务活动，以有效设定其风险边界
(2) 经营目的	结构化主体有特定的经营目的，且目的较为单一。例如，有的企业发起结构化主体，是为了将债权（应收账款或贷款等）转让，快速收回资金，如例 11－4 中 A 公司的情况；有的企业发起结构化主体是为了从事研发活动，等等
(3) 初始资本	股本（如有）不足以支撑其业务活动，需要其他财务安排为结构化主体注入资金
(4) 融资方式	结构化主体通常通过发行不同等级的证券（股票、债券）等筹措资金

结构化主体是在确定其控制方时没有将表决权或类似权利作为决定因素而设计的主体。主导该主体相关活动的依据通常是合同安排或其他安排形式。投资方判断是否对该类主体拥有权力时，应全面评估这些合同安排，以评价其享有的权利是否足够使其拥有对被投资方的权力。在评估时，投资方通常应考虑四个方面的因素（见表 11－9）。

表11-9　结构化主体的权力判断因素

应考虑的因素	释义
（1）在设立被投资方时的决策及投资方的参与度	在评估被投资方的设立目的和设计时，投资者应考虑设立被投资方时的决策及投资方的参与度，以判断相关交易条款与参与特点是否为投资方提供了足以获得权力的权利。参与被投资方的设立本身虽然不足以表明参与方控制被投资方，但可能使参与方有机会获得使其拥有对被投资方权力的权利
（2）相关合同安排	投资方需考虑结构化主体设立之初的合同安排是否赋予投资方主导结构化主体相关活动的权利。例如，看涨期权、看跌期权、清算权等可能为投资方提供权力的合同安排。在评估对结构化主体是否拥有权力时，应当考虑投资方在这些合同安排中享有的决策权
（3）仅在特定情况或事项发生时开展的相关活动	结构化主体的活动及其回报在其设计时就已经明确，除非特定情况或事项发生。当特定情况或事项发生时，只有对结构化主体回报产生重大影响的活动才属于相关活动。相应地，对这些相关活动具有决策权的投资方才享有权力。决策权依赖于特定情况或事项的发生这一事实本身并不表示该权利为保护性权利
（4）投资方对被投资方做出的承诺	为确保结构化主体持续按照原定设计和计划开展活动，投资方可能会做出一些承诺（包括明确的承诺和暗示性的承诺），因而可能会扩大投资方承担的可变回报风险，由此促使投资方更有动机获取足够多的权利，使其能够主导结构化主体的相关活动。投资方做出的确保此类主体遵守原定设计经营的承诺可能是投资方拥有权力的迹象，但其本身并不赋予投资方权力，也不会阻止其他方拥有权力

【例11-12】 沿用例11—4资料。请分析A公司在主体C的权力情况。

【解析】

本例可以从以下角度进行分析：

（1）判断主体C为结构化主体且为被投资方，A公司参与了主体C的设立。主体C设立的目的是管理和回收A公司发放的小额贷款。A公司在主体C设立时的安排，包括认购资产管理计划的较大份额（25%）、承担劣后偿付的风险（即如果主体C未能在既定的还款时间内收取既定的款项，主体C先将已收取的款项按约定比例分配后支付给除A公司以外的投资者，剩余部分再支付给A公司），以及A公司将以固定价格收回全部应收款项（当已收取的款项已经无法向除A公司以外的投资方进行足额支付时）的承诺均显示出A公司承担了重大的回报可变性，表明其有动机获取对主体C的权力。

（2）确定主体C的相关活动是对违约应收款项的管理活动。主体C在应收款项违约之前的活动仅仅是按照固定的还款计划向贷款人收取预先确定的款项并过手转交给投资方，同时收取固定比例的收款手续费，主体C的回报不存在重大不确定性；在应收款项出现违约时，A公司根据实际情况管理违约应收款项并调整收款计划的方式，以及按照固定价格收回应收款项的约定都会对主体C的回报产生重大影响。因此，主体C的相关活动是对违约应收款项的管理活动。

（3）在确定主体C的相关活动后，评估投资方对主体C的权力时，只应考虑与管理违约应收款项相关的权利，尽管该权利只会在应收款项发生违约的特定情况下才会被运用。当应收款项出现违约时，A 公司有权调整主体 C 下一步的收款计划或者债务重组安排。

综上，虽然在该项资产管理计划中，A 公司的权力不是来自表决权股份，但从其合同安排情况看，A 公司事实上享有对主体 C 的权力，可以将主体 C 纳入合并财务报表范围。

案例 11-2　棒杰股份关于公司合并财务报表范围变更的公告(节选)

浙江棒杰数码针织品股份有限公司（以下简称“棒杰股份”或“本公司”，证券代码：002634）持有 2012 年 6 月设立的义乌市棒杰小额贷款股份有限公司（以下简称“棒杰小贷”）30%的股份。2015 年 9 月，棒杰小贷 5 名董事会成员中，棒杰股份委派 3 人（含董事长），其他股东委派 2 人。棒杰股份对棒杰小贷的经营方针、管理层任免具有主导作用。因此，自控制之日起，棒杰股份将棒杰小贷纳入合并财务报表范围。

2018 年 9 月 13 日，棒杰小贷 2018 年第三次临时股东大会选举产生了 5 名董事组成第三届董事会。5 名董事会成员中，股东棒杰股份委派 1 名，股东浙江简典服饰有限公司委派 1 名，股东浙江恒宝制衣有限公司委派 1 名，股东金兆钢先生委派 1 名，股东浙江依彤服饰有限公司委派 1 名。本公司提名的林明波先生当选为棒杰小贷第三届董事会董事。

截至公告披露日，本公司持有棒杰小贷股权比例为 30%，棒杰小贷第三届董事会产生后，本公司当选的董事未出任董事长、总经理等职务，当选的董事人数占董事会成员总数的 1/2 以下，故对棒杰小贷的经营方针、决策和经营管理层的任免不再具有主导作用，不再构成对棒杰小贷经营的实际控制。自非控制日起，棒杰小贷不再纳入本公司财务报表合并范围，本公司对棒杰小贷的股权投资核算方式由成本法转为权益法，并将对本公司合并财务报表中的资产总额、长期股权投资、负债总额、少数股东权益、所有者权益、期末现金及现金等价物余额等财务数据产生影响。

【编者提示】

1. 本例中，棒杰股份虽然仅持有棒杰小贷 30%股份，但从委派多名董事且担任董事长等事实和情况看，棒杰股份能够控制棒杰小贷。当然，我们也可以从其他角度，比如，允许被投资方使用投资方的商号（“棒杰”）、其他股东持股比例及分散程度等，对棒杰股份是否控制棒杰小贷做出更为全面的分析。

2. 本例表明，控制赖以存在的事实和情况发生变化时，投资方应当对控制重新进行评估与判断。

3. 进一步思考：企业合并财务报表范围变更属于会计政策变更吗？对母公司个别财务报表有何影响？

资料来源：摘编自《浙江棒杰数码针织品股份有限公司关于公司合并报表范围变更的补充公告》。

第3节　编制合并财务报表的原则与程序

一、合并财务报表的编制原则

1. 以母公司、子公司单独财务报表为基础

母公司在编制合并财务报表前，子公司应将其财务报表报送至母公司。除此之外，还应提供如下资料：

（1）采用的与母公司不一样的会计政策及其影响金额。

（2）与母公司不一致的会计期间的说明。

（3）与母公司、其他子公司之间发生的所有内部交易的资料。

（4）所有者权益变动的资料。

（5）编制合并财务报表所需的其他资料。

2. 一体性原则

应将企业集团看作一个整体，这就要求在编制合并财务报表时对企业集团内部的交易和事项进行抵销。

3. 重要性原则

在编制合并财务报表时应结合重要性原则对报表项目予以适当取舍。

二、合并财务报表的编制程序

编制合并财务报表一般采用工作底稿法，详细步骤如图11-1所示。

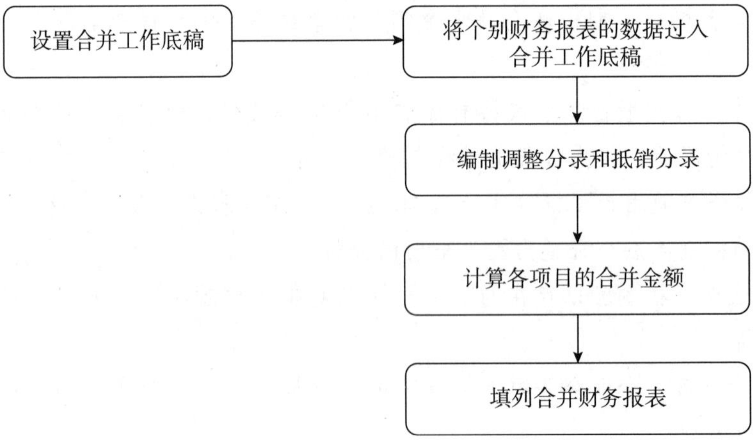

图11-1　合并财务报表的编制程序

1. 设置合并工作底稿

合并工作底稿的作用是为合并财务报表的编制提供基础。在合并工作底稿中，对母公司和纳入合并范围的子公司的个别财务报表各项目的数据进行汇总、调整和抵销处理，最终计算得出合并财务报表各项目的合并数。

2. 将个别财务报表的数据过入合并工作底稿

将母公司和纳入合并范围的子公司的个别资产负债表、个别利润表、个别现金流量表及个别所有者权益变动表各项目的数据过入合并工作底稿，并在合并工作底稿中对母公司和子公司个别财务报表各项目的数据进行加总，计算得出个别资产负债表、个别利润表、个别现金流量表及个别所有者权益变动表各项目合计数额。

3. 编制调整分录和抵销分录

编制调整分录与抵销分录，进行调整抵销处理是合并财务报表编制的关键和主要内容，其目的在于将因会计政策及计量基础的差异对个别财务报表的影响进行调整，以及将个别财务报表各项目的加总数据中重复的因素等予以抵销或调整。

应注意的是，不同的合并财务报表，其调整、抵销的项目及内容存在明显的差异（见表 11－10、表 11－11、表 11－12、表 11－13）。下一章，我们将结合示例详细分析。

表 11－10　编制合并资产负债表时的抵销与调整项目

抵销的项目	内容	备注
内部投资项目	母公司对子公司的长期股权投资与母公司在子公司所有者权益中所享有的份额应当相互抵销，同时抵销相应的长期股权投资减值准备 子公司持有母公司的长期股权投资，应当视为企业集团的库存股，作为所有者权益的减项，在合并资产负债表中所有者权益项目下以“减：库存股”项目列示	子公司相互之间持有的长期股权投资，应当比照母公司对子公司的股权投资的抵销方法，将长期股权投资与其对应的子公司所有者权益中所享有的份额相互抵销
债权与债务项目	母公司与子公司、子公司相互之间的债权与债务项目应当相互抵销，同时抵销相应的减值准备	
内部交易	母公司与子公司、子公司相互之间销售商品（或提供劳务，下同）或其他方式形成的存货、固定资产、无形资产等所包含的未实现内部销售损益应当抵销	对存货、固定资产和无形资产等计提的跌价准备或减值准备与未实现内部销售损益相关的部分应当抵销
其他内部交易	母公司与子公司、子公司相互之间发生的其他内部交易对合并资产负债表的影响应当抵销	

续表

抵销的项目	内容	备注
应纳税暂时性差异	因抵销未实现内部销售损益导致合并资产负债表中资产、负债的账面价值与其在所属纳税主体的计税基础之间产生暂时性差异的，在合并资产负债表中应当确认递延所得税资产或递延所得税负债，同时调整合并利润表中的所得税费用，但与直接计入所有者权益的交易或事项及企业合并相关的递延所得税除外	
报告期内企业合并增加的子公司以及业务	母公司在报告期内因同一控制下企业合并增加的子公司以及业务，编制合并资产负债表时，应当调整合并资产负债表的期初数，同时应当对比较报表的相关项目进行调整，视同合并后的报告主体自最终控制方开始控制时点起一直存在	因非同一控制下企业合并或其他方式增加的子公司以及业务，编制合并资产负债表时，不应当调整合并资产负债表的期初数
报告期内处置子公司以及业务	母公司在报告期内处置子公司以及业务，编制合并资产负债表时，不应当调整合并资产负债表的期初数	

表11-11　编制合并利润表时应抵销的项目

抵销项目	内容	备注
内部交易	母公司与子公司、子公司相互之间销售商品所产生的营业收入和营业成本应当抵销	母公司与子公司、子公司相互之间销售商品，期末未实现对外销售而形成存货、固定资产、无形资产等资产的，在抵销销售商品的营业成本和营业收入的同时，应当将各项资产所包含的未实现内部销售损益予以抵销
固定资产的折旧额或无形资产的摊销额	在对母公司与子公司、子公司相互之间销售商品形成的固定资产或无形资产所包含的未实现内部销售损益进行抵销的同时，也应当对固定资产的折旧额或无形资产的摊销额与未实现内部销售损益相关的部分进行抵销	
债券投资收益、利息收入及其他综合收益等	母公司与子公司、子公司相互之间持有对方债券所产生的投资收益、利息收入及其他综合收益等，应当与其相对应的发行方利息费用相互抵销	
股权投资收益	母公司对子公司、子公司相互之间持有对方长期股权投资的投资收益应当抵销	
未实现内部交易损益	母公司向子公司出售资产所发生的未实现内部交易损益，应当全额抵销“归属于母公司所有者的净利润” 子公司之间出售资产所发生的未实现内部交易损益，应当按照母公司对出售方子公司的分配比例在“归属于母公司所有者的净利润”和“少数股东损益”之间分配抵销	子公司向母公司出售资产所发生的未实现内部交易损益，应当按照母公司对该子公司的分配比例在“归属于母公司所有者的净利润”和“少数股东损益”之间分配抵销

续表

抵销项目	内容	备注
公司少数股东分担的当期亏损	子公司少数股东分担的当期亏损超过了少数股东在该子公司期初所有者权益中所享有的份额的，其余额仍应当冲减少数股东权益	
报告期内企业合并增加的子公司以及业务	母公司在报告期内因同一控制下企业合并增加的子公司以及业务，应当将该子公司以及业务合并当期期初至报告期末的收入、费用、利润纳入合并利润表，同时应当对比较报表的相关项目进行调整，视同合并后的报告主体自最终控制方开始控制时点起一直存在	因非同一控制下企业合并或其他方式增加的子公司以及业务，应当将该子公司以及业务购买日至报告期末的收入、费用、利润纳入合并利润表
报告期内处置子公司以及业务	母公司在报告期内处置子公司以及业务，应当将该子公司以及业务期初至处置日的收入、费用、利润纳入合并利润表	

表 11-12　编制合并现金流量表时应抵销的项目

抵销项目	内容
现金投资	母公司与子公司、子公司相互之间当期以现金投资或收购股权增加的投资所产生的现金流量应当抵销
现金收益与利润分配、付息	母公司与子公司、子公司相互之间当期因取得投资收益、利息收入而收到的现金，应当与分配股利、利润或偿付利息支付的现金相互抵销
现金债权与债务	母公司与子公司、子公司相互之间以现金结算债权与债务所产生的现金流量应当抵销
内部交易中现金流量	母公司与子公司、子公司相互之间当期销售商品所产生的现金流量应当抵销
处置非流动资产现金流量	母公司与子公司、子公司相互之间处置固定资产、无形资产和其他长期资产收回的现金净额，应当与购建固定资产、无形资产和其他长期资产支付的现金相互抵销
其他内部交易中现金流量	母公司与子公司、子公司相互之间当期发生的其他内部交易所产生的现金流量应当抵销
报告期内企业合并增加的子公司以及业务	母公司在报告期内因同一控制下企业合并增加的子公司以及业务，应当将该子公司以及业务合并当期期初至报告期末的现金流量纳入合并现金流量表，同时应当对比较报表的相关项目进行调整，视同合并后的报告主体自最终控制方开始控制时点起一直存在。因非同一控制下企业合并增加的子公司以及业务，应当将该子公司购买日至报告期末的现金流量纳入合并现金流量表
报告期内处置子公司以及业务	母公司在报告期内处置子公司以及业务，应当将该子公司以及业务期初至处置日的现金流量纳入合并现金流量表

应当注意的是，合并现金流量表及其补充资料也可以根据已经编制完成的合并资产负债表和合并利润表进行编制。

表 11-13　编制合并所有者权益变动表时应抵销的项目

抵销项目	内容	备注
内部投资项目	母公司对子公司的长期股权投资应当与母公司在子公司所有者权益中所享有的份额相互抵销	子公司相互之间持有的长期股权投资，应当比照母公司对子公司的股权投资的抵销方法，将长期股权投资与其对应的子公司所有者权益中所享有的份额相互抵销

续表

抵销项目	内容	备注
投资收益	母公司对子公司、子公司相互之间持有对方长期股权投资的投资收益应当抵销	
内部交易	母公司与子公司、子公司相互之间发生的其他内部交易对所有者权益变动的影响应当抵销	

应当注意的是，合并所有者权益变动表也可以根据已经编制完成的合并资产负债表和合并利润表进行编制。

4. 计算各项目的合并金额

在母公司和子公司个别财务报表各项目加总金额的基础上，分别计算出合并财务报表中各资产项目、负债项目、所有者权益项目、收入项目和费用项目等的合并金额。其计算方法如下：

（1）资产类各项目，其合并金额根据该项目加总金额，加上该项目抵销分录有关的借方发生额，减去该项目抵销分录有关的贷方发生额计算确定。

（2）负债类各项目和所有者权益类各项目，其合并金额根据该项目加总金额，减去该项目抵销分录有关的借方发生额，加上该项目抵销分录有关的贷方发生额计算确定。

（3）有关收益类各项目和所有者权益变动各项目，其合并金额根据该项目加总金额，减去该项目抵销分录的借方发生额，加上该项目抵销分录的贷方发生额计算确定。

（4）有关成本费用类项目和有关利润分配的项目，其合并金额根据该项目加总金额，加上该项目抵销分录的借方发生额，减去该项目抵销分录的贷方发生额计算确定。

（5）“专项储备”和“一般风险准备”等银行、保险企业报表项目由于既不属于实收资本（或股本）、资本公积，也与留存收益、未分配利润不同，在长期股权投资与子公司所有者权益相互抵销后，应当按归属于母公司所有者的份额予以恢复。

5. 填列合并财务报表

根据合并工作底稿中计算出的资产、负债、所有者权益、收入、费用类以及现金流量表中各项目的合并金额，填列生成正式的合并财务报表。

三、合并财务报表的格式

（一）合并资产负债表的格式

合并资产负债表的格式与个别资产负债表的格式基本相同，不同之处在于：

（1）合并资产负债表中“商誉”项目，反映非同一控制下企业合并中取得的商誉，即在控股合并下母公司对子公司的长期股权投资（合并成本）大于其在购买日子公司可辨认净资产公允价值份额的差额。

（2）在所有者权益项目下增加了“归属于母公司所有者权益合计”项目，反映企业集团的所有者权益中归属于母公司所有者权益的部分，包括实收资本（或股本）、资本公积、库存股、其他综合收益、盈余公积、专项储备、未分配利润等项目的金额。

（3）在所有者权益项目下，增加了“少数股东权益”项目，反映非全资子公司的所有者权益中不属于母公司的份额。

合并资产负债表的一般格式如表 11－14 所示。

表 11－14　合并资产负债表

会合 01 表

编制单位：　　　　　　　　　　　　＿＿＿＿年＿月＿日　　　　　　　　　　　　单位：元

资产	期末余额	上年年末余额	负债和所有者权益（或股东权益）	期末余额	上年年末余额
流动资产：			流动负债：		
货币资金			短期借款		
交易性金融资产			交易性金融负债		
衍生金融资产			衍生金融负债		
应收票据			应付票据		
应收账款			应付账款		
应收款项融资			预收款项		
预付款项			合同负债		
其他应收款			应付职工薪酬		
存货			应交税费		
合同资产			其他应付款		
持有待售资产			持有待售负债		
一年内到期的非流动资产			一年内到期的非流动负债		
其他流动资产			其他流动负债		
流动资产合计			流动负债合计		
非流动资产：			非流动负债：		
债权投资			长期借款		
其他债权投资			应付债券		
长期应收款			其中：优先股		
长期股权投资			永续债		
其他权益工具投资			租赁负债		
其他非流动金融资产			长期应付款		
投资性房地产			预计负债		

续表

资产	期末余额	上年年末余额	负债和所有者权益（或股东权益）	期末余额	上年年末余额
固定资产			递延收益		
在建工程			递延所得税负债		
生产性生物资产			其他非流动负债		
油气资产			非流动负债合计		
使用权资产			负债合计		
无形资产			所有者权益（或股东权益）：		
开发支出			实收资本（或股本）		
商誉			其他权益工具		
长期待摊费用			其中：优先股		
递延所得税资产			永续债		
其他非流动资产			资本公积		
非流动资产合计			减：库存股		
			其他综合收益		
			专项储备		
			盈余公积		
			未分配利润		
			归属于母公司所有者权益（或股东权益）合计		
			少数股东权益		
			所有者权益（或股东权益）合计		
资产总计			负债和所有者权益（或股东权益）总计		

（二）合并利润表的格式

合并利润表的格式与个别利润表的格式基本相同，主要区别有：一是在净利润项目下增加“按所有权归属分类”，分别反映属于母公司的净利润和少数股东损益，即在“净利润”项目下增加“归属于母公司股东的净利润”和“少数股东损益”两个项目，分别反映净利润中由母公司股东所享有的份额和非全资子公司当期实现的净利润中属于少数股东权益的份额，即不属于母公司享有的份额；二是在“其他综合收益的税后净额”项目分为“归属于母公司股东的其他综合收益的税后净额”和“归属于少数股东的其他综合收益的税后净额”；三是将“综合收益总额”项目分为“归属于母公司股东的综合收益总额”和“归属于少数股东的综合收益总额”。合并利润表的一般格式如表11－15所示。

表 11-15　合并利润表

会合 02 表

编制单位：　　　　　　　　　　　　　　________年度　　　　　　　　　　　　　　单位：元

项目	本年金额	上年金额
一、营业总收入		
二、营业总成本		
其中：营业成本		
税金及附加		
销售费用		
管理费用		
研发费用		
财务费用		
其中：利息费用		
利息收入		
加：其他收益		
投资收益（损失以“－”号填列）		
其中：对联营企业和合营企业的投资收益		
以摊余成本计量的金融资产终止确认收益		
汇兑收益（损失以“－”号填列）		
净敞口套期收益（损失以“－”号填列）		
公允价值变动收益（损失以“－”号填列）		
信用减值损失（损失以“－”号填列）		
资产减值损失（损失以“－”号填列）		
资产处置收益（损失以“－”号填列）		
三、营业利润（亏损以“－”号填列）		
加：营业外收入		
减：营业外支出		
四、利润总额（亏损总额以“－”号填列）		
减：所得税费用		
五、净利润（净亏损以“－”号填列）		
（一）按经营持续性分类		
1. 持续经营净利润（净亏损以“－”号填列）		
2. 终止经营净利润（净亏损以“－”号填列）		

续表

项目	本年金额	上年金额
（二）按所有权归属分类		
1. 归属于母公司股东的净利润（净亏损以“－”号填列）		
2. 少数股东损益（净亏损以“－”号填列）		
六、其他综合收益的税后净额		
（一）归属于母公司股东的其他综合收益的税后净额		
1. 不能重分类进损益的其他综合收益		
（1）重新计量设定受益计划变动额		
（2）权益法下不能转损益的其他综合收益		
（3）其他权益工具投资公允价值变动		
（4）企业自身信用风险公允价值变动		
……		
2. 将重分类进损益的其他综合收益		
（1）权益法下可转损益的其他综合收益		
（2）其他债权投资公允价值变动		
（3）金融资产重分类计入其他综合收益的金额		
（4）其他债权投资信用减值准备		
（5）现金流量套期储备		
（6）外币财务报表折算差额		
……		
（二）归属于少数股东的其他综合收益的税后净额		
七、综合收益总额		
（一）归属于母公司股东的综合收益总额		
（二）归属于少数股东的综合收益总额		
八、每股收益		
（一）基本每股收益		
（二）稀释每股收益		

（三）合并现金流量表的格式

合并现金流量表的格式与个别现金流量表的格式基本相同（见表11－16）。

表 11 - 16　合并现金流量表

会合 03 表

编制单位：　　　　　　　　　　　　　______年度　　　　　　　　　　　　单位：元

项　　目	本期金额	上期金额
一、经营活动产生的现金流量		
销售商品、提供劳务收到的现金		
收到的税费返还		
收到的其他与经营活动有关的现金		
经营活动现金流入小计		
购买商品、接受劳务支付的现金		
支付给职工以及为职工支付的现金		
支付的各项税费		
支付其他与经营活动有关的现金		
经营活动现金流出小计		
经营活动产生的现金流量净额		
二、投资活动产生的现金流量		
收回投资收到的现金		
取得投资收益收到的现金		
处置固定资产、无形资产和其他长期资产收回的现金净额		
处置子公司及其他营业单位收到的现金净额		
收到其他与投资活动有关的现金		
投资活动现金流入小计		
购建固定资产、无形资产和其他长期资产支付的现金		
投资支付的现金		
取得子公司及其他营业单位支付的现金净额		
支付其他与投资活动有关的现金		
投资活动现金流出小计		
投资活动产生的现金流量净额		
三、筹资活动产生的现金流量		
吸收投资收到的现金		
其中：子公司吸收少数股东投资收到的现金		
取得借款收到的现金		
收到其他与筹资活动有关的现金		
筹资活动现金流入小计		

续表

项　　目	本期金额	上期金额
偿还债务支付的现金		
分配股利、利润或偿付利息支付的现金		
其中：子公司支付给少数股东的股利、利润		
支付其他与筹资活动有关的现金		
筹资活动现金流出小计		
筹资活动产生的现金流量净额		
四、汇率变动对现金及现金等价物的影响		
五、现金及现金等价物净增加额		
加：期初现金及现金等价物余额		
六、期末现金及现金等价物余额		

（四）合并所有者权益变动表的格式

合并所有者权益变动表的格式与个别所有者权益变动表的格式基本相同，所不同的只是在子公司存在少数股东的情况下，合并所有者权益变动表增加了“少数股东权益”栏目，用于反映少数股东权益变动的情况。合并所有者权益变动表的一般格式如表11－17所示。

表11－17　合并所有者权益变动表

会合04表

编制单位：　　　　______年度　　　　单位：元

项目	本年金额														上年金额													
	归属于母公司所有者权益												少数股东权益	所有者权益合计	归属于母公司所有者权益												少数股东权益	所有者权益合计
	实收资本（或股本）	其他权益工具			资本公积	减：库存股	其他综合收益	专项储备	盈余公积	一般风险准备	未分配利润	小计			实收资本（或股本）	其他权益工具			资本公积	减：库存股	其他综合收益	专项储备	盈余公积	一般风险准备	未分配利润	小计		
		优先股	永续债	其他												优先股	永续债	其他										
一、上年年末余额																												
加：会计政策变更																												
前期差错更正																												
其他																												
二、本年年初余额																												

续表

项目	本年金额														上年金额													
	归属于母公司所有者权益												少数股东权益	所有者权益合计	归属于母公司所有者权益												少数股东权益	所有者权益合计
	实收资本（或股本）	其他权益工具			资本公积	减：库存股	其他综合收益	专项储备	盈余公积	一般风险准备	未分配利润	小计			实收资本（或股本）	其他权益工具			资本公积	减：库存股	其他综合收益	专项储备	盈余公积	一般风险准备	未分配利润	小计		
		优先股	永续债	其他												优先股	永续债	其他										
三、本年增减变动金额（减少以“－”号填列）																												
（一）综合收益总额																												
（二）所有者投入和减少资本																												
1. 所有者投入的普通股																												
2. 其他权益工具持有者投入资本																												
3. 股份支付计入所有者权益金额																												
4. 其他																												
（三）利润分配																												
1. 提取盈余公积																												
2. 提取一般风险准备																												
3. 对所有者（或股东）的分配																												
4. 其他																												
（四）所有者权益内部结转																												
1. 资本公积转增资本（或股本）																												
2. 盈余公积转增资本（或股本）																												

续表

项目	本年金额														上年金额													
	归属于母公司所有者权益												少数股东权益	所有者权益合计	归属于母公司所有者权益												少数股东权益	所有者权益合计
	实收资本（或股本）	其他权益工具			资本公积	减：库存股	其他综合收益	专项储备	盈余公积	一般风险准备	未分配利润	小计			实收资本（或股本）	其他权益工具			资本公积	减：库存股	其他综合收益	专项储备	盈余公积	一般风险准备	未分配利润	小计		
		优先股	永续债	其他												优先股	永续债	其他										
3. 盈余公积弥补亏损																												
4. 设定受益计划变动额结转留存收益																												
5. 其他综合收益结转留存收益																												
6. 其他																												
四、本年年末余额																												

练习题

一、单项选择题

1. 关于“控制”的判断要素，不正确的是（　　）。

A. 以股权大小为基础予以确定

B. 投资方拥有对被投资方的权力

C. 因参与被投资方的相关活动而享有可变回报

D. 有能力运用对被投资方的权力影响其回报金额

2. M公司拥有A公司70%股权，拥有B公司30%股权，A公司拥有B公司30%股权，则M公司合计拥有B公司的股权为（　　）。

A. 30%　　B. 60%　　C. 40%　　D. 100%

3. 一般情况下，下列子公司中，应排除在母公司合并范围之外的是（　　）。

A. 持续经营的所有者权益为负数的子公司

B. 境外子公司

C. 已结束清理整顿进入正常经营的子公司

D. 准备近期出售而短期持有其半数以上权益性资本的子公司

4. 判断拥有权力应考虑的事项包括但不限于（　　）。

A. 投资方能否任命或批准被投资方的一般管理人员

B. 投资方能否出于其自身利益决定或否决被投资方的日常交易

C. 投资方能否掌控被投资方董事会等类似权力机构成员的任命程序，或者从其他表决权持有人手中获得控制权

D. 投资方与被投资方的关键管理人员或董事会等类似权力机构中的多数成员是否存在关联方关系

5. 投资方判断是否控制被投资方的可分割部分时，应考虑的因素是（　　）。

A. 该部分的资产是偿付该部分负债或该部分其他权益的唯一来源，不能用于偿还该部分以外的被投资方的其他负债

B. 除与该部分相关的各方外，其他方不享有与该部分资产相关的权利，也不享有与该部分资产剩余现金流量相关的权利

C. 该部分的资产产生的回报不能由该部分以外的被投资方其他部分使用，该部分的负债也不能用该部分以外的被投资方的资产偿还

D. 应综合考虑以上三个因素

6. 当投资方（或有能力主导投资方活动的其他方）能够主导某一方代表其行动时，被主导方为投资方的实质代理人。一方可能是投资方的实质代理人的情况是（　　）。

A. 投资方的关联方

B. 因投资方出资或提供贷款而取得在被投资方中权益的一方

C. 未经投资方同意，不得出售、转让或抵押其持有的被投资方权益的一方（不包括此项限制是通过投资方和其他非关联方之间自愿协商同意的情形）

D. 以上情况可能同时存在

7. 关于主要责任人（实际决策人）与代理人的关系，错误的说法是（　　）。

A. 代理人是相对于主要责任人而言的，代表主要责任人行动并服务于该主要责任人的利益

B. 主要责任人可能将其对被投资方的某些或全部决策权授予代理人

C. 主要责任人的权力有时可以通过代理人根据主要责任人的利益持有并行使，但权力行使人不会仅仅因为其他方能从其行权中获益而成为代理人

D. 代理人代表主要责任人行使决策权时，代理人对被投资方拥有控制

8. 投资方对被投资方的权力通常来自表决权，但有时，投资方对一些主体的权力不是来自表决权，而是由一项或多项合同安排决定的。以下合同安排可能构成投资方的权利，其中与表决权无关的是（　　）。

A. 证券化产品　　　　B. 资产支持融资工具

C. 部分投资基金　　　　D. 持有普通股股份

9. 在以下金融工具中，不构成潜在表决权的是（　　）。

A. 优先股　　　　B. 可转换债券

C. 认股权证　　　　D. 远期股权购买合同

10. 某些情况下，投资方虽然拥有被投资方多数表决权，但并没有权力，无法实现对被投资方的控制。这些情况不包括（　　）。

A. 当其他投资方现时有权力能够主导被投资方的相关活动，且其他投资方不是投资方的代理人时

B. 当表决权不是实质性权利时

C. 当被投资方相关活动被政府、法院等其他方主导时

D. 当被投资方自行清算时

二、多项选择题

1. 母公司，是指控制一个或一个以上主体的主体。被控制的主体可能包括（　　）。

A. 含企业、被投资单位中可分割的部分

B. 含企业所控制的结构化主体等

C. 含一个或几个分、子公司

D. 含多个事业部

2. 合并财务报表的合并理论主要有（　　）。

A. 母公司理论　　　　B. 子公司理论

C. 实体理论　　　　D. 所有权理论

3. 当母公司同时满足下列条件（　　）时，该母公司属于投资性主体。

A. 该公司是以向投资者提供投资管理服务为目的，从一个或多个投资者处获取资金

B. 该公司唯一经营目的，是通过资本增值、投资收益或两者兼有而让投资者获得回报

C. 该公司按照公允价值对几乎所有投资的业绩进行考量和评价

D. 其所有者权益以股权或类似权益方式存在

4. 多次处置股权交易视同一揽子交易的判断包括（　　）。

A. 这些交易是同时或者在考虑了彼此影响的情况下订立的

B. 这些交易整体才能达成一项完整的商业结果

C. 一项交易的发生取决于至少其他一项交易的发生

D. 一项交易单独考虑时是不经济的，但和其他交易一并考虑时是经济的

5. 企业合并财务报表的编制原则包括（　　）。

A. 权责发生制　　　　B. 以单独报表为基础

C. 一体性原则　　　　D. 重要性原则

6. 关于合并利润表需要抵销事项的表述，正确的有（　　）。

A. 母公司与子公司、子公司相互之间销售商品所产生的营业收入和营业成本不用抵销

B. 在对未实现内部销售损益进行抵销的同时，也应当对固定资产的折旧额或无形资产的摊销额与未实现内部销售损益相关的部分进行抵销

C. 母公司对子公司、子公司相互之间持有对方长期股权投资的投资收益应当抵销

D. 母公司与子公司、子公司相互之间持有对方债券所产生的投资收益、利息收入

及其他综合收益等，应当与其相对应的发行方利息费用相互抵销

7. 按照我国企业会计准则的规定，以下关于合并资产负债表的抵销，表述正确的有（ ）。

A. 母公司对子公司的长期股权投资与母公司在子公司所有者权益中所享有的份额应当相互抵销

B. 非同一控制下的控股合并中，在购买日，母公司对子公司的长期股权投资大于母公司享有子公司可辨认净资产公允价值份额的差额，应当在商誉项目列示

C. 母公司与子公司、子公司相互之间的债权与债务项目应当相互抵销，同时抵销应收款项的坏账准备和债券投资的减值准备

D. 母公司与子公司、子公司相互之间的债券投资与应付债券相互抵销后，产生的差额应计入投资收益项目

E. 母公司与子公司、子公司相互之间的债券投资与应付债券相互抵销后，产生的差额应计入合并商誉

8. 投资性主体的主要特征有（ ）。

A. 向一个或多个投资者筹措资金

B. 通过资本增值、投资收益等方式使投资者获得回报

C. 经营业绩按照公允价值计量

D. 它通常是基金、投资公司、财务公司等主体

9. 关于结构化主体，正确的说法有（ ）。

A. 它具有融资的功能

B. 其业绩可不按照公允价值计量

C. 其业绩除资本增值、投资收益外，还可能包括产品销售利润、技术转让收益等

D. 表决权或类似权利不是判断其控制方的决定因素。

10. 关于企业合并财务报表与个别财务报表的区别，正确的说法有（ ）。

A. 个别报表上不可能有“商誉”项目

B. 具有“商誉”项目的财务报表，一定是合并财务报表

C. 具有“少数股东权益”项目的财务报表，一定是合并财务报表

D. 合并财务报表中不一定有“商誉”项目

三、判断题

1. 在母子公司有交互持股时，对于子公司持有的母公司股权，应当按照子公司取得母公司股权日所确认的长期股权投资的初始投资成本，将其转为合并财务报表中的库存股。（ ）

2. 投资方应当基于合同安排的实质，对回报的可变性进行评价。（ ）

3. 凡是拥有 50%以上权益性资本的被投资企业，均应纳入合并范围。（ ）

4. 我国企业会计准则规定，凡是能够为母公司所控制的被投资企业都属于合并范围。（ ）

5. 合并商誉是指母公司权益性资本投资与子公司所有者权益中所拥有的份额之间的差额。（　　）

6. 只要拥有被投资企业50%以上股权就表明能够对其实施控制，则必须将其纳入合并范围。（　　）

7. 在我国，既要求母公司提供合并财务报表，又要求母公司提供个别财务报表。（　　）

8. 母公司国外全资子公司如果受到所在国外汇管制的，则不应纳入合并范围。（　　）

9. 母公司在报告期内因同一控制下企业合并增加的子公司及其业务，视同合并后的报告主体自最终控制方开始控制时点起一直存在。（　　）

10. 在编制合并财务报表时，如果母子公司的财务报表决算日和会计期间不一致，母公司应按其本身的财务报表决算日和会计期间对子公司的财务报表进行调整。（　　）

四、综合分析题

1. “航锦科技”（证券代码：000818）在其2019年年度报告中披露，2018—2019年，子公司“长沙韶光”“威科电子”分别收购了湖南九强讯盾信息技术有限公司、深圳市中电华星电子技术有限公司股权，导致“航锦科技”合并范围变化。报告期内，“航锦科技”电子板块实现营业收入7.26亿元，归母公司股东净利润1.83亿元，同比增幅分别为79.0%和56.6%。此后，深圳证券交易所发出问询函，要求“航锦科技”按有关交易对方对“长沙韶光”“威科电子”做出业绩承诺时其合并财务报表范围计算业绩承诺期内各年“长沙韶光”“威科电子”的业绩实现情况，说明业绩承诺期内是否存在通过变更合并财务报表范围增厚利润的情形。

要求：查阅“航锦科技”披露的对深圳证券交易所的回复资料，分析其控制判断、合并财务报表范围确定的依据及其合理性。

2. 2020年5月29日，深圳康泰生物制品股份有限公司（证券代码：300601）发布股权权益变动的提示性公告称，收到公司控股股东、实际控制人杜伟民先生的通知，杜伟民拟将其持有的占公司总股本23.99%的股份分割过户至袁莉萍女士，并签署了《表决权委托协议》。该协议规定：袁莉萍同意将所持股份的股东权利委托给杜伟民，两个人建立一致行动关系。因此本次权益变动未导致公司股东、实际控制人发生变化，而且不涉及公司控制权变更，对公司的经营管理不构成影响。

要求：请根据这一案例，查阅有关资料，思考实务中如何对“控制”进行判断。

第 12 章

合并财务报表：示例与解析

学习目标

本章通过综合性示例，讲解企业合并日、合并日后的合并财务报表的一般编制程序、应抵销的内容与方法，重点解析母、子公司个别资产负债表的确认与调整，集团内部的股权投资、存货及固定资产交易、债权债务等的抵销方法；讨论企业追加投资、处置子公司、反向收购（反向购买）等特殊交易的合并财务报表编制方法。

第 1 节　合并财务报表编制示例

本节通过企业以定向增发普通股股票方式控股合并另一企业这一综合性示例，讲述企业合并日、合并日后的合并财务报表的编制程序与方法。

一、交易背景与相关信息

2022 年 1 月 1 日，甲公司以定向增发普通股股票的方式（5 000 万股，每股面值为 1 元，增发价格为 2.95 元），从非关联方 M 公司购买取得了乙公司 70%的股权，完成了该项股权转让程序及工商变更登记。甲公司与乙公司属于非同一控制下的企业。其他相关信息如下。

1. 乙公司 2022 年 1 月 1 日（购买日）财务信息

（1）股东权益总额为 16 000 万元。其中：股本为 10 000 万元，资本公积为 4 000 万元，盈余公积为 600 万元，未分配利润为 1 400 万元。

（2）应收账款账面价值为 1 960 万元，经评估的公允价值为 1 560 万元；存货的账面价值为 10 000 万元，评估后的公允价值为 11 000 万元；固定资产账面价值为 9 000 万元，评估后的公允价值为 12 000 万元，该固定资产为公司办公楼，该办公楼采用年限平均法计提折旧，其剩余折旧年限为 15 年。

2. 乙公司2022年12月31日（合并日后）财务信息

（1）股东权益总额为19 150万元。其中：股本为10 000万元，资本公积为4 000万元，其他综合收益为150万元（其他债权投资公允价值变动的利得），盈余公积为1 600万元，未分配利润为3 400万元。

（2）2022年全年实现净利润5 250万元，当年提取盈余公积1 000万元，年末向股东宣告分配现金股利2 250万元，现金股利款项尚未支付。

（3）截至2022年12月31日，应收账款按购买日评估确认的金额收回，评估确认的坏账已核销；购买日发生评估增值的存货当年已全部实现对外销售。

3. 2022年内，甲公司和乙公司内部交易和往来事项

（1）截至2022年12月31日，甲公司资产负债表应收账款中有480万元为应收乙公司账款，该应收账款账面余额为500万元，甲公司当年计提坏账准备20万元。乙公司资产负债表中应付账款中列示有应付甲公司账款500万元。

（2）2022年5月1日，甲公司向乙公司销售商品1 000万元，商品销售成本为700万元，乙公司以支票支付商品价款500万元，其余价款待商品售出后支付。乙公司购进的该商品本期全部未实现对外销售而形成年末存货。2022年年末，乙公司对存货进行检查时，发现该商品已经部分陈旧，其可变现净值已降至980万元。为此，乙公司2022年年末对该存货计提存货跌价准备20万元，并在其个别财务报表中列示。2022年6月1日，乙公司向甲公司销售商品1 200万元，商品销售成本为800万元，甲公司以支票支付全款。甲公司购进的该商品本期40%未实现对外销售。年末，甲公司对剩余存货进行检查，并未发生存货跌价损失。

（3）2022年6月20日，甲公司将其原值为1 000万元、账面价值为600万元的某厂房，以1 200万元的价格变卖给乙公司作为厂房使用，乙公司以支票支付全款。该厂房预计剩余使用年限为15年，甲公司和乙公司均采用直线法对其计提折旧。

4. 甲公司取得乙公司70%的股权后对乙公司施加的影响

甲公司持有乙公司70%表决权股份后，能够主导乙公司的经营、财务等相关活动。甲公司可通过参与乙公司的经营、财务等相关活动影响并享有可变回报。

5. 其他假设条件

假定甲公司、乙公司均是中国境内公司；甲公司计划长期持有乙公司的股权；不考虑上述合并事项中所发生的审计、评估、股票发行以及法律服务等相关费用；乙公司的会计政策和会计期间与甲公司一致；购买日，乙公司资产和负债的公允价值与其计税基础之间形成的暂时性差异均符合确认递延所得税资产或递延所得税负债的条件；不考虑甲公司、乙公司除企业合并和编制合并财务报表之外的其他税费，两家公司适用的所得税税率均为25%。除非有特别说明，本例中的资产、负债的账面价值与计税基础相同。

下面，我们依据以上信息，进行相关账务处理，并编制2022年1月1日（购买日）、2022年12月31日（合并日后）的合并财务报表。

二、分析与编制过程

基于上述资料，本例涉及的合并财务报表事项可按以下步骤进行分析（本例账务处理、表格中的计量单位为人民币万元）。

（一）合并范围的确定

甲公司持有乙公司 70%表决权股份，能够主导乙公司的经营、财务等相关活动，表明甲公司对乙公司拥有权力，而且甲公司可通过参与乙公司的经营、财务等相关活动影响并享有可变回报（如甲公司可以决定乙公司股利分配决策并取得乙公司分配的股利等），因此，甲公司对乙公司的财务决策和经营决策等均具有实质性权利，即甲公司有能力运用对乙公司的权力影响其回报金额。

综上，可以判断，甲公司实施了对乙公司的控制，甲公司编制合并财务报表时，应当将乙公司纳入合并范围。

（二）购买日合并资产负债表的编制

甲公司购买乙公司股权形成了非同一控制下的企业合并，按照《企业会计准则第 33 号——合并财务报表》的规定，非同一控制下的企业合并，母公司仅需编制购买日的合并资产负债表。企业合并取得的被购买方各项可辨认资产、负债应当以公允价值列示（见表 12-1）。母公司应当设置备查簿，登记企业合并中取得的子公司各项可辨认资产、负债在购买日的公允价值（见表 12-2）。

表 12-1　甲、乙公司资产负债表

2022 年 1 月 1 日　　单位：万元

资产	甲公司	乙公司		负债和所有者权益（或股东权益）	甲公司	乙公司	
		账面价值	公允价值			账面价值	公允价值
流动资产：				流动负债：			
货币资金	4 500	2 100	2 100	短期借款	6 000	2 500	2 500
交易性金融资产	2 000	900	900	交易性金融负债	1 900	0	0
衍生金融资产				衍生金融负债			
应收票据	2 350	1 500	1 500	应付票据	5 000	1 500	1 500
应收账款	2 900	1 960	1 560	应付账款	9 000	2 100	2 100
预付款项	1 000	440	440	预收款项	1 500	650	650
其他应收款	2 100	0	0	合同负债			
存货	15 500	10 000	11 000	应付职工薪酬	3 000	800	800
合同资产				应交税费	1 000	600	600

续表

资产	甲公司	乙公司		负债和所有者权益（或股东权益）	甲公司	乙公司	
		账面价值	公允价值			账面价值	公允价值
持有待售资产				其他应付款	2 000	2 000	2 000
一年内到期的非流动资产				一年内到期的非流动负债			
其他流动资产	650	600	600	其他流动负债	600	350	350
流动资产合计	31 000	17 500	18 100	流动负债合计	30 000	10 500	10 500
非流动资产：				非流动负债：			
债权投资	3 000	700	700	长期借款	2 000	1 500	1 500
其他债权投资	5 500	0	0	应付债券	10 000	1 000	1 000
长期应收款	0	0	0	其中：优先股	10 000	1 000	1 000
长期股权投资	16 000	0	0	永续债			
其他权益工具投资				租赁负债			
其他非流动金融资产				长期应付款	1 000	0	0
投资性房地产				预计负债			
固定资产	10 500	9 000	12 000	递延收益			
在建工程	10 000	1 000	1 000	递延所得税负债	0	0	0
生产性生物资产				其他非流动负债	0	0	0
油气资产				非流动负债合计	13 000	2 500	2 500
使用权资产				负债合计	43 000	13 000	13 000
无形资产	2 000	800	800	所有者权益（或股东权益）：			
开发支出				实收资本（或股本）	20 000	10 000	10 000
商誉	0	0	0	其他权益工具			
长期待摊费用	0	0	0	其中：优先股			
递延所得税资产	0	0	0	永续债			
其他非流动资产	0	0	0	资本公积	5 000	4 000	7 600
非流动资产合计	47 000	11 500	14 500	减：库存股	0	0	0
				其他综合收益	0	0	0
				专项储备			
				盈余公积	5 500	600	600
				未分配利润	4 500	1 400	1 400
				所有者权益合计	35 000	16 000	19 600
资产合计	78 000	29 000	32 600	负债和所有者权益总计	78 000	29 000	32 600

表 12－2　甲公司购买股权备查簿——乙公司

购买日：2022 年 1 月 1 日
购买价：14 750 万元
本次交易后累计持股：70％

单位：万元

项目	购买日账面价值	购买日公允价值	公允价值与账面价值的差额	剩余使用年限	公允价值变动调整（折旧或摊销额（年））	公允价值变动调整	备注
流动资产	17 500	18 100	600				
其中：应收账款	1 960	1 560	－400				
存货	10 000	11 000	1 000				
非流动资产	11 500	14 500	3 000				
其中：固定资产——乙公司办公楼	9 000	12 000	3 000				
资产合计	29 000	32 600	3 600				
流动负债	10 500	10 500	0				
非流动负债	2 500	2 500	0				
负债合计	13 000	13 000	0				
实收资本（或股本）	10 000	10 000	0				
资本公积	4 000	7 600	3 600				
盈余公积	600	600	0				
未分配利润	1 400	1 400	0				
所有者权益合计	16 000	19 600	3 600				
负债和所有者权益合计	29 000	32 600	3 600				

1. 对母、子公司个别资产负债表的确认与调整

（1）确认母公司长期股权投资的入账价值。甲公司以向 M 公司定向增发 5 000 万股普通股股票的方式购买其持有的乙公司 70％的股权，作为长期股权投资，其会计处理为：

借：长期股权投资——乙公司（2.95×5 000）　　14 750
　贷：股本　　5 000
　　资本公积——资本溢价　　9 750（1）

（2）调整子公司资产和负债的公允价值。编制购买日的合并资产负债表时，根据甲公司购买乙公司设置的股权备查簿中登记的信息，将乙公司资产和负债的评估增值或减值分别调增或调减相关资产和负债项目的金额。根据税法规定，购买日子公司的资产和负债的计税基础仍是其原来的账面价值。购买日子公司资产、负债的公允价值与其计税基础之间的差异形成暂时性差异。在符合有关原则和确认条件的情况下，编制购买日合并财务报表时，需要对该暂时性差异确认相应的递延所得税资产或递延所得税负债，如

第9章的第3节、第10章的第4节所述。

本例中，乙公司应收账款的公允价值低于其计税基础的金额为400万元（1 960－1 560），形成可抵扣暂时性差异，应当对其确认递延所得税资产100万元（400×25%）；存货的公允价值高于其计税基础的金额为1 000万元（11 000－10 000），形成应纳税暂时性差异，应当对其确认递延所得税负债250万元（1 000×25%）；固定资产中的办公楼的公允价值高于其计税基础的金额为3 000万元（12 000－9 000），形成应纳税暂时性差异，应当对其确认递延所得税负债750万元（3 000×25%）。在甲公司合并报表工作底稿中的调整分录如下：

借：存货	1 000
固定资产	3 000
递延所得税资产	100
贷：应收账款	400
递延所得税负债（250＋750）	1 000
资本公积	2 700（2）

2. 母公司长期股权投资与子公司所有者权益的抵销处理

经过对乙公司资产和负债的公允价值调整后，乙公司所有者权益总额＝16 000＋2 700＝18 700（万元），甲公司对乙公司所有者权益中拥有的份额为13 090万元（18 700×70%），甲公司对乙公司长期股权投资的金额为14 750万元，因此，合并商誉为1 660万元（14 750－13 090）。甲公司购买乙公司股权所形成的商誉，在甲公司个别财务报表中表示为对乙公司长期股权投资的一部分，在编制合并财务报表时，将长期股权投资与在子公司所有者权益中所拥有的份额相抵销，其抵销差额在合并资产负债表中则表现为商誉。

甲公司长期股权投资与其在乙公司所有者权益中拥有份额的抵销分录为：

借：股本	10 000
资本公积（4 000＋2 700）	6 700
盈余公积	600
未分配利润	1 400
商誉	1 660
贷：长期股权投资——乙公司	14 750
少数股东权益	5 610（3）

应当注意的是，如果子公司也持有母公司股权（即交互持股情形），则应当按照子公司取得母公司股权日所确认的长期股权投资的初始投资成本，将其转为合并财务报表中的库存股；对于子公司持有母公司股权所确认的投资收益（如利润分配或现金股利），应当进行抵销处理。子公司将所持有的母公司股权分类为按照公允价值计量的金融资产的，应同时抵销子公司累计确认的公允价值变动。

3. 编制购买日合并资产负债表工作底稿及合并资产负债表

（1）将上述确认、调整和抵销分录过入甲公司编制的购买日合并资产负债表工作底稿（见表 12－3）。

表 12－3　合并资产负债表工作底稿

会合 01 表

编制单位：甲公司　　　　2022 年 1 月 1 日　　　　单位：万元

项目	甲公司	乙公司	合计金额	调整分录		抵销分录		合并金额
				借方	贷方	借方	贷方	
流动资产：								
货币资金	4 500	2 100	6 600					6 600
交易性金融资产	2 000	900	2 900					2 900
应收票据	2 350	1 500	3 850					3 850
应收账款	2 900	1 960	4 860		(2)400			4 460
预付款项	1 000	440	1 440					1 440
其他应收款	2 100	0	2 100					2 100
存货	15 500	10 000	25 500	(2)1 000				26 500
其他流动资产	650	600	1 250					1 250
流动资产合计	31 000	17 500	48 500	1 000	400	0	0	49 100
非流动资产：								
债权投资	3 000	700	3 700					3 700
其他债权投资	5 500	0	5 500					5 500
长期应收款	0	0	0					0
长期股权投资	16 000	0	16 000	(1)14 750			(3)14 750	16 000
固定资产	10 500	9 000	19 500	(2)3 000				22 500
在建工程	10 000	1 000	11 000					11 000
无形资产	2 000	800	2 800					2 800
商誉	0	0	0			(3)1 660		1 660
递延所得税资产	0	0	0	(2)100				100
其他非流动资产	0	0	0					0
非流动资产合计	47 000	11 500	58 500	17 850	0	1 660	14 750	63 260
资产总计	78 000	29 000	107 000	18 850	400	1 660	14 750	112 360
流动负债：								
短期借款	6 000	2 500	8 500					8 500
交易性金融负债	1 900	0	1 900					1 900

续表

项目	甲公司	乙公司	合计金额	调整分录		抵销分录		合并金额
				借方	贷方	借方	贷方	
应付票据	5 000	1 500	6 500					6 500
应付账款	9 000	2 100	11 100					11 100
预收账款	1 500	650	2 150					2 150
应付职工薪酬	3 000	800	3 800					3 800
应交税费	1 000	600	1 600					1 600
其他应付款	2 000	2 000	4 000					4 000
其他流动负债	600	350	950					950
流动负债合计	30 000	10 500	40 500					40 500
非流动负债：								
长期借款	2 000	1 500	3 500					3 500
应付债券	10 000	1 000	11 000					11 000
长期应付款	1 000	0	1 000					1 000
递延所得税负债	0	0	0		(2)1 000			1 000
其他非流动负债	0	0	0					0
非流动负债合计	13 000	2 500	15 500		1 000			16 500
负债合计	43 000	13 000	56 000		1 000			57 000
所有者权益（或股东权益）：								
实收资本（或股本）	20 000	10 000	30 000		(1)5 000	(3)10 000		25 000
资本公积	5 000	4 000	9 000		(1)9 750 (2)2 700	(3)6 700		14 750
其他综合收益	0	0	0					0
盈余公积	5 500	600	6 100			(3)600		5 500
未分配利润	4 500	1 400	5 900			(3)1 400		4 500
归属于母公司所有者权益合计	35 000	16 000	51 000	0	17 450	18 700	0	49 750
少数股东权益							(3)5 610	5 610
所有者权益（或股东权益）合计	35 000	16 000	51 000		17 450	18 700	5 610	55 360
负债和所有者权益（或股东权益）总计	78 000	29 000	107 000	0	18 450	18 700	5 610	112 360

（2）编制购买日的合并资产负债表。将上述合并资产负债表工作底稿中各项目的合并金额，过入标准格式的合并资产负债表中，即可完成购买日合并资产负债表的编制工作。当然，完整的企业合并资产负债表还应具备充分的附注信息。

（三）购买日后合并财务报表的编制

根据企业会计准则的规定，母公司应当以自身和其子公司的财务报表为基础，根据其他有关资料，编制购买日后的合并财务报表。

1. 补充资料

假定上述的甲公司和乙公司 2022 年 12 月 31 日资产负债表及 2022 年度利润表、现金流量表、所有者权益变动表如表 12－4、表 12－5、表 12－6、表 12－7 所示。

表 12－4　甲公司和乙公司资产负债表

会企 01 表

编制单位：甲公司及乙公司　　2022 年 12 月 31 日　　单位：万元

资产	甲公司	乙公司	负债和所有者权益（或股东权益）	甲公司	乙公司
流动资产：			流动负债：		
货币资金	2 850	3 250	短期借款	5 000	2 400
交易性金融资产	1 500	2 500	交易性金融负债	2 000	1 200
衍生金融资产			衍生金融负债		
应收票据	3 600	1 800	应付票据	6 500	1 800
应收账款	4 250	2 550	应付账款	9 000	2 600
应收款项融资			预收款项	2 000	1 950
预付款项	750	1 250	合同负债		
其他应收款	2 650	650	应付职工薪酬	2 500	800
存货	18 500	9 000	应交税费	1 350	700
合同资产			其他应付款	2 650	2 450
持有待售资产			持有待售负债		
一年内到期的非流动资产			一年内到期的非流动负债		
其他流动资产	900	500	其他流动负债	1 000	450
流动资产合计	35 000	21 500	流动负债合计	32 000	14 350
非流动资产：			非流动负债：		
债权投资	4 500	900	长期借款	2 000	2 400
其他债权投资	7 000	2 000	应付债券	10 000	3 500
长期应收款			其中：优先股		
长期股权投资	34 750		永续债		

续表

资产	甲公司	乙公司	负债和所有者权益（或股东权益）	甲公司	乙公司
其他权益工具投资			租赁负债		
其他非流动金融资产			长期应付款	3 000	
投资性房地产			预计负债		
固定资产	14 000	13 000	递延收益		
在建工程	6 500	1 200	递延所得税负债		100
生产性生物资产			其他非流动负债		
油气资产			非流动负债合计	15 000	6 000
使用权资产			负债合计	47 000	20 350
无形资产	3 000	900	所有者权益（或股东权益）：		
开发支出			实收资本（或股本）	25 000	10 000
商誉			其他权益工具		
长期待摊费用			其中：优先股		
递延所得税资产			永续债		
其他非流动资产			资本公积	14 750	4 000
非流动资产合计	69 750	18 000	减：库存股		
			其他综合收益		150
			专项储备		
			盈余公积	9 000	1 600
			未分配利润	9 000	3 400
			所有者权益（或股东权益）合计	57 750	19 150
资产总计	104 750	39 500	负债和所有者权益（或股东权益）总计	104 750	39 500

表 12-5　甲公司和乙公司利润表（简表）

会企 02 表

编制单位：甲公司及乙公司　　2022 年度　　单位：万元

项目	甲公司	乙公司
一、营业收入	75 000	47 400
减：营业成本	48 000	36 500
税金及附加	900	500
销售费用	2 600	1 700
管理费用	3 000	1 950

续表

项目	甲公司	乙公司
财务费用	600	400
研发费用		
加：其他收益		
投资收益（损失以“—”号填列）		
其中：对联营企业和合营企业的投资收益		
以摊余成本计量的金融资产终止确认收益（损失以“—”号填列）		
净敞口套期收益（损失以“—”号填列）		
公允价值变动收益（损失以“—”号填列）	4 900	100
信用减值损失（损失以“—”号填列）	20	
资产减值损失（损失以“—”号填列）	280	150
资产处置收益（损失以“—”号填列）		
二、营业利润（亏损以“—”号填列）	24 500	6 300
加：营业外收入	800	1 200
减：营业外支出	1 300	500
三、利润总额（亏损总额以“—”号填列）	24 000	7 000
减：所得税费用	6 000	1 750
四、净利润（净亏损以“—”号填列）	18 000	5 250
（一）持续经营净利润（净亏损以“—”号填列）	18 000	5 250
（二）终止经营净利润（净亏损以“—”号填列）		
五、其他综合收益的税后净额		150
六、综合收益总额	18 000	5 400
七、每股收益		
（一）基本每股收益		
（二）稀释每股收益		

表 12-6　甲公司和乙公司现金流量表（简表）

会企 03 表

编制单位：甲公司及乙公司　　　　2022 年度　　　　单位：万元

项目	甲公司	乙公司
一、经营活动产生的现金流量：		
销售商品、提供劳务收到的现金	53 000	45 000
收到的税费返还		

续表

项目	甲公司	乙公司
收到其他与经营活动有关的现金		
经营活动现金流入小计	53 000	45 000
购买商品、接受劳务支付的现金	42 400	36 600
支付给职工以及为职工支付的现金	6 000	4 500
支付的各项税费	4 495	1 775
支付其他与经营活动有关的现金		
经营活动现金流出小计	52 895	42 875
经营活动产生的现金流量净额	105	2 125
二、投资活动产生的现金流量：		
收回投资收到的现金		
取得投资收益收到的现金	125	
处置固定资产、无形资产和其他长期资产收回的现金净额	100	
收到其他与投资活动有关的现金		
投资活动现金流入小计	225	
购建固定资产、无形资产和其他长期资产支付的现金净额	1 030	225
投资支付的现金		
取得子公司及其他营业单位支付的现金净额		
支付其他与投资活动有关的现金		
投资活动现金流出小计	1 030	225
投资活动产生的现金流量净额	−805	−225
三、筹资活动产生的现金流量：		
吸收投资收到的现金		
取得借款收到的现金		
收到其他与筹资活动有关的现金		
筹资活动现金流入小计	0	0
偿还债务支付的现金	950	750
分配股利、利润或偿付利息支付的现金		
支付其他与筹资活动有关的现金		
筹资活动现金流出小计	950	750
筹资活动产生的现金流量净额	−950	−750
四、汇率变动对现金及现金等价物的影响		
五、现金及现金等价物净增加额	−1 650	1 150
加：期初现金及现金等价物余额	4 500	2 100
六、期末现金及现金等价物余额	2 850	3 250

表 12－7　甲公司和乙公司所有者权益变动表

会企 04 表

编制单位：甲公司及乙公司　　　　2022 年度　　　　单位：万元

项目	甲公司											乙公司										
	实收资本（或股本）	其他权益工具			资本公积	减：库存股	其他综合收益	专项储备	盈余公积	未分配利润	所有者权益合计	实收资本（或股本）	其他权益工具			资本公积	减：库存股	其他综合收益	专项储备	盈余公积	未分配利润	所有者权益合计
		优先股	永续债	其他									优先股	永续债	其他							
一、上年年末余额	20 000				5 000				5 500	4 500	35 000	10 000				4 000				600	1 400	16 000
加：会计政策变更																						
前期差错更正																						
其他																						
二、本年年初余额	20 000				5 000				5 500	4 500	35 000	10 000				4 000				600	1 400	16 000
三、本年增减变动金额（减少以“－”号填列）																						
（一）综合收益总额										18 000	18 000							150			5 250	5 400
（二）所有者投入和减少资本																						
1. 所有者投入的普通股	5 000				9 750						14 750											
2. 其他权益工具持有者投入资本																						
3. 股份支付计入所有者权益金额																						
4. 其他																						

续表

项目	甲公司										所有者权益合计	乙公司										所有者权益合计
	实收资本（或股本）	其他权益工具			资本公积	减：库存股	其他综合收益	专项储备	盈余公积	未分配利润		实收资本（或股本）	其他权益工具			资本公积	减：库存股	其他综合收益	专项储备	盈余公积	未分配利润	
		优先股	永续债	其他									优先股	永续债	其他							
（三）利润分配																						
1. 提取盈余公积									3 500	−3 500	0									1 000	−1 000	0
2. 提取一般风险准备																						
3. 对所有者（或股东）的分配										−10 000	−10 000										−2 250	−2 250
4. 其他																						
（四）所有者权益内部结转																						
1. 资本公积转增资本（或股本）																						
2. 盈余公积转增资本（或股本）																						
3. 盈余公积弥补亏损																						
4. 设定受益计划变动额结转留存收益																						
5. 其他综合收益结转留存收益																						
6. 其他																						
四、本年年末余额	25 000				14 750				9 000	9 000	57 750	10 000				4 000		150		1 600	3 400	19 150

2. 购买日后合并报表的编制步骤

（1）对母、子公司个别财务报表的调整处理。

1）在编制购买日后合并报表，即连续编制合并财务报表时，仍需调整购买日子公司资产和负债的公允价值。根据甲公司购买乙公司设置的股权备查簿中登记的信息，将乙公司资产和负债的评估增值或减值分别调增或调减相关资产和负债项目的金额。在合并工作底稿中的调整分录为：

借：存货　1 000（1）
　　固定资产　3 000
　　递延所得税资产　100
　贷：应收账款　400
　　　递延所得税负债（250＋750）　1 000
　　　资本公积　2 700

2）根据子公司已实现的公允价值调整当期净利润。本例中，合并财务报表要求以子公司资产、负债的公允价值为基础进行确认，而子公司个别财务报表是按其资产、负债的原账面价值为基础编制的（即子公司并未因被收购时的资产评估而调账），其当期计算的净利润是以其资产、负债的原账面价值为基础计算的结果。因此，从企业集团的角度看，上述公允价值与原账面价值存在差额的资产或负债项目，在经营过程中因资产的折旧、摊销和减值等对子公司当期净利润的影响，需要在净利润计算中予以反映。在合并财务报表工作底稿中的调整分录为：

借：营业成本　1 000（2）
　　管理费用　200
　　应收账款　400
　贷：存货　1 000
　　　固定资产　200
　　　信用减值损失　400

据此，经已实现公允价值调整后的乙公司 2022 年年度净利润＝5 250＋400（因购买日应收账款公允价值减值的实现而调减信用减值损失）－1 000（因购买日存货公允价值增值的实现而调增营业成本）－200（因固定资产公允价值增值计算的折旧而调增管理费用）＝4 450（万元）。

3）递延所得税资产或递延所得税负债的暂时性差异的转回。由于乙公司应收账款按购买日评估确认的金额已收回，评估确认的坏账已核销，则因递延所得税资产的转回而增加当期所得税费用 100 万元（400×25%）；由于乙公司购买日发生评估增值的存货当年已全部实现对外销售，则因递延所得税负债的转回而减少当期所得税费用 250 万元（1 000×25%）；由于乙公司购买日发生增值的办公楼 2022 年年末应纳税暂时性差异为 2 800 万元（3 000－200），则应确认的递延所得税负债为 700 万元（2 800×25%），因递延所得税负债的转回而减少当期所得税费用 50 万元（750－700）。在合并财务报表工作底稿中的调整分录为：

借：递延所得税负债（250＋50）　　300（3）
　贷：递延所得税资产　　100
　　所得税费用　　200

由此，考虑递延所得税后乙公司当年净利润为4 650万元（4 450＋200）。

4）按照权益法调整母公司财务报表项目。编制合并财务报表时，按照权益法对母公司个别财务报表进行调整。本例中，应当调整甲公司2022年投资乙公司取得的投资收益3 255万元（4 650×70％），已确认取得的乙公司已宣告分派的现金股利1 575万元（2 250×70％），以及乙公司本期其他综合收益150万元中归属于甲公司的份额105万元（150×70％）。在合并财务报表工作底稿中的调整分录为：

借：长期股权投资（3 255＋105）　　3 360（4）
　投资收益　　1 575
　贷：投资收益　　3 255
　　长期股权投资　　1 575
　　其他综合收益　　105

应该注意的是，上述"按照权益法对母公司个别财务报表进行调整"的做法，遵循了2006年版《企业会计准则第33号——合并财务报表》的要求，2014年修订、颁布的《企业会计准则第33号——合并财务报表》已无此规定。企业也可将母公司按成本法核算的结果直接与子公司相关项目进行抵销。

（2）抵销合并财务报表相关项目。

1）抵销长期股权投资与所有者权益项目。将甲公司对乙公司的长期股权投资与其在乙公司股东权益中拥有的份额予以抵销。乙公司2022年年末经调整后的未分配利润＝1 400（年初）＋4 650（经已实现公允价值和递延所得税调整后的本年净利润）－1 000（提取盈余公积）－2 250（分派股利）＝2 800（万元）；乙公司本期由于其他债权投资公允价值变动增加其他综合收益150万元，其中归属于甲公司的份额为105万元（150×70％），归属于少数股东的份额为45万元（150－105）；甲公司2022年年末对乙公司长期股权投资为16 535万元（14 750＋3 255－2 250×70％＋105）；少数股东权益为6 375万元（5 610（2022年1月1日少数股东投入资本）＋1 395(4 650×30％，本年少数股东损益)＋45（归属于少数股东的其他综合收益）－675(2 250×30％，本年对少数股东的利润分配)）。在合并财务报表工作底稿中的抵销分录为：

借：股本　　10 000（5）
　资本公积　　6 700
　其他综合收益　　150
　盈余公积　　1 600
　未分配利润　　2 800
　商誉　　1 660

贷：长期股权投资　16 535

少数股东权益　6 375

2）抵销投资收益与子公司利润分配等项目。将甲公司对乙公司的投资收益与乙公司本年利润分配有关项目的金额予以抵销。乙公司年末向股东宣告分配现金股利 2 250 万元，其中，归属于少数股东的现金股利为 675 万元（2 250－1 575）。在合并财务报表工作底稿中的抵销分录为：

借：投资收益（4 650×70%）　3 255（6）

少数股东损益（4 650×30%）　1 395

年初未分配利润　1 400

贷：提取盈余公积　1 000

向股东分配利润　2 250

年末未分配利润　2 800

3）抵销应收账款与应付账款项目。在合并财务报表工作底稿中的抵销分录为：

借：应付账款　500（7）

贷：应收账款　500

4）抵销坏账准备与信用减值损失项目。甲公司将与乙公司往来的内部应收账款与应付账款相互抵销的同时，还应将内部应收账款计提的坏账准备予以抵销。在合并财务报表工作底稿中的抵销分录为：

借：应收账款　20（8）

贷：信用减值损失　20

上述抵销过程反映了连续编制合并财务报表时，关于内部应收款项及其坏账准备抵销的一般程序：

①将内部应收款项与应付款项予以抵销，按照内部应付款项的数额，借记“应付账款”“应付票据”等项目，贷记“应收账款”“应收票据”等项目。

②应将上期信用减值损失中抵销的各内部应收款项计提的相应坏账准备对本期期初未分配利润的影响予以抵销，按照上期资产减值损失项目中抵销的各内部应收款项计提的相应坏账准备的数额，借记“应收账款”等项目，贷记“未分配利润——期初”项目。

③对于本期各内部应收款项在个别财务报表中补提或者冲销的相应坏账准备的数额也应予以抵销，按照本期期末内部应收款项在个别资产负债表中补提（或冲销）的坏账准备的数额，借记（或贷记）“应收账款”等项目，贷记（或借记）“信用减值损失”项目。

5）抵销因抵销坏账准备与信用减值损失产生的所得税影响。

借：所得税费用（20×25%）　5（9）

贷：递延所得税资产　5

6）抵销应收股利与应付股利项目。甲公司根据乙公司宣告分派现金股利的公告，按照其所享有的金额确认应收股利，并在其资产负债表中计列应收股利1 575万元。在合并财务报表工作底稿中的抵销分录为：

借：应付股利　　1 575（10）

　贷：应收股利　　1 575

（3）抵销母公司向子公司的内部存货销售。

1）抵销内部销售收入、成本和内部销售形成的存货价值中包含的未实现内部销售损益。在合并财务报表工作底稿中的抵销分录为：

借：营业收入　　1 000（11）

　贷：营业成本　　700

　　存货　　300

本例的抵销过程反映了连续编制合并财务报表时，关于内部销售存货的一般程序：

①将上期抵销的存货价值中包含的未实现内部损益对本期期初未分配利润的影响进行抵销，按照上期内部购入存货价值中包含的未实现内部销售损益的数额，借记“未分配利润——期初”项目，贷记“营业成本”项目。

②对于本期发生的内部销售存货，将内部销售收入、内部销售成本及内部购入存货中未实现内部销售损益予以抵销，按照销售企业内部销售收入的数额，借记“营业收入”项目，贷记“营业成本”项目。

③将期末内部购入存货价值中包含的未实现内部销售损益予以抵销，对于期末内部销售形成的存货（包括上期结转形成的本期存货），应当按照购买企业期末内部购入存货价值中包含的未实现内部销售损益的数额，借记“营业成本”项目，贷记“存货”项目。

2）抵销乙公司本期计提的存货跌价准备。在合并财务报表工作底稿中的抵销分录为：

借：存货　　20（12）

　贷：资产减值损失　　20

应当注意的是，在连续编制合并财务报表时，对于内部销售存货的存货跌价准备，应当按照如下程序进行合并处理：

①将上期资产减值损失中抵销的存货跌价准备对本期期初未分配利润的影响予以抵销，按照上期资产减值损失项目中抵销的存货跌价准备的数额，借记“存货”项目，贷记“未分配利润——期初”项目。

②对于本期对内部购入存货在个别财务报表中补提（或冲销）的存货跌价准备的数额也应予以抵销，按照本期对内部购入存货在个别财务报表中补提（或冲销）的存货跌价准备的数额，借记（或贷记）“存货”项目，贷记（或借记）“资产减值损失”项目。

对于抵销存货跌价准备的数额，应当分下列不同情况进行处理：

①当本期内部购入存货的可变现净值低于持有该存货企业的取得成本但高于抵销未实现内部销售损益后的取得成本（即销售企业对该存货的取得成本）时，其抵销的存货跌价准备的金额为本期存货跌价准备的增加额。

②当本期内部购入存货的可变现净值低于抵销未实现内部销售损益后的取得成本（即销售企业对该存货的取得成本）时，其抵销的存货跌价准备的金额为相对于购买企业该存货的取得成本高于销售企业取得成本的差额部分计提的跌价准备的数额扣除期初内部购入存货计提的存货跌价准备的金额后的余额，即本期期末存货中包含的未实现内部销售损益的金额减去期初内部购入存货计提的存货跌价准备的金额后的余额。

3）抵销内部存货销售的所得税影响。在合并财务报表工作底稿中的抵销分录为：

借：递延所得税资产（(300－20)×25%）　　70（13）

　贷：所得税费用　　70

4）抵销顺流交易（母公司向子公司的销售）中内部存货交易的现金流量。在合并财务报表工作底稿中的抵销分录为：

借：购买商品、接受劳务支付的现金　　1 000（14）

　贷：销售商品、提供劳务收到的现金　　1 000

（4）抵销子公司向母公司的内部存货销售。

1）抵销内部销售收入、成本和内部销售形成的存货中包含的未实现内部销售损益。存货中包含的未实现内部销售损益为 160 万元（(1 200－800)×40%）。在合并财务报表工作底稿中的抵销分录为：

借：营业收入　　1 200（15）

　贷：营业成本　　1 040

　　　存货　　160

2）将内部销售形成的存货中包含的未实现内部销售损益进行分摊。在存货中包含的未实现内部销售损益中，归属于少数股东的未实现内部销售损益分摊金额为 48 万元（160×30%）。在合并财务报表工作底稿中的抵销分录为：

借：少数股东权益　　48（16）

　贷：少数股东损益　　48

3）抵销内部存货销售的所得税影响。在合并财务报表工作底稿中的抵销分录为：

借：递延所得税资产（160×25%）　　40（17）

　贷：所得税费用　　40

4）抵销内部存货销售发生的递延所得税对少数股东权益的份额。在合并财务报表工作底稿中的抵销分录为：

借：少数股东损益（40×30%）　　12（18）

　贷：少数股东权益　　12

5）抵销内部存货销售中的现金流量。在合并财务报表工作底稿中的抵销分录为：

借：购买商品、接受劳务支付的现金　　1 200（19）

　贷：销售商品、提供劳务收到的现金　　1 200

（5）抵销内部固定资产购销交易。

1）抵销内部固定资产购销交易。其抵销分录为：

借：资产处置损益（1 200－600）　　600（20）

　贷：固定资产——从甲公司购入某厂房　　600

2）抵销内部固定资产交易计提折旧中包含的未实现内部销售损益。其抵销分录为：

借：固定资产——从甲公司购入某厂房（(1 200÷15÷2)－(600÷15÷2)）

20（21）

　贷：管理费用　　20

应当注意的是，在连续编制合并财务报表时，对于内部销售固定资产，应当按照如下程序进行合并处理：

①将内部交易固定资产中包含的未实现内部销售损益抵销，并调整期初未分配利润，按照内部交易固定资产中包含的未实现内部销售损益数额，借记“未分配利润——期初”项目，贷记“固定资产”项目。

②将以前会计期间内部交易固定资产多计提的累计折旧抵销，并调整期初未分配利润，按照以前会计期间抵销该内部交易固定资产因包含未实现内部销售损益而多计提（或少计提）的累计折旧额，借记（或贷记）“固定资产”项目，贷记（或借记）“未分配利润——期初”项目。

③将当期由于该内部交易固定资产因包含未实现内部销售损益而多计提的折旧费用予以抵销，并调整本期计提的累计折旧额，按照本期该内部交易的固定资产多计提的折旧额，借记“固定资产”项目，贷记“管理费用”等项目。

3）抵销内部固定资产交易对所得税的影响。

借：递延所得税资产（(600－20)×25%）　　145（22）

　贷：所得税费用　　145

4）抵销内部固定资产交易的现金流量。其抵销分录为：

借：购建固定资产、无形资产和其他长期资产支付的现金　　1 200（23）

　贷：处置固定资产、无形资产和其他长期资产收回的现金净额　　1 200

母、子公司之间或子公司之间，有时也可能发生无形资产交易。在编制合并财务报表时，首先应将转让无形资产产生的收入、成本及购入企业的入账价值中包含的未实现内部损益予以抵销，这与内部存货交易抵销程序类似；其次，随着无形资产的逐步摊销，无形资产价值中包含的未实现内部损益随之计入当期费用，因此，就应对无形资产摊销计入相关费用项目进行抵销，这与内部固定资产交易抵销程序类似。这里不再详述。

（6）根据上述资料及有关调整、抵销分录，填制合并工作底稿（见表12－8）。

表 12－8 合并财务报表工作底稿

编制单位：甲公司　　2022 年 12 月 31 日　　单位：万元

项目	甲公司	乙公司	合计	调整、抵销分录		少数股东权益	合并金额
				借方	贷方		
（利润表项目）							
一、营业收入	75 000	47 400	122 400	(11)1 000 (15)1 200			120 200
减：营业成本	48 000	36 500	84 500	(2)1 000	(11)700 (15)1 040		83 760
税金及附加	900	500	1 400				1 400
销售费用	2 600	1 700	4 300				4 300
管理费用	3 000	1 950	4 950	(2) 200	(21) 20		5 130
财务费用	600	400	1 000				1 000
加：其他收益							
投资收益（损失以“—”号填列）	4 900	100	5 000	(4)1 575 (6)3 255	(4)3 255		3 425
公允价值变动收益（损失以“—”号填列）							
信用减值损失	20		20		(2)400 (8)20		—400
资产减值损失	280	150	430		(12)20		410
资产处置收益（损失以“—”号填列）				(20)600			—600
二、营业利润（亏损以“—”号填列）	24 500	6 300	30 800	8 830	5 455		27 425
加：营业外收入	800	1 200	2 000				2 000
减：营业外支出	1 300	500	1 800				1 800
三、利润总额（亏损总额以“—”号填列）	24 000	7 000	31 000	8 830	5 455		27 625
减：所得税费用	6 000	1 750	7 750	(9)5	(3)200 (13)70 (17)40 (22)145		7 300
四、净利润	18 000	5 250	23 250	8 835	5 910		20 325
（一）按照持续经营性分类：							
1. 持续经营净利润（净亏损以“—”号填列）							
2. 终止经营净利润（净亏损以“—”号填列）							
（二）按所有权归属分类：							

续表

项目	甲公司	乙公司	合计	调整、抵销分录		少数股东权益	合并金额
				借方	贷方		
1. 归属于母公司股东的净利润（净亏损以“—”号填列）	18 000	5 250	23 250	10 242	5 958		18 966
2. 少数股东损益（净亏损以“—”号填列）				(6)1 395 (18)12	(16)48	1 359	1 359
五、其他综合收益的税后净额		150	150	(5)150	(4)105	(5)45	150
六、综合收益总额	18 000	5 400	23 400	8 985	6 015	45	20 475
归属于母公司股东的综合收益总额							19 071
归属于子公司少数股东的综合收益总额						1 404	1 404
（所有者权益变动表项目）							
一、年初未分配利润	4 500	1 400	5 900	(6)1 400			4 500
二、本期增减变动金额	4 500	2 000	6 500	10 242	9 208		5 466
其中：归属于母公司股东的净利润	18 000	5 250	23 250	10 242	5 958		18 966
提取盈余公积	−3 500	−1 000	−4 500		(6)1 000		−3 500
对所有者（或股东）的分配	−10 000	−2 250	−12 250		(6)2 250		−10 000
三、年末未分配利润	9 000	3 400	12 400	(5)2 800 14 442	(6)2 800 12 008		9 966
（资产负债表项目）							
流动资产：							
货币资金	2 850	3 250	6 100				6 100
交易性金融资产	1 500	2 500	4 000				4 000
应收票据	3 600	1 800	5 400				5 400
应收账款	4 250	2 550	6 800	(2)400 (8)20	(1)400 (7)500		6 320
预付款项	750	1 250	2 000				2 000
其他应收款	2 650	650	3 300		(10)1 575		1 725
存货	18 500	9 000	27 500	(1)1 000 (12)20	(2)1 000 (11)300 (15)160		27 060
持有待售资产							
一年内到期的非流动资产							
其他流动资产	900	500	1 400				1 400
流动资产合计	35 000	21 500	56 500	1 440	3 935		54 005

续表

项目	甲公司	乙公司	合计	调整、抵销分录		少数股东权益	合并金额
				借方	贷方		
非流动资产：							
债权投资	4 500	900	5 400				5 400
其他债权投资	7 000	2 000	9 000				9 000
长期股权投资	34 750		34 750	(4)3 360	(4)1 575 (5)16 535		20 000
固定资产	14 000	13 000	27 000	(1)3 000 (21)20	(2)200 (20)600		29 220
在建工程	6 500	1 200	7 700				7 700
无形资产	3 000	900	3 900				3 900
商誉				(5)1 660			1 660
其他非流动资产							
递延所得税资产				(1)100 (13)70 (17)40 (22)145	(3)100 (9)5		250
非流动资产合计	69 750	18 000	87 750	8 395	19 015		77 130
资产总计	104 750	39 500	144 250	9 835	22 950		131 135
流动负债：							
短期借款	5 000	2 400	7 400				7 400
交易性金融负债	2 000	1 200	3 200				3 200
应付票据	6 500	1 800	8 300				8 300
应付账款	9 000	2 600	11 600	(7)500			11 100
预收款项	2 000	1 950	3 950				3 950
应付职工薪酬	2 500	800	3 300				3 300
应交税费	1 350	700	2 050				2 050
其他应付款	2 650	2 450	5 100	(10)1 575			3 525
持有待售负债							
一年内到期的非流动负债							
其他流动负债	1 000	450	1 450				1 450
流动负债合计	32 000	14 350	46 350	2 075			44 275
非流动负债：							
长期借款	2 000	2 400	4 400				4 400
应付债券	10 000	3 500	13 500				13 500

续表

项目	甲公司	乙公司	合计	调整、抵销分录		少数股东权益	合并金额
				借方	贷方		
长期应付款	3 000		3 000				3 000
其他非流动负债							
递延所得税负债		100	100	(3)300	(1)1 000		800
非流动负债合计	15 000	6 000	21 000	300	1 000		21 700
负债合计	47 000	20 350	67 350	2 375	1 000		65 975
所有者权益（或股东权益）：							
实收资本（或股本）	25 000	10 000	35 000	(5)10 000			25 000
资本公积	14 750	4 000	18 750	(5)6 700	(1)2 700		14 750
其他综合收益		150	150	(5)150	(4)105	45	105
盈余公积	9 000	1 600	10 600	(5)1 600			9 000
未分配利润	9 000	3 400	12 400	14 442	12 008		9 966
归属于母公司所有者权益合计							58 821
少数股东权益			0	(16)48	(5)6 375 (18)12		6 339
所有者权益（或股东权益）合计	57 750	19 150	76 900	32 940	21 200		65 160
负债及所有者权益（或股东权益）合计	104 750	39 500	144 250	35 315	22 200		131 135
（现金流量表项目）							
一、经营活动产生的现金流量：							
销售商品、提供劳务收到的现金	53 000	45 000	98 000		(14)1 000 (19)1 200		95 800
经营活动现金流量小计	53 000	45 000	98 000		2 200		95 800
购买商品、接受劳务支付的现金	42 400	36 600	79 000	(14)1 000 (19)1 200			76 800
支付给职工以及为职工支付的现金	6 000	4 500	10 500				10 500
支付的各项税费	4 495	1 775	6 270				6 270
经营活动现金流出小计	52 895	42 875	95 770	2 200			93 570
经营活动产生的现金流量净额	105	2 125	2 230	2 200	2 200		2 230
二、投资活动产生的现金流量							
取得投资收益收到的现金	125	0	125				125

续表

项目	甲公司	乙公司	合计	调整、抵销分录		少数股东权益	合并金额
				借方	贷方		
处置固定资产、无形资产和其他长期资产收回的现金净额	100	0	100		(23)1 200		−1 100
投资活动现金流入小计	225	0	225	0	1 200		−975
购建固定资产、无形资产和其他长期资产支付的现金净额	1 030	225	1 255	(23)1 200			55
投资活动现金流出小计	1 030	225	1 255	1 200	0		55
投资活动产生的现金流量净额	−805	−225	−1 030	1 200	1 200		−1 030
三、筹资活动产生的现金流量							
吸收投资收到的现金	0	0	0				0
取得借款收到的现金	0	0	0				0
筹资活动现金流入小计	0	0	0				0
偿还债务支付的现金	950	750	1 700				1 700
筹资活动现金流出小计	950	750	1 700				1 700
筹资活动产生的现金流量净额	−950	−750	−1 700				−1 700
四、现金及现金等价物净增加额	−1 650	1 150	−500				−500
加：期初现金及现金等价物余额	4 500	2 100	6 600				6 600
五、期末现金及现金等价物余额	2 850	3 250	6 100				6 100

（7）根据合并工作底稿，编制该集团 2022 年年度合并报表。根据上述工作底稿，编制合并资产负债表、合并利润表、合并现金流量表及合并所有者权益变动表，如表 12－9、表 12－10、表 12－11、表 12－12 所示。

表 12－9　合并资产负债表

会合 01 表

编制单位：甲公司　　2022 年 12 月 31 日　　单位：万元

资产	期末余额	上年年末余额	负债和所有者权益（或股东权益）	期末余额	上年年末余额
流动资产：			流动负债：		
货币资金	6 100		短期借款	7 400	
交易性金融资产	4 000		交易性金融负债	3 200	

续表

资产	期末余额	上年年末余额	负债和所有者权益（或股东权益）	期末余额	上年年末余额
衍生金融资产			衍生金融负债		
应收票据	5 400		应付票据	8 300	
应收账款	6 320		应付账款	11 100	
应收账款融资			预收款项	3 950	
预付款项	2 000		合同负债		
其他应收款	1 725		应付职工薪酬	3 300	
存货	27 060		应交税费	2 050	
合同资产			其他应付款	3 525	
持有待售资产			持有待售负债		
一年内到期的非流动资产			一年内到期的非流负债		
其他流动资产	1 400		其他流动负债	1 450	
流动资产合计	54 005		流动负债合计	44 275	
非流动资产：			非流动负债：		
债权投资	5 400		长期借款	4 400	
其他债权投资	9 000		应付债券	13 500	
长期应收款			其中：优先股		
长期股权投资	20 000		永续债		
其他权益工具投资			租赁负债		
其他非流动金融资产			长期应付款	3 000	
投资性房地产			预计负债		
固定资产	29 220		递延收益		
在建工程	7 700		递延所得税负债	800	
生产性生物资产			非流动负债合计	21 700	
油气资产			负债合计	65 975	
使用权资产			所有者权益（或股东权益）：		
无形资产	3 900		实收资本（或股本）	25 000	
开发支出			其他权益工具		
商誉	1 660		其中：优先股		
长期待摊费用			永续债		
递延所得税资产	250		资本公积	14 750	
其他非流动资产			减：库存股		
非流动资产合计	77 130		其他综合收益	105	

续表

资产	期末余额	上年年末余额	负债和所有者权益（或股东权益）	期末余额	上年年末余额
			专项储备		
			盈余公积	9 000	
			未分配利润	9 966	
			归属于母公司所有者权益合计	58 821	
			少数股东权益	6 339	
			所有者权益（或股东权益）合计	65 160	
资产总计	131 135		负债和所有者权益（或股东权益）总计	131 135	

表 12-10　合并利润表

会合 02 表

编制单位：甲公司　　　　2022 年度　　　　单位：万元

项目	本期金额	上期金额
一、营业总收入	120 200	
二、营业总成本		
其中：营业成本	83 760	
税金及附加	1 400	
销售费用	4 300	
管理费用	5 130	
研发费用		
财务费用	1 000	
其中：利息费用		
利息收入		
加：其他收益		
投资收益（损失以“—”号填列）	3 425	
其中：对联营企业和合营企业投资收益		
以摊余成本计量的金融资产终止确认收益		
净敞口套期收益（损失以“—”号填列）		
公允价值变动收益（损失以“—”号填列）		
信用减值损益（损失以“—”号填列）	—400	
资产减值损失（损失以“—”号填列）	410	
资产处置收益（损失以“—”号填列）	—600	
三、营业利润（亏损以“—”号填列）	27 425	

续表

项目	本期金额	上期金额
加：营业外收入	2 000	
减：营业外支出	1 800	
四、利润总额（亏损总额以“－”号填列）	27 625	
减：所得税费用	7 300	
五、净利润（净亏损以“－”号填列）	20 325	
（一）按经营持续性分类	20 325	
1. 持续经营净利润（净亏损以“－”号填列）	20 325	
2. 终止经营净利润（净亏损以“－”号填列）		
（二）按所有权归属分类		
1. 归属于母公司股东的净利润（净亏损以“－”号填列）	18 966	
2. 少数股东损益（净亏损以“－”号填列）	1 359	
六、其他综合收益的税后净额	150	
（一）归属于母公司股东的其他综合收益的税后净额	105	
（1）重新设定收益计划变动额		
（2）权益法下不能转损益的其他综合收益		
（3）其他权益工具投资公允价值变动		
（4）企业自身信用风险公允价值变动		
……		
2. 将重分类进损益的其他综合收益		
（1）权益法下可转损益的其他综合收益	105	
（2）其他债权投资公允价值变动		
（3）金融资产重分类计入其他综合收益的金额		
（4）其他债权投资信用减值准备		
（5）现金流量套期储备		
（6）外币财务报表折算差额		
……		
（二）归属于少数股东的其他综合收益的税后净额	45	
七、综合收益总额	20 475	
（一）归属于母公司股东的综合收益总额	19 071	
（二）归属于少数股东的综合收益总额	1 404	
八、每股收益		
（一）基本每股收益		
（二）稀释每股收益		

表 12-11　合并现金流量表

会合 03 表

编制单位：甲公司　　2022 年度　　单位：万元

项目	本期金额	上期金额
一、经营活动产生的现金流		
销售商品 、提供劳务收到的现金	95 800	
收到的税费返还		
收到其他与经营活动有关的现金	0	
经营活动现金流入小计	95 800	
购买商品、接受劳务支付的现金	76 800	
支付给职工以及为职工支付的现金	10 500	
支付的各项税费	6 270	
支付其他与经营活动有关的现金	0	
经营活动现金流出小计	93 570	
经营活动产生的现金流量净额	2 230	
二、投资活动产生的现金流		
收回投资收到的现金	0	
取得投资收益收到的现金	125	
处置固定资产、无形资产和其他长期资产收回的现金净额	−1 100	
处置子公司及其他营业单位收到的现金净额	0	
收到其他与投资活动有关的现金	0	
投资活动现金流入小计	−975	
购建固定资产、无形资产和其他长期资产支付的现金	−55	
支付其他与投资活动有关的现金	0	
投资活动现金流出小计	55	
投资活动产生的现金流量净额	−1 030	
三、筹资活动产生的现金流量：		
吸收投资收到的现金	0	
取得借款收到的现金	0	
收到其他与筹资活动有关的现金	0	
筹资活动现金流入小计	0	
偿还债务支付的现金	0	
分配配利、利润或偿付利息支付现金	1 700	
支付其他与筹资活动有关的现金	0	
筹资活动现金流出小计	1 700	
筹资活动产生的现金流量净额	−1 700	
四、现金及现金等价物净增加额	−500	
加：期初现金及现金等价物余额	6 600	
五、期末现金及现金等价物余额	6 100	

表 12－12　合并所有者权益变动表

会合 04 表

编制单位：甲公司　　　　2022 年度　　　　单位：万元

项目	本年金额													上年金额												
	归属于母公司所有者权益											少数股东权益	所有者权益合计	归属于母公司所有者权益											少数股东权益	所有者权益合计
	实收资本（或股本）	其他权益工具			资本公积	减：库存股	其他综合收益	专项储备	盈余公积	未分配利润	小计			实收资本（或股本）	其他权益工具			资本公积	减：库存股	其他综合收益	专项储备	盈余公积	未分配利润	小计		
		优先股	永续债	其他											优先股	永续债	其他									
一、上年年末余额	20 000				5 000				5 500	4 500	35 000	0	35 000													
加：会计政策变更																										
前期差错更正																										
其他																										
二、本年年初余额	20 000				5 000				5 500	4 500	35 000															
三、本年增加变动金额（减少以"—"号填列）																										
（一）综合收益总额							105			18 966	19 071	1 404	20 475													
（二）所有者投入和减少资本																										
1. 所有者投入的普通股	5 000				9 750						14 750	5 610	20 360													
2. 其他权益工具持有者投入资本																										
3. 股份支付计入所有者权益金额																										
4. 其他																										
（三）利润分配																										

续表

项目	本年金额													上年金额												
	归属于母公司所有者权益											少数股东权益	所有者权益合计	归属于母公司所有者权益											少数股东权益	所有者权益合计
	实收资本（或股本）	其他权益工具			资本公积	减：库存股	其他综合收益	专项储备	盈余公积	未分配利润	小计			实收资本（或股本）	其他权益工具			资本公积	减：库存股	其他综合收益	专项储备	盈余公积	未分配利润	小计		
		优先股	永续债	其他											优先股	永续债	其他									
1. 提取盈余公积									3 500	−3 500																
2. 提取一般风险准备																										
3. 对所有者（或股东）的分配										−10 000	−10 000	−675	−10 675													
4. 其他																										
（四）所有者权益内部结转																										
1. 资本公积转增资本（或股本）																										
2. 盈余公积转增资本（或股本）																										
3. 盈余公积弥补亏损																										
4. 设定受益计划变动额结转留存收益																										
5. 其他综合收益结转留存收益																										
6. 其他																										
四、本年年末余额	25 000				14 750		105		9 000	9 966	58 821	6 339	65 160													

上例仅就非同一控制下的企业合并财务报表编制程序进行了分析与讲述。同一控制下的企业合并财务报表编制程序除在取得净资产或股权的初始计量方法不同、不形成商誉、不调整被合并方资产公允价值外，其他方面与此类似，这里不再详述。

第2节　特殊交易的合并财务报表编制示例

本节将对企业追加投资或减少投资及反向并购等特殊交易涉及的合并财务报表问题进行分析。

一、追加投资的会计处理

追加投资既包括母公司购买少数股东拥有的子公司股权的情况，也包括企业由于追加投资等原因能够对非同一控制下的被投资方实施控制的情况。追加投资的会计处理应就个别财务报表和合并财务报表分别进行。个别财务报表的会计处理，遵循《企业会计准则第2号——长期股权投资》的相关规定；合并财务报表中的会计处理应视以下情况而定。

（一）母公司购买子公司少数股东拥有的股权

《企业会计准则第33号——合并财务报表》规定，因购买少数股权新取得的长期股权投资与按照新增持股比例计算应享有子公司自购买日（或合并日）开始持续计算的净资产份额之间的差额，应当调整母公司个别财务报表中的资本公积（资本溢价或股本溢价），资本公积不足冲减的，调整留存收益。

【例12-1】　2020年12月29日，甲公司以8 000万元取得乙公司70%的股权，能够对乙公司实施控制，形成非同一控制下的企业合并。2021年12月25日，甲公司又以公允价值3 000万元、账面价值2 500万元的固定资产作为对价，从乙公司的少数股东处取得乙公司20%的股权。甲公司与乙公司的少数股东在交易前不存在任何关联方关系（假设不考虑所得税等影响）。

2020年12月29日，甲公司在取得乙公司70%股权时，乙公司可辨认净资产公允价值为10 000万元。

2021年12月25日，乙公司自购买日开始持续计算的净资产账面价值为11 000万元。

请依据以上信息，分析甲公司追加投资、持股比例提高时的账务处理特点。

【解析】

2021年12月25日，甲公司进一步取得乙公司20%的股权时，甲公司合并财务报表的会计处理如下：

合并财务报表中，乙公司的有关资产、负债按照自购买日开始持续计算的价值进行合并，无须按照公允价值进行重新计量。

甲公司按新增持股比例计算应享有自购买日开始持续计算的净资产份额为 2 200 万元（11 000×20%），与新增长期股权投资（3 000 万元）之间的差额为 800 万元，在合并资产负债表中应调整所有者权益相关项目。首先调整归属于母公司的资本公积（资本溢价或股本溢价），资本公积不足冲减的，冲减归属于母公司的盈余公积；盈余公积不足冲减的，冲减归属于母公司的未分配利润。

甲公司作为对价的固定资产的公允价值为 3 000 万元，与原账面价值 2 500 万元的差异 500 万元，应计入甲公司利润表中的资产处置损益。

（二）企业因追加投资等原因能够对非同一控制下的被投资方实施控制

对于购买日之前持有的被购买方的股权，应当按照该股权在购买日的公允价值进行重新计量，公允价值与其账面价值之间的差额计入当期投资收益；购买日之前持有的被购买方的股权涉及权益法核算下的其他综合收益以及除净损益、其他综合收益和利润分配外的其他所有者权益变动（以下简称“其他所有者权益变动”）的，与其相关的其他综合收益、其他所有者权益变动应当转为购买日所属当期收益，由于被投资方重新计量设定受益计划净负债或净资产变动而产生的其他综合收益等不能重分类进损益的其他综合收益除外。

【例 12－2】 2019 年 1 月 1 日，甲公司以每股 5 元的价格购入乙上市公司股票 100 万股，并由此持有乙公司 2%股权。投资前甲公司与乙公司不存在关联方关系。甲公司将对乙公司的该项投资指定为以公允价值计量且其变动计入其他综合收益的金融资产。2021 年 1 月 1 日，甲公司以现金 1.75 亿元为对价，向乙公司大股东收购乙公司 50%股权，从而取得对乙公司的控制权；乙公司当日股价为每股 7 元，乙公司可辨认净资产的公允价值为 2 亿元（账面价值为 1.6 亿元）。甲公司购买乙公司 2%股权和后续购买 50%的股权不构成“一揽子交易”（假设不考虑所得税等影响）。请依据以上信息，分析甲公司追加投资直至控制乙公司时的账务处理特点。

【解析】

本例提到的“一揽子交易”，是指多次交易事项满足以下条件：这些交易是同时或者在考虑了彼此影响的情况下订立的，是一系列有计划、协调一致的行动；这些交易作为一个整体才能达成一项完整的商业结果；一项交易的发生取决于其他至少一项交易的发生；一项交易单独看是不经济的，但和其他交易一并考虑时是经济的。

本例中，甲公司购买乙公司 2%股权和后续购买 50%的股权不构成“一揽子交易”，表明甲公司在 2019 年 1 月 1 日，以每股 5 元的价格购入乙上市公司股票 100 万股时，并未考虑未来是否继续增持以及增持多少乙公司股票。

（1）甲公司在编制合并财务报表时，应考虑对原持有股权进行公允价值的重新计量。由于甲公司将原持有乙公司 2%的股权作为其他权益工具投资进行核算，因此，购买日（即2021年1月1日）该项其他权益工具投资的公允价值与其账面价值相等，即700万元，不存在差额。

（2）按照《企业会计准则第33号——合并财务报表》中有关非同一控制下企业合并的相关规定，甲公司购买乙公司股权并取得控制权的合并对价为1.82亿元（原持有股权在购买日的公允价值700万元＋合并日应支付的对价1.75亿元）。由于甲公司享有乙公司于购买日的可辨认净资产公允价值的份额为1.04亿元（2×52%），因此，购买日形成的商誉为0.78亿元（1.82－1.04）。

如果本例中甲公司的初始投资与追加投资构成了一揽子交易，即甲公司初始投资时已有长期持股直至取得乙公司控制权的计划与安排，则甲公司应将两次投资作为一项取得乙公司控制权的交易进行会计处理：

（1）甲公司个别报表的确认与计量。

2019年1月1日，初始投资时，应将该项投资记入长期股权投资，而不应记入“其他权益工具投资”等科目。

借：长期股权投资	5 000 000	
贷：银行存款		5 000 000

2021年1月1日，甲公司追加投资时。

借：长期股权投资	175 000 000	
贷：银行存款		175 000 000

（2）合并报表层面的会计处理。

2021年1月1日，合并日初始投资成本的重新计算。

合并日公允价值＝100万股×7元/股＝700(万元)
应调整金额＝700－500＝200(万元)
合并成本＝700＋ 17 500＝18 200(万元)
商誉＝18 200－20 000×52%＝7 800(万元)

由此，合并报表底稿中的调整与抵销分录为：

借：长期股权投资	2 000 000	
贷：投资收益		2 000 000
借：股本等所有者权益项目	160 000 000	
固定资产等可辨认资产项目	40 000 000	
商誉	78 000 000	
贷：长期股权投资		182 000 000
少数股东权益		96 000 000

【例12-3】 2019年1月1日，甲公司以现金3 000万元取得乙公司20%股权并具有重大影响，按权益法进行核算，当日，乙公司可辨认净资产公允价值为1.4亿元。2021年1月1日，甲公司另支付现金8 000万元取得乙公司40%股权，并取得对乙公司

的控制权。甲公司的分步投资构成一揽子交易。购买日，甲公司原持有的对乙公司20%股权的公允价值为 4 000 万元，账面价值为 3 500 万元（其中，与乙公司权益法核算相关的累计净损益为 100 万元，累计其他综合收益为 400 万元）；乙公司可辨认净资产公允价值为 1.8 亿元（假设不考虑所得税等影响）。请依据以上信息，分析甲公司追加投资直至控制乙公司时的账务处理特点。

【解析】

甲公司在编制合并财务报表时，应考虑对原持有股权进行公允价值的重新计量。购买日（即 2021 年 1 月 1 日），该项股权投资的公允价值（4 000 万元）与其账面价值（3 500 万元）的差额为 500 万元计入合并当期投资收益，同时，将原计入其他综合收益的 400 万元转入合并当期投资收益。

按照《企业会计准则第 33 号——合并财务报表》中有关非同一控制下企业合并的相关规定，甲公司购买乙公司股权并取得控制权的合并对价 1.2 亿元（甲公司原持有股权于购买日的公允价值 4 000 万元＋合并日应支付的对价 8 000 万元）。由于甲公司享有乙公司于购买日的可辨认净资产公允价值的份额为 1.08 亿元（1.8×60%）。因此，购买日形成的商誉为 0.12 亿元（1.2－1.08）。

（三）通过多次交易分步实现的同一控制下企业合并

对于分步实现的同一控制下企业合并，在编制合并财务报表时，应视同参与合并的各方在最终控制方开始控制时即以目前的状态存在进行调整。在编制比较报表时，以不早于合并方和被合并方同处于最终控制方的控制之下的时点为限，将被合并方的有关资产、负债并入合并方合并财务报表的比较报表中，并将合并而增加的净资产在比较报表中调整所有者权益项下的相关项目。

为避免对被合并方净资产的价值进行重复计算，合并方在取得被合并方控制权之前持有的股权投资，在取得原股权之日与合并方和被合并方同处于同一方最终控制之日孰晚日起至合并日之间已确认有关损益、其他综合收益以及其他净资产变动，应分别冲减比较报表期间的期初留存收益或当期损益。

【例 12－4】　甲公司为 P 公司的全资子公司。2017 年 1 月 1 日，甲公司与非关联方乙公司分别出资 200 万元及 800 万元设立丙公司，并分别持有丙公司 20%及 80%的股份。

2019 年 1 月 1 日，P 公司向乙公司收购其持有丙公司 80%的股权，丙公司成为 P 公司的全资子公司，当日丙公司净资产的账面价值与其公允价值相等。

2020 年 1 月 1 日，甲公司向 P 公司购买其持有丙公司 80%的股权，丙公司成为甲公司的全资子公司。

甲公司与乙公司不存在关联关系，甲公司购买丙公司 80%股权的交易和原取得丙公司 20%股权的交易不属于“一揽子交易”，甲公司在可预见的未来打算一直持有丙公司股权。

2017年1月1日至2019年1月1日，丙公司实现净利润500万元；2019年1月1日至2020年1月1日，实现的净利润为300万元（不考虑所得税等影响）。请依据以上信息，分析甲公司控制丙公司时的账务处理特点。

【解析】

2020年1月1日，甲公司从P公司手中购买丙公司80%股权的交易属于同一控制下企业合并。甲公司虽然于2017年1月1日开始持有丙公司20%的股权，但2019年1月1日开始与丙公司同受P公司最终控制，甲公司合并财务报表应自取得原股权之日（即2017年1月1日）和双方同处于同一方最终控制之日（2019年1月1日）孰晚日（即2019年1月1日）起开始将丙公司纳入合并范围，即视同自2019年1月1日起甲公司即持有丙公司100%股权并重溯合并财务报表的比较数据。

2017年1月1日至2019年1月1日的合并财务报表不应重溯。在甲公司合并财务报表中，重溯2019年1月1日的报表项目。2019年1月1日甲公司持有对丙公司的长期股权投资的账面价值为300万元（200＋500×20%）。由于丙公司净资产的账面价值为1 500万元（1 000＋500），因此，甲公司在编制合并财务报表时，将丙公司2019年（比较期间）年初各项资产、负债并入后，因合并而增加的净资产1 500万元应调整资本公积1 200万元（1 500－300）。其简化的会计分录为：

借：资产、负债（简略）	15 000 000	
贷：长期股权投资		3 000 000
资本公积		12 000 000

甲公司对于合并日（即2020年1月1日）的各报表项目，除按照上一章所述一般规定编制合并分录外，还应冲减2019年1月1日至2020年1月1日对丙公司20%的投资的权益法核算结果，即冲减期初留存收益300×20%＝60(万元)。其会计分录为：

借：期初留存收益	600 000	
贷：长期股权投资		600 000

如果合并日不在年初，对于丙公司当年实现的净利润中按照权益法核算归属于甲公司的份额，还应冲减当期投资收益。

二、处置对子公司投资的会计处理

处置对子公司的投资，既包括母公司处置对子公司长期股权投资但不丧失控制权的情况，也包括处置对子公司长期股权投资而丧失控制权的情况。处置子公司的会计处理应分个别财务报表和合并财务报表进行会计处理，个别财务报表的会计处理，依据《企业会计准则第2号——长期股权投资》的相关规定进行，合并财务报表中的会计处理应分以下情况而定。

（一）母公司在不丧失控制权的情况下部分处置对子公司的长期股权投资

处置价款与处置长期股权投资相对应享有子公司自购买日或合并日开始持续计算的

净资产份额之间的差额，应当调整资本公积（资本溢价或股本溢价），资本公积不足冲减的，调整留存收益。

【例 12－5】 甲公司于 2020 年 12 月 29 日支付 8 600 万元取得乙公司 80%的股权，乙公司此日可辨认净资产账面价值、公允价值均为 10 000 万元。2021 年，乙公司实现净利润 2 000 万元，未进行利润分配。2022 年 4 月 8 日，甲公司将其持有乙公司的股权出售 10%，收取价款 1 400 万元。此时，乙公司自合并日（2020 年 12 月 29 日）开始持续计算的可辨认净资产的公允价值为 12 000 万元。假设不考虑所得税及其他影响。请依据以上信息，分析甲公司减持乙公司股份时的账务处理特点（单位：万元）。

【解析】

（1）甲公司个别报表的确认、计量。

2020 年 12 月 29 日，取得股权时。

借：长期股权投资　8 600

　贷：银行存款　8 600

2022 年 4 月 8 日，出售股权时。

借：银行存款　1 400

　贷：长期股权投资　860

　　投资收益　540

（2）合并报表工作底稿中的调整与抵销。

2020 年 12 月 29 日。

借：股本等所有者权益项目　10 000

　　商誉　600

　贷：长期股权投资　8 600

　　少数股东权益　2 000

2022 年 4 月 8 日。

借：股本等所有者权益项目　10 000

　　少数股东损益（实现净利润 2 000×20%）　400

　　商誉　600

　　投资收益　540

　贷：长期股权投资（对子公司投资账面价值）（8 600－860）　7 740

　　少数股东权益（公允价值 12 000×30%）　3 600

　　资本公积（股权出售价款 1 400－股权出售时对应的净资产 12 000×10%）　200

（二）母公司因处置对子公司长期股权投资而丧失控制权

1. 一次交易的处置

母公司因处置部分股权投资或其他原因丧失了对原有子公司控制的，在合并财务报表中，对于剩余股权，应当按照丧失控制权日的公允价值进行重新计量。处置股权取得的对价和剩余股权公允价值之和，减去按原持股比例计算应享有原持有子公司自购买日开始持续计算的净资产的份额与商誉之和的差额，计入丧失控制权当期的投资收益。

此外，与原有子公司的股权投资相关的其他综合收益、其他所有者权益变动，应当在丧失控制权时转入当期损益，由于被投资方重新计量设定受益计划净负债或净资产变动而产生的其他综合收益等不能重分类进损益的其他综合收益除外。

【例12-6】 2020年6月30日，甲公司以现金9 000万元取得了乙公司60%的股权，并自该日起控制乙公司，合并商誉为3 000万元。当日，乙公司可辨认净资产账面价值为9 500万元，公允价值为10 000万元。

2022年6月30日，甲公司以8 000万元的对价将其持有的乙公司40%的股权出售给丙公司，处置后对乙公司的持股比例降为20%。剩余20%股权的公允价值为4 000万元。当日，乙公司可辨认净资产账面价值为10 200万元，自购买日开始持续计算的可辨认净资产账面价值为10 700万元。

乙公司在2020年7月1日至2020年6月30日之间实现的净利润为600万元，其他综合收益为100万元。其他综合收益源自乙公司的联营公司的其他综合收益的变动。甲公司商誉未减值（不考虑所得税等影响）。请依据以上信息，分析甲公司减持乙公司股份时的账务处理特点。

【解析】

甲公司应在合并财务报表中进行如下会计处理：

（1）终止确认长期股权投资、商誉等的账面价值，并终止确认少数股东权益（包括属于少数股东的其他综合收益）的账面价值。

（2）视同在丧失控制权之日处置子公司，并按当日剩余20%股权的公允价值（4 000万元）重新计量该剩余股权。同时，分别根据《企业会计准则第2号——长期股权投资》《企业会计准则第22号——金融工具确认和计量》对该20%剩余股权进行会计处理，并列示于甲公司合并财务报表中。

（3）处置股权取得的对价（8 000万元）与剩余股权公允价值（4 000万元）之和12 000万元，减去按原持股比例（60%）计算应享有乙公司自购买日开始持续计算的可辨认净资产账面价值的份额6 420万元（10 700×60%）以及与乙公司的相关商誉3 000万元之间的差额2 580万元（12 000−6 420−3 000），计入丧失控制权当期的投资收益。

（4）乙公司其他综合收益和其他所有者权益中归属于甲公司的部分60万元（100×60%）也应当转为当期投资收益。

2. 多次交易分步处置子公司

企业通过多次交易分步处置对子公司股权投资直至丧失控制权，在合并财务报表中，首先，应结合分步交易的各个步骤的交易协议条款、分别取得的处置对价、出售股权的对象、处置方式、处置时点等信息来判断分步交易是否属于“一揽子交易”。

如果分步交易不属于“一揽子交易”，则在丧失对子公司控制权以前的各项交易，应按照上述“母公司在不丧失控制权的情况下部分处置对子公司的长期股权投资”进行会计处理。

如果分步交易属于“一揽子交易”，则应将各项交易作为一项处置原有子公司并丧失控制权的交易进行会计处理。其中，对于丧失控制权之前的每一次交易，处置价款与处置投资对应的享有该子公司自购买日开始持续计算的净资产账面价值的份额之间的差额，在合并财务报表中应当计入其他综合收益，在丧失控制权时一并转入丧失控制权当期的损益。

【例 12－7】 甲公司主要从事机械产品的生产与销售。乙公司为甲公司的全资子公司，主要从事化工产品的生产与销售。甲公司计划整合集团业务、剥离辅业，集中发展机械产品的主营业务。2021 年 11 月 30 日，甲公司与丙公司签订不可撤销的转让协议，约定甲公司向丙公司转让其持有的乙公司 100％股权，对价总额为 5 000 万元。考虑到丙公司的资金压力以及股权平稳过渡，双方在协议中约定：丙公司应在 2021 年 12 月 31 日之前支付 2 000 万元，以先取得乙公司 20％股权；丙公司应在 2022 年 12 月 31 日之前支付 3 000 万元，以取得乙公司剩余 80％股权。2021 年 12 月 31 日至 2022 年 12 月 31 日期间，乙公司的相关活动仍然由甲公司单方面主导，若乙公司在此期间向股东进行利润分配，则后续 80％股权的购买对价按丙公司已分得的金额进行相应调整。

2021 年 12 月 31 日，按照协议约定，丙公司向甲公司支付 2 000 万元，甲公司将其持有的乙公司 20％股权转让给丙公司并已办理股权变更手续。当日，乙公司自购买日持续计算的净资产账面价值为 3 500 万元。

2022 年 6 月 30 日，丙公司向甲公司支付 3 000 万元，甲公司将其持有的乙公司剩余 80％股权转让给丙公司并已办理股权变更手续，至此丙公司取得乙公司的控制权。当日，乙公司自购买日持续计算的净资产账面价值为 4 000 万元。

2021 年 1 月 1 日至 2022 年 6 月 30 日，乙公司实现净利润 500 万元，无其他净资产变动事项（不考虑所得税等影响）。

请依据以上信息，分析甲公司转让子公司股权时的账务处理特点。

【解析】

甲公司通过两次交易处置其持有的乙公司 100％股权，第一次交易处置乙公司 20％股权，仍保留对乙公司的控制；第二次交易处置剩余 80％股权，并于第二次交易后丧失对乙公司的控制权。我们可按以下思路，分析上述两次交易是否属于“一揽子交易”。

（1）甲公司处置乙公司股权的商业目的是出于业务整合、剥离辅业的考虑，即处置其持有的乙公司 100％股权，两次处置交易结合起来才能达到其商业目的。

（2）两次交易在同一转让协议中同时约定。

（3）第一次交易中，20％股权的对价为 2 000 万元，相对于 100％股权的对价总额 5 000 万元而言，第一次交易单独看并不经济，和第二次交易一并考虑才反映真正的经济影响。此外，如果在两次交易期间乙公司进行了利润分配，也将据此调整对价，说明两次交易是在考虑了彼此影响的情况下订立的。因此，在合并财务报表中，两次交易应作为“一揽子交易”，按照分步处置子公司股权至丧失控制权并构成“一揽子交易”的相关规定进行会计处理。

2021年12月31日，甲公司转让持有的乙公司20%股权，在乙公司的股权比例下降至80%，甲公司仍控制乙公司。处置价款2 000万元与处置20%股权对应的乙公司净资产账面价值的份额700万元（3 500×20%）之间的差额1 300万元，在合并财务报表中计入其他综合收益。其会计分录为：

借：银行存款	20 000 000
贷：少数股东权益	7 000 000
其他综合收益	13 000 000

此外，由于甲公司已经签订了不可撤销的股权出售协议且预计处置将在1年内完成，甲公司还应根据《企业会计准则第30号——财务报表列报》中有关持有待售资产和终止经营的有关规定进行相应的会计处理和列报。2022年1月1日至2022年6月30日，乙公司作为甲公司持股80%的非全资子公司应纳入甲公司合并财务报表合并范围。由于乙公司实现的净利润500万元中归属于丙公司的份额为100万元（500×20%），因此在甲公司合并财务报表中确认少数股东损益100万元，并调整少数股东权益。

2022年6月30日，甲公司转让乙公司剩余80%股权，丧失对乙公司控制权，不再将乙公司纳入合并范围。甲公司应终止确认对乙公司长期股权投资及少数股东权益等，并将处置价款3 000万元与享有的乙公司净资产份额3 200万元（4 000×80%）之间的差额200万元，计入当期损益；同时，将第一次交易计入其他综合收益的1 300万元转入当期损益。

三、因子公司的少数股东增资而稀释母公司拥有的股权比例

有时，子公司的其他股东对子公司进行增资，由此稀释了母公司对子公司的股权比例，在这种情况下，应当按照增资前的母公司股权比例计算其在增资前子公司账面净资产中的份额，该份额与增资后按母公司持股比例计算的在增资后子公司账面净资产份额之间的差额计入资本公积。资本公积不足冲减的，调整留存收益。

【例12-8】 甲公司原持有乙公司100%的股权并控制乙公司。2021年1月1日，乙公司实施增资扩股方案，第三方丙公司向乙公司注资100万元，增资前乙公司净资产账面价值为900万元，增资后乙公司净资产账面价值和公允价值均为1 000万元。增资后丙公司占乙公司10%的股权，甲公司仍控制乙公司。不考虑所得税等影响。请分析甲公司股权被稀释但仍可继续控制乙公司时的账务处理特点。

【解析】

由于第三方丙公司增资，导致甲公司持股比例下降。甲公司按原持股比例享有的子公司净资产账面价值的份额900万元（900×100%）和按新持股比例享有的子公司净资产

产账面价值的份额 900 万元（1 000×90%）之间的差额为 0，因此对归属母公司股东的权益不产生影响。

【例 12-9】 2019 年，甲公司和乙公司分别出资 750 万元和 250 万元设立丙公司，甲公司、乙公司的持股比例分别为 75%和 25%，丙公司成为甲公司的子公司。2020 年，乙公司对丙公司增资 500 万元，增资后占丙公司股权比例为 40%。交易完成后，甲公司仍控制丙公司。丙公司自成立日至增资前实现净利润 1 000 万元，除此以外，不存在其他影响丙公司净资产变动的事项（不考虑所得税等影响）。请分析甲公司股权被稀释但仍可继续控制丙公司时的账务处理特点。

【解析】

在甲公司合并财务报表中，乙公司对丙公司增资的会计处理为：

甲公司持股比例原为 75%，由于少数股东增资而降为 60%。增资前，甲公司按照 75%的持股比例享有的丙公司净资产账面价值为 1 500 万元（2 000×75%）；增资后，甲公司按照 60%的持股比例享有的净资产账面价值为 1 625 万元（2 500×65%），两者之间的差额 125 万元，在甲公司合并资产负债表中应调增资本公积。

四、反向并购业务的合并财务报表编制

如第 10 章所述，企业合并实务中，有时会出现反向并购（亦称反向购买、借壳上市）的情形。非同一控制下的企业合并，以发行股票交换股权的方式进行的，通常发行股票的一方为购买方。但某些企业合并中，发行股票一方因其生产经营决策在合并后被参与合并的另一方（股票持有者）控制时，发行股票一方虽然为法律上的母公司，但其为会计上的被购买方，从而构成“反向购买”。

例如，2016 年 12 月，安徽马鞍山鼎泰稀土新材料股份有限公司（以下简称“鼎泰新材”）与深圳顺丰控股（集团）有限公司（非上市公司，以下简称“顺丰控股”）及其股东达成一项并购协议。该协议显示，鼎泰新材经评估、调整后的净资产为 7.96 亿元，总股本为 2.334 9 亿股，顺丰控股经评估、调整后的净资产为 433 亿元；鼎泰新材拟收购顺丰控股 100%的股权，对价是以 7.96 亿元的资产置换顺丰控股的资产，资产置换后的缺口部分 425.04 亿元（433－7.96），以向顺丰控股的股东定向发行股票的方式购买。基于鼎泰新材合并前的股价水平及各方友好协商，本次合并过程中鼎泰新材发行价格定为 10.76 元/股，这意味着鼎泰新材需发行 39.5 亿股（425.04 亿÷10.76 元/股）股票，方可换入顺丰控股的 425.04 亿元资产，进而拥有顺丰控股 100%的股权。此项合并完成后，上市公司鼎泰新材实现了收购顺丰控股 100%股权的目标，成为法律上的母公司，顺丰控股成为其法律上的子公司；从会计角度看，顺丰控股的股东因取得 39.5 亿股股票反而成为鼎泰新材的控股股东，股份比例达 39.5÷(39.5＋2.334 9)＝94.42%，鼎泰新材成为被购买方，顺丰控股控制了一家上市公司，从而实现借壳上市。2017 年 2 月 23 日，上市公司鼎泰新材正式更名为“顺丰控股”。

反向购买业务涉及的合并财务报表编制事宜，主要包括以下方面：

1. 合并财务报表编制主体的确定

按照我国现行会计准则的规定，反向购买日编制的合并报表，从发布名义上看，法律上的母公司是主体，因为它是权益性证券（股票）的发行方；合并报表的内容实质上是法律上子公司财务报表的延续，即法律上的子公司是主体。显然，这与“实质重于形式”的原则相适应。

2. 反向购买中企业合并成本的确定

反向购买中，法律上的子公司（购买方）的企业合并成本是指其假设以发行股票的方式为获取在合并后报告主体的股权比例，应向法律上的母公司（被购买方）的股东发行股票数量与其公允价值计算的结果，可以用计算公式表示为：

合并成本＝(会计上购买方原普通股股数/购买方原股东在合并后报告主体占的股权比例－会计上购买方原普通股股数)×购买方每股股票的公允价值

或者，＝被购买方原普通股股数×被购买方每股股票价格

3. 合并财务报表的编制原则

反向购买后，法律上的母公司应遵从以下原则编制合并财务报表：

（1）合并财务报表中，法律上子公司的资产、负债应以其在合并前的账面价值进行确认和计量。

（2）合并财务报表中的留存收益和其他权益余额应当反映的是法律上子公司在合并前的留存收益和其他权益余额。

（3）合并财务报表中的权益性工具的金额应当反映法律上子公司合并前发行在外的股份面值以及假定在确定该项企业合并成本过程中新发行的权益性工具的金额。但是，在合并财务报表中的权益结构应当反映法律上的母公司的权益结构，即法律上的母公司发行在外股票的数量和种类。

（4）法律上的母公司的有关可辨认资产、负债在并入合并财务报表时，应以其在购买日确定的公允价值进行合并，企业合并成本大于合并中取得的法律上的母公司（被购买方）可辨认净资产公允价值的份额体现为商誉，小于合并中取得的法律上的母公司（被购买方）可辨认净资产公允价值的份额确认为合并当期损益。

（5）合并财务报表的比较信息应当是法律上子公司的比较信息（即法律上子公司的前期合并财务报表）。

（6）法律上子公司的有关股东在合并过程中未将其持有的股份转换为法律上的母公司股份的，该部分股东享有的权益份额在合并财务报表中应作为少数股东权益列示。因法律上子公司的部分股东未将其持有的股份转换为法律上的母公司的股权，其享有的权益份额仍仅限于对法律上子公司的部分，该部分少数股东权益反映的是少数股东按持股比例计算享有法律上子公司合并前净资产账面价值的份额。另外，对于法律上的母公司的所有股东，虽然该项合并中其被认为是被购买方，但其享有合并形成报告主体的净资

产及损益，不应作为少数股东权益列示。

上述要点也可简化为表 12－13 所示。

表 12－13　合并资产负债表项目计算、填列

项目	合并报表金额
商誉以外的资产	法律上的母公司的公允价值（不含反向购买时产生的长期股权投资）＋法律上子公司的账面价值
商誉	合并成本－法律上的母公司可辨认净资产公允价值（如为负数应反映在留存收益中）
负债	法律上的母公司公允价值＋法律上子公司账面价值
股本（法律上的母公司股票股数）	法律上子公司合并前发行在外的股票面值×法律上的母公司持股比例＋假定法律上子公司在确定该项企业合并成本过程中新发行的股票面值
资本公积	倒挤差额
留存收益	法律上子公司合并前留存收益×法律上的母公司持股比例
少数股东权益	少数股东按持股比例计算享有法律上子公司合并前净资产账面价值份额
所有者权益总额	资产总额－负债总额

应当注意的是，上述反向购买的会计处理原则仅适用于合并财务报表的编制环节。法律上的母公司在该项合并中形成的对法律上子公司长期股权投资成本的确定，应当遵从《企业会计准则第 2 号——长期股权投资》的相关规定。

4. 每股收益的计算

发生反向购买当期，分段计算发行在外普通股加权平均数：

（1）自当期期初至购买日，发行在外的普通股数量应假定为在该项合并中法律上的母公司向法律上子公司股东发行的普通股数量。

（2）自购买日至期末发行在外的普通股数量为法律上的母公司实际发行在外的普通股股数。

反向购买后对外提供比较合并财务报表的，其比较前期合并财务报表中的基本每股收益，应以法律上子公司在每一比较报表期间归属于普通股股东的净损益除以在反向购买中法律上母公司向法律上子公司股东发行的普通股股数计算确定（把购买方股数换成被购买方的）。

【例 12－10】　A 上市公司于 2022 年 9 月 30 日通过定向增发本企业普通股对 B 企业进行合并，取得 B 企业 100％股权。假定不考虑所得税影响。A 公司及 B 企业在合并前简化资产负债表如表 12－14 所示。

表 12－14　企业合并前资产负债表（简表）　　单位：万元

	A 公司	B 企业
流动资产	3 000	4 500
非流动资产	21 000	60 000

续表

	A公司	B企业
资产总额	24 000	64 500
流动负债	1 200	1 500
非流动负债	300	3 000
负债总额	1 500	4 500
所有者权益		
股本	1 500	900
资本公积		
盈余公积	6 000	17 100
未分配利润	15 000	42 000
所有者权益总额	22 500	60 000

其他资料：

(1) 2022年9月30日，A公司通过定向增发本企业普通股，以2股换1股的比例自B企业原股东处取得了B企业全部股权。A公司共发行了1 800万股普通股以取得B企业全部900万股普通股。

(2) A公司普通股在2022年9月30日的公允价值为每股20元，B企业每股普通股当日的公允价值为40元。A公司、B企业每股普通股的面值均为1元。

(3) 2022年9月30日，A公司除非流动资产公允价值较账面价值高4 500万元以外，其他资产、负债项目的公允价值与其账面价值相同。

(4) 假定A公司与B企业在合并前不存在任何关联方关系。

请根据以上资料，计算合并成本、编制购买日合并资产负债表。

【解析】

本例中，虽然在合并中发行权益性证券（股票）的一方为A公司（净资产仅为22 500万元），但因其为了合并体量较大的B企业（净资产高达60 000万元），发行了较多的股份，股权被稀释，生产经营决策的控制权在合并后由B企业原股东控制，B企业成为会计上的购买方，A公司为被购买方。

(1) 确定该项合并中B企业的合并成本。A公司在该项合并中向B企业原股东增发了1 800万股普通股，合并后B企业原股东持有A公司的股权比例为54.55%(1 800÷3 300)，如果假定B企业发行本企业普通股在合并后主体享有同样的股权比例，则B企业应当发行的普通股股数为750万股（900÷54.55%－900），其公允价值为40元/股，则企业合并成本为30 000万元（750×40）。

以上分析也可以按以下思路进行：A公司普通股股数为1 500万股，在2022年9月30日的公允价值为20元/股，市值为30 000万元，则B企业为了控制A公司而应当付出的成本为30 000万元；因其当日的股价为40元/股，且假设B企业选择以发行股票为对价，则 B 企业应当增发的普通股股数为 750 万股（30 000÷40）。

（2）企业合并成本在可辨认资产、负债中的分配。

企业合并成本 30 000 万元

A 公司可辨认资产、负债（单位：万元）：

流动资产 3 000

非流动资产 25 500（21 000＋公允价值升值 4 500）

流动负债－1 200

非流动负债－300

商誉 3 000（合并成本 30 000－净资产份额 27 000）

（3）A 公司合并 B 企业后资产负债表简表如表 12－15 所示。

表 12－15　A 公司合并资产负债表（简表）

2022 年 9 月 30 日　　　　单位：万元

项目	金额
流动资产	7 500
非流动资产	85 500（21 000＋公允价值升值 4 500＋60 000）
商誉	3 000
资产总额	96 000
流动负债	2 700
非流动负债	3 300
负债总额	6 000
所有者权益	
股本（3 300 万股普通股）	1 650（B 企业股本）
资本公积	29 250(30 000－750)
盈余公积	17 100
未分配利润	42 000
所有者权益总额	90 000

（4）每股收益的计算。本例中假定 B 企业 2021 年实现合并净利润 1 800 万元，2022 年 A 公司与 B 企业形成的主体实现合并净利润为 3 450 万元，自 2021 年 1 月 1 日至 2022 年 9 月 30 日，B 企业发行在外的普通股股数未发生变化。

A 公司 2022 年基本每股收益：

$$3\,450\div(1\,800\times9\div12+3\,300\times3\div12)=1.59(\text{元})$$

提供比较报表的情况下，比较报表中的每股收益应进行调整，A 公司 2021 年的基本每股收益＝1 800/1 800＝1(元)。

（5）少数股东权益的列示。本例中，B 企业的全部股东中，假定只有其中的 90％以原持有的对B企业股权换取了A公司增发的普通股。A公司应发行的普通股股数为1 620万股（900×90%×2）。企业合并后，B企业的股东拥有合并后报告主体的股权比例为51.92%（1 620÷3 120）。

通过假定B企业向A公司发行本企业普通股在合并后主体享有同样的股权比例，在计算B企业须发行的普通股数量时不考虑少数股权的因素，故B企业应当发行的普通股股数为750万股（900×90%÷51.92%−900×90%），B企业在该项合并中的企业合并成本为30 000万元（750×40），B企业未参与股权交换的股东拥有B企业的股份为10%，享有B企业合并前净资产的份额为6 000万元（60 000×10%），在合并财务报表中应作为少数股东权益列示。

应该注意的是，上文述及的鼎泰新材、顺丰控股之间的反向购买交易与本例在会计处理方面存在差异：上市公司鼎泰新材在反向购买交易中，原有资产、负债作为对价的组成部分被置出给顺丰控股的股东，合并后不再经营原有业务，其经营活动实际上是顺丰控股既有业务的延续。换言之，顺丰控股的股东购买的只是上市公司这个“壳”资源，而不是其拥有的业务。这种“非业务类型的反向购买”，应按照国家财政部《关于做好执行会计准则企业2008年年报工作的通知》（财会函〔2008〕60号）的规定，作为权益性交易进行会计处理，不确认商誉或负商誉（当期损益）。建议读者仔细阅读顺丰控股2016年年度报告及2017年第一季度报告，查找其反向购买会计处理（个别报表）、合并报表编制方面与本例的异同。

练习题

一、单项选择题

1. 编制购买日合并资产负债表时，被合并方资产和负债的评估增值或减值应分别进行调整，其方法是（　　）。

A. 调增或调减资本公积

B. 调增或调减营业外收入

C. 调增或调减公允价值变动损益

D. 确认为递延所得税资产或递延所得税负债

2. 编制购买日的合并财务报表时，应当对母公司的个别财务报表进行调整，其方法是（　　）。

A. 权益法　　B. 成本法　　C. 购买法　　D. 权益结合法

3. 对于子公司持有的母公司股权，应当按照子公司取得母公司股权日所确认的长期股权投资的初始投资成本，将其转为合并财务报表中的（　　）。

A. 库存股　　B. 少数股东权益

C. 长期股权投资　　D. 持有至到期投资

4. A 公司是 B 公司的母公司，B 公司上年度用 20 000 元将 A 公司成本为 16 000 元的货物购入，全部形成期末存货，本期销售其中的 70%，售价 18 000 元；B 公司本期又用 40 000 元将 A 公司成本为 34 000 元的货物购入，没有销售，全部形成存货，则 B 公司期末存货中包含的未实现内部销售损益是（　　）元。

A. 1 200　　B. 6 000　　C. 7 200　　D. 4 000

5. M 公司是 A 公司和 B 公司的母公司。2020 年 6 月 15 日，A 公司将其产品以市场价格销售给 B 公司，售价为 100 万元（不考虑相关税费），销售成本为 76 万元。B 公司购入后作为管理用固定资产使用，按 4 年的期限采用直线法对该项资产计提折旧，预计净残值为零。假定不考虑所得税影响，M 公司在编制 2020 年年末合并资产负债表时，应调整“固定资产”项目的金额为（　　）万元。

A. −15　　B. 6　　C. 9　　D. −24

6. 甲公司 2020 年 3 月 10 日从其拥有 80%股份的子公司购进设备一台，该设备为子公司所生产的产品，成本为 1 850 万元，售价为 2 260 万元（含增值税，增值税税率为 13%），另支付运输安装费 8 万元，甲公司已付款且该设备当月投入使用，预计使用年限为 5 年，净残值为 0，采用年数总和法计提折旧。甲公司 2021 年年末编制合并报表时应抵销当年的固定资产折旧额为（　　）万元。

A. 37.5　　B. 12.5　　C. 30　　D. 42.5

7. 2020 年 3 月，A 公司将生产的设备以 3 000 万元的价格（不含增值税额）销售给其全资子公司 B 作为管理用固定资产。该产品的生产成本为 2 400 万元。B 公司预计该产品使用年限为 10 年，采用年限平均法计提折旧，预计净残值为零。A 公司编制 2020 年合并报表时，因该设备相关的未实现内部销售利润的抵销而影响合并净利润的金额为（　　）万元。

A. 540　　B. 555　　C. 600　　D. 645

8. 对于上一年度抵销的内部应收账款计提的坏账准备的金额，在本年度编制合并抵销分录时，应当（　　）。

A. 借：未分配利润——年初
　　贷：信用减值损失

B. 借：应收账款——坏账准备
　　贷：未分配利润——年初

C. 借：应收账款——坏账准备
　　贷：信用减值损失

D. 借：信用减值损失
　　贷：应收账款——坏账准备

9. 母子公司采用应收账款余额百分比法计提坏账准备，计提比例为 1%，期初和期末内部应收账款余额均为 150 万元，在连续编制合并财务报表的情况下，本期就该项内部应收账款计提的坏账准备所编制的抵销分录为（　　）。

A. 借：信用减值损失　　15 000

　贷：未分配利润——年初　　15 000

B. 借：应收账款——坏账准备　　15 000

　贷：信用减值损失　　15 000

C. 借：应收账款——坏账准备　　15 000

　贷：未分配利润——年初　　15 000

D. 不做抵销处理

10. 在连续编制合并财务报表的情况下，由于上年坏账准备抵销而应调整“未分配利润——年初”项目的金额为（　　）。

A. 上年度应收账款计提的坏账准备的数额

B. 本年度应收账款计提的坏账准备的数额

C. 上年度抵销的内部应收账款计提的坏账准备的数额

D. 本年度内部应收账款计提的坏账准备的数额

二、多项选择题

1. 在连续编制合并财务报表时，对于内部应收款项及其坏账准备，正确的抵销方法有（　　）。

A. 将内部应收款项与应付款项予以抵销，按照内部应付款项的数额，借记“应付账款”“应付票据”等项目，贷记“应收账款”“应收票据”等项目

B. 应将上期资产减值损失中抵销的各内部应收款项计提的相应坏账准备对本期期初未分配利润的影响予以抵销，按照上期资产减值损失项目中抵销的各内部应收款项计提的相应坏账准备的数额，借记“应收账款”等项目，贷记“未分配利润——期初”项目

C. 对于本期各内部应收款项在个别财务报表中补提（或冲销）的相应坏账准备的数额也应予以抵销，按照本期期末内部应收款项在个别资产负债表中补提（或冲销）的坏账准备的数额，借记（或贷记）“应收账款”等项目，贷记（或借记）“信用减值损失”项目

D. 对于本期各内部应收款项在个别财务报表中补提（或冲销）的相应坏账准备的数额不予抵销

2. 在连续编制合并财务报表时，对于内部销售存货，正确的抵销方法有（　　）。

A. 将上期抵销的存货价值中包含的未实现内部损益对本期期初未分配利润的影响进行抵销，按照上期内部购入存货价值中包含的未实现内部销售损益的数额，借记“未分配利润——期初”项目，贷记“营业成本”项目

B. 对于本期发生的内部销售存货，将内部销售收入、内部销售成本及内部购入存货中未实现内部销售损益予以抵销，按照销售企业内部销售收入的数额，借记“营业收入”项目，贷记“营业成本”项目

C. 将期末内部购入存货价值中包含的未实现内部销售损益予以抵销，对于期末内

部销售形成的存货（包括上期结转形成的本期存货），应当按照购买企业期末内部购入存货价值中包含的未实现内部销售损益的数额，借记“营业成本”项目，贷记“存货”项目

D. 将期末内部购入存货价值中包含的未实现内部销售损益予以抵销，对于期末内部销售形成的存货（包括上期结转形成的本期存货），应当按照购买企业期末内部购入存货价值中包含的未实现内部销售损益的数额，借记“营业收入”项目，贷记“营业成本”项目

3. 2020年12月，A公司将成本为180万元的一批产品销售给子公司B，销售价格为225万元，至当年年末该产品仍有112.5万元没有实现对外销售，形成存货。2021年2月，A公司又将成本为354.38万元的同类商品以472.5万元的价格销售给B公司。2021年4月，B公司将上述存货中的一部分对外销售，销售价格为307.5万元，销售成本为240万元，其余没有实现对外销售，采用先进先出法对存货计价。公司的所得税税率均为25%。2021年年末编制合并财务报表时，下列抵销分录中正确的有（　　）。

A. 借：未分配利润——年初　　225 000
　　贷：营业成本　　225 000

B. 借：营业收入　　4 725 000
　　贷：营业成本　　4 725 000

C. 借：营业成本　　862 500
　　贷：存货　　862 500

D. 借：递延所得税资产　　56 300
　　贷：未分配利润——年初　　56 300

4. 在连续编制合并财务报表时，对于内部销售存货的存货跌价准备，正确的抵销方法有（　　）。

A. 将上期资产减值损失中抵销的存货跌价准备对本期期初分配利润的影响予以抵销，按照上期资产减值损失项目中抵销的存货跌价准备的数额，借记“存货”项目，贷记“未分配利润——期初”项目

B. 对于本期对内部购入存货在个别财务报表中补提（或冲销）的存货跌价准备的数额也应予以抵销，按照本期对内部购入存货在个别财务报表中补提（或冲销）的存货跌价准备的数额，借记（或贷记）“存货”项目，贷记（或借记）“资产减值损失”项目

C. 当本期内部购入存货的可变现净值低于持有该存货企业的取得成本但高于抵销未实现内部销售损益后的取得成本（即销售企业对该存货的取得成本）时，其抵销的存货跌价准备的金额为本期存货跌价准备的增加额

D. 当本期内部购入存货的可变现净值低于抵销未实现内部销售损益后的取得成本（即销售企业对该存货的取得成本）时，其抵销的存货跌价准备的金额为相对于购买企业该存货的取得成本高于销售企业取得成本的差额部分计提的跌价

准备的数额扣除期初内部购入存货计提的存货跌价准备的金额后的余额

5. 在连续编制合并财务报表时，对于内部销售固定资产，正确的抵销方法有（　　）。

A. 将内部交易固定资产中包含的未实现内部销售损益抵销，并调整期初未分配利润，按照内部交易固定资产中包含的未实现内部销售损益数额，借记“未分配利润——期初”项目，贷记“固定资产”项目

B. 将以前会计期间内部交易固定资产多计提的累计折旧抵销，并调整期初未分配利润，按照以前会计期间抵销该内部交易固定资产因包含未实现内部销售损益而多计提（或少计提）的累计折旧额，借记（或贷记）“固定资产”项目，贷记（或借记）“未分配利润——期初”项目

C. 将当期由于该内部交易固定资产因包含未实现内部销售损益而多计提的折旧费用予以抵销，并调整本期计提的累计折旧额，按照本期该内部交易的固定资产多计提的折旧额，借记“固定资产”项目，贷记“管理费用”等费用项目

D. 将当期由于该内部交易固定资产因包含未实现内部销售损益而多计提的折旧费用予以抵销，并调整本期计提的累计折旧额，按照本期该内部交易的固定资产多计提的折旧额，借记“累计折旧”项目，贷记“管理费用”等费用项目

三、综合分析题

1. 查阅上市公司公开披露的相关资料，了解、分析本章提及的“鼎泰新材”与“顺丰控股”反向并购案例中的合并报表编制主体、编制方法及编制结果。

2. A、B公司分别为M公司控制下的两家子公司。A公司于2022年3月5日自M公司取得B公司100%的股权，合并后B公司仍维持其独立法人资格继续经营。为进行该项合并，A公司发行了1 500万股普通股（每股面值1元）作为对价（不考虑发行佣金、费用等）。假定A、B公司采用的会计政策相同。合并日，A公司及B公司的所有者权益构成如表12-16所示。

表12-16　A公司及B公司的所有者权益构成　　单位：万元

A公司		B公司	
股本	9 000	股本	1 500
资本公积	2 500	资本公积	500
盈余公积	2 000	盈余公积	1 000
未分配利润	5 000	未分配利润	2 000
合计	18 500	合计	5 000

要求：

（1）编制A公司投资时的会计分录；

（2）编制A公司合并日的抵销分录。

3. A公司支付5 500万元银行存款取得B公司100%的股权，B公司资产为10 000万元（其中，一项账面价值为4 000万元的固定资产经评估其公允价值为5 000万元），

负债为 6 000 万元，所有者权益为 4 000 万元。

要求：编制 A 公司投资时的会计分录以及合并日编制合并财务报表时的调整和抵销分录。

4. 华远公司于 2021 年 1 月 1 日通过非同一控制下企业合并方式合并了甲公司，持有甲公司 80%的股权，合并对价为 4 500 万元。华远公司在 2021 年 1 月 1 日备查簿中记录的甲公司的可辨认净资产、负债的公允价值与账面价值相同。有关资料如下：

（1）甲公司 2021 年 1 月 1 日的所有者权益为 5 250 万元，其中实收资本为 3 000 万元，资本公积为 2 250 万元。

（2）甲公司 2021 年度实现净利润 1 500 万元（均由投资者享有），按照净利润的 10%提取盈余公积。甲公司 2022 年因持有其他债权投资，公允价值变动计入其他综合收益 223.88 万元（未扣除所得税影响，甲公司所得税税率为 25%）。甲公司 2021 年度宣告发放现金股利 600 万元。

（3）甲公司 2022 年度实现净利润 3 000 万元（均由投资者享有）。甲公司 2022 年因持有其他债权投资，公允价值变动计入其他综合收益 200 万元（已扣除所得税影响）。甲公司 2022 年度宣告发放现金股利 900 万元。

（4）甲公司采用的会计政策和会计期间与华远公司一致。

要求：

（1）2021 年按照权益法对子公司的长期股权投资进行调整，编制工作底稿中的调整分录。

（2）编制 2021 年母公司与子公司股权投资项目与子公司所有者权益项目的抵销分录。

（3）编制 2021 年母公司对子公司持有对方长期股权投资的投资收益的抵销分录。

（4）2022 年按照权益法对子公司的长期股权投资进行调整，编制工作底稿中的调整分录。

（5）编制 2022 年母公司对子公司股权投资项目与子公司所有者权益项目的抵销分录。

（6）编制 2022 年母公司对子公司持有对方长期股权投资的投资收益的抵销分录。

5. 2020 年 4 月 10 日，B 公司出售一批商品给其子公司 A，售价（不含增值税）为 100 万元，款项均已收到，商品成本为 80 万元。至 2020 年 12 月 31 日，A 公司向 B 公司购买的上述存货中尚有 50%未出售给集团外单位。A 公司 2020 年向 B 公司购入存货所剩余的部分，至 2021 年 12 月 31 日仍未出售给集团外单位。2021 年 B 公司又出售一批商品给 A 公司，售价（不含增值税）为 200 万元，款项均已收到，成本为 140 万元。A 公司 2021 年向 B 公司购入的存货至 2021 年 12 月 31 日全部未出售给集团外单位。

要求：做出 B 公司编制合并财务报表时的抵销分录。

6. A 股份有限公司 2020 年 2 月 2 日从其拥有 80%股份的被投资企业 B 购进其生产的设备一台。B 公司销售该产品的销售成本为 84 万元，销售价款为 120 万元，销售毛利率为

30%。A公司已支付设备价款，另支付运杂费1万元、保险费0.6万元，发生安装调试费用8万元，于2020年5月20日竣工验收交付使用。A公司采用直线法计提折旧，该设备用于行政管理，使用年限为3年，预计净残值为原价的4%（抵销该固定资产包含的未实现内部销售利润时不考虑净残值）。假定不考虑内部交易产生的递延所得税。

要求：

（1）计算确定A公司购入该设备的入账价值。

（2）计算A公司该设备每月应计提的折旧额。

（3）假定该设备在使用期满时进行清理，编制A公司2020—2023年度合并财务报表中有关购买、使用该设备的抵销分录。

（4）假定该设备于2022年5月10日提前进行清理，在清理中发生清理费用5万元。设备变价收入74万元（不考虑有关税费）。编制A公司2022年度合并财务报表中有关购买、使用该设备的抵销分录。

7. 上市公司W拥有A公司80%股份，拥有B公司60%股份。W、A、B公司的资产负债表、利润表如表12-17、表12-18所示。2022年W公司与A公司、B公司发生以下业务：

（1）W公司销售给A公司产品20 000元，成本14 000元，销售毛利率30%。

（2）W公司销售给B公司产品5 000元，成本4 000元，销售毛利率20%。

（3）A公司年初存货中包含从W公司购入的存货1 500元，本期从W公司购入的20 000元产品已对外销售15 000元，期末存货中包含从W公司购入的产品5 000元。

（4）B公司从W公司购入的产品5 000元作为办公用固定资产，其折旧期限为5年，已提取折旧1 000元。

（5）W公司期初应收账款账户明细记录为：期初A公司2 500元，B公司1 800元；本期应收账款账户记录为：A公司6 500元，B公司1 500元。W公司采用余额百分比法计提坏账准备5%。

（6）W公司债权投资中含A公司发行的债券1 500元，本期收到A公司债券利息100元。

要求：根据以上业务，编制WAB集团公司的合并资产负债表及利润表。

表12-17　W、A、B公司资产负债表（简表）

2022年12月31日　　　　单位：元

资产	W公司	A公司	B公司	负债和所有者权益（或股东权益）	W公司	A公司	B公司
流动资产：				流动负债：			
货币资金	20 650	7 820	2 075	短期借款	28 000	6 500	1 800
交易性金融资产	6 000	2 000	1 000	交易性金融负债			
衍生金融资产				衍生金融负债			
应收票据	2 000	1 000	0	应付票据			

续表

资产	W 公司	A 公司	B 公司	负债和所有者权益（或股东权益）	W 公司	A 公司	B 公司
应收账款	29 850	5 970	2 985	应付账款	37 500	7 000	4 200
应收款项融资				预收款项	15 000	4 000	2 400
预付款项	8 500	1 500	2 400	合同负债			
其他应收款				应付职工薪酬	13 000		
存货	55 000	4 250	3 500	应交税费			
合同资产				其他应付款	4 000		
持有待售资产				持有待售负债			
一年内到期非流动资产				一年内到期的非流动负债			
其他流动资产	30 000	3 000	1 500	其他流动负债	12 500	3 500	4 600
流动资产合计	152 000	25 540	13 460	流动负债合计	110 000	21 000	13 000
非流动资产：				非流动负债：			
债权投资	3 200	5 000		长期借款	45 000	9 000	
其他债权投资				应付债券	30 000	6 000	
长期应收款				租赁负债			
长期股权投资	16 300			长期应付款			
其他权益工具投资				预计负债			
其他非流动金融资产				递延收益			
投资性房地产				递延所得税负债			
固定资产	120 000	13 500	6 000	其他非流动负债			
在建工程	7 500	2 000		非流动负债合计	75 000	15 000	
生产性生物资产				负债合计	185 000	36 000	13 000
油气资产				所有者权益（或股东权益）：			
使用权资产				实收资本（或股本）	65 000	9 000	6 500
无形资产	16 000	1 600	1 000	其他权益工具			
开发支出				资本公积	25 000	1 650	450
商誉				减：库存股			
长期待摊费用				其他综合收益			
递延所得税资产				专项储备			
其他非流动资产	5 000	1 360	540	盈余公积	27 000	1 500	600
非流动资产合计	168 000	23 460	7 540	未分配利润	18 000	850	450

续表

资产	W公司	A公司	B公司	负债和所有者权益（或股东权益）	W公司	A公司	B公司
				归属于母公司所有者权益合计			
				少数股东权益			
				所有者权益（或股东权益）合计	135 000	13 000	8 000
资产总计	320 000	49 000	21 000	负债和所有者权益（或股东权益）总计	320 000	49 000	21 000

表12－18　W、A、B公司利润表

2022年1月1日至2022年12月31日　　单位：元

项目	W公司	A公司	B公司
一、营业收入	525 000	30 000	15 000
减：营业成本	420 000	22 500	10 500
税金及附加	4 500	750	300
销售费用	7 000	650	350
管理费用	18 000	1 400	900
研发费用			
财务费用	6 000	500	100
加：其他收益			
投资收益	4 500	300	
其中：来自A公司	2 400		
来自B公司	1 350		
其他	750	300	
净敞口套期收益			
公允价值变动收益			
信用减值损失			
资产减值损失			
资产处置收益			
二、营业利润	74 000	4 500	2 850
加：营业外收入			
减：营业外支出			
三、利润总额	74 000	4 500	2 850
减：所得税费用	22 500	1 500	600
四、净利润	51 500	3 000	2 250

第 13 章

分部报告与中期报告

学习目标

现代企业，尤其是集团企业、跨国企业，往往从事跨区域、跨行业的经营活动。企业在各区域、各行业、各产品的资金、技术、人力资源等配置情况不同，其经营状况及对企业的贡献等也不同。企业应当基于区域、行业、产品等的经营情况，编制分部报告（segmental report），披露分部信息。从会计信息时效性的角度看，企业经营活动总是在持续不断地进行，会计信息随之产生并不断更新，企业应将这些信息及时地提供给出资者、债权人等信息使用者，这就要求企业编制中期财务报告（interim financial report），以尽可能弥补年度财务报告时间间隔过长导致的信息滞后缺陷。本章以《企业会计准则第 35 号——分部报告》《企业会计准则第 32 号——中期财务报告》《企业会计准则第 30 号——财务报表列报》为基础，重点讲述分部报告、中期财务报告的基本理论及其编制原理。

第 1 节　经营分部与报告分部

一、经营分部的概念与确定依据

《企业会计准则第 35 号——分部报告》（2006 年）要求，企业披露信息，应当区分业务分部和地区分部。在 2009 年 6 月财政部发布的《企业会计准则解释第 3 号》（财会〔2009〕8 号）中，不再使用业务分部与地区分部这两个概念，代之以“经营分部”的称谓。

《企业会计准则解释第 3 号》规定，企业应当以组织结构、管理要求、内部报告制度为依据确定经营分部。作为经营分部，必须同时满足下列条件：第一，该组成部分能够在日常活动中产生收入和费用；第二，企业管理层能够定期评价该组成部分的经营成果；第三，企业能够取得该组成部分的财务状况、经营成果和现金流量等有关会计信息。

企业存在相似经济特征的两个或多个经营分部，同时满足以下条件的，可以合并为一个经营分部。

（1）具有相近的长期财务业绩，包括具有相近的长期平均毛利率、资金回报率、未来现金流量等；

（2）在确定经营分部时所考虑的因素类似。

据此，经营分部的确定程序如图 13－1 所示。

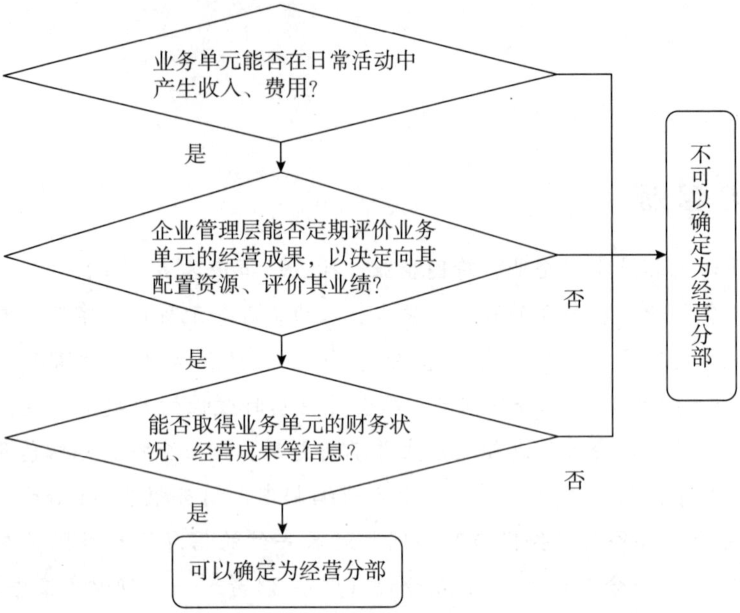

图 13－1　经营分部的确定程序

延伸阅读

经营分部的划分标准

经营分部的确定离不开对企业特定经营组成部分风险和报酬的界定。区分风险和报酬的标准很多，既可以按产品、服务和行业，也可以按地理位置、顾客类型，还可以按生产线、组织结构、独立核算单位和法律主体等。目前，国际上存在两种划分分部的典型方法：一是管理法，即以企业的内部组织结构和管理方式反映企业的风险和报酬；二是风险报酬法，即以企业经营涉及的行业和地区反映企业多种经营或跨地区经营的风险和报酬。

美国财务会计准则委员会（FASB）1997 年颁布的《美国财务会计准则第 131 号——企业分部和相关信息披露》，采用的是管理法划分分部；国际会计准则委员会（IASC）1997 年正式批准、1981 年发布的《国际会计准则第 14 号——分部报告》，采用风险报酬法划分分部；国际会计准则理事会（IASB）2006 年 11 月对原准则进行修订，发布了《国际财务报告准则第 8 号——经营分部》，对分部的划分采用管理法。

我国《企业会计准则第 35 号——分部报告》主要采用的是风险报酬法。2009 年 6

月，财政部发布《企业会计准则解释第 3 号》，根据国际财务报告准则第 8 号对我国企业会计准则第 35 号准则进行了修订，对分部的划分采用管理法。修订主要体现在两个方面：一是使用经营分部的概念，取消业务分部与地区分部这两个概念；二是不再区分主要报告形式和次要报告形式，也就不再区分不同的报告形式分别披露不同的信息。

资料来源：摘编自陈玉媛.IASB 与 FASB 在经营分部准则上的趋同与差异.财会月刊，2009（3）.

二、报告分部的概念与确定依据

企业以经营分部为基础确定报告分部。企业确定经营分部后，还应按照一定的原则从中选出应当单独对外披露的分部，即报告分部。

（一）直接确定为报告分部的条件——重要性标准

经营分部的大部分收入是对外交易收入，且满足表 13－1 所列条件之一的，企业应当将其确定为报告分部。

表 13－1　报告分部的确定依据

条件选项	释义	备注
收入条件：该分部的收入占所有分部收入合计的 10%或以上	分部收入，是指可归属于分部的对外交易收入和对其他分部交易收入。分部收入主要由可归属于分部的对外交易收入构成，通常为营业收入。可以归属分部的收入来源于两个渠道：一是可以直接归属于分部的收入；二是间接归属于分部的收入。	分部收入通常不包括下列项目（分部的日常活动是金融性质的除外）：（1）利息收入和股利收入（采用成本法核算的长期股权投资所取得的股利收入）；（2）营业外收入；（3）处置投资产生的净收益；（4）采用权益法核算的长期股权投资在被投资单位实现的净利润中应享有的份额。
利润条件：该分部的利润（亏损）的绝对额占所有盈利分部利润合计额或所有亏损分部亏损合计额的绝对额两者中较大者的 10%或以上	分部利润（亏损），是指分部收入减去分部费用后的余额。分部费用，是指可归属于分部的对外交易费用和对其他分部的交易费用，主要由可归属于分部的对外交易费用构成，通常包括营业成本、营业税金及附加、销售费用等。其来源也主要有两个渠道：一是可以直接归属于分部的费用；二是间接归属于分部的费用。	分部费用通常不包括下列项目（分部的日常活动是金融性质的除外）：（1）利息费用；（2）营业外支出；（3）处置投资发生的净损失；（4）采用权益法核算的长期股权投资确认的投资损失；（5）与企业整体相关的管理费用和其他费用（所得税费用）。
资产条件：该分部的资产占所有分部资产合计额的 10%或以上	分部资产，是指分部经营活动使用的可以归属于该分部的资产。分部资产应当包括但不限于以下项目：分部在经营活动中所使用的流动资产、固定资产、融资租入的资产、可直接归属于或者以合理的基础分配于某分部的商誉、无形资产等。企业在计量分部资产时，应当按照分部资产的账面价值进行计量，即按扣除相关累计折旧或摊销额以及累计减值准备后的金额计量。	递延所得税资产，以及服务于整个企业或者管理总部的资产，不属于分部资产。

【例 13-1】 某上市公司经营分部 2022 年的相关数据如表 13-2 所示。请分析其报告分部组成情况。

表 13-2　公司经营分部财务数据　　单位：万元

项目	房地产分部	酒店分部	机械加工分部	饮食服务分部	医药分部	合计
1. 营业收入	300 000	80 000	40 000	30 000	20 000	470 000
对外交易收入	250 000	50 000	30 000	25 000	20 000	375 000
分部间交易收入	50 000	30 000	10 000	5 000		95 000
2. 营业利润	35 000	10 000	4 000	3 000	1 500	53 500
3. 资产总额	400 000	150 000	130 000	50 000	40 000	770 000

【解析】

本例中，可按以下步骤确定报告分部：

(1) 各分部对外交易收入占其总收入的比重（见表 13-3）。

表 13-3　各分部对外交易收入占其总收入的比重

房地产分部	酒店分部	机械加工分部	饮食服务分部	医药分部
83.33%	62.50%	75.00%	83.33%	100.00%

由此可见，各分部对外交易收入均占其总收入的大部分。

(2) 重要性判断。由表 14-4 可以看出，房地产、酒店、机械加工三个分部满足了作为报告分部的标准，可以确定为报告分部。饮食服务分部、医药分部能否作为报告分部，还需做进一步分析。

表 13-4　各分部的重要性判断

项目	房地产分部	酒店分部	机械加工分部	饮食服务分部	医药分部
1. 营业收入	64%	17%	9%	6%	4%
是否符合条件	是	是	否	否	否
2. 营业利润	65%	19%	7%	6%	3%
是否符合条件	是	是	否	否	否
3. 资产总额	52%	19%	17%	6%	6%
是否符合条件	是	是	是	否	否
报告分部	是	是	是		

（二）低于 10%重要性标准的选择

经营分部未满足三个重要性判断标准的，应按照下列规定进行处理：

（1）不考虑该分部的规模，直接将其指定为报告分部。如果企业管理层认为披露该经营分部信息对会计信息使用者有用，无论该经营分部是否满足 10%的重要性标准，都可以直接将其指定为报告分部。

（2）不将该分部直接指定为报告分部的，可将该分部与一个或一个以上的具有相似经济特征的满足经营分部合并条件的其他分部合并为一个报告分部。

（3）不将该分部指定为报告分部且不与其他分部合并的，企业在披露分部信息时，应将该经营分部的信息与其他组成部分的信息合并，作为其他项目单独披露。

（三）报告分部 75%的标准

企业的经营分部达到规定的 10%重要性标准确认为报告分部后，确定为报告分部的对外交易收入合计额占合并总收入或企业总收入的比重应当达到 75%的比例。如果未达到 75%的标准，企业必须增加报告分部的数量，将其他未作为报告分部的经营分部纳入报告分部的范围，直到该比重达到 75%。此时，其他未作为报告分部的经营分部很可能未满足前述规定的三个 10%的重要性标准，但为了使报告分部的对外交易收入合计额占合并总收入或企业总收入的总体比重能够达到 75%的比例要求，也应当将其确定为报告分部。

【例 13-2】 沿用例 13-1 资料，房地产、酒店、机械加工三个分部的对外交易收入合计额为 330 000 万元，占企业总收入 470 000 万元的比例为 70.21%，小于 75%。请分析其报告分部组成情况。

【解析】

基于以上资料，本例应继续增加报告分部的数量，把饮食服务分部作为报告分部。

（四）报告分部的数量

报告分部的数量一般不超过 10 个。如果报告分部的数量超过 10 个，企业应当考虑将具有相似经济特征、满足经营分部合并条件的报告分部进行合并，以使合并后的报告分部数量不超过 10 个。

（五）为提高可比信息确定报告分部

对于上期确定为报告分部的，企业本期认为其依然重要，即使本期没有满足上述条件的，仍应将其确定为报告分部。对于本期符合报告分部条件而上期不满足报告分部条件的报告分部，可以出于比较的目的对上期报告分部信息进行重述，但如果上期信息无法获得，或者不符合成本效益原则，则不需要重述以前会计期间的报告分部信息。

综上所述，报告分部的确定程序如图 13-2 所示。

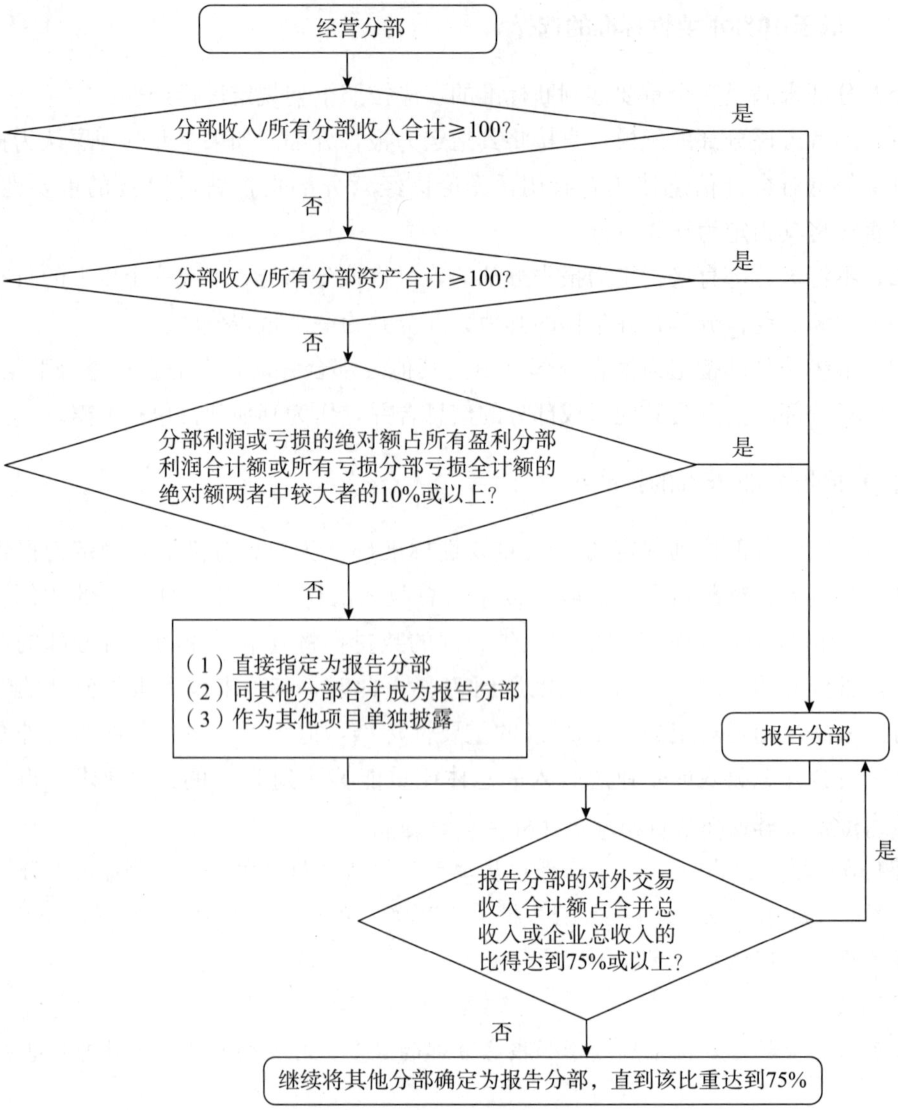

图13-2　报告分部确定程序

第2节　分部信息的披露

一、分部报告的基本格式

分部报告一般以财务报表附注的形式予以披露。在《企业会计准则第30号——财务报表列报》中，列示了分部报告的基本格式（见表13-5）。

表 13-5　分部报告信息披露

单位：元

项目	××业务		××业务		…	其他		抵销		合计	
	本期	上期	本期	上期		本期	上期	本期	上期	本期	上期
一、营业收入											
其中：对外交易收入											
分部间交易收入											
二、营业费用											
三、营业利润（亏损）											
四、资产总额											
五、负债总额											
六、补充信息											
1. 折旧和摊销费用											
2. 资本性支出											
3. 折旧和摊销以外的非现金费用											

二、分部报告信息披露的内容

分部报告应披露的信息包括描述性信息、利润（亏损）总额、资产总额、负债总额等相关信息。

（一）描述性信息

描述性信息主要包括确定报告分部考虑的因素以及报告分部的产品和劳务的类型。

（二）报告分部的利润（亏损）总额相关信息

此信息包括利润（亏损）总额组成项目及会计计量的相关会计政策信息（见表 13-6)。

表 13-6　报告分部的利润（亏损）总额相关信息

利润（亏损）总额组成项目	相关会计政策
（1）对外交易收入和分部间交易收入 （2）利息收入和利息费用。但是报告分部的日常活动为金融性质的除外。报告分部的日常活动为金融性质的，可以仅披露利息收入减去利息费用后的净额，同时披露这一处理方法 （3）折旧费用和摊销费用，以及其他重大的非现金项目 （4）采用权益法核算的长期股权投资确认的投资收益 （5）所得税费用或所得税收益 （6）其他重大的费用和收益项目	（1）分部间转移价格的确定基础 （2）相关收入和费用分配给报告分部的基础 （3）确定报告分部利润（亏损）使用的计量方法发生变化的性质，以及这些变化产生的影响

（三）报告分部的资产总额、负债总额相关信息

该信息包括资产总额组成的项目信息，以及资产、负债计量的相关会计政策。主要为：

（1）采用权益法核算的长期股权投资金额。

（2）非流动资产（不包括金融资产、独立账户资产、递延所得税资产）金额。

（3）报告分部的负债金额。

同时，企业应在附注中披露将相关资产或负债分配给报告分部的基础。分部报告的表格格式如表13－7所示。

表13－7　企业报告分部利润（亏损）、资产及负债信息　　单位：元

项目	分部A	分部B	分部C	…	合计
一、对外交易收入					
二、分部间交易收入					
三、利息收入					
四、利息费用					
五、折旧费和摊销费					
六、对联营企业和合营企业的投资收益					
七、资产减值损失					
八、利润总额（亏损总额）					
九、所得税费用					
十、净利润（净亏损）					
十一、其他重要的非现金项目					
1. 对联营企业和合营企业的长期股权投资					
2. 其他非流动资产					
3. 资本性支出					
十二、资产总额					
十三、负债总额					

（四）其他重要信息的披露

企业报告分部信息披露除上述内容外，还应当披露下列信息：

（1）每一产品和劳务或每一类似产品和劳务组合的对外交易收入；

（2）企业取得的来自本国的对外交易收入总额以及位于本国的非流动资产（不包括金融资产、独立账户资产、递延所得税资产，下同）总额，企业从其他国家取得的对外交易收入总额以及位于其他国家的非流动资产总额；

(3) 企业对主要客户的依赖程度。

此外，还应该注意报告分部的收入总额、利润（亏损）总额、资产总额、负债总额应与企业对应的收入总额、利润（亏损）总额、资产总额及负债总额相衔接。

案例 13-1 广东汕头超声电子集团股份有限公司 2019 年半年度分部报告（部分）

1. 报告分部的确定依据与会计政策

本公司以内部组织结构、管理要求、内部报告制度等为依据确定经营分部。公司的经营分部是指同时满足下列条件的组成部分：

(1) 该组成部分能够在日常活动中产生收入、发生费用；

(2) 管理层能够定期评价该组成部分的经营成果，以决定向其配置资源、评价其业绩；

(3) 能够通过分析取得该组成部分的财务状况、经营成果和现金流量等有关会计信息。

以行业分部为基础确定报告分部。

2. 本年度报告分部的财务信息

本年度报告分部的财务信息见表 13-8。

表 13-8 报告分部财务信息

单位：元

项目	营业收入	营业成本
印制线路板	1 045 793 294.46	809 938 606.59
液晶显示器	774 487 807.32	625 424 528.22
覆铜板	332 442 947.76	267 394 111.22
⋮		

资料来源：摘编自广东汕头超声电子集团股份有限公司 2019 年半年度报告．证券时报，2019-8-30。

案例 13-2 晨鸣纸业集团股份有限公司 2019 年年度分部报告（部分）

晨鸣纸业集团于 2019 年按《企业会计准则解释第 3 号》的规定确定报告分部并披露分部信息。根据集团的内部组织结构、管理要求及内部报告制度，集团的经营业务划分为多个报告分部，这些报告分部是以主要产品类型为基础确定的。集团的管理层定期评价这些报告分部的经营成果，以决定向其分配资源及评价其业绩。集团各个报告分部提供的主要产品及劳务分别为机制纸、融资租赁、建筑材料、镁矿、电力及热力等。

分部报告信息根据各分部向管理层报告时采用的会计政策及计量标准披露，这些计量基础与编制财务报表时的会计与计量基础保持一致。分部报告的简略格式如表 13-9、表 13-10、表 13-11 所示。

表 13-9　报告分部财务信息　　单位：元

分部	营业收入	营业成本
机制纸	25 911 568 864.47	19 455 165 308.40
融资租赁	1 815 459 714.28	119 934 602.87
建筑材料	311 264 909.38	252 296 926.73
镁矿	278 633 403.31	125 112 807.37
电力及热力	143 725 243.14	114 507 240.78
化工用品	126 550 115.28	112 807 283.45
⋮		

表 13-10　按主要产品类型分解　　单位：元

产品类型	营业收入	营业成本
双胶纸	7 728 877 039.07	5 734 589 199.80
白卡纸	6 908 899 578.15	5 755 130 694.57
铜版纸	3 779 487 348.44	2 722 530 177.96
静电纸	3 270 064 358.54	2 295 436 749.00
防粘原纸	1 238 578 315.18	846 933 499.50
生活纸	620 993 038.46	515 992 003.79
⋮		

表 13-11　按地区分解　　单位：元

区域	营业收入	营业成本
中国大陆	26 788 134 394.76	18 498 557 678.96
其他国家和地区	3 607 299 678.59	3 275 326 606.43

资料来源：山东晨鸣纸业集团股份有限公司 2019 年年度报告．中国证券报，2020-03-28.

第3节　中期财务报告

一、中期财务报告的概念

中期财务报告，是指以中期为基础编制的财务报告。“中期”是指短于一个完整的会计年度（自公历1月1日起至12月31日止）的报告期间。中期财务报告有的按月报出，称为月报；有的按季报出，称为季报；有的按半年报出，称为半年度报告或中报；还有的视具体要求而定，如按1月1日至9月30日的期间编报等。总体而言，中期财务报告包括：

（1）月度财务报告；

（2）季度财务报告；

（3）半年度财务报告；

（4）年初至本中期期末的财务报告。

中期财务报告至少应当包括以下部分：（1）资产负债表；（2）利润表；（3）现金流量表；（4）附注。这是中期财务报告最基本的构成。考虑到所有者权益（或股东权益）变动表中的所有者权益增减变动信息在中期利润表以及中期财务报表附注中得到了反映或者说明，因此，不要求企业在其中期财务报告中再单独披露所有者权益变动表。当然，企业也可以根据需要自愿编制中期所有者权益变动表。

二、中期财务报告的理论基础

关于编制中期财务报告的理论基础，会计研究领域主要有两种观点：一种是独立观（discrete view），另一种是整体观或一体观（integral view）。其主要观点及差异如表 13－12 所示。

表 13－12　独立观与整体观的比较分析

	独立观	整体观
主要观点	将每一中期视为一个独立的会计期间	将每一中期视为年度会计期间不可分割的一部分而非独立的会计期间
基本特点	报告中所采用的会计政策和确认与计量原则与年度财务报告相一致，其中所应用的会计估计、成本分配和应计项目的处理等也与年度财务报告相一致	报告中应用的会计估计、成本分配、递延和应计项目的处理必须考虑到全年将要发生的情况，即要考虑会计年度剩余期间的经营结果，因此，会计年度内发生的成本与费用，需要以年度预计活动水平如预计收益期间、预计销售量和产量等为基础，分配到各个中期
优势	直接采用在编制年度财务报告时已有的一套会计政策和确认计量原则，而且在中期报告中所反映的财务状况和经营业绩等相对比较可靠，不容易被操控	避免因会计期间的缩短而导致的各中期收益的非正常波动，从而有利于年度收益的预测
不足	容易导致各中期收入与费用的不合理配比，会影响企业业绩的评价，可能会导致各中期列报的收益波动较大，影响会计信息使用者对年度结果的预测	某些成本和费用需要以年度结果为基础，依赖会计人员较高的职业判断能力进行估计，其结果可能缺乏客观可靠的依据，从而容易操控收益，影响中期财务报告信息的可靠性

历史上，一个国家采用何种方法编制中期报告在很大程度上与其编制目的和所处环境有关。我国的资本市场是新兴市场，会计舞弊行为时有发生，会计报告为投资者提供可靠的信息以便其进行投资决策。因此，我国中期报告更强调可靠性，采用独立观能更有效地遏制会计信息失真。

延伸阅读

我国中期财务报告制度的历史沿革

1994年6月，中国证监会发布《公开发行股票的公司信息披露的内容与格式准则第3号〈中期报告的内容与格式〉（试行）》，规定中期报告分正文和备查文件两部分，并规定了中期报告应当包括的内容和具体的格式要求。

2001年4月，中国证监会发布《公开发行证券的公司信息披露编报规则第13号——季度报告内容与格式特别规定》。

财政部于1998年正式立项，并于1999年11月形成《中期财务报告》（征求意见稿），向社会各界广泛征求意见，并对征求意见稿加以修改和完善。

《企业会计准则——中期财务报告》于2001年11月最终定稿，11月2日正式对外发布，并自2002年1月1日起执行。

财政部于2006年2月15日发布了《会计准则第32号——中期财务报告》。

资料来源：陆建桥．关于我国中期财务报告会计准则的若干问题．会计研究，2002（3）．

三、中期财务报告的确认与计量原则

（一）中期会计要素的确认和计量原则应当与年度财务报告相一致

企业在中期根据所发生交易或者事项，对资产、负债、所有者权益（股东权益）、收入、费用和利润等各会计要素进行确认和计量时，应当符合相应会计要素定义和确认、计量标准，不能因为财务报告期间的缩短（相对于会计年度而言）而改变。

（二）中期会计计量应当以年初至本中期期末为基础

财务报告的频率不应当影响年度结果的计量。无论企业中期财务报告的频率是月度、季度还是半年度，中期会计计量的结果最终都应当与年度财务报表中的会计计量结果相一致。为此，企业中期财务报表的计量应当以年初至本中期期末作为基础，即企业在中期应当以年初至本中期期末作为中期会计计量的期间基础，而不应当以本中期作为会计计量的基础。

案例13-3　企业中期会计计量与年度会计计量的协调

某上市公司于2019年9月利用专项借款开工建造一项车间工程。2020年3月1日，该项目由于资金周转发生困难而停工。公司预计在1个月内即可解决资金周转困难问题，该项目可以重新实施。事实上，公司直至6月15日才获得专门借款，工程项目进入开工阶段。

如果企业只需编制年度财务报告，不必编制季度财务报告（中期报告），那么从全年来看，企业建造固定资产工程发生非正常中断的时间为 3.5 个月，企业应当暂停这 3.5 个月内所发生借款费用资本化。即以整个会计年度作为会计计量的基础，上述 3 月 1 日至 6 月 15 日之间发生的借款费用都应当予以费用化，计入当期损益。如果仅仅以每一报告季度作为会计计量的基础，则上述 3 月 1 日至 6 月 15 日之间发生的相关借款费用都将继续资本化，计入在建工程成本。季度计量的结果与年度计量的结果将发生不一致，而这种不一致的产生就是由于财务报告的频率由按年编报变为按季编报。

据此，单纯以季度为基础对上述固定资产建造中断期间所发生的借款费用进行计量是不正确的。为了避免企业中期会计计量与年度会计计量的不一致，防止企业因财务报告的频率而影响其年度财务结果的计量，企业应当以年初至本中期期末为期间基础进行中期会计计量。

资料来源：财政部会计司编写组．企业会计准则讲解 2010. 北京：人民出版社，2010.

（三）采用与年度财务报告相一致的会计政策

企业应当在中期财务报告中采用与年度财务报表相一致的会计政策，不得在同一会计年度的各个中期之间随意变更会计政策或对有关财务报表项目进行随意预计或者递延等，以保持前后各期会计政策的一贯性，提高会计信息的可比性和有用性。只有在满足下列条件之一时，才能在中期进行会计政策变更：(1) 法律、行政法规或者国家统一的会计制度等要求变更；(2) 会计政策变更能够提供更可靠、更相关的会计信息。企业在中期进行会计政策变更时，通常应当确保该项会计政策也在年度财务报告中采用。若在上年度资产负债表日之后发生了会计政策变更，且变更后的会计政策将在年度财务报告中采用，则中期财务报表应当采用变更后的会计政策。

会计政策变更的会计处理方法有追溯调整法和未来适用法两种（见表 13 - 13)。

表 13 - 13　涉及会计政策变更的调整方法比较

	追溯调整法	未来适用法
思路与方法	对某项交易或事项变更会计政策，视同该项交易或事项初次发生时即采用变更后的会计政策，并以此对财务报告相关项目进行调整的方法。	将变更后的会计政策应用于变更日及以后发生的交易或者事项，或在会计估计变更当期和未来期间确认会计估计变更影响数的方法。
会计处理	若会计政策变更的累积影响数能够合理确定，且涉及本会计年度以前中期财务报告相关项目数字的，应视同该会计政策在整个会计年度和可比中期财务报告期间一贯采用，在追溯调整本会计年度以前各中期财务报告相关项目数字的同时，相应追溯调整以前年度可比中期财务报告最早期间的留存收益和其他相关项目数字。反之，若变更的累积影响数不能合理确定或本中期变更不涉及本会计年度以前中期财务报告相关项目数字，则采用未来适用法进行会计处理。	若以前中期财务报告项目在以后中期发生了会计估计变更，应在变更当期或以后期间按变更后的会计估计进行会计处理，以后中期报告中应反映该会计估计变更后的金额，但对以前中期财务报表项目金额不做调整。如果会计估计变更的影响数对以后期间也产生影响，那么不仅应将会计估计变更的影响数计入变更当期，还应计入以后期间，并在中期财务报告的附注中作相应披露。

四、特殊事项的处理

（一）季节性、周期性或者偶然性取得的收入

由于生产、经营方面存在的特殊性，一些企业可能取得季节性、周期性或者偶然性收入。例如，供暖企业、冷饮企业、农业企业、旅游企业、某些零售企业等可能取得季节性收入；滚动开发型的房地产企业、软件开发企业可能取得周期性收入；一些企业还可能取得退税收入、财政补贴收入、政府奖励收入、税收返还等偶然性收入。企业因季节性、周期性或者偶然性取得的收入，往往集中在会计年度的个别中期内。对于这些收入，《企业会计准则第32号——中期财务报告》规定企业应当在发生时予以确认和计量，不应当在中期财务报告中予以预计或者递延。企业应当在这些收入取得并实现时及时予以确认和计量，不应当为了平衡各中期的收益而将这些收入在会计年度的各个中期之间进行分摊。季节性、周期性或者偶然性收入在会计年度末允许预计或者递延的，则在中期财务报告中也允许预计或者递延。其确认标准和计量基础应当遵循《企业会计准则第14号——收入》《企业会计准则第16号——政府补助》《企业会计准则第21号——租赁》等相关准则的规定。

（二）非均衡费用的处理

一般情况下，企业生产经营管理活动中发生的费用在一个会计年度的各个中期较为均衡，各中期之间发生的费用不会有较大差异。但是，一些费用，如员工培训费、制装费等具有季节性的特点，往往集中在会计年度的个别中期内。对此，企业应当在发生时予以确认和计量，不应当在中期财务报告中予以预提或者待摊。当然，若此类费用在会计年度末允许预提或者待摊，则在中期期末也允许预提或者待摊。

（三）中期会计估计的应用

基于中期财务报告编报时间比较短和成本效益等方面的考虑，企业在编制中期财务报告时，可以比年度财务报告在更大程度上依赖于会计估计。企业在中期进行会计计量时，应当坚持与年度财务报告一致的标准，进行合理的估计，以保障会计信息可靠性。

（四）中期会计政策变更的处理

企业在中期发生的会计政策的变更，应当按照《企业会计准则第28号——会计政策、会计估计变更和差错更正》的规定处理，并在财务报表附注中作相应披露。其中，在会计政策变更的累积影响数能够合理确定的情况下，企业通常应当对所提供的以前年度比较财务报表最早期间的期初留存收益和这些财务报表其他相关项目的数字进行追溯调整；同时，涉及本会计年度内会计政策变更以前各中期财务报表相关项目数字的也应当予以追溯调整，视同企业在整个会计年度一直采用该会计政策。

五、中期财务报告的编制

（一）编制原则

1. 一致性原则

企业在编制中期财务报告时，应当将中期视为一个独立的会计期间，不仅所采用的会计政策应当与年度财务报告所采用的会计政策相一致，包括会计要素确认和计量原则相一致，而且企业在编制中期财务报告时不得随意变更会计政策。

2. 重要性原则

企业在确认、计量和披露各中期财务报告项目时，应当遵循重要性原则。《企业会计准则第 30 号——财务报表列报》（2014 年）将“重要性”描述为“在合理预期下，财务报表某项目的省略或错报会影响使用者据此做出经济决策的，该项目具有重要性”。重要性应当根据企业所处的具体环境，从项目的性质和金额两方面予以判断，且对各项目重要性的判断标准一经确定，不得随意变更。判断项目性质的重要性，应当考虑该项目在性质上是否属于企业日常活动，是否显著影响企业的财务状况、经营成果和现金流量等因素；判断项目金额大小的重要性，应当考虑该项目金额占资产总额、负债总额、所有者权益总额、营业收入总额、营业成本总额、净利润、综合收益总额等直接相关项目金额的比重或所属报表单列项目金额的比重。

企业在判断重要性程度时，应当以中期财务数据为基础，不应当以预计的年度财务数据为基础，而且与年度财务数据相比，中期会计计量可在更大程度上依赖于估计。企业应当保证所提供的中期财务报告包括与理解企业中期期末财务状况和中期经营成果及其现金流量相关的信息。

（1）重要性程度的判断应当以中期财务数据为基础。这里所指的中期财务数据，既包括本中期的财务数据，也包括年初至本中期期末的财务数据。主要考虑有些对于预计的年度财务数据显得不重要的信息对于中期财务数据而言可能是重要的。

（2）中期会计计量可在更大程度上依赖于估计。基于中期财务报告的编报时间一般比年度财务报告短，有关编制要求也就比年度财务报告的要求宽松，所以在对重要性进行评估时，中期会计计量相对于年度财务数据而言，可在更大程度上依赖于估计。

（3）重要性原则的运用应当保证中期财务报告包括与理解企业中期期末财务状况、经营成果及其现金流量相关的信息。企业在运用重要性原则时，应当避免在中期财务报告中由于不确认、不披露或者忽略某些信息而对信息使用者的决策产生误导。

（4）重要性程度的判断需要根据具体情况做具体分析和职业判断。通常在判断某一项目的重要性程度时，应当将项目的金额和性质结合在一起予以考虑，而且在判断项目金额的重要性时，应当以资产、负债、净资产、营业收入、净利润等直接相关项目数字作为比较基础，并综合考虑其他相关因素。有时，在一些特殊情况下，单独依据项目的金额或者性质就可以判断其重要性。

案例13-4　重要性原则的运用

某上市公司在2019年第一季度转回期已计提的坏账损失为10万元，公司第一季度利润表反映的净利润为20万元，公司预计全年的净利润为1 000万元。第一季度所发生的坏账损失转回金额尽管只占预计全年净利润的1%，在编制年度财务报告时可能会被认为属于非重要事项而不予披露，但是该项坏账损失转回金额占第一季度净利润的50%，对于第一季度财务报告来讲属于重要事项，企业应当在第一季度财务报告中予以披露。

在中期期末，由于时间上的限制和成本方面的考虑，有时不大可能对存货进行全面、详细的实地盘点，在这种情况下，企业可以采用毛利率等方法来估计中期期末存货的价值。

企业发生会计政策变更时，对当期期末财务状况或者当期损益的影响可能比较小，但对后期财务状况或者损益的影响比较大，因此会计政策变更从性质上属于重要事项，应当在财务报告中予以披露。

3. 及时性原则

中期财务报告所涵盖的会计期间短于一个会计年度，其编报的时间通常也短于年度财务报告，所以中期财务报告应当能够提供比年度财务报告更加及时的信息。为了体现企业编制中期财务报告的及时性原则，中期财务报告计量相对于年度财务数据的计量而言，在很大程度上依赖于估计。

（二）编制要求

1. 关于中期个别财务报表

除中期财务报告中的附注披露可适当简化外，中期资产负债表、利润表、现金流量表和所有者权益变动表（如果编制的话）的格式和内容应当与年度财务报表相一致。

2. 关于中期合并财务报表和母公司财务报表

企业在中期财务报告中是否应当提供合并财务报表和（或）母公司财务报表，应区别以下情况而定：

（1）上年度中期财务报告编报合并财务报表的企业，其本年度中期财务报告中也应当提供合并财务报表，而且合并财务报表的合并范围、合并原则、编制方法和合并财务报表的格式与内容等也应当与上年度合并财务报表相一致。

（2）企业中期合并财务报表合并范围发生变化时，按以下原则办理：

1）如果企业在报告中期内处置了所有子公司，而且在报告中期又无新增子公司，那么企业在其中期财务报告中就不必编制合并财务报表。但是企业提供的上年度比较财务报表仍然应当同时提供合并财务报表和母公司财务报表。除非在上年度可比中期期末，企业没有子公司。

2）对于中期内新增符合合并财务报表合并范围要求的子公司，企业在中期期末就需要将该子公司的个别财务报表纳入合并财务报表的合并范围中。

（3）应当编制合并财务报表的企业，如果在上年度财务报告中除了提供合并财务报表，还提供了母公司财务报表，那么在其本年度中期财务报告中除了应当提供合并财务报表，还应当提供母公司财务报表。

3. 关于中期比较财务报表

企业在中期期末除了编制中期期末资产负债表、利润表和现金流量表，还应当提供前期比较财务报表。其内容包括：

（1）本中期期末的资产负债表和上年度末的资产负债表。

（2）本中期的利润表、年初至本中期期末的利润表以及上年度可比期间的利润表。其中，上年度可比期间的利润表包括：上年度可比中期的利润表和上年度年初至上年可比中期期末的利润表。

（3）年初至本中期期末的现金流量表和上年度年初至上年可比本中期期末的现金流量表。

（三）中期财务报告中附注的编制

1. 附注编制的基本要求

（1）重要性原则。中期财务报告中的附注相对于年度财务报告中的附注而言较为简单，但仍然应当符合重要性原则的要求。如果某项信息没有在中期财务报告附注中披露，会影响投资者等信息使用者对企业财务状况、经营成果和现金流量判断的正确性，就认为这一信息是重要的。企业至少应当在中期财务报告附注中披露中期财务报告准则规定的信息。

（2）附注应当以年初至本中期期末为基础编制。编制中期财务报告的目的是向报告使用者提供自上年度资产负债表日之后所发生的重要交易或者事项，因此，中期财务报告中的附注应当以“年初至本中期期末”为基础进行编制，而不应当仅仅披露本中期所发生的重要交易或者事项。

（3）附注应当对自上年度资产负债表日之后发生的重要交易或者事项进行披露。

2. 附注的主要内容

（1）关于中期财务报表所采用的会计政策与上年度财务报表一致性的声明。企业在中期会计政策发生变更的，应当说明会计政策变更的性质、内容、原因及其影响数；无法进行追溯调整的，应当说明原因。

（2）关于会计估计变更的内容、原因及其影响数；影响数不能确定时，应当说明原因。

（3）关于前期差错的性质及其更正金额；无法进行追溯重述的，应当说明原因。

（4）关于企业经营的季节性或者周期性特征。

（5）关于存在控制关系的关联方发生变化的情况；关联方之间发生交易的，应当披露关联方关系的性质、交易类型和交易要素。

（6）合并财务报表的合并范围发生变化的情况。

（7）对性质特别或者金额异常的财务报表项目的说明。

（8）证券发行、回购和偿还情况。

（9）向所有者分配利润的情况，包括在中期内实施的利润分配和已提出或者已批准但尚未实施的利润分配情况。

（10）根据《企业会计准则第 35 号——分部报告》规定披露分部报告信息的，应当披露主要报告形式的分部收入与分部利润（亏损）。

（11）中期资产负债表日至中期财务报告批准报出日之间发生的非调整事项。

（12）上年度资产负债表日以后所发生的或有负债和或有资产的变化情况。

（13）企业结构变化情况，包括企业合并，对被投资单位具有重大影响、共同控制或者有控制关系的长期股权投资的购买或者处置，终止经营等。

（14）其他重大交易或者事项，包括重大的长期资产转让及其出售情况、重大的固定资产和无形资产取得情况、重大的研究和开发支出、重大的资产减值损失情况等。

企业在提供上述第（5）～（10）项有关关联方交易、分部收入与分部利润（亏损）信息时，应当同时提供本中期（或者本中期期末）和本年度初至本中期期末的数据，以及上年度可比本中期（或者可比期期末）和可比年初至本中期期末的比较数据。

案例 13－5　广东汕头超声电子股份有限公司 2022 年度半年度报告

【编者提示】广东汕头超声电子股份有限公司 2022 年度半年度报告全文达 10 万字，约 137 页。读者可以上网自行查阅，重点看与高级财务会计教材、课程密切相关的内容，如公司治理、股份发行与上市、企业合并、合并报表范围、金融工具、外币折算、债务重组、分部报告等，以较为全面、系统地理解、掌握相关知识与技能。

练习题

一、单项选择题

1. 以下说法正确的是（　　）。

A. 报告分部与经营分部是一回事

B. 分部报告的信息在会计报表上列示

C. 分部报告的目的是评估企业风险与报酬

D. 多个经营分部有时可以合并为一个经营分部

2. 下列资产中，不属于分部资产的为（　　）。

A. 用于分部经营活动的流动资产

B. 用于分部经营活动的无形资产

C. 用于分部经营活动的融资租入的固定资产

D. 递延所得税资产

3. 已经纳入分部报告范围的各个分部对外营业收入总额应达到企业营业收入总额的 75%，否则，下列表述正确的是（　　）。

A. 不再提供分部营业报告

B. 按已经纳入并低于营业收入总额 75%提供分部报告

C. 将更多的分部纳入分部报告编制范围

D. 无规定

4. 企业报告分部的数量一般不超过（　　）个。

A.5　　B. 8　　C. 10　　D. 15

5. 下列选项中，不属于会计中期涵盖期间的是（　　）。

A. 公历 1 月 1 日至公历 9 月 30 日　　B. 季度

C. 年度　　D. 半年度

6. 下列报表中，不属于中期财务报表的是（　　）。

A. 月度报表　　B. 季度报表

C. 年度报表　　D. 半年度报表

7. 对于会计年度中非均衡发生的费用，下列方法中错误的是（　　）。

A. 在会计年度末可以预提或待摊　　B. 在中期财务报表中预提或待摊

C. 在费用发生时予以确认　　D. 在费用发生时予以计量

8. 下列有关中期财务报告的表述中，正确的是（　　）。

A. 中期会计报表的附注应当以本中期期间为基础编制

B. 中期会计计量应当以年初至本中期期末为基础进行

C. 编制中期会计报表时应当以年度数据为基础进行重要性判断

D. 对于年度中不均匀发生的费用，在中期会计报表中应当采用计提或摊销的方法处理

9. 中期财务报告提供比较财务报表，其中不包括（　　）。

A. 截至本中期期末的资产负债表

B. 上一会计年度与本中期可比期间的资产负债表

C. 上一会计年度与本中期可比期间的现金流量表

D. 上一会计年度与本中期可比期间的利润表

10. 企业编制中期财务报告时，需要进行重要性程度判断，可以作为判断依据的数据是（　　）。

A. 预计年度数据
B. 前三年加权平均财务数据
C. 中期财务数据
D. 上一年财务数据

二、多项选择题

1. 分部报告应披露的信息一般包括（　　）。
A. 描述性信息　　B. 利润（亏损）总额
C. 资产总额　　D. 负债总额
2. 在确定经营分部时，应考虑的因素有（　　）。
A. 该组成部分能够在日常活动中产生收入、发生费用
B. 该组成部分的风险和报酬受地理因素的影响
C. 企业管理层能够定期评价该组成部分的经营成果，以决定向其配置资源、评价其业绩
D. 企业能够取得该组成部分的财务状况、经营成果和现金流量等有关会计信息
3. 满足下述条件之一的分部即可确定为报告分部，这些条件有（　　）。
A. 一个分部的营业收入达到各分部营业收入总额的10%或以上
B. 一个分部的营业利润占所有盈利分部营业利润总额的10%或以上
C. 一个分部的营业亏损占所有亏损分部营业亏损合计的10%或以上
D. 一个分部的资产总额达到所有分部资产总额合计的10%或以上
E. 一个分部的负债总额占所有分部负债总额的10%或以上
4. 下列与分部报告有关的表述中，正确的有（　　）。
A. 分部收入通常包括利息收入、股利收入，但不包括营业外收入
B. 分部费用通常不包括所得税费用
C. 分部资产通常不包括递延所得税资产
D. 报告分部的数量通常不超过10个
5. 下列关于上市公司中期财务报告的说法，正确的有（　　）。
A. 中期会计计量应以年初至本中期期末为基础
B. 中期财务报告中应同时提供合并财务报表和母公司财务报表
C. 中期财务报表仅是年度财务报表项目的节选，不是完整的报表
D. 对中期财务报表项目进行重要性判断应以预计的年度数据为基础
E. 中期财务报表中各会计要素的确认与计量标准应当与年度财务报表相一致
6. 下列关于上市公司中期财务报表的说法中，正确的有（　　）。
A. 在报告中期发现的以前年度重大会计差错，应调整相关比较会计期间的净损益和相关项目
B. 在报告中期发放的上年度现金股利，在提供可比中期财务报表时应相应调整上年度末的资产负债表及利润表项目

C. 上年中期纳入合并财务报表范围的子公司在本年度报告中期不再符合合并范围要求时，不应将该子公司纳入合并范围

D. 在报告中期新增符合合并财务报表范围的子公司，因无法提供可比中期合并财务报表，不应将该子公司纳入合并范围

E. 在报告中期对财务报表项目及其分类进行调整时，如无法对比较财务报表的有关项目金额进行重新分类，应在中期财务报表附注中说明原因

7. 上市公司应当编制、提供的中期比较财务报表包括（　　）。

A. 本中期期末的资产负债表和上年度与本中期期末相同日期的资产负债表

B. 本中期的利润表

C. 年初至本中期期末的利润表以及上年度可比期间的利润表（其中上年度可比期间的利润表是指上年度可比本中期的利润表和上年度年初至可比本中期期末的利润表）

D. 年初至本中期期末的现金流量表和上年度年初至可比本中期期末的现金流量表

E. 本中期的现金流量表

8. A 公司为上市公司，拥有一家子公司——B 公司，在 2018 年年末拥有 B 公司 65%的股权。2019 年 1 月 30 日，A 公司将 B 公司 50%的股权有偿转让给 C 公司，转让后 A 公司拥有 B 公司 15%的股权，并失去了对 B 公司的控制权。据此，以下做法中正确的有（　　）。

A. A 公司在 2018 年年末提供母公司财务报表

B. A 公司在 2019 年年末提供合并财务报表

C. A 公司在 2019 年中期财务报告中提供合并财务报表

D. A 公司在 2019 年中期财务报告中提供母公司财务报表

9. 上市公司应当遵循重要性原则编制中期财务报告，下列相关项目的金额可以作为判断重要性依据的有（　　）。

A. 资产总额　　B. 负债总额

C. 股东权益总额　　D. 营业收入总额

E. 净利润

10. 我国上市公司的会计年度为公历 1 月 1 日至 12 月 31 日，在其截至 2019 年 9 月 30 日的第三季度财务报告中，应当提供的利润表包括（　　）。

A. 2019 年 7 月 1 日至 9 月 30 日的利润表

B. 2018 年 7 月 1 日至 9 月 30 日的利润表

C. 2019 年 1 月 1 日至 9 月 30 日的利润表

D. 2018 年 1 月 1 日至 9 月 30 日的利润表

三、综合分析题

1. 某服装公司的有关资料如表 13 - 14 所示。

表 13-14　某服装公司的经营资料　　单位：元

经营分部	营业收入			营业利润（亏损）	可辨认资产
	分部以外	分部之间	合计		
老年装	200 000.00	30 000.00	230 000.00	90 000.00	560 000.00
中年装	40 000.00		40 000.00	−20 000.00	160 000.00
青年装	460 000.00	80 000.00	540 000.00	260 000.00	2 200 000.00
少年装	90 000.00	10 000.00	100 000.00	−120 000.00	640 000.00
儿童装	74 000.00	16 000.00	90 000.00	50 000.00	590 000.00
宠物装	1 280 000.00	28 000.00	1 308 000.00	170 000.00	1 520 000.00
小计	2 144 000.00	164 000.00	2 308 000.00	430 000.00	5 670 000.00
企业集团	120 000.00		120 000.00	40 000.00	1 410 000.00
合计	2 264 000.00	164 000.00	2 428 000.00	470 000.00	7 080 000.00

请依据以上信息，从该公司经营分部中选定报告分部。

2. 请对案例 13-5 进行进一步分析与思考：

（1）查阅广东汕头超声电子股份有限公司 2019 半年度财务报告与年度财务报告全文，比较分析其格式、内容框架、繁简程度、披露程序等方面的差异。

（2）该公司如何判断“控制”“共同控制”“重大影响”？如何确定合并财务报表编制范围？

（3）请比较该公司 2018 年度和 2019 年度在金融资产会计核算、报表列示方面存在的差异。

主要参考文献

[1] 企业会计准则编审委员会. 企业会计准则及应用指南实务详解. 北京：人民邮电出版社，2023.

[2] 中国注册会计师协会. 会计. 北京：中国财政经济出版社，2023.

[3] 黄中生，路国平. 高级财务会计. 4版. 北京：高等教育出版社，2023.

[4] 邱吉福，陈旻. 高级财务会计. 4版. 北京：经济科学出版社，2022.

[5] 耿建新，戴德明，周华. 高级会计学. 9版. 北京：中国人民大学出版社，2021.

[6] 傅荣. 高级财务会计. 6版. 北京：中国人民大学出版社，2021.

[7] 韩传模，吴娜. 高级财务会计. 2版. 厦门：厦门大学出版社，2020.

[8] 杨金观. 高级财务会计. 4版. 北京：经济科学出版社，2019.

[9] 田翠香，李宜. 高级财务会计. 北京：清华大学出版社，2019.

[10] 石本仁. 高级财务会计. 4版. 北京：人民邮电出版社，2019.

[11] 陈信元. 高级财务会计. 3版. 上海：上海财经大学出版社，2017.

[12] 刘永泽，傅荣. 高级财务会计. 5版. 大连：东北财经大学出版社，2016.

图书在版编目（CIP）数据

高级财务会计 / 王铁林主编；陈茜，温雅丽，杨燃副主编. --3 版. --北京：中国人民大学出版社，2023.12

普通高等学校应用型教材. 会计

ISBN 978-7-300-32271-1

Ⅰ. ①高… Ⅱ. ①王…②陈…③温…④杨… Ⅲ. ①财务会计-高等学校-教材 Ⅳ. ①F234.4

中国国家版本馆 CIP 数据核字（2023）第 210753 号

"十二五"普通高等教育本科国家级规划教材

普通高等学校应用型教材·会计

高级财务会计（第 3 版）

主　编　王铁林

副主编　陈　茜　温雅丽　杨　燃

Gaoji Caiwu Kuaiji

出版发行	中国人民大学出版社		
社　　址	北京中关村大街 31 号	**邮政编码**	100080
电　　话	010－62511242（总编室）		010－62511770（质管部）
	010－82501766（邮购部）		010－62514148（门市部）
	010－62515195（发行公司）		010－62515275（盗版举报）
网　　址	http://www.crup.com.cn		
经　　销	新华书店		
印　　刷	唐山玺诚印务有限公司	**版　　次**	2012 年 10 月第 1 版
开　　本	787 mm×1092 mm　1/16		2023 年 12 月第 3 版
印　　张	27.25 插页 1	**印　　次**	2024 年 8 月第 2 次印刷
字　　数	588 000	**定　　价**	68.00 元

中国人民大学出版社　管理分社

教师教学服务说明

中国人民大学出版社管理分社以出版工商管理和公共管理类精品图书为宗旨。为更好地服务一线教师，我们着力建设了一批数字化、立体化的网络教学资源。教师可以通过以下方式获得免费下载教学资源的权限：

★ 在中国人民大学出版社网站 www.crup.com.cn 进行注册，注册后进入“会员中心”，在左侧点击“我的教师认证”，填写相关信息，提交后等待审核。我们将在一个工作日内为您开通相关资源的下载权限。

★ 如您急需教学资源或需要其他帮助，请加入教师 QQ 群或在工作时间与我们联络。

中国人民大学出版社　管理分社

教师 QQ 群： 648333426(工商管理)　114970332(财会)　648117133(公共管理)
教师群仅限教师加入，入群请备注(学校+姓名)

联系电话： 010-62515735，62515987，62515782，82501048，62514760

电子邮箱： glcbfs@crup.com.cn

通讯地址： 北京市海淀区中关村大街甲 59 号文化大厦 1501 室（100872）

管理书社　　人大社财会　　公共管理与政治学悦读坊